일본유학시험
EJU 단번에
격파하기

공저 아카미네 타다히로, 박영옥

종합과목

[정치 · 경제 · 지리 · 역사 · 현대사회]

머리말

일본유학시험(EJU)은 2002년부터 시작된 것으로, 일본에 있는 대학을 목표로 하는 학생들을 위해 만들어진 시험입니다. 시험과목은 일본어, 종합과목, 수학, 물리 · 생물 · 화학으로 나누어져 있으며, 이 중에서 종합과목은 문과대학에서 입시항목으로 도입하고 있는 과목입니다. 지금까지 종합과목 교재가 몇 권 출판되긴 했지만, 한국학생을 위해 만들어진 쉬운 교재가 없다는 것이 저희 강사들의 걱정이었습니다. 그래서 현장에서 가르치고 있는 저희 강사들이 매일 만나는 학생들을 위해 알기 쉽게 요점을 정리한 교재를 만들자고 생각한 것이 이 교재가 탄생하게 된 계기입니다.

이 교재는 여러분이 공부하는데 있어서 가장 고민하는 것, 즉 시험문제가 어디서부터 나오는지, 어디까지 공부하면 될지 하는 의문에 대해서 명확하게 답하고자 하는 것에서 시작하고 있습니다. 이 책의 내용을 끝까지 본다면 EJU종합과목의 출제범위 대부분은 커버할 수 있습니다. 종래의 교재는 있어야 할 분야가 빠져 있다든지 시험 수준에 맞지 않는 내용이 많았습니다. 우리들은 매일의 수업과 지금까지의 시험경향을 분석하여 필요한 것은 빠짐없이 실었으며, 이해가 필요한 문제에 대해서는 그 근본적인 사항을 이해할 수 있도록 심혈을 기울여서 집필했습니다.

이제부터 EJU공부를 시작하시는 분은 물론 여러 학원에서 공부하고 계시는 분들의 기본적인 예습, 복습에도 유용한 교재가 될 것입니다. 또한 일본어와 한국어의 완전대역을 통해 독학으로 공부해서 유학을 가려는 학생들에게도 최상의 교재가 될 것입니다.

유학은 여러분 인생의 목적이 아니라 스타트 지점에 서기 위한 동기가 되는 것입니다. 그 스타트를 끊기 위해 본서가 도움이 되었으면 하는 마음입니다. 여러분의 건투를 빕니다.

아카미네 타다히로 · 박영옥

목차

第1部　地理分野

- 제1장　地球と地図　지구와 지도　10
- 제2장　世界と日本の気候　세계와 일본의 기후　17
- 제3장　世界と日本の地形　세계와 일본의 지형　24
- 제4장　エネルギー資源　에너지 자원　31
- 제5장　農水産業　농수산업　39
- 제6장　工業　공업　46
- 제7장　商業と貿易　상업과 무역　53
- 제8장　交通と通信　교통과 통신　61
- 제9장　人口　인구　67

第2部　歴史分野

- 제1장　イギリスの近代化と産業革命　영국의 근대화와 산업혁명　76
- 제2장　フランス革命と第1帝政　프랑스혁명과 제1제정　82
- 제3장　ウィーン体制と第3共和政　빈 체제와 제3공화정　89
- 제4장　アメリカの独立　미국의 독립　96
- 제5장　帝国主義と世界分割　제국주의와 세계분할　102
- 제6장　第1次世界大戦とロシア革命　제1차 세계대전과 러시아혁명　109
- 제7장　ベルサイユ体制とワシントン体制　베르사이유체제와 워싱턴체제　117
- 제8장　第2次世界大戦の勃発と終結　제2차 세계대전 발발과 종결　124
- 제9장　明治維新と日本の近代化　메이지유신과 일본의 근대화　131
- 제10장　現代の日本と世界　현대의 일본과 세계　144

第3部　政治分野

- 제1장　国家と法　국가와 법　154
- 제2장　近代民主政治の成立と基本原理　근대민주정치의 성립과 기본원리　160
- 제3장　主要国の政治制度　주요국의 정치제도　167

제4장　大日本国帝国憲法と日本国憲法　대일본제국헌법과 일본국헌법　**174**

제5장　三権分立―日本の政治システム　삼권분립 ― 일본의 정치제도　**181**

제6장　政党政治と選挙制度　정당정치와 선거제도　**188**

제7장　行政国家　행정국가　**195**

제8장　自由権と社会権　자유권과 사회권　**203**

第4部　経済分野

제1장　経済の定義と市場メカニズム　경제의 정의와 시장 매커니즘　**212**

제2장　資本主義と社会主義　자본주의와 사회주의　**220**

제3장　国民所得と景気循環　국민소득과 경기순환　**227**

제4장　金融と金融政策　금융과 금융정책　**238**

제5장　財政と財政政策　재정과 재정정책　**248**

제6장　貿易と外国為替　무역과 외국환율　**258**

제7장　国際経済の動力と日本経済の現状　국제경제의 동향과 일본경제현황　**270**

第5部　現代社会分野

제1장　第２次世界大戦後の国際社会 ― 東西冷戦の始まりと激化
　　　　제2차 세계대전 후의 국제사회 ― 동서냉전의 시작과 격화　**282**

제2장　第２次世界大戦後の国際社会 ― 緊張緩和と冷戦の終結1963～1991
　　　　제2차 세계대전 후의 국제사회 ― 긴장완화와 냉전종결 1963~1991　**289**

제3장　世界各地の紛争　세계 각지의 분쟁　**295**

제4장　現代社会の諸問題　현대사회의 여러 가지 문제　**304**

제5장　世界の多様化 ― 新しい未来への問題
　　　　세계의 다양화 ― 새로운 미래에의 과제　**310**

- 종합문제 1회　**320**
- 종합문제 1회 해설　**342**
- 찾아보기 – 일본어　**362**
- 종합문제 2회　**332**
- 종합문제 2회 해설　**351**
- 찾아보기 – 한국어　**366**

이 책의 구성 및 학습 방법

이 책은 EJU종합과목의 학습범위를 크게 지리, 역사, 정치, 경제, 현대사회 다섯 분야로 나누었다. 또한 분야별 각 장(章)으로 나누어 알기 쉬운 해설을 한 다음 마지막에 종합문제를 마련했다.

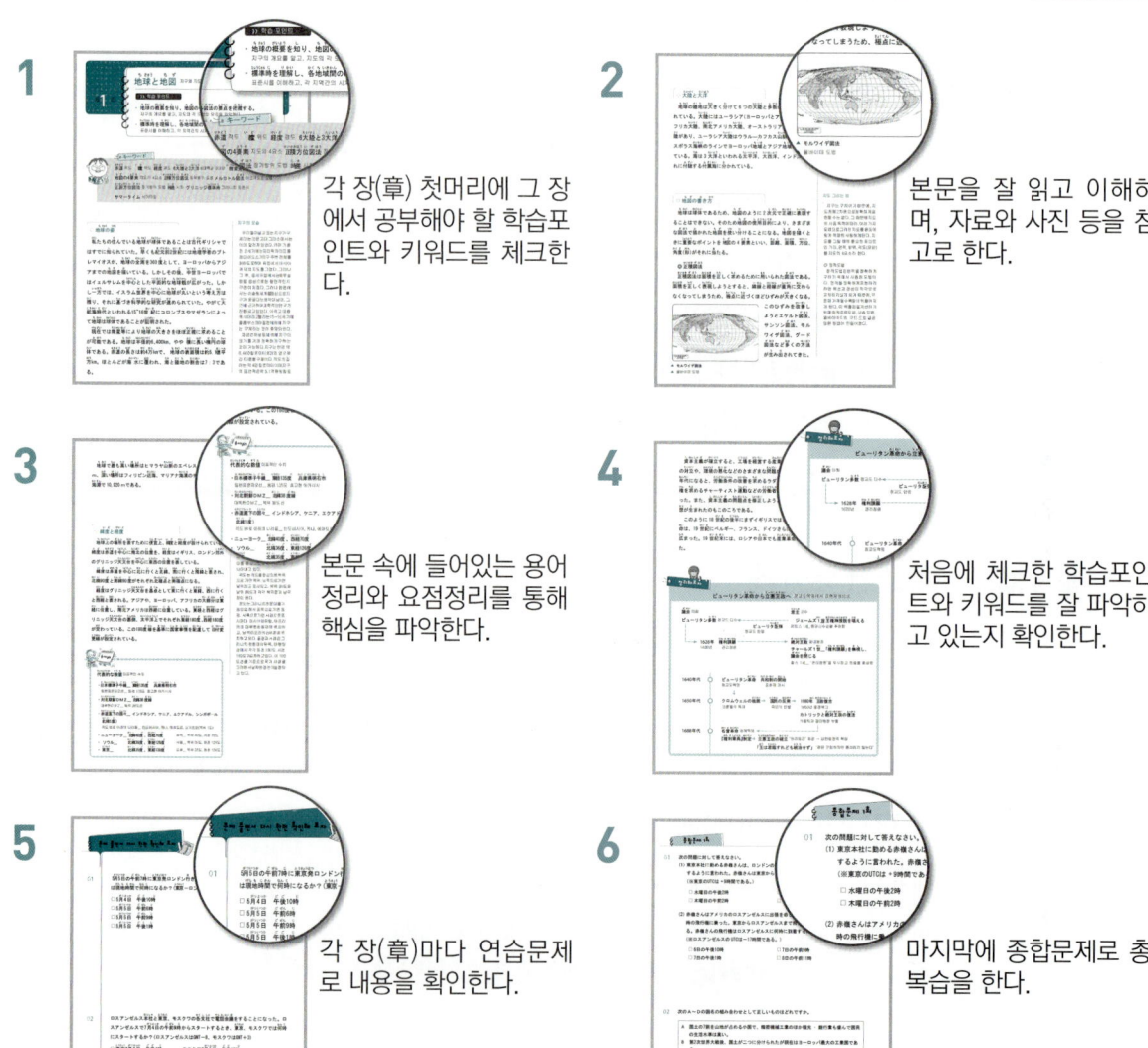

1 각 장(章) 첫머리에 그 장에서 공부해야 할 학습포인트와 키워드를 체크한다.

2 본문을 잘 읽고 이해하며, 자료와 사진 등을 참고로 한다.

3 본문 속에 들어있는 용어정리와 요점정리를 통해 핵심을 파악한다.

4 처음에 체크한 학습포인트와 키워드를 잘 파악하고 있는지 확인한다.

5 각 장(章)마다 연습문제로 내용을 확인한다.

6 마지막에 종합문제로 총복습을 한다.

일본유학시험에 대해

일본유학시험(EJU)이란 외국인유학생으로서 일본에 있는 대학(학부) 등에 입학을 희망하는 수험생들의 대학면학에 필요한 일본어능력 및 기초학력을 평가하는 것을 목적으로 한 시험이다.

과목	시간	득점 범위
일본어	120분	0～400점
이과	80분	0～200점
종합과목	80분	0～200점
수학	80분	0～200점

종합과목에 대해
시간 : 80분
득점범위 : 0 ～200점

종합과목의 시험목적
종합과목을 유학시험의 시험과목으로 채택한 목적은 일본에 있는 대학을 다니며 공부할 때 꼭 필요한 현대일본에 대한 기본적인 지식과 더불어 근현대사회 국제사회의 기본적인 문제에 대해 논리적으로 사고하며 판단할 수 능력이 있는가를 판정하는 것에 있다.

출제범위
정치・경제와 지리, 역사, 현대사회 분야에서 종합적으로 출제된다.

第1部 地理 分野

- 第1章 地球と地図
- 第2章 世界と日本の気候
- 第3章 世界と日本の地形
- 第4章 エネルギー資源
- 第5章 農水産業
- 第6章 工業
- 第7章 商業と貿易
- 第8章 交通と通信
- 第9章 人口

第1章 地球と地図
지구와 지도

>> 학습 포인트

- 地球の概要を知り、地図の各図法の要点を把握する。
  지구의 개요를 알고, 지도의 각 도법의 요점을 파악한다.
- 標準時を理解し、各地域間の時差を算出できるようにする。
  표준시를 이해하고, 각 지역간의 시차를 산출할 수 있도록 한다.

キーワード

赤道 적도　緯度 위도　経度 경도　6大陸と3大洋 6대륙과 3대양　日付変更線 날짜변경선
地図の4要素 지도의 4요소　正積方位図法 정적방위 도법　メルカトル図法 메르카토르 도법
正距方位図法 정거방위 도법　時差 시차　グリニッジ標準時 그리니치 표준시
サマータイム 서머타임

○ 地球の姿

　私たちの住んでいる地球が球体であることは古代ギリシャではすでに知られていた。早くも紀元前2世紀には地理学者のプトレマイオスが、地球の全周を360度として、ヨーロッパからアジアまでの地図を描いている。しかしその後、中世ヨーロッパではイェルサレムを中心とした平面的な地球観が広がった。しかし一方では、イスラム世界を中心に地球が丸いという考え方は残り、それに基づき科学的な研究が進められていた。やがて大航海時代といわれる15～16世紀にコロンブスやマゼランによって地球は球体であることが証明された。

　現在では衛星等により地球の大きさをほぼ正確に求めることが可能である。地球は半径約6,400km、やや横に長い楕円の球体である。赤道の長さは約4万kmで、地球の表面積は約5.1億平方km。ほとんどが海水に覆われ、海と陸地の割合は7：3である。

지구의 모습

　우리들이 살고 있는 지구가 구체라는 것은 고대 그리스에서는 이미 알려져 있었다. 이미 기원전 2세기에는 지리학자인 프톨레마이오스가 지구 주변 전체를 360도로 하여 유럽에서 아시아까지의 지도를 그렸다. 그러나 그 후, 중세유럽에서는 예루살렘을 중심으로 한 평면적인 지구관이 퍼졌다. 그러나 한편에서는 이슬람세계를 중심으로 지구가 둥글다는 생각이 남아, 그것에 근거하여 과학적인 연구가 진행되고 있었다. 이윽고 대항해시대라고 불리는 15~16세기에 콜롬부스와 마젤란에 의해 지구는 구체라는 것이 증명되었다.

　지금은 위성 등에 의해 지구의 크기를 거의 정확하게 구하는 것이 가능하다. 지구는 반경 약 6,400킬로미터로, 거의 옆으로 긴 타원형 구체이다. 적도의 길이는 약 4만 킬로미터이며, 지구의 표면적은 약 5.1억 평방킬로

地球で最も高い場所はヒマラヤ山脈のエベレスト山で8、848m、深い場所はフィリピン近海、マリアナ海溝のチャレンジャー海淵で 10,920 mである。

미터이다. 대부분이 해수에 덮여있어, 바다와 육지의 비율은 7 : 3이다.

지구에서 가장 높은 장소는 히말라야산맥의 에베레스트산으로 8,848미터이며, 가장 깊은 장소는 필리핀 근해, 마리아나해구의 챌린저 해연으로 10,920미터이다.

緯度と経度

地球上の場所を表すために便宜上、緯度と経度が設けられている。緯度は赤道を中心に南北の位置を、経度はイギリス、ロンドン郊外のグリニッジ天文台を中心に東西の位置を表している。

緯度は赤道を中心に北に行くと北緯、南に行くと南緯と表され、北緯90度と南緯90度がそれぞれ北極点と南極点になる。

経度はグリニッジ天文台を基点として東に行くと東経、西に行くと西経と表される。アジアや、ヨーロッパ、アフリカの大部分は東経に位置し、南北アメリカは西経に位置している。東経と西経はグリニッジ天文台の裏側、太平洋上でそれぞれ東経180度、西経180度が交わっている。この180度線を基準に国家事情を配慮して日付変更線が設定されている。

위도와 경도

지구상의 장소를 나타내기 위해, 편의상 위도와 경도가 만들어져 있다. 위도는 적도를 중심으로 남북의 위치를, 경도는 영국 런던 교외의 그리니치 천문대를 중심으로 동서의 위치를 나타내고 있다.

위도는 적도를 중심으로 북쪽으로 가면 북위, 남쪽으로 가면 남위라고 표시되고, 북위 90도와 남위 90도가 각각 북극점과 남극점이 된다.

경도는 그리니치 천문대를 기점으로 해서 동쪽으로 가면 동경, 서쪽으로 가면 서경으로 표시된다. 아시아와 유럽, 아프리카의 대부분은 동경에 위치하고, 남부아메리카는 서경에 위치하고 있다. 동경과 서경은 그리니치 천문대의 뒤쪽, 태평양상에서 각각 동경 180도, 서경 180도가 교차하고 있다. 이 180도선을 기준으로 국가 사정을 고려해서 날짜변경선이 설정되고 있다.

代表的な数値 대표적인 수치

- 日本標準子午線＿ 東経135度 兵庫県明石市
  일본표준자오선＿ 동경 135도 효고현 아카시시

- 対北朝鮮ＤＭＺ＿ 北緯38度線
  대북한DMZ＿ 북위 38도선

- 赤道直下の国々＿ インドネシア、ケニア、エクアドル、シンガポール
  （北緯1度）
  적도 바로 아래의 나라들＿ 인도네시아, 케냐, 에콰도르, 싱가포르(북위 1도)

- ニューヨーク＿ 北緯40度、西経70度　　뉴욕＿ 북위 40도, 서경 70도
- ソウル＿　　　北緯36度、東経126度　　서울＿ 북위 36도, 동경 126도
- 東京＿　　　　北緯35度、東経139度　　도쿄＿ 북위 35도, 동경 139도

○ 大陸と大洋

　地球の陸地は大きく分けて6つの大陸と多数の島々に分けられている。大陸にはユーラシア（ヨーロッパとアジア）大陸、アフリカ大陸、南北アメリカ大陸、オーストラリア大陸、南極大陸があり、ユーラシア大陸はウラル―カフカス山脈、そしてボスポラス海峡のラインでヨーロッパ地域とアジア地域に分かれている。海は3大洋といわれる太平洋、大西洋、インド洋とそれに付随する付属海に分かれている。

○ 地図の書き方

　地球は球体であるため、地図のように2次元で正確に表現することはできない。そのため地図の使用目的により、さまざまな図法で描かれた地図を使い分けることになる。地図を描くときに重要なポイントを地図の4要素といい、距離、面積、方位、角度（形）がそれに当たる。

◎ 正積図法
　正積図法は面積を正しく求めるために用いられた図法である。面積を正しく表現しようとすると、緯線と経線が直角に交わらなくなってしまうため、極点に近づくほどひずみが大きくなる。このひずみを改善しようとエケルト図法、サンソン図法、モルワイデ図法、グード図法など多くの方法が生み出されてきた。

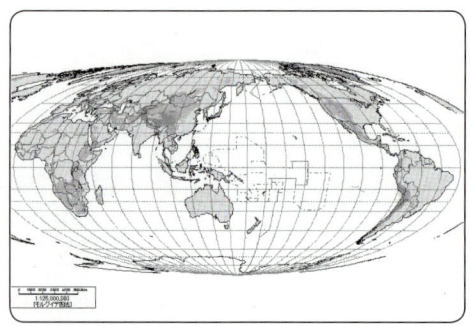
▲ モルワイデ図法
▲ 몰바이데 도법

대륙과 대양

지구의 육지는 크게 여섯 개의 대륙과 많은 섬으로 나뉘어 있다. 대륙에는 유라시아(유럽과 아시아)대륙, 아프리카대륙, 남북아메리카대륙, 오스트레일리아대륙, 남극대륙이 있고, 유라시아대륙은 우랄-카프카스산맥, 그리고 보스포루스해협의 라인에서 유럽지역과 아시아지역으로 나뉘어 있다. 바다는 3대양이라 불리는 태평양, 대서양, 인도양과 거기에 부수되는 부속해로 나뉘어 있다.

지도 그리는 법

지구는 구체이기 때문에, 지도처럼 2차원으로 정확하게 표현할 수는 없다. 그 때문에 지도의 사용 목적에 따라, 여러 가지 도법으로 그려진 지도를 용도에 맞게 적절히 사용하게 된다. 지도를 그릴 때에 중요한 포인트인 거리, 면적, 방위, 각도(모양)를 지도의 4요소라 한다.

◎ 정적도법
　정적도법은 면적을 정확하게 구하기 위해서 사용된 도법이다. 면적을 정확하게 표현하려 하면 위선과 경선이 직각으로 교차하지 않게 되기 때문에, 극점에 가까울수록 많이 뒤틀어지게 된다. 이 뒤틀림을 개선하기 위해 에케르트 도법, 상송 도법, 몰바이데 도법, 구드 도법 같은 많은 방법이 만들어졌다.

◎ メルカトル図法

メルカトル図法は最も一般的に使われる図法で正角図法とも呼ばれる。この図法では緯線と経線が直角に交わるため、地図上のある2点を結んだ直線における角度が等しくなるため、羅針盤を使った船の航海に便利である。

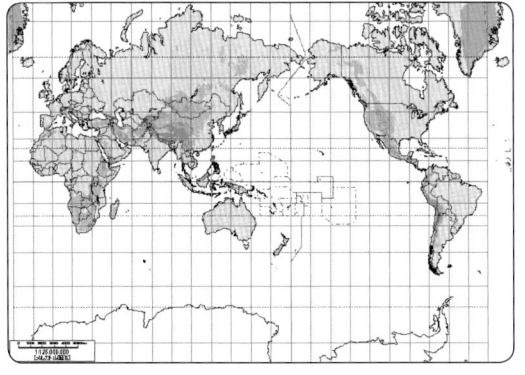

しかし極点に近づくほど距離・面積の誤差が激しくなるため、南極大陸やロシア、カナダ等は実際よりも大きく表示される。

▲ メルカトル図法
▲ 메르카토르 도법

◎ 메르카토르 도법
메르카토르 도법은 가장 일반적으로 사용되는 도법으로, 정각도법이라고도 불린다. 이 도법에서는 위선과 경선이 직각으로 교차하기 때문에 지도상에 있는 두 점을 연결한 직선 각도가 평평해져, 나침반을 사용하는 배의 항해에 편리하다.

그러나 극점에 가까울수록 거리・면적의 오차가 심해지기 때문에, 남극대륙이나 러시아, 캐나다 등은 실제보다도 크게 표시된다.

◎ 正距方位図法

正距方位図法は地図上の中心点からの距離と方位を正確に求めるために用いられる図法である。中心点からの最短距離が示されるため、航空図に多く用いられる。

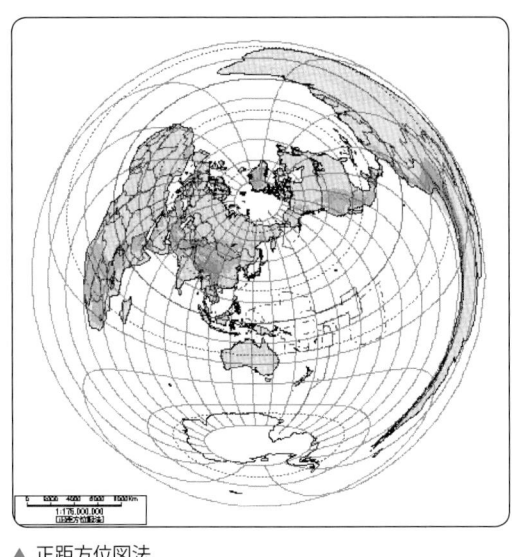

しかし中心点以外の地点においては距離や面積が不正確になる。

▲ 正距方位図法
▲ 정거방위 도법

◎ 정거방위 도법
정거방위 도법은 지도상의 중심점에서의 거리와 방위를 정확하게 구하기 위해 사용된 도법이다. 중심점에서의 최단거리가 표시되기 때문에, 항공도에 많이 이용된다.

그러나 중심점 이외의 지점에 있어서는 거리와 면적이 부정확해진다.

○ 時差

　地球は24時間かけて1回転(360度)する。そのため経度15度ごとに1時間の時差が生じることになる(360÷24＝15)。そしてイギリスのロンドンを通過する本初子午線を世界標準時(グリニッジ標準時＝GMT)と定め、基準としている。従ってロンドンとは反対側にある日付変更線を基準として西に向かうほど時刻は遅れることになる。

　時差は厳密に言うと経度1度ごとに4分ずつ時差が生じる。しかし、そうすると東経129度のプサンが午前6時のとき、東経126度のソウルでは12分遅い午前5時48分になる。これでは時間の表示に不便が生じるので、一定の間隔ごとに標準時を決めている。日本や韓国、北朝鮮、東ティモールなどは同じ東経135度を基準にした標準時(GMT＋9)を使用しているので時差はない。

　一方東西に広い国土を持つロシアは地域ごとに11、アメリカは6、オーストラリアでは3つの標準時を採用している。例外として中国は標準時を1つで統一している。

　また高緯度にある国では夏の日照時間を有効に活用するため、夏の期間その国の標準時より1時間早く進んだ時刻を採用している。これをサマータイムと呼んでいる。

시차

　지구는 24시간에 1회전(360도) 한다. 그 때문에 경도 15도마다 1시간의 시차가 발생하게 된다(360÷24＝15). 그리고 영국 런던을 통과하는 본초자오선을 세계 표준시(그리니치 표준시＝GMT)로 정하고 그것을 기준으로 한다. 따라서 런던과 반대편에 있는 날짜 변경선을 기준으로, 서쪽으로 갈수록 시각은 늦어지게 된다.

　시차는 엄밀히 말하면 경도 1도 마다 4분씩 시차가 생기는데, 그렇게 하면 동경 129도인 부산이 오전 6시일 경우, 동경 126도인 서울에서는 12분 늦은 오전 5시 48분이 된다. 하지만 이렇게 하면 시간 표시에 불편이 생기기 때문에, 일정한 간격마다 표준시를 정하고 있다. 일본과 한국, 북한, 동티모르 등은 모두 동경 135도를 기준으로 한 표준시(GMT＋9)를 사용하기 때문에 시차는 없다.

　한편 동서로 넓은 국토인 러시아는 지역마다 11개, 미국은 6개, 호주에서는 3개의 표준시를 채택하고 있다. 예외로서 중국은 표준시를 하나로 통일하고 있다.

　그리고 고위도에 있는 나라에서는 여름의 일조시간을 유효하게 활용하기 위해, 여름 동안 그 나라의 표준시 보다 1시간 빨리 맞춘 시각을 채택하고 있다. 이것을 서머타임이라고 한다.

문제 풀면서 다시 한번 확인해 보자

01 5月5日の午前7時に東京発ロンドン行きの飛行機に乗ると、ロンドンに到着するのは現地時間で何時になるか？(東京－ロンドン間の所要時間は11時間)

① 5月4日　午後10時
② 5月5日　午前6時
③ 5月5日　午前9時
④ 5月5日　午後1時

02 ロスアンゼルス本社と東京、モスクワの各支社で電話会議をすることになった。ロスアンゼルスで7月4日の午前9時からスタートするとき、東京、モスクワでは何時にスタートするか？(ロスアンゼルスはGMT－8、モスクワはGMT＋3)

① 東京7月3日　午後4時　　モスクワ7月2日　午後10時
② 東京7月4日　午後10時　　モスクワ7月4日　午前4時
③ 東京7月5日　午前9時　　モスクワ7月5日　午後3時
④ 東京7月5日　午前2時　　モスクワ7月4日　午後8時

01 5월 5일 오전 7시에 도쿄발 런던행 비행기를 타면, 런던에 도착하는 것은 현지시간으로 몇 시가 되는가? (도쿄 – 런던 사이의 소요시간은 11시간)

① 5월 4일 오후 10시
② 5월 5일 오전 6시
③ 5월 5일 오전 9시
④ 5월 5일 오후 1시

정답 · 해설 01 정답 ③

東京で5月5日の午前7時はロンドンで5月4日の午後10時。所要時間が11時間かかるので到着は午前9時になる。

도쿄의 5월 5일 오전 7시는 런던에서 5월 4일 오후 10시이다. 소요시간이 11시간 걸리므로 도착은 오전 9시가 된다.

02 로스앤젤레스 본사와 도쿄, 모스크바의 각 지사에서 전화 회의를 하게 되었다. 로스앤젤레스에서 7월 4일 오전 9시부터 시작하면, 도쿄와 모스크바에서는 몇 시에 시작하는가?
(로스앤젤레스는 GMT – 8, 모스크바는 GMT + 3)

① 도쿄 – 7월 3일 오후 4시   모스크바 – 7월 2일 오후 10시
② 도쿄 – 7월 4일 오후 10시   모스크바 – 7월 4일 오전 4시
③ 도쿄 – 7월 5일 오전 9시   모스크바 – 7월 5일 오후 3시
④ 도쿄 – 7월 5일 오전 2시   모스크바 – 7월 4일 오후 8시

정답 · 해설 02 정답 ④

ロスアンゼルスと東京の時差は17時間。モスクワとは11時間。従って東京はロスアンゼルスよりも17時間早い午前2時になる。

로스앤젤레스와 도쿄의 시차는 17시간이고, 모스크바와는 11시간이다. 따라서 도쿄는 로스앤젤레스보다도 17시간 빠른 오전 2시가 된다.

第2章 世界と日本の気候 세계와 일본의 기후

>> 학습 포인트

- 気候要素を知り、気候に影響を与える気候因子に関して理解する。
  기후요소를 알고, 기후에 영향을 끼치는 기후인자에 관해 이해한다.
- 日本の大まかな気候を理解し、世界の他の都市との違いを把握する。
  일본의 대략적인 기후를 이해하고, 세계 다른 도시와의 차이를 파악한다.

キーワード

気候要素 기후요소　気候因子 기후인자　海抜高度 해발고도　隔海度 격해도　海流 해류
恒常風 항상풍　貿易風 무역풍　偏西風 편서풍　極東風 극동풍　季節風 계절풍
熱帯低気圧 열대저기압　小笠原気団 오가사와라 기단　シベリア気団 시베리아 기단
オホーツク気団 오호츠크 기단　梅雨 장마

○ 気候の3大要素

長期的な天気の移り変わりを気候と呼ぶ。気候を決めるには様々なものがあるが、気温、降水量、風の3つが特に重要である。一般的にこの3つを気候の3大要素と呼んでいる。

そしてこの気候要素に影響を与えるものに、気候因子がある。気候因子には緯度、海抜高度、隔海度、地形、水陸分布、海流等が挙げられる。

気温は赤道に近い低緯度地域で高く、極点に近づくほどに低くなっていく。また海抜高度が高ければ高いほど気温は下がっていき、その割合は海抜が100m上昇するごとに0.6℃低下する。日本国内最高峰、富士山の標高は3,776mであり、これは理論上海抜0m地帯に比べ23℃近く低いということになる。

기후의 3대 요소

장기적인 날씨의 변화를 기후라고 부른다. 기후를 결정하는 데는 여러 가지 요소가 있지만 기온, 강수량, 바람, 이 세 가지가 특히 중요하다. 일반적으로 이 세 가지를 기후의 3대 요소라고 부른다.

그리고 이 기후요소에 영향을 끼치는 것에 기후인자가 있다. 기후인자로는 위도, 해발고도, 격해도, 지형, 수륙분포, 해류 등을 들 수 있다.

기온은 적도에 가까운 저위도 지역에서 높고, 극점에 가까울수록 낮아진다. 또한 해발고도가 높으면 높을수록 기온은 내려 가고, 그 비율은 해발이 100미터 상승할 때 마다 0.6도 저하한다. 일본국내 최고봉, 후지산의 해발고도는 3,776미터이고, 이것은 이론상 해발 0미터지대에 비해 23도 가까이 낮다는 것이다.

地理 分野 | 17

降水量は海の近くで多く、大陸部で少ない。これは海上で暖められた空気が上昇し、上空でその空気が冷却され雨となるからだ。海から遠く離れていることを隔海度が高いという。隔海度が高ければ高いほど降水量は低い。また山地の風上側では雨が多く、山地を乗り越えた風下側では乾燥した風が吹く。

　空気中の圧力、気圧も気候に大きな影響を及ぼす。空気は暖められると上昇し、冷えると下降する性質を持っている。このため風は冷たい地域から暖かい地域へ、いいかえれば気圧の高い高圧地域から気圧の低い低圧地域へと吹く。その風の中で年間を通じて一定の方向に吹くものを恒常風、季節によって吹く方向が変わるものを季節風と呼んでいる。

강수량은 바다 가까운 곳에서 많고, 대륙부에서는 적다. 이것은 해상에서 따뜻해진 공기가 상승하여, 상공에서 그 공기가 냉각되어 비가 되기 때문이다. 바다에서 멀리 떨어져 있는 것을 격해도가 높다고 한다. 격해도가 높으면 높을수록 강수량은 낮다. 또 산지의 바람이 불어오는 쪽에서는 비가 많이 내리고, 산지를 넘어 바람이 불어가는 쪽에서는 건조한 바람이 분다.

공기 중의 압력과 기압도 기후에 큰 영향을 미친다. 공기는 따뜻해지면 상승하고, 차가워지면 하강하는 성질을 가지고 있다. 이 때문에 바람은 차가운 지역에서 따뜻한 지역으로, 바꿔 말하면, 기압이 높은 고압지역에서 기압이 낮은 저압지역으로 분다. 그 바람 중에서 1년 동안 일정한 방향으로 부는 것을 항상풍, 계절에 따라서 부는 방향이 다른 것을 계절풍이라 부른다.

気候因子 기후인자	気候要素に与える影響 기후요소에 끼치는 영향
緯度 위도	【気温】低緯度は高温、高緯度は低温になる 【기온】저위도는 고온, 고위도는 저온이 된다.
海抜高度 해발고도	【気温】海抜高度が100m上がると気温は0.6度下がる 【기온】해발고도가 100미터 올라가면 기온은 0.6도 내려간다.
隔海度 격해도	【降水量】海に近いと水蒸気の流入が増え多雨、海から遠いと減少し少雨となる。 【강수량】바다에 가까우면 수증기의 유입이 증가하여 비가 많이 오고, 바다에서 멀면 감소해서 비가 적게 온다.
地形 지형	【降水量】山地の風上側は多雨、風下は少雨となる。 【강수량】산지의 바람이 불어오는 쪽은 비가 많이 오고, 바람이 불어가는 쪽은 비가 적게 온다.
水陸分布 수륙분포	【風】大陸は海洋より比熱が小さく、大陸内部は気温の年較差や日較差が沿岸部より大きい。 【바람】대륙은 해양보다 비열이 작고, 대륙내부는 기온의 연교차나 일교차가 연안부보다 크다.
海流 해류	【気温・降水量】暖流の影響を受けると温暖湿潤 寒流の影響を受けると冷涼乾燥になる。 【기온・강수량】난류의 영향을 받으면 온난다습 한류의 영향을 받으면 냉량건조해진다.

恒常風と季節風

恒常風には赤道付近で赤道に向けて東から吹く貿易風、中高度地域で西から吹く偏西風、極高度地域から吹く東風の極東風の3つがある。季節風は大陸と海洋の間の気圧の違いにより、夏は海洋側から大陸側へ、冬は大陸側から海洋側へと吹く。

季節風は主に大陸の東側で吹くことが多く、季節によって風向きが逆になる。夏は冷たい海洋側から暖かい大陸側に、冬は冷たい大陸側から暖かい海洋側へ風が吹く。夏の季節にはしばしば熱帯低気圧が発生し、陸地に多くの被害をもたらすことがある。この熱帯低気圧を日本では台風と呼ぶが、アメリカではハリケーン、インドではサイクロン、オーストラリアではウィリーウィリーと違った名で呼んでいる。

日本の気候

日本は南北に3,000kmを超える国土を持ち、さまざまな気候を有する特徴を備えている。またユーラシア大陸の東岸に位置するため、季節風の影響が大きい。日本に影響を与える気団としては小笠原気団やシベリア気団などがあり、特に6月に降る梅雨は北のオホーツク気団と、南から北上する発達した小笠原気団がぶつかることで前線が発生し、長期間にわたって長雨が降る現象である。また夏から秋にかけては台風が訪れ、沖縄や九州、四国、紀伊半島などでは大きな被害が出ることもある。

항상풍과 계절풍

항상풍에는 적도 부근에서 적도를 향해 동쪽에서 부는 무역풍, 중고도지역에서 부는 서풍인 편서풍, 극고도 지역에서 부는 동풍인 극동풍 등 세 개가 있다. 계절풍은 대륙과 해양 사이의 기압 차이에 따라, 여름에는 해양 쪽에서 대륙 쪽으로, 겨울에는 대륙 쪽에서 해양 쪽으로 분다.

계절풍은 주로 대륙의 동쪽에서 부는 경우가 많고, 계절에 따라 풍향이 반대가 된다. 여름에는 차가운 해양 쪽에서 따뜻한 대륙 쪽으로, 겨울에는 차가운 대륙 쪽에서 따뜻한 해양 쪽으로 바람이 분다. 여름에는 열대저기압이 자주 발생하고, 육지에 많은 피해를 초래하는 경우가 있다. 이 열대저기압을 일본에서는 태풍이라고 부르는데, 미국에서는 허리케인, 인도에서는 사이클론, 오스트레일리아에서는 윌리윌리라는 각기 다른 이름으로 부르고 있다.

일본의 기후

일본은 남북에 3,000킬로미터가 넘는 국토를 소유하고 있으며, 다양한 기후를 가지는 특징이 있다. 또한 유라시아대륙의 동해안에 위치하기 때문에 계절풍의 영향을 크게 받는다. 일본에 영향을 끼치는 기단으로 오가사와라 기단과 시베리아 기단 등이 있다. 특히 6월에 내리는 장마는 북쪽의 오호츠크 기단과 남쪽에서 북상하여 발달된 오가사와라 기단이 만나면서 전선이 발생하여, 장기간에 걸쳐 비가 내리는 현상이다. 그리고 여름에서 가을에 걸쳐서는 태풍이 찾아오고, 오키나와나 규슈, 시코쿠, 기이반도 등에서는 큰 피해가 나기도 한다.

地理 分野
歴史 分野
政治 分野
経済 分野
現代社会分野

日本の気候区分

　日本の気候は大きく6つに分かれる。まず太平洋側では夏に高温多湿、季節風や梅雨の影響も大きいが、冬は一般的に乾燥している。日本海側は冬の季節風により大雪が降り、世界でも有数の豪雪地帯である。長野県近辺の中央高地は内陸性気候と呼ばれ、年間を通じて降水量が少なく、気温の年較差や日較差が大きい。それに反して瀬戸内気候は南北を四国山地と中国山地に囲まれ、年間を通じて温暖な気候が続く。そして北海道は冷帯の気候で気温差が大きく、梅雨や台風の影響が少ないという特徴があり、沖縄を含む南西諸島の気候は気温が高く降水量が多い特徴を持っている。

일본의 기후구분

　일본의 기후는 크게 여섯 가지로 나뉜다. 우선 태평양 쪽에서는 여름에 고온다습하고 계절풍이나 장마의 영향도 크지만, 겨울에는 일반적으로 건조하다. 일본해(동해)쪽은 겨울의 계절풍에 의해 큰 눈이 내려 세계에서도 유명한 대설지대이다. 나가노현 주변의 중앙고지는 내륙성 기후라고 불리며, 일년 내내 강수량이 적고 기온의 연교차와 일교차가 크다. 그것에 반해 세토우치 기후는 남북이 시코쿠산지와 츄고쿠산지에 둘러싸여 있어, 일년 내내 온난한 기후가 계속된다. 그리고 홋카이도는 냉대 기후로 기온차가 크고 장마나 태풍의 영향이 적다는 특징이 있으며, 오키나와를 포함한 남서의 여러 섬의 기후는 기온이 높고 강수량이 많다는 특징을 가지고 있다.

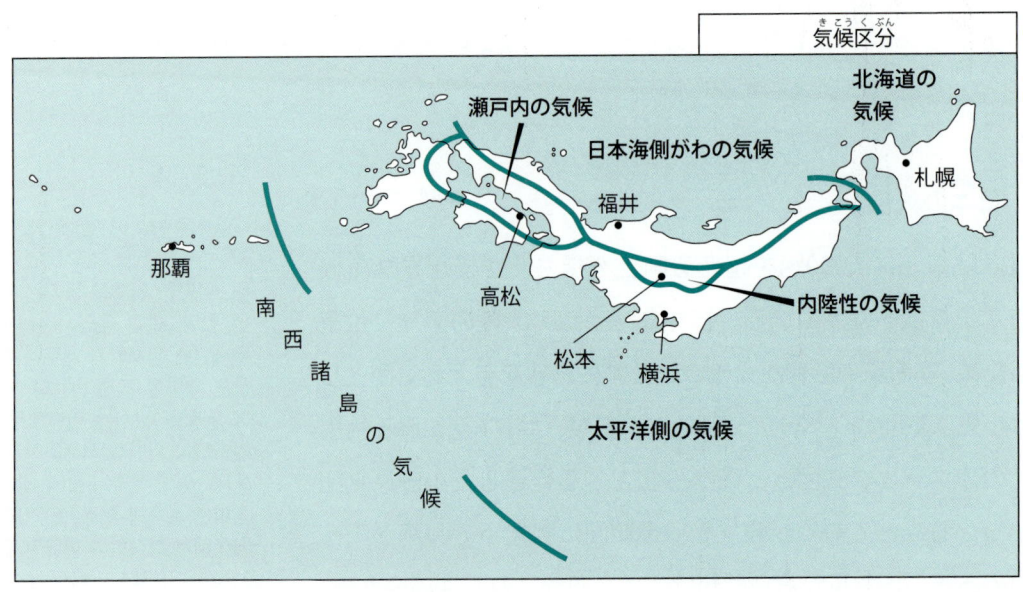

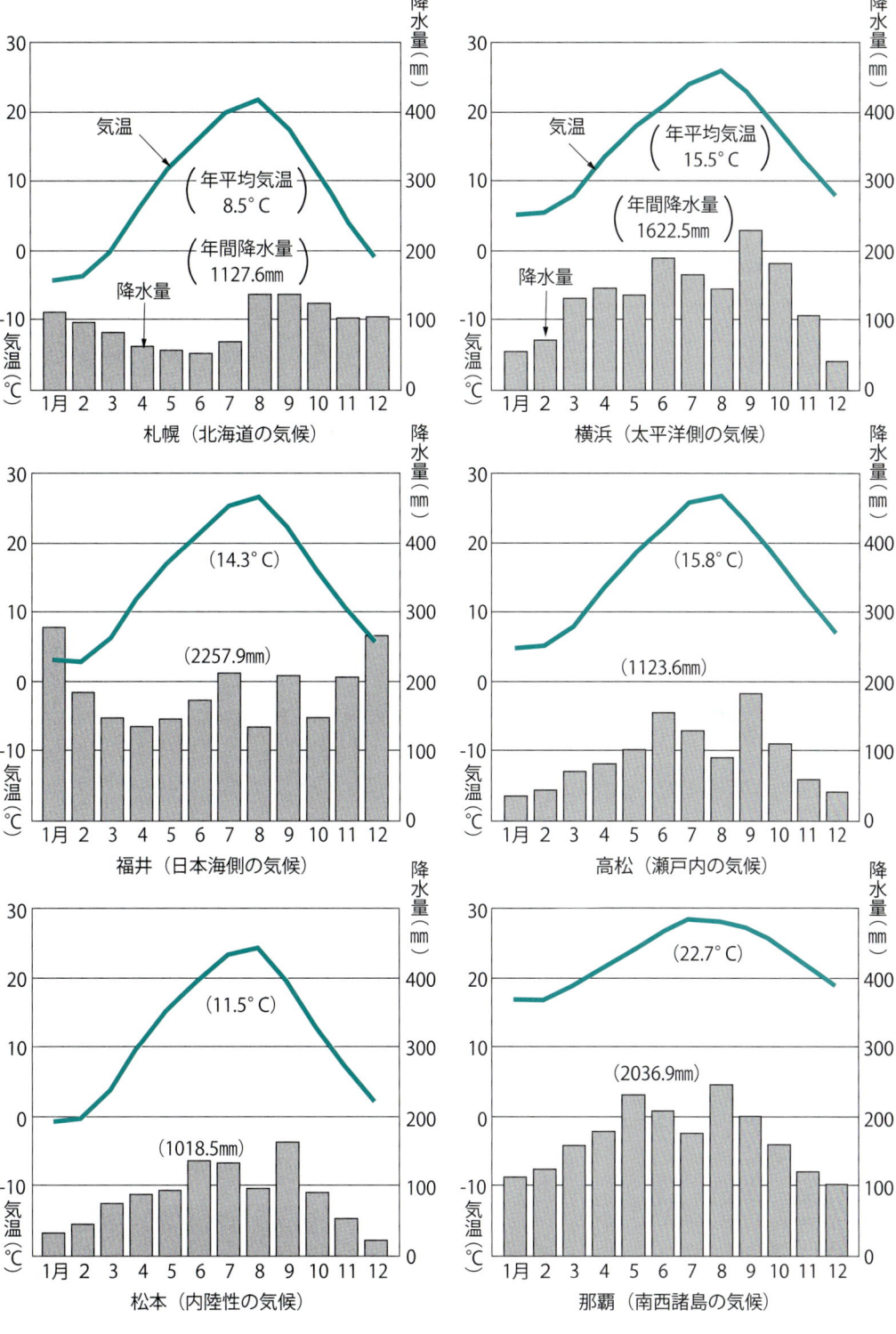

01

気候因子に関する次の文章のうち正しいものを一つ選びなさい。

❶ 海抜高度が100m上がるごとに気温は0.6度上昇する。
❷ 山地の風上側で吹く風は、風下側で吹く風よりも乾燥している。
❸ 冬の季節風は大陸側から海洋側へと吹くが、これは海が陸地よりも比熱が大きいからである。
❹ 暖流も寒流も海水の流れなので、沿岸地帯は雨が多くなる傾向がある。

02

日本の気候に関する次の文章のうち誤っているものを一つ選びなさい。

❶ 太平洋側の気候は冬よりも夏の降水量が多く、梅雨や台風の影響を受けやすい。
❷ 日本海側の気候は冬の降水量が多いが、これは季節風による降雪が原因である。
❸ 沖縄を含む南西諸島は島のため偏西風の影響を受け、年間を通じて温暖で少雨である。
❹ 北海道には梅雨がなく台風の影響も少ないため、6月や9月の降水量は多くない。

01 기후인자에 관한 다음 문장 중 올바른 것을 하나 고르시오.

① 해발고도가 100미터 올라갈 때 마다 기온은 0.6도 상승한다.
② 산지에서 바람이 불어오는 쪽의 바람은, 바람이 불어가는 쪽의 바람보다 건조하다.
③ 겨울의 계절풍은 대륙 쪽에서 해양 쪽으로 불지만, 이것은 바다가 육지보다 비열이 크기 때문이다.
④ 난류도 한류도 해수의 흐름이므로, 해안지대는 비가 많이 오는 경향이 있다.

> 정답·해설 01 정답 ❸
>
> ❶ 海抜高度が100m上がるごとに気温は0.6度下降する。
> 해발고도가 100m 올라갈 때마다 기온은 0.6도 하강한다.
> ❷ 逆である。반대이다.
> ❹ 暖流が流れる沿岸では温暖湿潤。寒流が流れる沿岸では冷涼乾燥する。
> 난류가 흐르는 연안에서는 온난다습. 한류가 흐르는 연안에서는 냉랭건조하다.

02 일본의 기후에 관한 다음 문장 중 틀린 것을 하나 고르시오.

① 태평양 쪽의 기후는 겨울보다도 여름 강수량이 많아, 장마나 태풍의 영향을 받기 쉽다.
② 동해 쪽의 기후는 겨울 강수량이 많은데, 이것은 계절풍에 의한 강설이 원인이다.
③ 오키나와를 포함한 남서의 여러 섬은 섬이기 때문에 편서풍의 영향을 받아, 일년 내내 온난하고 비가 적다.
④ 홋카이도는 장마가 없고 태풍의 영향도 적기 때문에, 6월이나 9월의 강수량은 많지 않다.

> 정답·해설 02 정답 ❸
>
> ❸ 沖縄を含む南西諸島は、季節風の影響を受け1年を通じて雨が多く、年間の降水量の変化も激しい。
> 오키나와를 포함한 남서의 여러 섬은 계절풍의 영향을 받아 일년 내내 비가 많아, 연간 강수량의 변화도 많다.

제3장

世界と日本の地形 세계와 일본의 지형

>> 학습 포인트

- プレートテクトニクス理論を知り、地帯構造の違いを理解する。
  판구조론을 알고, 지대구조의 차이를 이해한다.
- 日本の大まかな地形の特色を知り、地域ごとのイメージを持つ。
  대략적인 일본 지형의 특색을 알고, 지역마다 이미지를 그려본다.

キーワード

プレートテクトニクス理論 판구조론　マントル 맨틀　地殻 지각　安定陸塊 안정육괴
古期造山帯 고기조산대　新期造山帯 신기조산대　東アフリカ大地溝帯 동아프리카 대지구대
カルデラ 칼데라　リアス式海岸 리아스식 해안　フィヨルド 피요르드　黒潮 쿠로시오 해류
親潮 오야시오 해류(쿠릴 해류)

○ プレートテクトニクス理論

地球は中心から、内核、外核、そしてそれを取り巻くマントル、一番外側に位置する地殻で構成されている。地殻は卵の殻のようなもので、流体のマントルの上に固い地殻がのっていると考えればよい。地殻は1枚ではなく、16枚ほどのプレートに分かれている。これが内部のマントルの動きによって、お互いに離れたり、ぶつかったりして地殻変動を起こす。この結果地表では山が出来たり、海が広がったりする。これはプレートテクトニクス理論と呼ばれている。

판구조론

지구는 중심에서부터 내핵, 외핵, 그리고 그것을 둘러싼 맨틀, 가장 바깥 쪽에 위치한 지각으로 구성되어 있다. 지각은 알의 껍질 같은 것으로, 유체인 맨틀 위에 딱딱한 지각이 올려져 있다고 생각하면 된다. 지각은 한 장이 아닌, 16장 정도의 판으로 나뉘어 있다. 이것이 내부 맨틀의 움직임에 따라 서로 떨어지거나, 만나기도 해서 지각변동을 일으킨다. 이 결과 지표면에서는 산이 생기기도 하고, 바다가 넓어지기도 하는 것이다. 이것을 판구조론이라고 한다.

大地形

　地形はいつごろ作られたかによって、年代ごとに3つのタイプに分かれている。最も古い時期に作られた地形を安定陸塊と呼び、長期間、雨や風の影響を受けたため、その地表面の起伏は緩やかになっている。次に古いのは古期造山帯で、古い時期に作られた山脈が侵食されて急流や高原になった山地になっている。そして最も新しいものが新期造山帯と呼ばれている。これは比較的新しい山脈であり、火山帯や地震帯を伴い、現在でも活発な造山活動をしている地域も多い。

　日本列島は新期造山帯に位置しており、活発な火山活動が見られ、世界でも有数の地震多発地帯として知られている。

대지형

지형은 언제쯤 만들어졌는지에 따라, 연대별로 세 가지 타입으로 나누어진다. 가장 오래된 시기에 만들어진 지형을 안정육괴라고 하는데, 장기간 비나 바람의 영향을 받아서 그 지표면의 기복은 완만해진다. 다음으로 오래된 것은 고기조산대로, 오랜 시기에 만들어진 산맥이 침식되어 급류나 고원인 산지가 된다. 그리고 가장 새로운 것이 신기조산대라고 불린다. 이것은 비교적 새로운 산맥으로 화산대나 지진대를 동반하여, 지금도 활발한 조산활동을 하고 있는 지역도 많다.

일본열도는 신기조산대에 위치해 있으며 활발한 화산활동을 보이고 있어, 세계에서도 손꼽히는 지진다발지대로 알려져 있다.

地帯構造 지대구조	特徴 특징	例 예	資源 자원
安定陸塊 안정육괴	楯状地 순상지 卓上地 탁상지	東ヨーロッパ平原、オーストリア西部、アメリカ中央平原、ブラジル、アフリカ大陸等 동유럽평원, 오스트리아서부, 미국중앙평원, 브라질, 아프리카대륙 등	鉄鉱石 철광석
古期造山帯 고기조산대	丘陵性山地 구릉성산지	アパラチア山脈、ウラル山脈、ドラケンスバーグ山脈等 아파라치아산맥, 우랄산맥, 드라켄즈버그산맥	石炭 석탄
新期造山帯 신기조산대	険しい山地 列島 험준한 산지 열도	環太平洋造山帯、アルプスーヒマラヤ造山帯 환태평양조산대, 알프스 히말라야조산대	銅鉱、石油 동광, 석유

火山

　火山帯は新期造山帯や東アフリカ大地溝帯(リフトバレー)、海嶺などプレートの境界線にできる。現在も活動中の火山は活火山と呼ばれ、以前活動した記録はあるが、現在は活動していないものを休火山、活動した記録が残っていないものを死火山と呼んでいる。日本を代表する富士山は休火山である。
　また爆発や陥没によって大きな凹地になった火山のことをカルデラと呼んでおり、日本では九州の阿蘇山が有名である。

平野

　平野には2つの種類があり、侵食平野と呼ばれる主に山地等が浸食されてできた平野と、堆積平野と呼ばれる主に河川の堆積作用によってできた平野が存在する。一般的に侵食平野が大規模である。
　新期造山帯に属する日本には堆積平野が多く、欧米やアフリカに見られるような大平原は存在しない。また日本では堆積平野の一種である沖積平野がよく見られる。沖積平野は河川の上流の扇状地、中流の氾濫原、下流の三角州で形成され、上流では果樹園が、下流では水田などに利用されることが多い。

海岸

　海岸には陸地が沈降あるいは海水の上昇によってできた沈水海岸(陸が海に)と、逆に陸地の隆起や海面の下降によってできた離水海岸(海が陸に)がある。一般的に沈水海岸は海岸線が複雑になり、離水海岸は海岸線が単調になる。
　沈水海岸にはリアス式海岸やフィヨルド、エスチュアリーなどの地形がある。

화산

　화산대는 신기조산대나 동아프리카대지구대(리프트 밸리), 해령 등 판의 경계선에 생긴다. 지금도 활동 중인 화산은 활화산이라 불리며, 이전에 활동한 기록은 있지만 지금은 활동하지 않는 것을 휴화산, 활동한 기록이 남아있지 않은 것을 사화산이라 부르고 있다. 일본을 대표하는 후지산은 휴화산이다.
　또 폭발이나 함몰에 의해 크게 움푹 패인 화산을 칼데라라고 하는데, 일본에서는 규슈의 아소산이 유명하다.

평야

　평야에는 두 종류가 있는데, 주로 산지 등이 침식되어 생긴 침식평야와, 주로 하천의 퇴적작용에 의해 생긴 퇴적평야가 존재한다. 일반적으로 침식평야가 대규모이다.
　신기조산대에 속하는 일본에는 퇴적평야가 많고, 구미나 아프리카에서 볼 수 있는 대평원은 존재하지 않는다. 또 일본에서는 퇴적평야의 한 종류인 충적평야를 많이 볼 수 있다. 충적평야는 하천의 상류인 선상지, 중류인 범람원, 하류인 삼각주에서 형성되어 상류에서는 과수원, 하류에서는 수전 등에 이용되는 경우가 많다.

해안

　해안에는 육지의 침강 혹은 해수의 상승에 의해 생긴 침수해안(육지가 바다로)과, 반대로 육지의 융기나 해면의 하강에 의해 생긴 이수해안(바다가 육지로)이 있다. 일반적으로 침수해안은 해안선이 복잡하고, 이수해안은 해안선이 단조롭다.
　침수해안에는 리아스식 해안이나 피요르드, 에스추어리 등의 지형이 있다.

日本の地形

日本列島は新期造山帯に属しているため火山活動が活発で、世界的な地震の多発地帯として知られている。国土の特徴としては、四方を海に囲まれ、国土の72.8％が山地、66.7％が森林であり、平野部分は非常に限られており、そこに人口が集中するため、都市部の人口密度は非常に高い。

日本は周りを太平洋、日本海、オホーツク海、東シナ海に囲まれている。そして2つの暖流(日本海流＝黒潮、対馬海流)と寒流(千島海流＝親潮、リマン海流)に挟まれ、暖流と寒流のぶつかるところ(潮目)は、プランクトンが多く発生するため、世界的な好漁場として知られている。

日本列島の中心には背骨のように山脈・山地が連なり、その結果本州の気候を大きく太平洋側と日本海側に分けている。山がちで平野が少ないため、大陸に存在するような大河はなく、短く急流で、侵食や堆積による地形形成が多い。また海岸線も半島、岬などが多く、海岸線が長くて複雑である。特に岩手県の三陸海岸は代表的なリアス式海岸として知られる。

また地層的には日本の中央部を南北に縦断するフォッサマグナといわれる断層と、西日本を南北に分ける中央構造線といわれる断層がある。

日本の地形

일본열도는 신기조산대에 속해 있기 때문에 화산활동이 활발하여, 세계적인 지진 다발지대로 알려져 있다. 국토의 특징으로는 사방이 바다로 둘러싸여 있고 국토의 72.8퍼센트가 산지, 66.7퍼센트가 삼림이다. 또한 평야 부분은 상당히 한정되어 있어 그 곳에 인구가 집중하기 때문에, 도시부의 인구밀도는 아주 높다.

일본은 주위가 태평양, 일본해(동해), 오호츠크해, 동지나해에 둘러싸여 있다. 그리고 두 개의 난류(일본 해류(쿠로시오), 쓰시마 해류)와 한류(치시마 해류(오야시오), 리만 해류)에 끼어, 난류와 한류가 만나는 곳(시오메)은, 플랑크톤이 많이 발생하기 때문에 세계적인 호어장으로 알려져 있다.

일본열도의 중심에는 척추처럼 산맥・산지가 연결되어, 그 결과 혼슈의 기후를 크게 태평양측과 일본해(동해)측으로 나누고 있다. 산이 많고 평야가 적기 때문에 대륙에 존재하는 큰 강은 없고, 짧은 급류 때문에 침식이나 퇴적에 의한 지형 형성이 많다. 또 반도, 갑 등이 많아 해안선이 길고 복잡하다. 특히 이와테현의 산리쿠해안은 대표적인 리아스식 해안으로 알려져 있다.

또 지층적으로는 일본의 중앙부를 남북으로 종단하는 포사마그나라는 단층과, 서일본을 남북으로 나누는 중앙구조선이라는 단층이 있다.

日本近海の海流
일본 근해의 해류

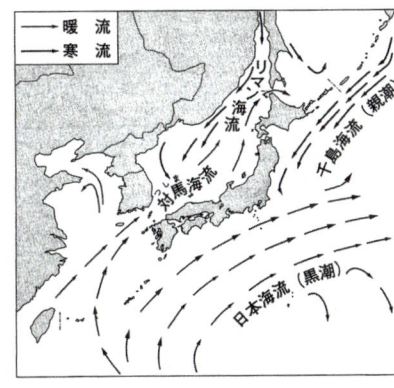

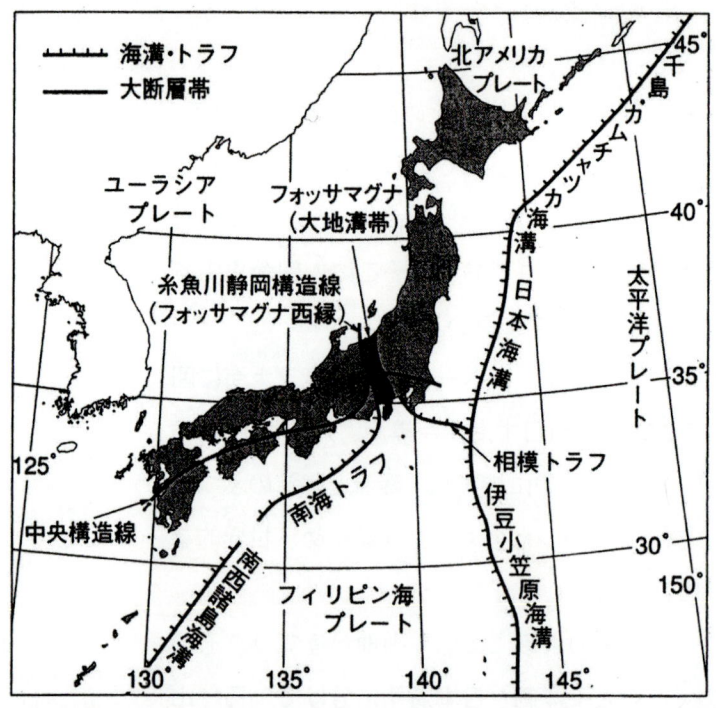

国土地理院, 気象庁ほかの資料により作成。

国土の地形区分別構成（1982年）
국토의 지형구분별 구성

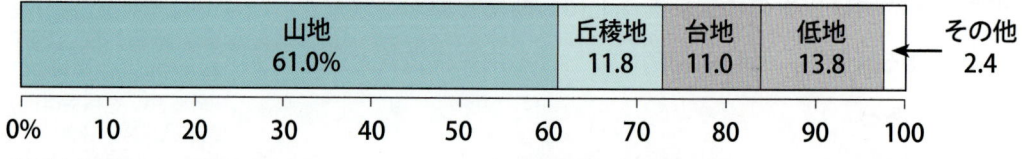

総務省統計局「日本統計年鑑」(2006年)による(原資料は旧国土庁「1982年度国土数値情報作成調査」)。丘陵とは山地のうち低地からの高さが300m以下のもの。台地は主として洪積台地。低地は主として洪積世に形成された地形で扇状地、三角州など。その他は北方領土(5033㎢)や内水域(湖沼や河川など)など。

총무성통계국 '일본통계연감' (2006년)에서(원자료는 구 국토청 '1982년도 국토수치정보작성조사'). 구릉이란 산지 중에서 저산지에서 높이가 300미터 이하인 것을 말함. 대지는 주로 홍적대지. 저산지는 주로 홍적기에 형성된 지형으로 선상지, 삼각주 등. 그 외는 북방영토(5033제곱킬로미터)와 내수역(호수와 늪이나 하천 등)등이 있다.

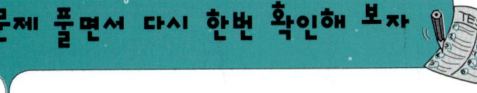

01 **地形に関する次の文章のうち正しいものを一つ選びなさい。**

❶ 地球は中心部より内核、外核、マントル、地殻で構成されており、主にマントルの動きによって地表の地形も変動する。
❷ 安定陸塊は最も古い時代に作られた地形で、内部には石炭を多く含んでいる。
❸ 新期造山帯では現在も活発な地形変動が行われているところが多く、そのため地震や津波、台風に襲われる地域が多い。
❹ 火山には死火山、休火山、活火山があり、休火山は現在より100年以内に噴火を経験していないものをいう。

02 **日本の地形に関する次の文章のうち誤っているものを一つ選びなさい。**

❶ 日本は国土の4分の3を山地が占め、3分の2を森林が占める山がちな地形である。
❷ 日本の太平洋岸には暖流である親潮と寒流である黒潮がぶつかり、世界でも有数の好漁場となっている。
❸ リアス式海岸は典型的な沈水海岸であり、日本では三陸海岸が有名である。
❹ 地層的に日本を南北に分ける線をフォッサマグナ、西日本を南北に分ける線を中央構造線と呼ぶ。

01 지형에 관한 다음 문장 중 올바른 것을 하나 고르시오.
　① 지구는 중심부보다 내핵, 외핵, 맨틀, 지각으로 구성되어 있고, 주로 맨틀 활동에 따라 지표의 지형도 변동한다.
　② 안정육괴는 가장 오래된 시대에 만들어진 지형으로, 내부에는 많은 석탄을 포함하고 있다.
　③ 신기조산대에서는 현재도 활발한 지형변동이 일어나고 있는 곳이 많아서, 그 때문에 지진이나 해일, 태풍의 습격을 받는 지역이 많다.
　④ 화산에는 사화산, 휴화산, 활화산이 있으며, 휴화산은 현재부터 백년 이내에 분화를 경험하지 않은 화산을 말한다.

> **정답·해설　01　정답 ❶**
>
> ❷ 安定陸塊で取れる資源の代表的なものは鉄鉱石である。石炭は 古期造山帯。
> 안정육괴에서 채취하는 대표적인 자원은 철광석이다. 석탄은 고기조산대.
>
> ❸ 新期造山帯では確かに地震が多いが、台風の襲来は地形の成立年代と 関係が無い。
> 신기조산대에서는 지진이 많긴 하지만, 태풍의 내습은 지형의 성립 연대와 관계가 없다.
>
> ❹ 現在は活動を休止しているが、歴史上過去に噴火の記録があるものを 休火山という。
> 현재는 활동을 멈추고 있지만 역사상 과거에 분화 기록이 있는 것을 휴화산이라고 한다.

02 일본의 지형에 관한 다음 문장 중 틀린 것을 하나 고르시오.
　① 일본은 국토의 4분의 3을 산지가 차지하고, 3분의 2를 삼림이 차지하는 산이 많은 지형이다.
　② 일본의 태평양해연안에는 난류인 오야시오와 한류인 쿠로시오가 만나, 세계에서도 손꼽히는 호어장이 형성되어 있다.
　③ 리아스식 해안은 전형적인 침수해안으로, 일본에서는 삼륙해안이 유명하다.
　④ 지층적으로 일본을 남북으로 나눈 선을 포사마그나, 서일본을 남북으로 나눈 선을 중앙구조선이라고 한다.

> **정답·해설　02　정답 ❷**
>
> ❷ 親潮は寒流で黒潮が暖流である。오야시오 해류는 한류이고, 쿠로시오 해류는 난류이다.

第4章 エネルギー資源 에너지 자원

>> 학습 포인트

- 各エネルギー資源の特徴を知り、その長所と短所を理解する。
  각 에너지 자원의 특징을 알고, 그 장점과 단점을 이해한다.

- 各国における利用エネルギーの違いを理解し、その理由を把握する。
  각국에 따른 이용에너지의 차이를 이해하고, 그 이유를 파악한다.

キーワード

エネルギー革命 에너지 혁명　省エネルギー 에너지 절약　第1次・第2次オイルショック 제1차・제2차 오일쇼크　汽力発電 기력발전　火力発電 화력발전　原子力発電 원자력발전　水力発電 수력발전　太陽光発電 태양광발전　風力発電 풍력발전

レアメタル 희소 금속(rare metal)

○ エネルギー資源

　地球には数多くの資源が埋蔵されており、それを利用することで人類は発展を遂げてきた。特に石炭や石油などのエネルギーを利用することにより、産業革命以降、飛躍的な成長を可能にしてきた。エネルギーには1次エネルギーと呼ばれる未加工のエネルギーと、それを加工した電力などの2次エネルギーが存在する。

　現在の主要エネルギーは石油や石炭などの化石燃料であり、特に1950年代後半から始まった石炭から石油への資源のシフト、いわゆるエネルギー革命といわれる動きの後、世界の資源需要は一気に高まった。しかし、1973年と続く1978年に起こった2つのオイルショックにより、石油エネルギーは高価なものとなり、先進国で省エネルギーが叫ばれるようになった。

　さらに1990年代に入り、化石燃料の消費が地球に与える環境面での悪影響が注目され、原子力や自然エネルギーの利用、バイオマ

에너지 자원

　지구에는 수많은 자원이 매장되어 있고, 그것을 이용함으로서 인류는 발전을 이룩해 왔다. 특히 석탄이나 석유 등의 에너지를 이용하는 것으로, 산업혁명 이후 비약적인 성장이 가능해졌다. 에너지에는 1차 에너지라 불리는 미가공에너지와, 그것을 가공한 전력 등의 2차 에너지가 존재한다.

　현재의 주요에너지는 석유나 석탄 등의 화석연료이며, 특히 1950년대 후반부터 시작된 석탄에서 석유로의 자원의 전환, 이른바 에너지 혁명이라 불리는 변화가 있은 후, 세계의 자원 수요는 단숨에 높아졌다. 그러나 1973년에 이어 1978년에 일어난 두 번의 오일쇼크로 인해 석유에너지는 고가가 되고, 선진국에서 에너지 절약을 부르짖게 되었다.

　거기다 1990년대에 접어들어 환경면에서 화석연료의 소비가

スといったものが注目されている。
　特に日本のエネルギー自給率はわずか19％に過ぎず、他国に増してエネルギーの消費に敏感にならざるを得ない状況にある。

> 지구에 끼치는 악영향이 주목받자, 원자력이나 자연에너지의 이용, 바이오매스 등이 주목받고 있다.
>　특히 일본의 에너지 자급률은 불과 19퍼센트에 불과해서, 다른나라보다 에너지 소비에 더욱 민감해질 수밖에 없는 상황에 있다.

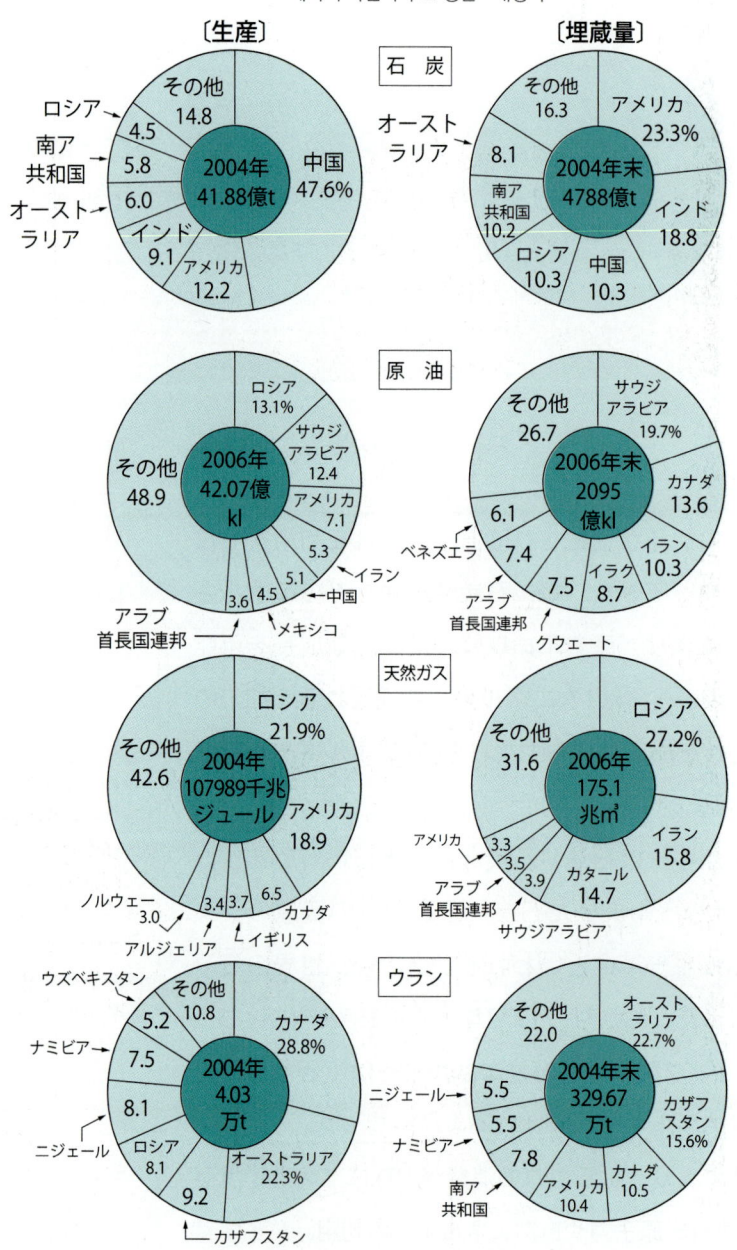

エネルギー資源の主要生産・埋蔵国
에너지 자원의 주요 생산・매장국

○ 石炭

　石炭は産業革命以前から利用されてきたが、その利用が飛躍的に伸びたのはイギリスのダービー親子によるコークスの発明以降であった。現在、石炭は火力発電の主要熱源として多くの国で利用されている。主な生産国としては中国やアメリカ、オーストラリアなどが上げられる。

　日本では明治維新以降、産業の発展に伴い多くの炭鉱が開発されてきたが、エネルギー革命による石油の大量輸入などの影響によって、1961年をピークに年々減少。現在では主要炭鉱のすべてが閉山しており、採掘量はピーク時の1%以下となっている。

○ 石油

　地域的に偏在しており、中東に全埋蔵量の2/3が集中している。そのため資源確保のための競争が激しく、しばしば国際問題の原因となっている。主要産出国はサウジアラビア、ロシア、アメリカなどであり、日本の輸入先としてはサウジアラビアやUAE、イランなど中東諸国が90％を占め、資源の安定供給のためにも原油輸入先の多角化が進められているが、現状ではなかなか進んでいない。

석탄

　석탄은 산업혁명 이전부터 이용되어 왔지만, 그 이용이 비약적으로 늘기 시작한 것은 영국의 더비 부자(父子)가 코크스를 발명하고 나서부터였다. 현재 석탄은 화력발전의 주요 열원으로 많은 나라에서 이용되고 있다. 주된 생산국으로는 중국과 미국, 오스트레일리아 등을 들 수 있다.

　일본에서는 메이지유신 이후 산업발전과 더불어 많은 탄광이 개발되어 왔지만, 에너지 혁명에 따른 석유의 대량수입 등의 영향으로 인해, 1961년을 정점으로 매년 감소하고 있다. 지금은 모든 주요 탄광이 폐산했고, 채굴량은 전성기 때의 1퍼센트 이하가 되었다.

석유

　지역적으로 편재해 있고, 중동에 전 매장량의 3분의 2가 집중되어 있다. 그 때문에 자원확보를 위한 경쟁이 치열하여, 빈번히 국제문제의 원인이 되고 있다. 주요 산출국은 사우디아라비아, 러시아, 미국 등이 있고, 일본의 수입국으로는 사우디아라비아와 UAE, 이란 등 중동의 여러 나라가 90퍼센트를 차지한다. 자원의 안정공급을 위해서도 원유수입국의 다각화를 추진하고 있지만, 현재의 상태로는 좀처럼 진척이 없다.

天然ガス

　天然ガスは石油より環境に対する影響が少ないため、近年クリーンエネルギーとして需要が伸びている。ただし天然ガスは気体であるため、運搬が石油より困難だという弱点がある。ヨーロッパでは盛んに利用され、ロシアや北海油田からパイプラインを通して輸入している。

　日本のような天然ガスの産出国から遠い国では、天然ガス専用のタンカーにより、ガスを冷却して液体に変えて運ぶ必要があるため、コストが高くなってしまう。そのため日本の主要輸入先はインドネシアやマレーシア、オーストラリアなどの東南アジアや、オセアニアの国など、比較的近い距離にある国になる。

電力

　現在主流となっている発電方法は汽力発電といわれ、蒸気の力によってタービンを回して、電気を作る方法である。そのため水を熱し、水蒸気を発生させる必要がある。この水を温める原料として火を用いるのが火力発電であり、ウランを用いるのが原子力発電である。

　火力発電の燃料としては石炭、天然ガス、石油などがある。一般的に石炭を使う国が多く、ロシアやイギリスなど天然ガスの産出国では天然ガスも使われている。原子力の比率が高い国はフランスで、実に電力の80％ほどを原子力によって発電している。

　汽力発電以外の方法としては水を用いた水力発電があり、雨が多く急流の川が多い国でおこなわれている。その代表的な国はノルウェー、ブラジル、カナダなどである。

　日本は火力発電の割合が多く、原子力が続き、水力は全体の1割程度である。

천연가스

　천연가스는 석유보다 환경에 대한 영향이 적기 때문에, 최근 몇 해 사이 청정에너지로서 수요가 늘고 있다. 다만 천연가스는 기체이기 때문에, 석유보다 운반하는 것이 어렵다는 약점이 있다. 유럽에서는 많이 이용되고 있어, 러시아나 북해유전에서 파이프라인을 통해 수입하고 있다.

　일본처럼 천연가스 산출국에서 먼 나라는, 천연가스 전용 유조선으로 가스를 냉각하여 액체로 바꿔서 운반해야 하기 때문에 비용이 비싸진다. 그 때문에 일본의 주요 수입국은 인도네시아나 말레이시아, 오스트레일리아 등 동남아시아나 오세아니아의 나라 등 비교적 가까운 거리에 있는 나라이다.

전력

　현재 주류가 된 발전 방법은 기력발전이라 불리는, 증기의 힘으로 터빈을 돌려 전기를 만드는 방법이다. 그 때문에 물을 달구어, 수증기를 발생시킬 필요가 있다. 이 물을 데우는 원료로서 불을 이용하는 것이 화력발전이고, 우라늄을 이용하는 것이 원자력발전이다.

　화력발전의 연료로는 석탄, 천연가스, 석유 등이 있다. 일반적으로 석탄을 사용하는 나라가 많고, 러시아나 영국 등 천연가스 산출국에서는 천연가스도 사용되고 있다. 원자력의 비율이 높은 나라는 프랑스로, 전력의 80퍼센트 정도를 원자력으로 발전시킨다.

　기력발전 이외의 방법으로는 물을 이용한 수력발전이 있고, 비가 많아 급류천이 많은 나라에서 이용한다. 그 대표적인 나라는 노르웨이, 브라질, 캐나다 등이 있다.

　일본은 화력발전의 비율이 많으며, 수력은 원자력에 이어 전

環境に対する影響を考えると、温室ガスを大量に発生させる化石燃料からの脱却を図るべきである。原子力発電は温暖化ガスの排出量も少なく、ウランの埋蔵量も石油に比べ余裕があるが、常に放射能による事故の危険性が存在し、軍事転用の危険性も見逃せない。そのため、近年ではより安全で環境にやさしい風力発電や、太陽光発電、地熱や潮力発電なども注目されてきている。

체의 10퍼센트 정도이다.

환경에 대한 영향을 생각하면, 온실가스를 대량으로 발생시키는 화석연료에서 벗어날 방법을 도모해야 한다. 원자력발전은 온난화가스 배출량도 적어, 우라늄 매장량도 석유에 비해 여유가 있다. 하지만, 언제나 방사능에 의한 사고의 위험성이 존재하고, 군사 전용의 위험성도 간과할 수 없다. 그 때문에 최근에는 보다 안전하고 친환경적인 풍력발전이나 태양광발전, 지열이나 조력발전 등도 주목받기 시작했다.

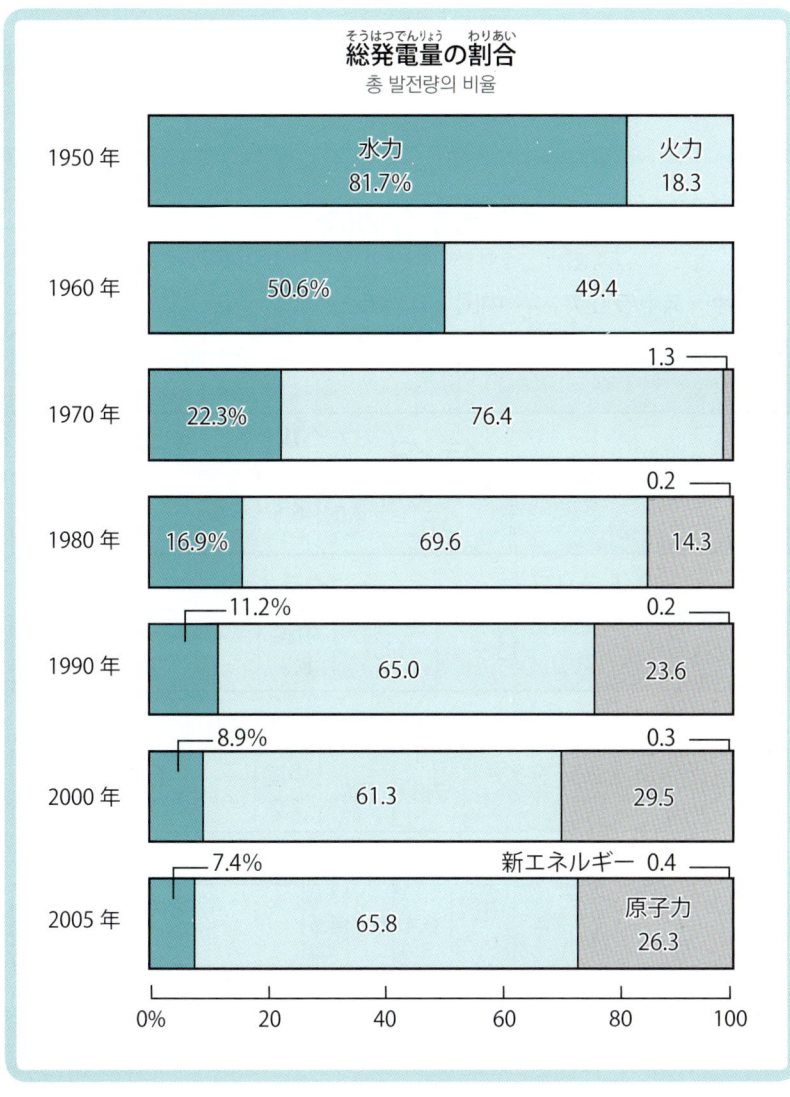

総発電量の割合
총 발전량의 비율

年	水力	火力	原子力	新エネルギー
1950	81.7%	18.3		
1960	50.6%	49.4		
1970	22.3%	76.4	1.3	
1980	16.9%	69.6	14.3	0.2
1990	11.2%	65.0	23.6	0.2
2000	8.9%	61.3	29.5	0.3
2005	7.4%	65.8	26.3	0.4

地理 分野

歴史 分野

政治 分野

経済 分野

現代社会 分野

鉱物資源

鉱物資源で主要なものは鉄鉱石や金、銀、銅などが挙げられる。鉄鉱石はオーストラリアやブラジル産の品質が高く、この２カ国が世界市場の７割を占めている。そして金は南アフリカ、銀はメキシコ、銅はチリで最も産出される。他にもニッケルやクロム、タングステンなどレアメタルと呼ばれる希少金属は、中国やアフリカ、ロシア、南北アメリカなどの局地に偏在しており、産業に不可欠なこれらの金属をめぐって、近年消費国による激しい資源獲得競争も起こっている。

> 광물자원
>
> 주요한 광물자원으로는 철광석이나 금, 은, 동 등을 들 수 있다. 철광석은 오스트레일리아나 브라질산이 품질이 높아, 이 두 나라가 세계시장의 70퍼센트를 차지하고 있다. 그리고 금은 남아프리카, 은은 멕시코, 동은 칠레에서 가장 많은 양이 산출된다. 그 외에도 니켈이나 크롬, 텅스텐 등 레어 메탈이라 불리는 희소금속은 중국이나 아프리카, 러시아, 남북아메리카 등의 국지에 편재되어 있어 최근에는 산업에 불가결한 이러한 금속을 둘러싸고 소비국에 의해 치열한 자원획득 경쟁도 일어나고 있다.

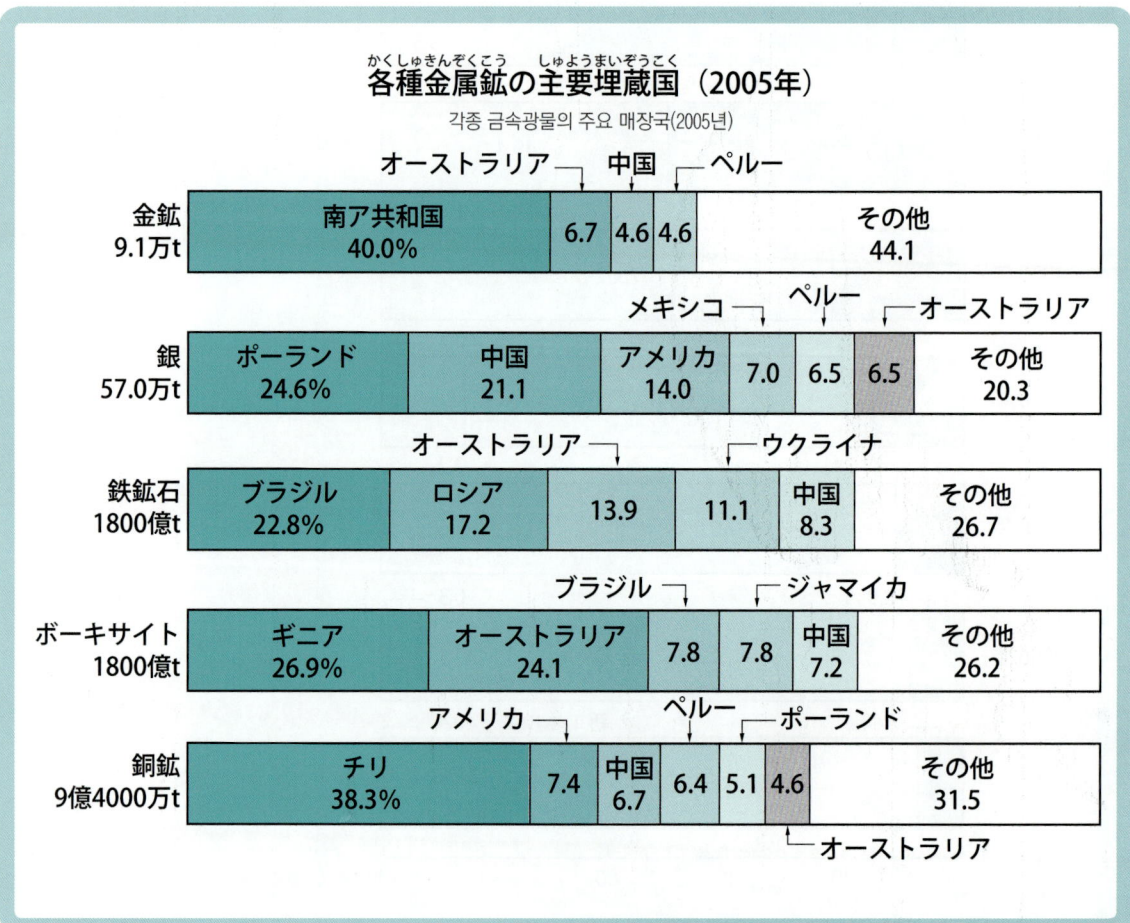

各種金属鉱の主要埋蔵国（2005年）
각종 금속광물의 주요 매장국(2005년)

문제 풀면서 다시 한번 확인해 보자

01 エネルギーに関する次の文章のうち正しいものを一つ選びなさい。
① 全世界の石油埋蔵量の約2/3は中東にあり、サウジアラビアやイランが主要な産油国である。
② 日本でもクリーンエネルギーとして利用が増えている天然ガスの主要輸入先は石油と同じく中東である。
③ 日本は雨が多く、山がちな地形を利用して水力発電量が全発電量の30％を占めている。
④ 日本の地下資源は少ないが、唯一石炭は埋蔵量が多く、明治時代以降、自給自足体制にある。

02 資源に関する次の文章のうち誤っているものを一つ選びなさい。
① 第1次石油危機以降、先進国では石油の節約に努めたが、中でも日本は熱心に省エネルギー化を促進した。
② 日本の石油輸入は中東に集中しているため、資源の安定確保のために輸入先の多角化を図っている。
③ 新期造山帯に位置する日本は銅やボーキサイトに恵まれており、主要な産出国である。
④ 原子力発電はフランスで盛んであり、総発電量の約80％を占め、近隣諸国にも輸出をしている。

01 에너지에 관한 다음 문장 중 올바른 것을 하나 고르시오.

① 전 세계 석유매장량의 약 3분의 2는 중동에 있고, 사우디아라비아와 이란이 주요 산유국이다.
② 일본에서도 청정에너지로서 이용이 늘고 있는 천연가스의 주요 수입국은 석유와 마찬가지로 중동이다.
③ 일본은 비가 많이 내리고 산이 많은 지형을 이용해서, 수력발전량이 전 발전량의 30퍼센트를 차지하고 있다.
④ 일본의 지하자원은 적지만 유일하게 석탄은 매장량이 많아, 메이지시대 이후 자급자족 체제에 있다.

> **정답·해설** 01 정답 ❶
>
> ❷ 天然ガスの主要輸入先は東南アジアやオセアニアである。
> 천연가스의 주요 수입국은 동남아시아와 오세아니아이다.
> ❸ 日本の水力発電量は全発電量の1割程度と多くない。
> 일본의 수력발전량은 전체 발전량의 10퍼센트 정도로 많지 않다.
> ❹ 現在、日本の主要炭鉱は閉山しており、輸入に頼っている。
> 현재 일본의 주요탄광은 폐광했고, 수입에 의존하고 있다.

02 자원에 관한 다음 문장 중 틀린 것을 하나 고르시오.

① 제1차 석유위기 이후 선진국에서는 석유 절약에 힘썼으며, 그 중에서도 일본은 열심히 에너지 절약화를 촉진했다.
② 일본의 석유수입은 중동에 집중되어 있기 때문에, 자원의 안정 확보를 위해 수입처의 다각화를 도모하고 있다.
③ 신기조산대에 위치하는 일본은 동이나 보크사이트(철반석)가 풍부하여, 주요한 산출국이다.
④ 원자력발전은 프랑스에서 번성하여 총 발전량의 약 80퍼센트를 차지하며, 가까운 여러 나라에도 수출을 하고 있다.

> **정답·해설** 02 정답 ❸
>
> ❸ 銅の主要な産地はチリで、アルミニウムの原料になるボーキサイトはオーストラリアである。
> 동의 주요 산지는 칠레이며, 알루미늄의 원료인 보크사이트는 오스트레일리아이다.

第5章 農水産業 농수산업

》》 학습 포인트

- 世界3大穀物の特徴を理解し、それぞれの違いを述べられるようにする。
  세계 3대 곡물의 특징을 이해하고, 각각의 차이를 말할 수 있도록 한다.
- 日本の農水産業の現状を理解し、問題点を把握する。
  일본의 농수산업의 현상을 이해하고, 문제점을 파악한다.

キーワード

世界3大穀物 세계 3대 곡물　米 쌀　小麦 밀　とうもろこし 옥수수　作付面積 작부면적
減反政策 감반정책(경작면적 삭감 정책)　食料自給率 식료자급률　食糧管理制度 식량관리제도
排他的経済水域(EEZ) 배타적 경제수역

世界の農業

　農業問題は他の経済の問題に比べて、より直接的に人間の生存にかかわる問題のため、重要である。特に現代は、先進国では有り余る食料に囲まれ、飽食の時代とも言われる過剰消費社会を迎える国が存在する一方、発展途上国の中では、毎日の生活に困り、飢餓に苦しむ貧しい国もある。それらのアンバランスを解消するために国連機関や各国の支援が実施されているが、決定的に有効な方策はまだ見つけられていない。しかしこれらの問題は、決して無視することはできず、早急に解決すべき地球的な課題である。

세계의 농업

　농업문제는 다른 경제 문제에 비해, 보다 직접적으로 인간의 생존에 관계되는 문제이므로 중요하다. 특히 현대는, 선진국에서는 남아도는 식료에 둘러싸여 포식시대라고도 불리는 과잉소비사회에 직면한 나라가 존재하는 한편, 발전도상국 중에서는 매일 생활이 힘들어 기아에 시달리는 가난한 나라도 있다. 그러한 불균형을 해소하기 위해 유엔기관이나 각국의 지원이 실시되고 있지만, 결정적으로 유효한 방책은 아직 나오지 않고 있다. 그러나 이러한 문제는 결코 무시할 수 없으며 시급히 해결해야 하는 지구적 과제이다.

地理 分野 | 39

世界3大穀物

　世界の農業で主要産物となるのは3大穀物と呼ばれる米、小麦、とうもろこしである。この3つが主食として、あるいは家畜を育てる基礎飼料として、人間の生存に最重要なものである。3大穀物といっても、その性格や用途は異なる。米は主に生産国で消費する自給的作物であるが、小麦やとうもろこしは生産に適した国が他国への輸出用に大量生産しているため、商品的作物と呼ばれている。

　米はその生育に温暖な気候と多量の雨が必要なため、東アジアや東南アジアを中心に作られてきた。小麦は世界的に生産が可能であるが、中国やインドなど自給的な目的で生産する国だけでなく、広大な耕地を持ったアメリカやフランス、カナダなどで商品作物として大量に栽培されている。とうもろこしに関しては、人がそのまま食料として消費するよりも、圧倒的に家畜の飼料として用いられることが多い。鶏や豚など家畜飼料として大量にとうもろこしが使われる日本や韓国は、世界でも有数のとうもろこし輸入国である。

세계의 3대 곡물

　세계의 농업에서 주요 산물이 되는 것은 3대 곡물이라 불리는 쌀, 밀, 옥수수이다. 이 세 가지는 주식으로서, 혹은 가축을 키우는 기초사료로서 인간의 생존에 가장 중요한 곡물이다. 3대 곡물이라 해도, 그 성격이나 용도는 다르다. 쌀은 주로 생산국에서 소비하는 자급적 작물이지만, 밀이나 옥수수는 생산에 적합한 나라가 다른 나라에 수출용으로 대량생산하고 있기 때문에, 상품적 작물로 불리고 있다.

　쌀은 그 생육에 온난한 기후와 다량의 비가 필요하기 때문에, 동아시아나 동남아시아를 중심으로 재배되어 왔다. 밀은 세계적으로 생산이 가능하지만, 중국이나 인도 등 자급적인 목적으로 생산하는 나라뿐만 아니라 광대한 경지를 가진 미국이나 프랑스, 캐나다 등에서 상품작물로 대량재배되고 있다. 옥수수는 인간이 그대로 식료로 소비하는 것 보다도, 가축사료로 이용되는 경우가 압도적으로 많다. 닭이나 돼지 등의 가축사료로서 옥수수가 대량으로 사용되는 일본이나 한국은 세계에서도 손꼽힐 정도의 옥수수 수입국이다.

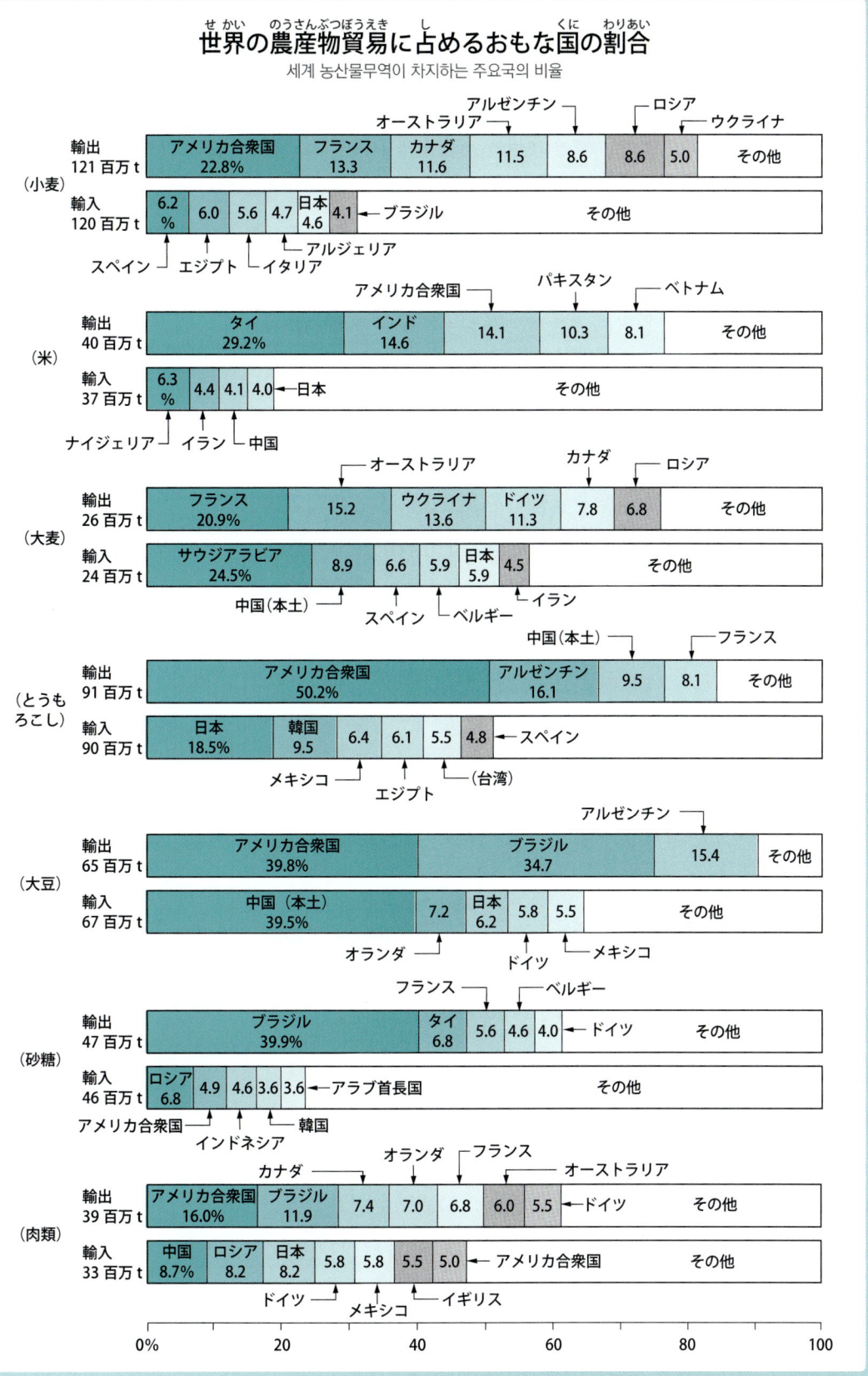

日本の農業

　日本の農業の中心は稲作である。米は日本の全作付面積の4割近くを占め、圧倒的である。第2次世界大戦後まもなくは、日本は未曾有の食糧危機に襲われた。そのため政府は米の増産を指示し、国策に従い、農家は水田の拡張、米の増産を続けた。

　しかし1960年代に入り、経済成長を迎えた日本は国民のライフスタイルの変化による米の消費量の激減と、単位面積あたりの米の収穫量の増大により、米余りに悩むようになった。以降、長期にわたり、政府は一転して米の作付面積の削減（減反政策）と他の作物への転作を進めているが、農家の協力が得られず進んでいない。しかも米の供給を管理してきた国による食糧管理制度が、アメリカによる圧力によって自由化され、2004年から原則的に米の自由化がなされるなど、米の生産に関する状況は厳しさを増している。

日本の農業の問題点

　現在の日本の農業は多くの問題点をかかえている。まず規模の問題が挙げられる。日本の農家は外国に比べて小規模で、効率の面で劣っている。また農業従事者の6割近くが65歳以上の高齢者で占められ、後継者も決まっていないところも多く、諸外国との競争が激化している中、見通しは明るくない。

　それでも政府は食料自給率の改善（2008年現在約40％）を掲げて政策を実施しているが、世界的な農業への補助金削減や保護規制撤廃の動きからも、農家保護の打開策を見つけられないでいる。

일본의 농업

　일본 농업의 중심은 벼농사로, 쌀은 일본 전체 작부면적의 40퍼센트 가깝게 차지하여 압도적이다. 제2차 세계대전 후 얼마 지나지 않아, 일본은 지금까지 없었던 식량위기에 봉착했다. 그 때문에 정부는 쌀의 증산을 지시하고, 국책에 따라 농가는 수전을 확장하여 계속 쌀을 증산해 갔다.

　그러나 1960년대에 들어 경제성장을 맞이한 일본은 국민의 라이프 스타일 변화로 인해 쌀 소비량의 격감과 단위면적당 쌀 수확량의 증대로 쌀이 남아 도는 고민에 빠졌다. 이후, 정부는 장기간에 걸쳐 새로이 쌀 작부면적의 삭감(감반정책)과 다른 작물로의 전작을 추진하고 있지만, 농가의 협력을 얻지 못해 진척이 없다. 게다가 쌀의 공급을 관리해 온 나라에 의한 식량관리제도가 미국의 압력으로 자유화되어, 2004년부터 원칙적으로 쌀의 자유화가 이루어지는 등 쌀 생산에 관한 상황은 더욱 악화되고 있다.

일본 농업의 문제점

　현재 일본의 농업은 많은 문제점을 안고 있다. 우선 규모 문제를 들 수 있다. 일본의 농가는 외국에 비해 소규모로, 효율면에서 뒤져있다. 또한 농업종사자의 60퍼센트 가까이가 65세 이상의 고령자가 차지하고 있어 후계자가 정해지지 않은 곳도 많아, 여러 외국과의 경쟁이 격화되고 있는 상황 속에 전망이 밝지 않다.

　그래도 정부는 식료자급률의 개선(2008년 현재 약 40퍼센트)을 내걸고 정책을 시행하고 있지만, 세계적인 농업에의 보조금삭감과 보호규제철폐의 움직임으로부터도 농가보호의 타개책을 찾지 못하고 있다.

水産業

日本は現在、世界有数の魚介類の消費国である。食生活の欧米化に伴い、以前よりは減ったとはいえ、以前高い水準にある。漁獲高も以前は世界一を誇ったが、オイルショック以降、漁船の原料である燃料の価格高騰と、各国による排他的経済水域(EEZ)の設定により、その地位は低下してしまった。

その代わりに増えたのが輸入量である。自国が獲っていた分を輸入で補ったため、日本は世界最大の水産物輸入国に成長した。現在は世界の水産物貿易額の約20％を占める。しかし、世界規模で水産物の需要が増加したため、各地で乱獲が横行し、現在は国際的な規制が求められている。

수산업

일본은 현재, 세계에서 손꼽히는 어패류 소비국이다. 식생활의 구미화와 더불어, 이전보다 줄었다고는 해도 높은 수준에 있다. 어획고도 이전에는 세계 제일을 자랑했지만, 오일쇼크 이후 어선의 원료가 되는 연료의 가격상승과 각국에 의한 배타적 경제수역(EEZ) 설정에 의해, 그 지위는 저하해 버렸다.

그 대신에 증가한 것이 수입량이다. 자국이 포획했던 양을 수입으로 보충하기 위해, 일본은 세계최대 수산물 수입국으로 성장했다. 현재는 세계의 수산물 무역액의 약 20퍼센트를 차지한다. 그러나 세계규모로 수산물의 수요가 증가했기 때문에 각지에서 남획이 횡행하고 있어, 현재 국제적인 규제가 요구되고 있다.

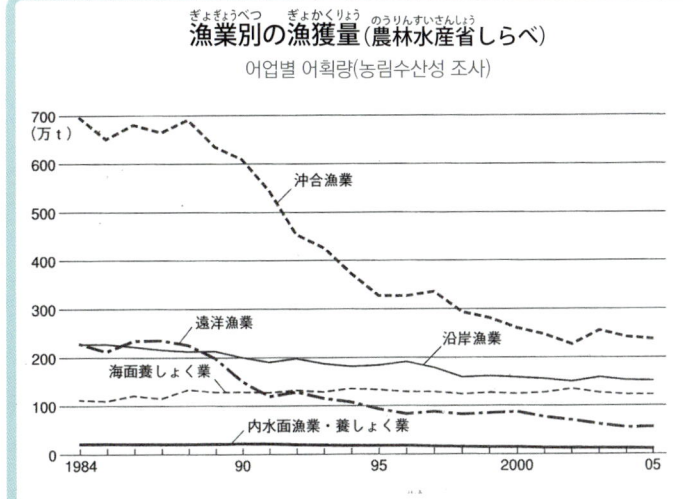

漁業別の漁獲量(農林水産省しらべ)
어업별 어획량(농림수산성 조사)

遠洋漁業 _ 大型船で遠くの海へでかけ数十日から数か月も漁をする。太平洋やインド洋のかつお・まぐろなど。
沖合漁業 _ 10トン以上の船で40キロぐらいまでの沖で漁をする。いわし、かれい、さんまなどをとる。
沿岸漁業 _ 海岸近くで日帰りの漁をするきぼの小さい漁業。さば、あじ、たら、たいなどをとる。
海面養殖業 _ 浅いうみで、のり、かき、しんじゅなどをそだてる。
内水面漁業・養殖業 _ 川や湖の魚をとり、こいやうなぎ、ますなどをそだてる。

원양어업_ 대형선박으로 먼 바다에 나가 수 십일에서 수 개월 동안 고기를 잡는다. 태평양과 인도양에 있는 가다랑어, 참치 등.
앞바다어업_ 10톤 이상의 배로 40킬로 정도까지의 앞바다에서 고기를 잡는다. 정어리, 가자미, 꽁치 등을 잡는다.
연안어업_ 해안근처에서 당일치기로 고기를 잡는 작은 규모의 어업. 고등어, 전어, 대구, 도미 등을 잡는다.
해면양식업_ 얕은 바다에서 김, 굴, 진주 등을 양식한다.
내수면어업・양식업_ 강이나 호수에서 고기를 잡고, 잉어와 장어, 송어 등을 양식한다.

문제 풀면서 다시 한번 확인해 보자

01 農作物に関する次の文章のうち正しいものを一つ選びなさい。
❶ 3大穀物の中でも米は最も多くの国で作られ、農作物貿易の主役である。
❷ とうもろこしは各国で主食として用いられ、メキシコやペルーが主要産地である。
❸ 食料は原則的に自給するべきものであり、現在のような広範な貿易は望ましいものではない。
❹ 中国やインドなどの人口大国は食糧の増産に努めているが、人口増加の伸びに追いつかず、将来的な食料不足が危惧されている。

02 日本の農業や水産業に関する次の文章のうち誤っているものを一つ選びなさい。
❶ 第2次世界大戦後、農地改革により小作農が減り、それに代わって小規模な自作農が誕生した。
❷ 日本の食料自給率が低下した最大の原因は外国との競争に敗れ、国内の農家が壊滅したからである。
❸ 日本はかつて世界有数の漁業国であったが、EEZなどの影響により中国などから魚介類を輸入する輸入大国に変化した。
❹ 日本は世界の水産物貿易額の約20%を占める国であり、その割合は年々増えている。

01 농작물에 관한 다음 문장 중 올바른 것을 하나 고르시오.

① 3대 곡물 중에서도 쌀은 가장 많은 나라에서 재배되어, 농작물 무역의 주역이다.
② 옥수수는 각국에서 주식으로 이용되며, 멕시코나 페루가 주요산지이다.
③ 식료는 원칙적으로 자급해야 하는 것으로, 지금과 같은 광범위한 무역은 바람직하지 않다.
④ 중국이나 인도 같은 인구대국은 식량증산에 힘쓰고 있지만, 인구증가신장에 미치지 못하여 미래의 식량부족이 염려되고 있다.

> **정답·해설** 01 정답 ❹
>
> ❶ 3大穀物において米は自給的な性格を持ち、小麦やとうもろこしとは異なっている。
> 3대 곡물 중 쌀은 자급적인 성격을 가지는 것으로, 보리나 옥수수와는 다르다.
>
> ❷ とうもろこしは南米で主食として用いられるが、世界的には家畜の飼料用として多く利用されている。
> 옥수수는 남미에서 주식으로 이용되지만, 세계적으로는 가축의 사료용으로 많이 이용되고 있다.
>
> ❸ 食料生産は天候に大きく左右されるため、様々な地域で補完的に生産され、交易されることが必要である。
> 식료생산은 날씨에 크게 좌우되기 때문에, 여러 지역에서 보완적으로 생산하여 교역될 필요가 있다.

02 일본농업이나 수산업에 관한 다음 문장 중 틀린 것을 하나 고르시오.

① 제2차 세계대전 후 농지개혁에 의해 소작농이 줄어, 그것을 대신하여 소규모 자작농이 탄생했다.
② 일본의 식료자급율이 저하한 최대의 원인은 외국과의 경쟁에 패하여, 국내 농가가 궤멸했기 때문이다.
③ 일본은 이전에 세계에서 손꼽히는 어업국이었지만, EEZ 등의 영향으로 중국 등지에서 어패류를 수입하는 수입대국으로 변화했다.
④ 일본은 세계 수산물 무역액의 약 20퍼센트를 차지하는 나라로, 그 비율은 매년 증가하고 있다.

> **정답·해설** 02 정답 ❷
>
> ❷ 日本の食料自給率が低下した最大の原因は、国民のライフスタイルの変化により自給率の高い米を食べなくなったことが主要な原因である。
> 일본의 식료자급률이 저하된 최대의 원인은, 국민의 라이프 스타일의 변화로 인해 자급률이 높은 쌀을 먹지 않게 된 것이 주요 원인이다.

제 6 장

工業 공업

》 학습 포인트

- 軽工業と重工業の違いを理解し、産業の移り変わりを知る。
  경공업과 중공업의 차이를 이해하고, 산업의 변천을 안다.
- 日本の3大工業地帯の特徴を理解し、主要産業を知る。
  일본의 3대 공업지대의 특징을 이해하고, 주요 산업을 안다.

キーワード

マニュファクチュア 공장제 수공업　大量生産・大量輸送 대량생산・대량수송　軽工業 경공업
重工業 중공업　資源多消費型工業 자원 다소비형 공업　知識集約型工業 지식집약형 공업
3大工業地帯(京浜、中京、阪神) 3대 공업지대(게힌, 주쿄, 한신)　太平洋ベルト 태평양 벨트

○ 工業の発達

　本格的な工業の始まりは18世紀のイギリス産業革命に始まる。それ以前では手工業や工場制手工業(マニュファクチュア)といった形での生産により、本格的な大量生産はできなかった。それが産業革命以降、紡績機械や蒸気機関の発明により大量生産・大量輸送が実現し、経済社会が一気に広がった。当初は綿工業などの軽工業が主体であったが、19世紀に入るとドイツやアメリカといった新興工業諸国も台頭し、重工業分野の発展が進む。やがてその流れは20世紀において本格化し、大量消費社会へと進展した。

　第2次世界大戦が終わると、連合国の勝利により一体化した資本主義社会は、その経済的領域を拡大し、安価な資源を使った鉄鋼、造船などの資源多消費型工業が成長する。戦争後の復興や人口増加の流れに乗ってこのような経済システムは急速な発展を続けていくが、1973年に第1次オイルショックが発生し、資源の大幅なコストアップが到来すると、先進国の工業は、よ

공업의 발달

　본격적인 공업의 시초는 18세기의 영국 산업혁명에서 시작된다. 그 이전에는 수공업이나 공장제 수공업(매뉴팩처)과 같은 형태의 생산이었으므로, 본격적인 대량생산은 할 수 없었다. 그것이 산업혁명 이후, 방적기계나 증기기관의 발명에 의해 대량생산・대량수송이 실현되어 경제사회가 단번에 펼쳐졌다. 당초에는 면공업 등의 경공업이 주체였지만, 19세기에 들어서자 독일이나 미국과 같은 여러 신흥공업국도 대두하여 중공업분야의 발전이 진행된다. 이윽고 그 흐름은 20세기에 본격화되어, 대량소비사회로 발전했다.

　제2차 세계대전이 끝나자, 연합국의 승리로 보다 일체화된 자본주의사회는 그 경제적 영역을 확대하고, 싼 값의 자원을 이용한 철강, 조선 등의 자원 다소비형 공업이 성장한다. 전쟁 후 부흥과 인구증가의 흐름을 타고 이러한 경제시스템은 급속하게 발전을 계속해 가지만, 1973년에

り付加価値の高いエレクトロニクス産業などの知識集約型工業にシフトしていった。

제1차 오일쇼크가 발생하고 큰 폭으로 자원의 생산원가상승이 도래하자, 선진국의 공업은 보다 부가가치가 높은 일렉트로닉스 산업과 같은 지식집약형 공업으로 전환해 갔다.

○ 軽工業と重工業

경공업과 중공업

工業には軽工業と呼ばれる主に日常の消費財を生産する工業があり、繊維工業や食料品工業、製紙工業などが含まれる。一方比較的重量のある鉄鋼や造船、機械などを生産する重工業がある。第2次世界大戦前や、高度経済成長期までの日本では繊維工業を中心とした軽工業が盛んで、国内だけではなく広く海外に進出していた。現在でも軽工業は比較的少ない資本ではじめることができるので、新興工業諸国や発展途上国などで工業の中心産業となっている。

공업에는 섬유공업이나 식료품공업, 제지공업 등 일상의 소비재를 생산하는 경공업과, 비교적 중량이 있는 철강이나 조선, 기계 등을 생산하는 중공업이 있다. 제2차 세계대전 전이나 고도경제성장기까지의 일본에서는 섬유공업을 중심으로 한 경공업이 활발해져, 국내뿐만 아니라 더 나아가 해외로 진출해 갔다. 지금도 경공업은 비교적 적은 자본으로 시작할 수 있기 때문에, 신흥공업국들과 발전도상국 등에서 공업의 중심산업이 되고 있다.

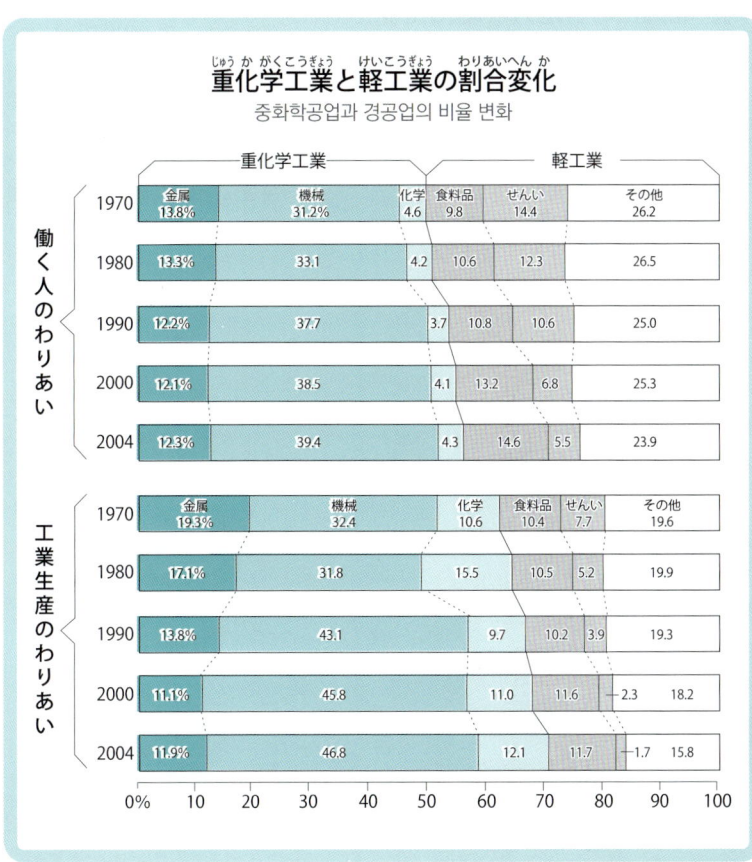

重化学工業と軽工業の割合変化
중화학공업과 경공업의 비율 변화

日本の工業地帯

　日本には3つの代表的な工業地帯があり、それぞれ京浜工業地帯、中京工業地帯、阪神工業地帯と呼ばれている。京浜工業地帯は東京・横浜を中心として発達し、古くから日本の工業生産の中心であった。中京工業地帯は名古屋を中心とした工業地帯で、現在その生産額は京浜工業地帯を抜き、1位である。阪神工業地帯は大阪・神戸を中心とした工業地帯で、他の工業地帯よりも軽工業の比重が高い。

　この他にも、かつて3大工業地帯と並んで一大生産地だったが、近年その地位が低下している北九州工業地帯や、新しく生まれた瀬戸内工業地域や東海工業地域など7つの工業地域が存在する。

　そして工業の中心となる3大工業地帯といくつかの工業地域を含んだ関東から阪神、瀬戸内、北九州の各地方を結んだラインを太平洋ベルトと呼んでいる。この太平洋ベルトで日本全国の工業製品出荷額の約70%を占めている。

일본의 공업지대

　일본에는 세 개의 대표적인 공업지대가 있고, 각각 게힌공업지대, 주쿄공업지대, 한신공업지대라 불리고 있다. 게힌공업지대는 도쿄・요코하마를 중심으로 발달하였으며, 옛날부터 일본 공업생산의 중심이었다. 주쿄공업지대는 나고야를 중심으로 한 공업지대로, 현재 그 생산액은 게힌공업지대를 앞지르고 1위이다. 한신공업지대는 오사카・고베를 중심으로 한 공업지대로 다른 공업지대 보다도 경공업의 비중이 높다.

　이 외에도, 이전에 3대 공업지대와 나란히 중요한 생산지였지만 최근 그 지위가 저하되고 있는 기타큐슈공업지대나 새롭게 생긴 세토우치공업지역, 토카이공업지역 등 일곱 개의 공업지역이 존재한다.

　그리고 공업의 중심이 된 3대 공업지대와 몇 개의 공업지역을 포함한 관동에서 한신, 세토우치, 기타큐슈의 각 지방을 연결한 라인을 태평양 벨트라고 한다. 이 태평양 벨트에서 일본 전국의 공업제품 출하액의 약 70퍼센트를 차지하고 있다.

おもな工業地帯と地域
주요 공업지대와 공업지역

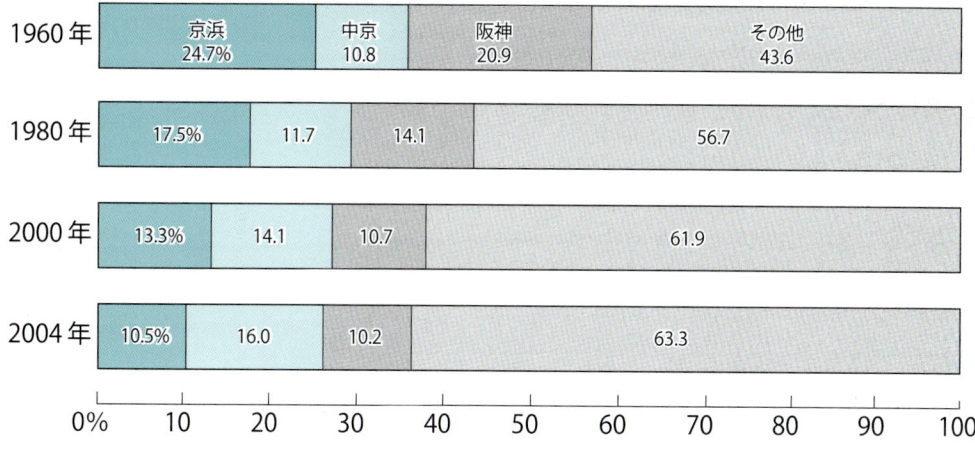

三大工業地帯の工業生産のわりあい
3대 공업지대의 공업생산 비율

日本の主要工業

日本は明治維新(1868)後、繊維工業を中心に工業の近代化を図ってきた。当時の日本の主要生産品は生糸であり、また海外から綿花や綿糸を輸入して綿織物を生産し海外へ輸出していた。1900年代に入り、官営の製鉄所や造船所の建設が相次ぎ、第2次世界大戦前には3大工業地帯に北九州工業地帯を加えた4大工業地帯が形成された。

第2次世界大戦により壊滅的な打撃を受けた日本の工業だったが、1950年代には再び繊維工業を中心として復活を遂げる。その後も旺盛な内需を満たすために家庭電器産業や自動車産業が成長し、それを支える形で鉄鋼業も拡大を続けた。また積極的な輸出も行われ、世界経済の発展と共に日本製品は世界市場に進出していった。一方、長期間にわたり日本の産業を支えてきた繊維工業は、中国や他のアジア新興国家との競争に敗れ、産業の主役の座を降りた。

2度のオイルショックを乗り越えた後、優れた技術力と経済性に優れた製品を生産する日本の製造業は、世界経済に大きな影

일본의 주요공업

일본은 메이지유신(1868) 이후, 섬유공업을 중심으로 공업의 근대화를 도모해 왔다. 당시 일본의 주요생산품은 생사로, 해외로부터 면화나 면사를 수입해서 면직물을 생산하여 해외로 수출했다. 1900년대에 들어 관영 제철소나 조선소가 잇달아 건설되고, 제2차 세계대전 이전에는 3대 공업지대에 기타큐슈공업지대를 추가해 4대 공업지대가 형성되었다.

제2차 세계대전으로 괴멸적인 타격을 받은 일본의 공업이었지만, 1950년대에는 재차 섬유공업을 중심으로 부활을 이룩했다. 그 후에도 왕성한 내수를 충족시키기 위해 가정전기산업이나 자동차산업이 성장하여, 그것을 지탱하는 형식으로 철강업도 확대를 계속했다. 또한 적극적인 수출도 이루어져, 세계경제의 발전과 더불어 일본 제품은 세계시장에 진출해 갔다. 한편 장기간에 걸쳐 일본의 산업을 지탱해 온 섬유공업은, 중국이나 다른 아시아신흥국가와의 경쟁에 패해, 산업의 주역 자리를 내

響力を持った。しかし90年代に入ると、アジアを中心とする新興工業国家との競争が激しくなり、現在は先端技術を用いたより付加価値の高い製品を製造しようと努力を続けている。

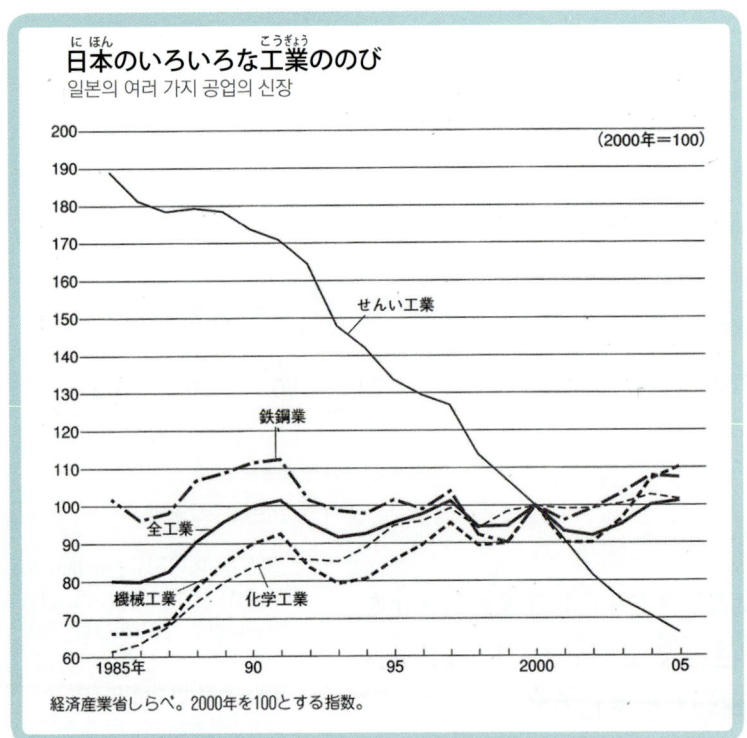

두 번의 오일쇼크를 극복한 후 뛰어난 기술력과 경제성에 우수한 제품을 생산하는 일본의 제조업은, 세계경제에 큰 영향력을 가졌다. 그러나 90년대에 들자 아시아를 중심으로 한 신흥공업국가와의 경쟁이 치열해져 지금은 첨단기술을 이용하여 보다 부가가치가 높은 제품을 제조하려는 노력을 계속하고 있다.

문제 풀면서 다시 한번 확인해 보자

01 **工業に関する次の文章のうち正しいものを一つ選びなさい。**
❶ 戦前の日本は軽工業、その中でも窯業が盛んで海外への輸出品の主力であった。
❷ 石油化学は製鉄業と並ぶ重工業の代表であり、現在でも日本の産業の生産高トップを占める。
❸ 発展途上国は政府主導による大規模な投資が可能なため、重工業から発展することが多い。
❹ 戦後の日本経済の高度成長期には、繊維産業が花形産業として産業界をリードした。

02 **日本の工業地帯に関する次の文章のうち誤っているものを一つ選びなさい。**
❶ 東京・横浜を中心とする京浜工業地帯は他の地域よりも繊維産業が多いことが特徴である。
❷ 中京工業地帯は京浜工業地帯を抜き、日本最大の工業地帯に成長した。
❸ 阪神工業地帯は他の工業地帯に比べ軽工業や金属工業の割合が高い。
❹ 戦前には4大工業地帯として数えられてた北九州工業地帯だが、現在は規模も小さく工業地域と称されている。

01 공업에 관한 다음 문장 중 올바른 것을 하나 고르시오.

　① 전쟁 전의 일본은 경공업, 그 중에서도 요업이 번성하여 해외 수출품의 주력이었다.
　② 석유화학은 제철업과 나란히 중공업의 대표이자, 현재도 일본 산업 생산고의 선두를 차지한다.
　③ 발전도상국은 정부 주도에 의한 대규모 투자가 가능하기 때문에, 중공업부터 발전하는 경우가 많다.
　④ 전후 일본경제의 고도 성장기에는, 섬유산업이 인기 산업으로서 산업계를 리드했다.

> **정답·해설　01　정답 ❹**
>
> ❶ 戦前の日本の主要輸出品は綿織物であった。
> 　전쟁 전의 일본의 주요수출품은 면직물이었다.
> ❷ 重工業の代表は機械産業であり、それには自動車や電気機械、半導体などが含まれる。
> 　중공업의 대표는 기계산업이며, 그것에는 자동차나 전기기계, 반도체 등이 포함된다.
> ❸ 発展途上国は、小規模な投資で始める事が可能な軽工業から発展することが多い。
> 　발전도상국은 소규모 투자로 시작할 수 있는 경공업부터 발전하는 경우가 많다.

02 일본 공업지대에 관한 다음 문장 중 틀린 것을 하나 고르시오.

　① 동경·요코하마를 중심으로 한 게힌공업지대는 다른 지역보다도 섬유산업이 많은 것이 특징이다.
　② 주쿄공업지대는 게힌공업지대를 앞질러, 일본최대의 공업지대로 성장했다.
　③ 한신공업지대는 다른 공업지대에 비해 경공업이나 금속공업의 비율이 높다.
　④ 전쟁 전에는 4대 공업지대로 손꼽힌 기타큐슈공업지대이지만, 지금은 규모도 작아 공업지역이라 불리고 있다.

> **정답·해설　02　정답 ❶**
>
> ❶ 京浜工業地帯の特徴は他の地帯よりも印刷産業が多いことが特徴である。
> 　게힌공업지대의 특징은 다른 지대보다 인쇄산업이 많은 것이 특징이다.

第7章

商業と貿易 상업과 무역

>> 학습 포인트

- 貿易のしくみを学び、水平的分業と垂直的分業の概念を理解する。
  무역의 구조를 배우고, 수평적 분업과 수직적 분업의 개념을 이해한다.
- 日本の主な貿易品を把握し、主要貿易相手国を知る。
  일본의 주된 무역품을 파악하여, 주요 무역상대국을 안다.

キーワード

卸売業 도매업　小売業 소매업　流通チャンネル 유통채널　加工貿易 가공무역
国際分業 국제분업　水平的分業 수평적 분업　垂直的分業 수직적 분업　貿易摩擦 무역마찰

○ 商業

商業とは生産者と需要者との間で商品を売買し、利益を目的とする事業を言うが、現実的には生産者から大量に仕入れて小売業におろす卸売業と、その商品を消費者に販売する小売業からなる。生産者から直接小売業に商品を配送するのはコストと時間がかかるため、卸売業者が商品を一度集積してから一括して配送したほうが効率的である。

상업

상업이란 생산자와 수요자 사이에서 상품을 매매하여 이익을 내는 것을 목적으로 하는 사업을 말하며, 현실적으로는 생산자에게 대량으로 사들여 소매업에 도매하는 도매업과, 그 상품을 소비자에게 판매하는 소매업으로 이루어진다. 생산자로부터 소매업에 직접 상품을 배송하는 것은 비용과 시간이 들기 때문에, 도매업자가 상품을 한번 모은 뒤, 일괄해서 배송하는 편이 효율적이다.

○ 価格決定

製品の価格は製品の原材料費や製造業者の人件費、それに適正な利益を加えた生産費と、配送費用や卸売業者の人件費、利益などを加えた卸売経費、最後に小売業者の販売経費、利益を加えた小売経費の3つで構成されている。

가격결정

제품 가격은 제품의 원재료비와 제조업자의 인건비에 적당한 이익을 더한 생산비와, 배송비용과 도매업자의 인건비에 이익 등을 더한 도매경비, 마지막으로 소매업자의 판매경비와 이익을 더한 소매경비 세 가지로 구성된다.

地理 分野 | 53

近年では大量仕入れと販売による低価格化が進み、企業は激しい競争にさらされている。特に大型の小売業者が出現し流通経路(流通チャンネル)を支配することで、卸売業者にコストを負担させたり、直接製造業者と取引をしたりすることが可能になった。また、海外から安価な製品を輸入したり、小売業者が直接工場に発注して独自の製品を作らせるケースも増えてきた。

一方消費者の側でも、インターネットを利用するなどして、小売業者や時には卸売業者などの中間業者を介さず、生産者から直接取引をすることも増加している。

貿易

人々は数千年も前から他国との間で貿易を行い利益を得ていたが、近代に入り経済や交通が発達したことにより、国家間の貿易は以前と比べ物もならないほどに増大してきた。

現代では、一般的に工業の発達した先進国が発展途上国から原材料や食糧を輸入し、製品に加工して輸出を行っている。このように各国が地域の特性や技術等の条件を生かして得意な産業分野に特化し、それぞれに生産を行っていることを国際分業と呼んでいる。

国際分業には水平的分業と垂直的分業がある。水平的分業は主に先進国同士で行われ、工業製品や部品を売買する。

ただし先進国同士では得意なものが同じ業種である場合が多く、しばしば貿易摩擦を起こしてしまう。垂直的分業は発展段階の異なる国同士で行われる貿易のことを言う。これは一般的に発展途上国で産出する一次産品と、先進国で製造する加工品との間での取引が多かった。しかし一次産品は価格が不安定であり、利益率も加工品に比べ低いことが多いため、先進国との経済格差が大きくなっている。このような貿易の不均衡に起因する問題は南北問題と呼ばれ、国際的な課題として注目されている。

단 선진국끼리는 자신있는 분야가 서로 같은 업종인 경우가 많아, 무역마찰을 자주 일으킨다. 수직적 분업은 발전단계가 다른 나라끼리 하는 무역을 말한다. 이것은 일반적으로 발전도상국에서 산출하는 1차 산품과 선진국에서 제조하는 가공품 사이에서의 거래가 많았다. 그러나 1차 산품은 가격이 불안정하고 이익률도 가공품에 비해 낮은 경우가 많기 때문에, 선진국과의 경제격차가 커지고 있다. 이렇게 무역의 불균형에 기인한 문제를 남북문제라고 하여, 국제적인 과제로 주목받고 있다.

日本の貿易

日本は第2次世界大戦前、主に繊維工業を中心とした軽工業品を生産していた。そのため綿花、羊毛などの繊維原料や石油などを輸入し、綿織物、生糸などを輸出していた。戦後、特に高度経済成長以降は機械や鉄鋼などを輸出するようになる。輸入は燃料や原料が中心だったが近年は機械類が増加。中国などアジア諸国との貿易量が増えている。

日本は1980年代以降、毎年大幅な黒字を続けている。特にアメリカに対しては巨額な黒字を記録しており、過去に、自動車や半導体などで貿易摩擦が生じた。

日本は国際分業において水平的分業をしている国に対しては黒字の場合が多いが、垂直的分業の国に対しては赤字の国が多い。

일본의 무역

일본은 제2차 세계대전 전, 주로 섬유공업을 중심으로 한 경공업품을 생산하고 있었다. 그 때문에 면화, 양모 등의 섬유원료나 석유 등을 수입해서 면직물, 생사 등을 수출했다. 전쟁 후, 특히 고도경제성장 이후에는 기계나 철광 등을 수출하게 된다. 수입은 연료나 원료가 중심이었지만 최근에는 기계류가 증가했으며, 중국 등 아시아의 여러 나라와의 무역량이 증가하고 있다.

일본은 1980년대 이후, 매년 크게 흑자가 계속되고 있다. 특히 미국에 대해서는 거액의 흑자를 기록하고 있는데 과거에 자동차나 반도체 등으로 무역마찰이 일어난 적도 있다.

일본은 국제분업에 있어서 수평적 분업을 하고 있는 나라에 대해서는 흑자인 경우가 많지만, 수직적 분업의 나라에 대해서는 적자인 경우가 많다.

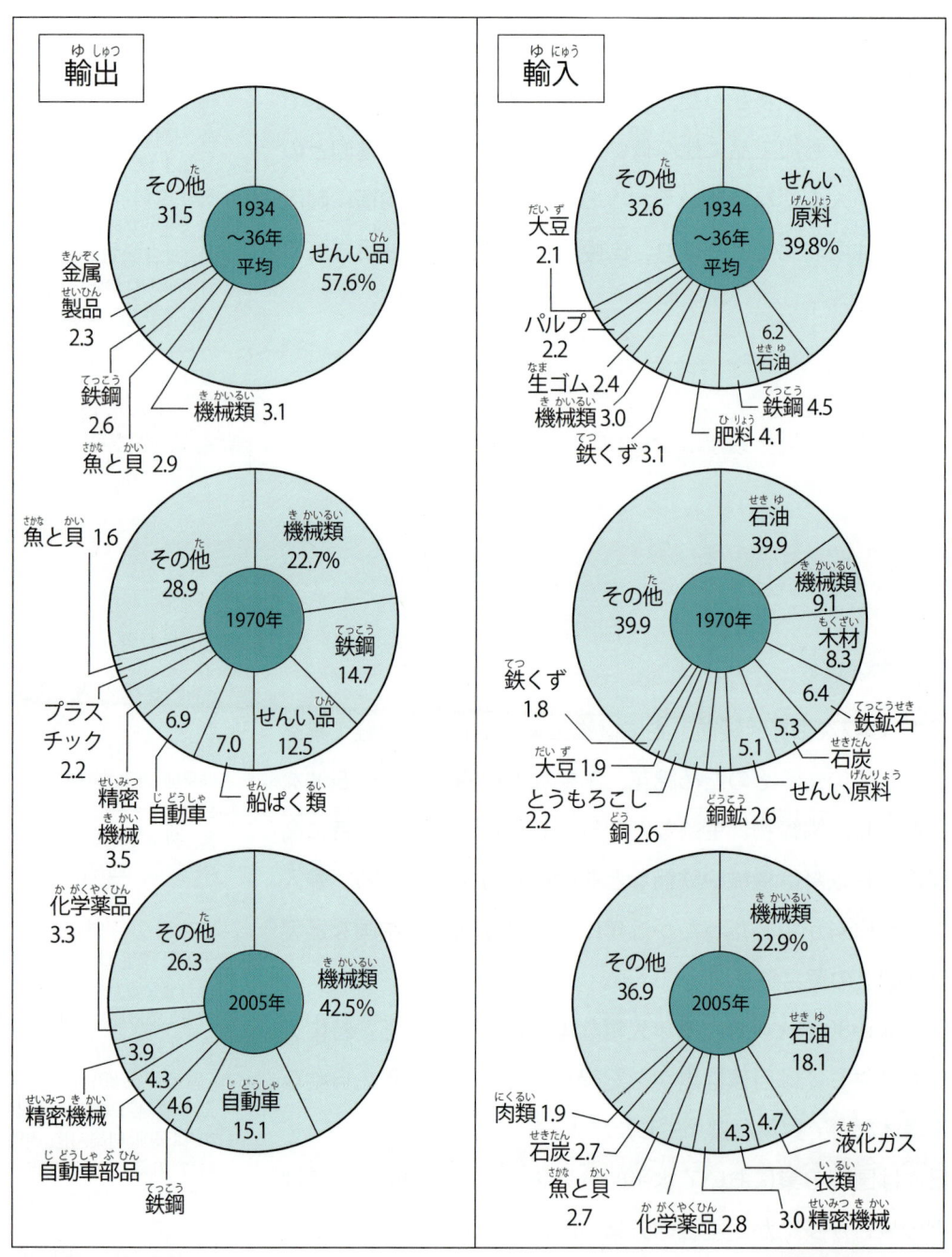

輸出入品のうつりかわり
수출입품의 추이

(日本関税協会しらべ)

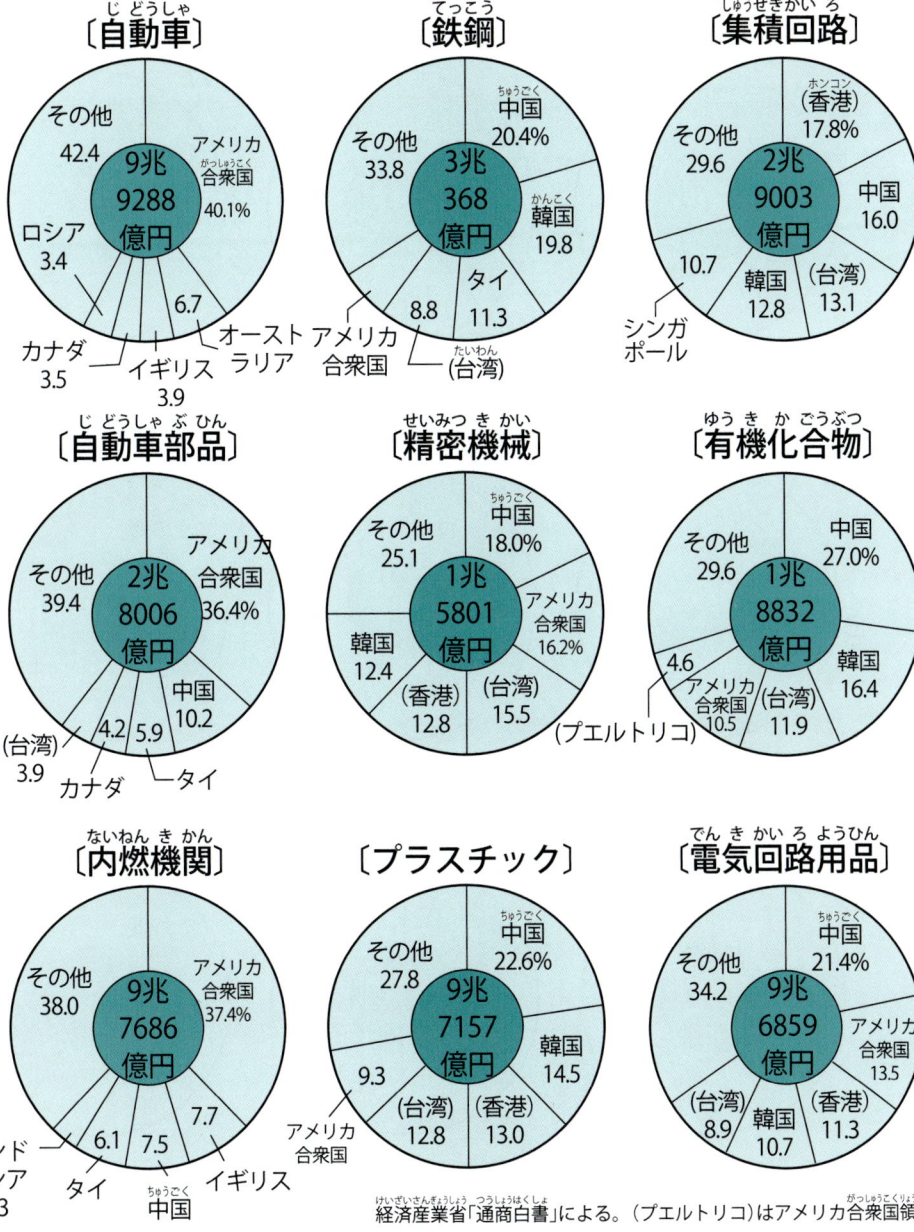

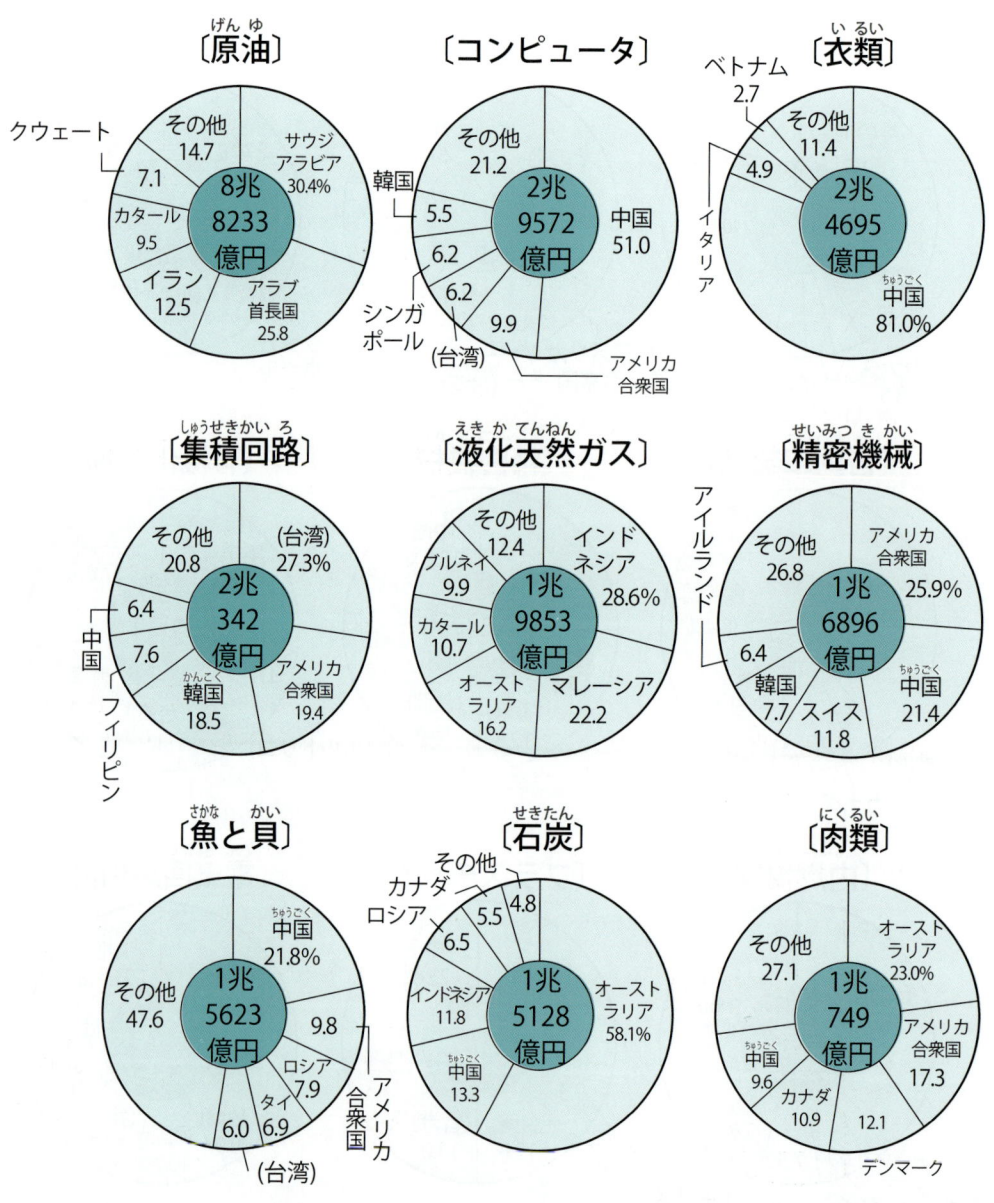

日本のおもな輸入品と輸入先(2005)
일본의 주요 수입품과 수입국(2005)

経済産業省しらべ

문제 풀면서 다시 한번 확인해 보자

01 貿易に関する次の文章のうち正しいものを一つ選びなさい。
① 国家間貿易は石油危機以降、宗教や民族の対立が激しくなったことから減少傾向にあり、その状態を変えることが課題となっている。
② 垂直的分業とは所得によってする仕事が異なる現象を言い、特に第1次産業従事者と第3次産業従事者間のことを指す。
③ 南北問題とは、先進国と発展途上国間の文化の相違に起因する経済格差を言う。
④ 先進工業諸国の間ではしばしば貿易摩擦の問題が発生し、その解決のために様々な国際機関や当事国間の協議が行われている。

02 日本の貿易に関する次の文章のうち誤っているものを一つ選びなさい。
① 日本は一般的に水平分業をしている国に対しては赤字だが、垂直的分業をしている国には黒字の場合が多い。
② タイを中心としたASEAN諸国との貿易では、日本の大手企業が部品を輸出して、現地で組み立てる企業内での国際分業が盛んである。
③ 日本の自動車輸出の約4割がアメリカであり、現地での生産分も含めてアメリカの経済状況が日本経済に与える影響が大きい。
④ 世界の工場とも称される中国から、日本は大量の衣類を輸入している。

01 무역에 관한 다음 문장 중 올바른 것을 하나 고르시오.

① 국가간 무역은 석유위기 이후 종교나 민족 대립이 격렬해짐에 따라 감소경향에 있으며, 그 상태를 바꾸는 것이 과제이다.
② 수직적 분업이란 소득에 따라 하는 일이 다른 현상을 말하며, 특히 제1차 산업 종사자와 제3차 산업 종사자 간을 가리킨다.
③ 남북문제란, 선진국과 발전도상국 간의 문화차이에서 기인하는 경제격차를 말한다.
④ 선진공업국들 사이에서는 종종 무역마찰 문제가 발생하여, 그 해결을 위해 여러 국제기관이나 해당국가 간의 협의가 이루어지고 있다.

> **정답 · 해설** 01 정답 ④
>
> ❶ 国家間貿易はますます増加しており、重要性が増している。
> 국가 간의 무역은 점점 증가하고 있으며, 중요성이 커지고 있다.
>
> ❷ 垂直的分業とは先進国と発展途上国間で行われる分業のことを言う。
> 수직적 분업이란 선진국과 발전도상국 사이에서 이루어지는 분업을 말한다.
>
> ❸ 南北問題とは、文化の相違とは関係がない。
> 남북문제란 문화차이와는 관계없다.

02 일본의 무역에 관한 다음 문장 중 틀린 것을 하나 고르시오.

① 일본은 일반적으로 수평적 분업을 하고 있는 나라에 대해서는 적자이지만, 수직적 분업을 하고 있는 나라에는 흑자인 경우가 많다.
② 타이를 중심으로 한 ASEAN의 각 나라들과의 무역에서는, 일본의 대기업이 부품을 수출하여 현지에서 조립하는 기업 내 국제분업이 번성하고 있다.
③ 일본의 자동차수출의 약 40퍼센트가 미국이며, 현지에서의 생산량도 포함해서 미국의 경제상황이 일본경제에 미치는 영향은 크다.
④ 일본은 세계의 공장이라고도 불리는 중국에서 대량의 의류를 수입하고 있다.

> **정답 · 해설** 02 정답 ①
>
> ❶ 記述の内容が逆である。 기술 내용이 반대이다.

第8章 交通と通信 교통과 통신

》》 학습 포인트

- 交通が人類に与えた影響を理解し、それぞれの交通手段の長所を知る。
  교통이 인류에 끼친 영향을 이해하고, 각각의 교통수단의 장점을 안다.
- 情報社会の歴史を理解し、情報格差問題について知る。
  정보사회의 역사를 이해하고, 정보격차문제에 대해 안다.

キーワード

交通革命 교통혁명　モータリゼーション 모터리제이션(자동차대중화)

ハイブリッドカー 하이브리드카　モーダルシフト 모달 시프트(형식혁명)

便宜置籍船 편의치적선　インターネット 인터넷

デジタル・ディバイド 디지털 디바이드(정보격차)

交通革命

産業革命が起こるまで、人類の移動手段は有史以前とほとんど変わらなかった。つまりそれは徒歩、家畜、帆船などによる移動である。しかし産業革命に伴う蒸気機関の発明とその応用により、人類は鉄道や動力船などの大量輸送機関を手に入れた。人類は初めて馬よりも早く走る移動手段を手に入れたのである。交通革命とも言われるこの流れは20世紀に入りモータリゼーションの流れを迎え、本格化していくことになる。

1970年代からは民間分野においてジェット輸送機が本格使用され、世界はますます狭くなっていった。

旅客輸送はもちろん、貨物輸送分野でも航空輸送が使われるようになった。

교통혁명

산업혁명이 일어나기까지, 인류의 이동수단은 유사 이전과 거의 바뀌지 않았다. 즉 그것은 도보, 가축, 범선 등에 의한 이동이다. 그러나 산업혁명과 더불어 증기기관의 발명과 그 응용에 의해, 인류는 철도나 동력선 등의 대량 수송기관을 손에 넣었다. 인류는 처음으로 말보다 빨리 달리는 이동수단을 가지게 된 것이다. 교통혁명이라고도 불리는 이 흐름은 20세기에 들어 모터리제이션(자동차대중화) 시대를 맞아 본격화된다.

1970년대부터는 민간분야에 있어서 제트수송기가 본격적으로 사용되어, 세계는 점점 좁아졌다.

여객수송은 물론, 화물수송분야에서도 항공수송이 사용되게 되었다.

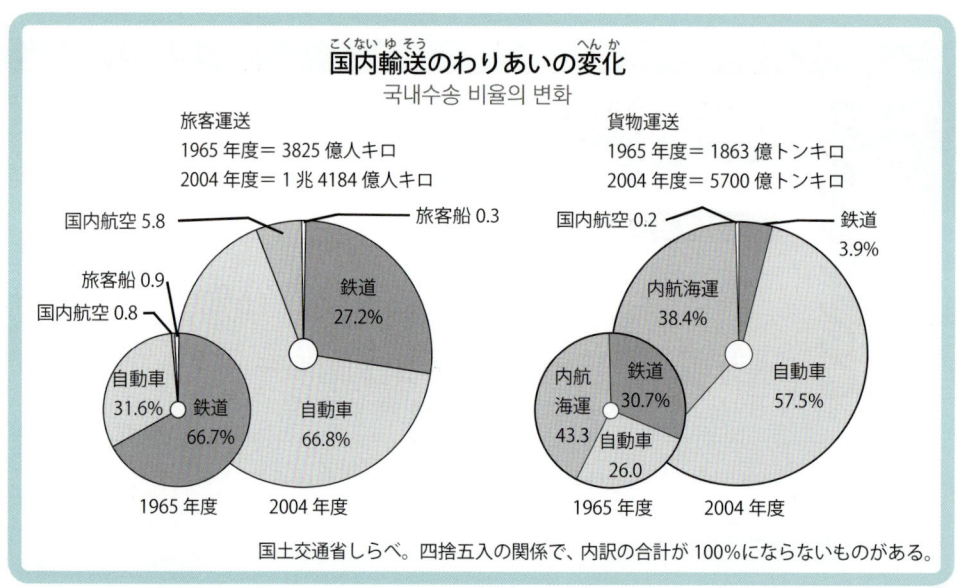

陸上交通

　陸上交通は鉄道と自動車であり、交通機関の中心である。19世紀まで陸上交通の主役は鉄道だった。鉄道は線路の敷設に多額の費用がかかり、地形的な障害に弱いという欠点を持つが、高速かつ大量な輸送が可能であり、安全性にも優れている。また電化されていれば環境に対する影響も微少で、温室効果ガスもほとんど出さない。現在でも米国や中国、カナダなど国土が広く地形に起伏が少ない国では、貨物輸送の中心として活用されている。

　日本は山がちなため貨物輸送はわずかである。しかし旅客輸送の分野では新幹線をはじめとした優れた技術を駆使した車両を用い、都市圏での緻密なダイヤの運行技術を利用し、国内の旅客輸送で3割を占める代表的な交通機関となっている。

　自動車は現代の交通輸送の中心である。利便性に優れているが、近年では省エネルギーや環境対策の観点から見直しがされている。そのため環境に対応したハイブリッドカーや電気自動車の開発や、輸送区間の中間を車に替わって鉄道や船舶を使って運搬するモーダルシフトなどが行われている。

육상교통

육상교통은 교통기관의 중심으로, 철도와 자동차가 있다. 19세기까지 육상교통의 주역은 철도였다. 철도는 선로 설치에 많은 비용이 들고 지형 장애물의 영향을 많이 받는다는 결점이 있으나, 대량 운송을 빠르게 할 수 있으며 안전성도 뛰어나다. 또한 전기화가 된다면 환경에 미치는 영향도 적어, 온실가스도 거의 발생하지 않는다. 지금도 미국이나 중국, 캐나다 등 국토가 넓고 지형에 기복이 적은 나라에서는 화물수송의 중심으로 활용되고 있다.

일본은 산이 많기 때문에 화물수송은 얼마 되지 않는다. 그러나 여객수송 분야에서는 신칸센을 비롯한 우수한 기술을 갖춘 차량으로 도시권에서의 치밀한 운행시간표의 기술을 이용하여, 국내 여객수송의 30퍼센트를 차지하는 대표적인 교통기관이다.

자동차는 현대 교통수송의 중심이다. 편의성이 뛰어나지만, 최근에는 에너지 절약이나 환경대책의 관점에서 재인식되고 있다. 그 때문에 환경에 대응한 하이브리드카나 전기자동차의 개발, 또한 수송구간 중간을 차 대신에 철도나 선박을 이용하여 운반하는 모달시프트 등이 이루어지고 있다.

水上交通

　水上交通は船舶によって行われ、速度が他の手段より遅くても、大量の物質を安く輸送できるその特徴から、主に貨物輸送に使用されている。鉄鉱石や木材などの原料や、穀物などの食料運搬の主力である。また石油を運ぶオイルタンカーは水上交通の主役であり、産油地と消費地を結んでいる。他にも自動車専用船やLNG専用タンカーなどがある。

　国際的な海上運送において、企業は経費の削減を図るため、その船の船主の所在国とは異なる、税金の安い国で船を登録するのが一般的である。このような船を便宜置籍船と呼び、リベリアやパナマ、キプロス船籍の船が多い。

수상교통

　수상교통은 선박을 통한 교통수단이므로 다른 수단보다는 속도가 늦지만, 대량의 화물을 싸게 수송할 수 있다는 특징 때문에 주로 화물수송에 사용되고 있다. 철광석이나 목재 등의 원료나 곡물 등 식료운반의 주력이 된다. 또 석유를 운반하는 유조선은 수상교통의 주역으로, 산유지와 소비지를 연결하고 있다. 그 외에도 자동차 전용선이나 LNG전용 유조선 등이 있다.

　국제적인 해상운송에서 기업은 경비의 삭감을 도모하기 위해, 그 배의 선주의 소재국과는 다른 세금이 싼 나라에서 배를 등록하는 것이 일반적이다. 이러한 배를 편의치적선이라 부르며, 리베리아나 파나마, 키프로스선적의 배가 많다.

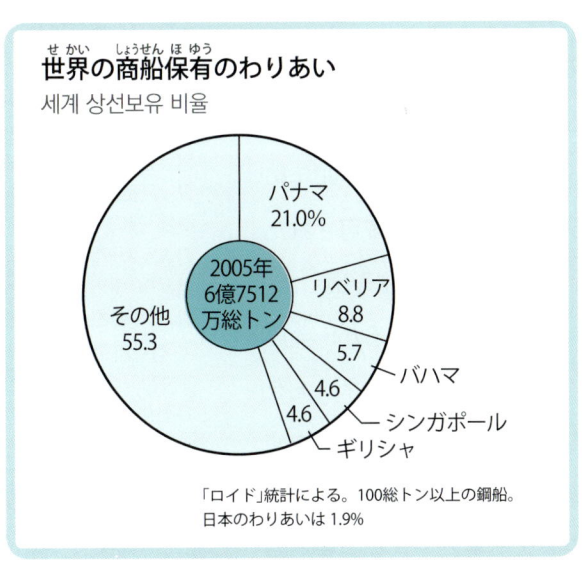

世界の商船保有のわりあい
세계 상선보유 비율

パナマ 21.0%
リベリア 8.8
バハマ 5.7
シンガポール 4.6
ギリシャ 4.6
その他 55.3
2005年 6億7512万総トン

「ロイド」統計による。100総トン以上の鋼船。
日本のわりあいは1.9%

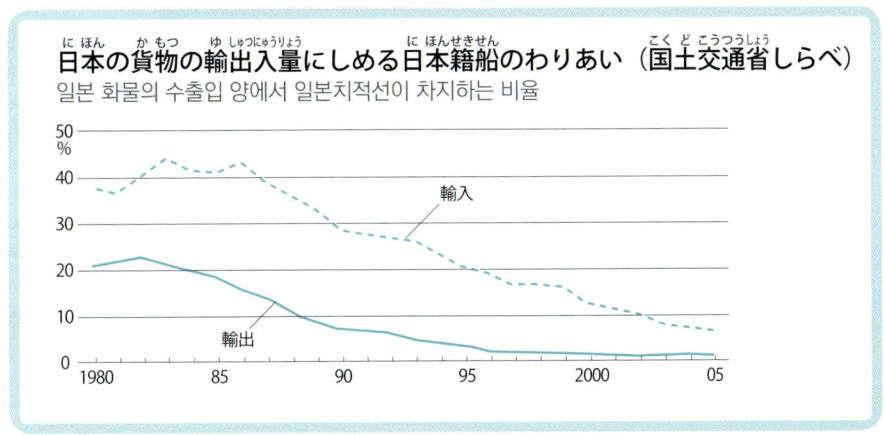

日本の貨物の輸出入量にしめる日本籍船のわりあい（国土交通省しらべ）
일본 화물의 수출입 양에서 일본치적선이 차지하는 비율

航空交通

1970年代より航空機の大型化によって以前に比べ大量輸送が可能となった。アメリカでは国内の航空網が発達し、国内旅客輸送の約20％を占める重要な輸送機関になっている(日本は5％程度)。当初は旅客用として用いられたが、次第に高付加価値の軽量品(電子部品、精密機械)や、高価な生鮮食品なども輸送されるようになってきた。

通信

現代は通信衛星や海底通信ケーブルの普及により国際的な高速通信が容易になった。IT(Information Technology)の発達は大容量の情報を発信し、それを処理することを可能にした。また1990年に軍事技術として開発されたインターネットの民間利用が許可された後、情報の共有化が爆発的に拡大し、新しい情報社会を生み出した。

先進諸国ではこのような情報社会の利益を享受しているが、発展途上国の中にはこのような環境が整っておらず、インターネットを利用できない国がある。また先進諸国内においても経済的な理由や地域的な理由により、インターネット環境から疎外されている人々もいる。このようにデジタル機器を利用できる者とできない者との間の情報格差をデジタルディバイドと呼んでいる。これは新たな南北問題として、また貧富の格差として注目されている。

항공교통

1970년대부터 항공기의 대형화에 따라 대량수송이 가능해졌다. 미국에서는 국내 항공망이 발달하여 국내 여객수송의 약 20퍼센트를 차지하는 중요한 수송기관이 되었다(일본은 5퍼센트 정도). 당초에는 여객용으로 이용되었지만, 점차 고부가가치의 경량품(전자부품, 정밀기계)이나, 고가의 신선한 식품 등도 수송되기 시작했다.

통신

지금은 통신위성과 해저통신케이블의 보급을 통해 국제적인 고속통신이 용이해졌다. IT(Information Technology)의 발달은 대용량의 정보를 발신하고, 그것을 처리하는 것을 가능하게 했다. 또한 1990년에 군사기술로서 개발된 인터넷의 민간 이용이 허가된 후, 정보의 공유화가 폭발적으로 확대되어 새로운 정보사회를 만들어 냈다.

선진국들에서는 이러한 정보사회의 이익을 누리고 있지만, 발전도상국 중에는 이러한 환경이 정비되지 않아 인터넷을 이용할 수 없는 나라가 있다. 또한 선진국들의 국내에 있어서도 경제적인 이유나 지역적인 이유로 인터넷환경에서 소외되어 있는 사람들도 있다. 이렇게 디지털 기기를 이용할 수 있는 사람과 이용할 수 없는 사람 사이에서의 정보격차를 디지털 디바이드라고 한다. 이것은 새로운 남북문제로, 또한 빈부격차로서 주목받고 있다.

문제 풀면서 다시 한번 확인해 보자

01 交通に関する次の文章のうち正しいものを一つ選びなさい。
❶ 主要な交通機関の動力が石炭から石油に代わり、飛躍的に輸送量が増えたことを交通革命と言う。
❷ アメリカやロシアなど国土が広く、平野が続く国では貨物輸送の主役はトラックである。
❸ 水上交通は大量の品物を安価に運ぶことに優れており、特に日本などの島国ではその効果が大きい。
❹ 航空交通は大量の物質をすばやく運べるため、穀物のなどの輸送に適している。

02 通信に関する次の文章のうち誤っているものを一つ選びなさい。
❶ インターネットはもともとアメリカ軍の軍事用として開発されたものだった。
❷ 南北問題とは先進国の多い北半球の国と、発展途上国の多い南半球との格差の問題である。
❸ コンピュータなどのデジタル機器を扱える環境の者とそうでない者との格差をデジタルディバイドと呼んでいる。
❹ インターネットはアメリカを中心として日本やEUが共同管理しており、情報の公共性を維持している。

01 교통에 관한 다음 문장 중 올바른 것을 하나 고르시오.

　① 주요한 교통기관의 동력이 석탄에서 석유로 바뀌어, 비약적으로 수송량이 증가한 것을 교통혁명이라고 한다.
　② 미국이나 러시아같이 국토가 넓고 평야가 많은 나라에서는 화물수송의 주역은 트럭이다.
　③ 수상교통은 대량의 물건을 싼 가격에 운반하기 좋기 때문에, 특히 일본과 같은 섬나라에서는 그 효과가 크다.
　④ 항공교통은 대량의 물건을 재빠르게 운반할 수 있기 때문에, 곡물 등의 수송에 적합하다.

> **정답·해설**　01　정답 ❸
>
> ❶ 交通革命とは産業革命期に蒸気機関による輸送手段が開発された時のことを言う。
> 　교통혁명이란 산업혁명기에 증기기관에 의한 수송수단이 개발되었을 때를 말한다.
>
> ❷ このような国では鉄道が主要な貨物輸送手段である。
> 　이러한 나라에서는 철도가 주요한 화물수송수단이다.
>
> ❹ 航空交通はその特性から、軽量で高付加価値のものの輸送に適している。
> 　항공교통은 그 특성 때문에, 경량으로 고부가가치의 물건 수송에 적합하다.

02 통신에 관한 다음 문장 중 틀린 것을 하나 고르시오.

　① 인터넷은 원래 미군 군사용으로 개발된 것이었다.
　② 남북문제란 선진국이 많은 북반구 나라와 발전도상국이 많은 남반구와의 격차 문제이다.
　③ 컴퓨터 등의 디지털기기를 취급할 수 있는 환경의 사람과 그렇지 않은 사람과의 격차를 디지털 디바이드라고 한다.
　④ 인터넷은 미국을 중심으로 일본과 EU가 공동 관리하여, 정보의 공공성을 유지하고 있다.

> **정답·해설**　02　정답 ❹
>
> ❹ インターネットはICANNという非営利団体が管理しており、中立性を持とうとしている。
> 　인터넷은 ICANN이라는 비영리단체가 관리하고 있어, 중립성을 가지려 하고 있다.

第9章

人口 인구

>> 학습 포인트

- 人口の増加率の推移を理解し、その背景を知る。
  인구 증가율의 추이를 이해하고, 그 배경을 안다.
- 日本の人口問題のポイントを把握し、今後の見通しを理解する。
  일본 인구문제의 포인트를 파악하고, 앞으로의 전망을 이해한다.

キーワード

66億人 66억 명　人口密度 인구밀도　人口爆発 인구폭발　多産多死 → 多産少死 → 少産少死
출생하는 아이의 수도 많고 사망하는 인구의 수도 많음 → 출생하는 아이의 수는 많고 사망하는 인구의 수는 적음 → 출생하는 아이의 수도 적고 사망하는 인구의 수도 적음

一人っ子政策 한 집 한 자녀 정책　3大都市圏 3대 도시권　過密化 과밀화　過疎化 과소화

高齢化社会 → 高齢社会 → 超高齢社会 고령화사회 → 고령사회 → 초고령사회

世界の人口

現在、世界の人口は約66億人といわれ、1分間に約140人も増加している。人口の大半を占めるのがアジアで、中国、インドを始め世界の人口上位10カ国中6カ国を占め、世界人口の約60％がアジア人である。人口密度が高いのは北西ヨーロッパ、モンスーンアジア、そしてアメリカ合衆国の東部である。これら3地域は産業が発達し、人口を支える食料に恵まれるなど、人口維持・増加のための要因を満たしている。一方、アフリカの砂漠地帯や寒冷地帯などでは人口密度が極端に少なく、地球上の人口は偏在しているといえる。

세계의 인구

현재 세계의 인구는 약 66억 명으로, 1분에 약 140명이나 증가하고 있다. 인구의 대부분을 차지하는 것은 아시아로, 중국, 인도를 비롯해 세계의 인구 상위 10개국 중 6개국을 차지하여, 아시아인이 세계 인구의 약 60퍼센트를 차지한다. 인구밀도가 높은 지역은 북서유럽, 몬순아시아, 그리고 미합중국의 동부이다. 이들 세 지역은 산업이 발달하였고 인구를 지탱할 식료가 넘쳐나는 등, 인구유지・증가에 필요한 요인이 충분하다. 한편 아프리카의 사막지대나 한냉지대 등에서는 인구밀도가 극단적으로 적어, 지구상의 인구는 편재해 있다고 할 수 있다.

人口の推移

　世界の総人口は紀元前2500年頃にはわずか1億人ほどだったといわれている。それが4,000年の月日をかけ、1650年頃ようやく5億人に達した。しかし産業革命以降人口が急増し、特に第2次世界大戦終結後、発展途上国を中心に爆発的に人口が増えた。これを『人口爆発』と呼んでいる。

　近代以前の世界では乳児死亡率が高く、出産は危険を伴う行為であった。そのためそれを上回る出産がおこなわれ、いわば多産多死の状態にあった。しかし現代に入り衛生状態や栄養状態が改善され、医療技術も進歩したことから乳幼児死亡率が劇的に低下した。このため出生率が高いまま乳児死亡率が低下した多産少死の状態になった。これが現在発展途上国で起こっている人口爆発である。

　一方先進国では工業化が進展し、労働力の高度化が求められるため、子どもに高等教育を受けさせることが必要になり育児コストが増えた。加えて女性の社会進出が進み晩婚化が起きたため、出生率が減少して少子化が訪れた。日本や韓国、その他大部分の先進国も今やこの段階にある。

人口問題

　地球上では人口に起因するさまざまな問題が発生している。発展途上国では人口爆発の結果、食料や水が不足し、雇用機会が減り、貧困による環境・治安の悪化が起きている。このためアフリカやアジア諸国で産児制限が行われているが、まだ大きな成果は挙げていない。中国は1979年から『一人っ子政策』を実

인구의 추이

　세계의 총인구는 기원전 2500년경에는 불과 1억 명 정도였다고 한다. 그것이 4,000년의 세월을 거쳐, 1650년경 겨우 5억 명에 이르게 되었다. 그러나 산업혁명 이후 인구가 급증하였고, 특히 제2차 세계대전 종결 후에는 발전도상국을 중심으로 폭발적인 인구증가가 나타났다. 이것을 '인구폭발'이라고 한다.

　근대 이전의 세계에서는 유아 사망률이 높아, 출산은 아이가 죽는 위험을 동반하는 일이었다. 그 때문에 유아 사망률을 넘어서는 출산이 행해져, 이른바 다산다사 상태에 빠지게 되었다. 그러나 현대에 접어들어 위생상태와 영양상태가 개선되고, 의료기술도 진보하여 영유아 사망률이 극적으로 저하했다. 이 때문에 출생률은 높고 영유아 사망률은 저하된 다산소사의 상태가 되었다. 이것이 현재 발전도상국에서 일어나고 있는 인구폭발이다.

　한편 선진국에서는 공업화가 진행되고 노동력의 고도화가 요구됨에 따라 자녀들의 고등교육이 필요해졌고, 이로 인해 육아 비용이 증가하게 되었다. 또한 여성의 사회진출이 활발해져 결혼을 늦게 하는 현상이 생겨났고, 이는 출생률 감소로 이어져 저출산화가 진행되었다. 일본과 한국을 비롯한 대부분의 선진국도 현재 이러한 단계에 있다.

인구문제

　지구상에는 인구로 인한 여러 가지 문제가 발생하고 있다. 발전도상국에서는 인구폭발로 식료나 물이 부족하고 고용기회가 줄어, 빈곤으로 인한 환경 및 치안 악화가 일어나고 있다. 이 때문에 아프리카나 아시아의 여러 나라에서 출산을 제한하고 있으나, 아직 큰 성과는 거두지 못

施しているが、人口の増加の抑制に一定の効果はあったものの、急速な少子化のため、2025年には人口の減少、急激な高齢化が予想されている。

先進国では高齢化や出生率の低下により、労働力の減少と社会保障費の負担増に喘いでいる。各国とも15〜64歳の生産年齢人口の減少に頭を痛めている。けれどもフランスや北ヨーロッパでは出産・育児に対する法的、経済的な支援を積極的に行い出生率の減少に歯止めをかけた。しかし先進国全体の人口減少の流れは止まらず、加えて現在の経済大国であるヨーロッパや日本の急速な高齢化の進展は、世界経済成長へのマイナス要因として懸念されている。

하고 있다. 중국은 1979년부터 실시한 '한 집 한 자녀 정책'으로 인구증가 억제에 어느 정도의 효과를 보았으나, 2025년에는 급속한 저출산화에 따른 인구감소로 급격한 고령화가 예상되고 있다.

선진국에서는 고령화와 출생률 저하로, 노동력의 감소와 사회보장비의 부담 증가에 허덕이고 있다. 각국에서도 15~64세의 생산연령인구 감소에 골치아파 하고 있다. 하지만 프랑스나 북유럽에서는 출산 및 육아에 대한 법적, 경제적 지원을 적극적으로 실시하여 출생률 감소에 제동을 걸었다. 그러나 모든 선진국의 인구감소 추세가 이어지는 가운데, 현재 경제대국인 유럽과 일본의 급속한 고령화는 세계경제성장의 마이너스 요인으로 여겨진다.

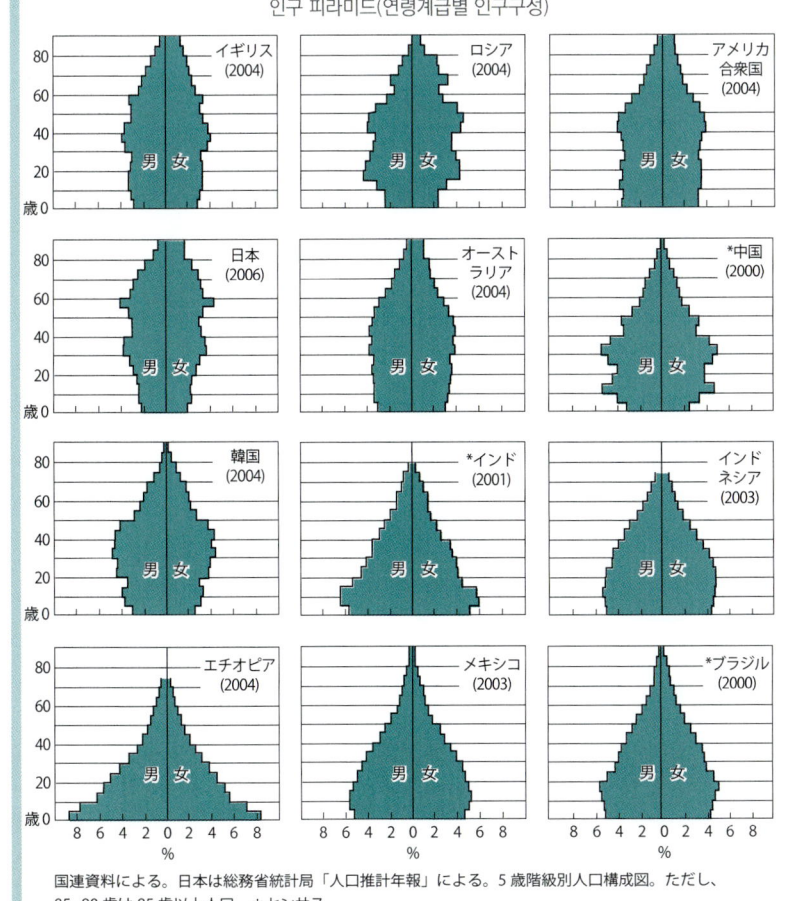

人口ピラミッド(年齢階級別人口構成)
인구 피라미드(연령계급별 인구구성)

国連資料による。日本は総務省統計局「人口推計年報」による。5歳階級別人口構成図。ただし、85〜90歳は85歳以上人口。＊センサス

日本の人口問題

　日本の人口は約1億2,700万人であるが、その人口は3大都市圏といわれる東京、大阪、名古屋の3つの都市圏に集中しており、総人口の45％が居住している。これらの地域では人口の過密化が問題となり、地価の上昇や住宅の不足、交通機関の不便さなどの都市問題が発生している。

　逆にその他の地域では人口の過疎化が進み、特に地方の農村部では若年層の減少から高齢化が進展、地域の社会的な生活基盤すら失われてしまった自治体が問題となっている。

　全国的に見ても少子高齢化が進み、2007年には高齢化率が21％を超え超高齢社会に突入した。また2005年に戦後初めて総人口が減少。その後も人口減少の流れは止まらず、国立社会保障人口問題研究所の予測によると2055年の日本の総人口は9000万人を下回り、高齢化率は40％を超える。このような状況を避けるため、政府は官民一体の出生率向上政策を行っているが、まだ結果は出ていない。

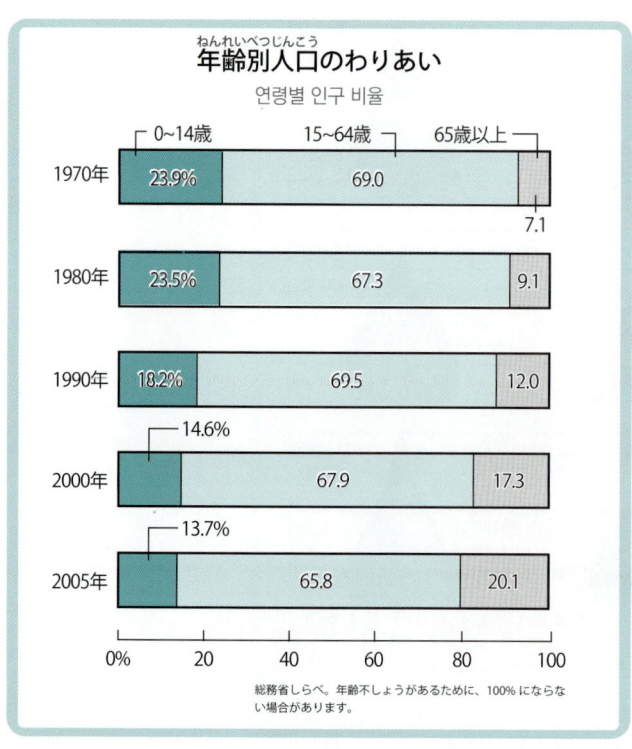

年齢別人口のわりあい

일본의 인구문제

　일본의 인구는 약 1억 2,700만 명으로, 그 인구는 3대 도시권이라 불리는 도쿄, 오사카, 나고야 등에 집중되어, 그곳에 총인구의 45퍼센트가 거주하고 있다. 이 지역에서는 인구의 과밀화 문제로 땅값의 상승과 주택부족, 불편한 교통기관 등의 도시문제가 발생하고 있다.

　반대로 그 외의 지역에서는 인구의 과소화가 진행되면서, 특히 지방 농촌에서는 장년층의 감소로 고령화가 진행되어, 지역의 사회적인 생활기반조차 잃어버린 지자체가 문제시 되고 있다.

　전국적으로도 저출산·고령화가 진행되어, 2007년에는 고령화율이 21퍼센트를 넘어 초고령화사회에 돌입했다. 그리고 2005년에 전쟁 후 처음으로 총인구가 감소하였으며, 그 후에도 인구 감소 추세는 멈추지 않았다. 국립사회보장 인구문제연구소의 예측에 의하면 2055년의 일본의 총인구는 9,000만 명을 밑돌고, 고령화율은 40퍼센트를 넘는다고 한다. 이러한 상황을 피하기 위해, 정부는 관민일체의 출생률 향상정책을 실시하고 있지만 아직 결과는 나오지 않았다.

日本の年齢別の人口（2005年10月1日）
일본의 연령별 인구(2005년 10월 1일)

将来の人口のうごき
장래 인구의 동향

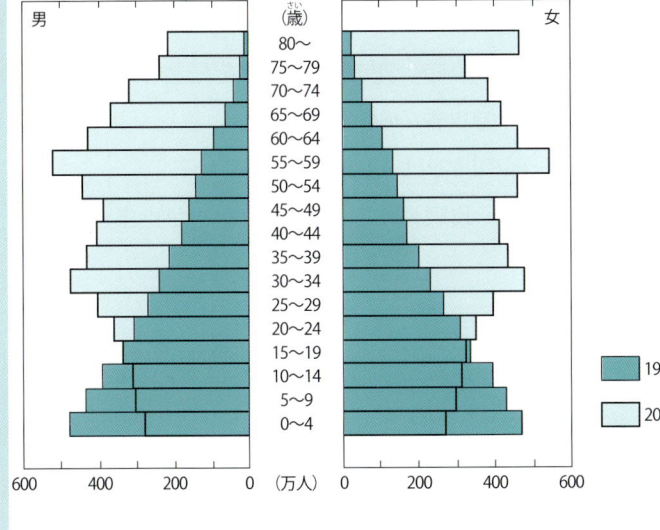
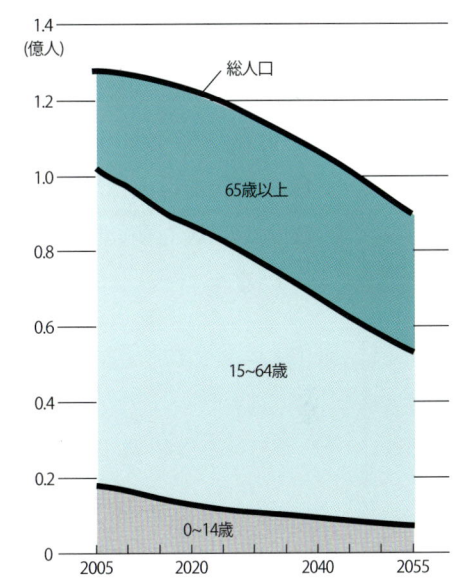

将来の人口と年齢別人口のわりあい
장래 인구와 연령별 인구의 비율

	総人口（万人）	年齢別人口 (%)			合計とくしゅ出生率
		0～14歳	15～64歳	65歳以上	
2005	12,777	13.7	65.8	20.1	1.26
2010	12,718	13.0	63.9	23.1	1.22
2020	12,274	10.8	60.0	29.2	1.23
2030	11,522	9.7	58.5	31.8	1.24
2040	10,570	9.3	54.2	36.5	1.25
2050	9,515	8.6	51.8	39.6	1.26
2055	8,993	8.4	51.1	40.5	1.26

国立社会保障・人口問題研究所しらべ。2006年12月の推計（中位推計）。年齢別人口のわりあいは100％になるように調整していません。2005年は総務省しらべ。

문제 풀면서 다시 한번 확인해 보자

01 人口に関する次の文章のうち正しいものを一つ選びなさい。
❶ 人口増加は一般的に多産多死 → 少産多死 → 少産少死のパターンをたどる。
❷ 世界の人口は66億人で、アジアとアフリカで世界の60％を占めている。
❸ 先進国では人口増加が鈍化しており、一部の国では人口が減少している。
❹ 人口が最も多い国は中国であるが、『一人っ子政策』により人口の増加が止まっている。

02 日本の人口に関する次の文章のうち誤っているものを一つ選びなさい。
❶ 日本は3大都市圏に人口の約45％が集中している。
❷ 65歳以上を高齢者と呼び、人口の14％以上を高齢者が占めた社会を、高齢社会と呼ぶ。
❸ 日本は現在、超高齢化社会を向かえたが、少子化対策のおかげで高齢化は止まりつつある。
❹ 日本の都市では過密化が、その反対に地方では過疎化が深刻な問題となっている。

01 인구에 관한 다음 문장 중 올바른 것을 고르시오.
　① 인구증가는 일반적으로 출생하는 아이의 수도 많고 사망하는 인구의 수도 많음(다산다사) → 출생하는 아이의 수는 적고 사망하는 인구의 수는 많음(소산다사) → 출생하는 아이의 수는 적고 사망하는 인구의 수도 적은(소산소사) 패턴의 과정을 겪는다.
　② 세계의 인구는 66억 명으로, 아시아와 아프리카에서 세계의 60퍼센트를 차지하고 있다.
　③ 선진국에서는 인구증가가 둔화되고 있으며, 일부 나라에서는 인구가 감소하고 있다.
　④ 인구가 가장 많은 나라는 중국이지만, '한 집 한 자녀 정책'으로 인구증가가 멈춘 상태이다.

> **정답·해설** 01 정답 ❸
> ❶ 少産多死ではなく多産少死が正解。この段階で人口爆発が起こる。
> 　출생하는 아이의 수가 적고 사망하는 인구의 수가 많은 것(소산다사)이 아니고 출생하는 아이의 수가 많고 사망하는 인구의 수가 적다(다산소사)가 정답이다. 이 단계에서 인구폭발이 일어난다.
> ❷ 世界人口はアジアだけで世界の60％を占めている。
> 　세계인구는 아시아 만으로 세계 인구의 60퍼센트를 차지하고 있다.
> ❹ 『一人っ子政策』で人口の伸びは鈍化しているが現在も人口は増加中である。
> 　'한 집 한 자녀 정책'으로 인구 증가가 둔화되고는 있지만, 현재도 인구는 증가 중이다.

02 일본의 인구에 관한 다음 문장 중 틀린 것을 하나 고르시오.
　① 일본은 3대 도시권에 인구의 약 45퍼센트가 집중되어 있다.
　② 65세 이상을 고령자라고 하며, 인구의 14퍼센트 이상을 고령자가 차지하는 사회를 고령사회라고 한다.
　③ 일본은 현재 초고령화 사회를 맞이했지만, 저출산화 대책 덕분에 고령화는 주춤한 상태이다.
　④ 일본의 도시에서는 과밀화가, 그와는 반대로 지방에서는 과소화가 심각한 문제가 되고 있다.

> **정답·해설** 02 정답 ❸
> ❸ 日本は2007年に超高齢化社会に突入したが、数々の少子化対策にもかかわらず、高齢化は進展している。
> 　일본은 2007년에 초고령화사회에 돌입했지만, 여러가지 저출산화 대책에도 불구하고 고령화는 진행되고 있다.

第2部 歴史 分野

- 第1章 イギリスの近代化と産業革命
- 第2章 フランス革命と第1帝政
- 第3章 ウィーン体制と第3共和政
- 第4章 アメリカの独立
- 第5章 帝国主義と世界分割
- 第6章 第1次世界大戦とロシア革命
- 第7章 ベルサイユ体制とワシントン体制
- 第8章 第2次世界大戦の勃発と終結
- 第9章 明治維新と日本の近代化
- 第10章 現代の日本と世界

第1章 イギリスの近代化と産業革命
영국의 근대화와 산업혁명

>> 학습 포인트

- なぜイギリスは産業革命を達成できたのか？
  영국은 왜 산업혁명을 달성할 수 있었는가?
- 産業革命によってイギリス国内と世界はどのように変わったか？
  산업혁명으로 영국국내와 세계는 어떻게 변했는가?

キーワード

絶対王政 절대왕정　重商主義 중상주의　王権神授説 왕권신수설　権利請願 권리청원
ピューリタン革命 청교도혁명　名誉革命 명예혁명　権利章典 권리장전　囲い込み 인클로저
世界の工場 세계공장　アダム・スミス 아담스미스　古典派経済学 고전파 경제학

○ イギリス市民革命

　16世紀以降、ヨーロッパでは、各地の諸侯が権力を分散して持つ封建体制が弱まり、国王が権力を集中して持つ、絶対王政(絶対主義)といわれる政治体制へ移っていった。絶対王政の下では軍隊や官僚を管理するため、莫大な費用が必要だったため国王は、商人に特権を与えて貿易によって富を増やそうとした。このように、国を豊かにするために商業を一番に考える政策を重商主義という。重商主義をとるヨーロッパの国々の間ではその後、貿易や植民地をめぐる抗争が激しくなった。

　商工業が発展してくると、人々はより自由な経済活動を求め、大商人だけを保護して重商主義をすすめる王権と対立するようになった。

　イギリスでは、エリザベス1世の時代に絶対主義の最盛期をむかえ、1600年には東インド会社を設立し、貿易がさらに発展した。

영국시민혁명

　16세기 이후, 유럽에서는 각지의 제후가 권력을 나눠 갖는 봉건체제가 약해지고, 국왕이 권력을 집중해서 가지는 절대왕정(절대주의)이라는 정치체제로 옮겨갔다. 절대왕정 하에서는 군대와 관료를 관리하기 위한 막대한 비용이 필요했기 때문에, 국왕은 상인에게 특권을 주는 무역으로 부를 늘리려 했다. 이렇게 나라를 부유하게 만들기 위해 상업을 제일로 여기는 정책을 중상주의라고 한다. 중상주의를 채택한 유럽의 여러 나라들 사이에서는 그 후 무역과 식민지를 둘러싼 항쟁이 격렬해졌다.

　상공업이 발전하기 시작하자 사람들은 보다 자유로운 경제 활동을 요구하였고, 대상인만을 보호하며 중상주의를 추진하는 왕권과 대립하게 되었다.

　영국에서는 엘리자베스 1세때에 절대주의의 최전성기를 맞이

ついで王になったジェームス1世は、王権は神から授かったものとする王権神授説を唱え、議会を軽視し、また新教徒であるピューリタン(清教徒)を圧迫した。このころ、成長してきていた中産階級にはピューリタンが多く、課税問題をめぐっても国王と対立した。つぎのチャールズ1世も専制的な政治をつづけたので、議会は権利請願を王に提出し、自分たちの権利を訴えたが、王はこれを無視し、議会を解散した。その結果、1642年ピューリタン革命が起こり、クロムウェルらによって王政はたおれた。その後、クロムウェルが独裁的な政治をおこなったため国民の不満が高まり、彼の死後、再び王政が復活した(王政復古)。しかし国王は以前のような絶対王政をおこなったため、1688年、議会は名誉革命をおこし、翌年には権利章典を発表して立憲王政が確立した。

このようにして、イギリスは世界で一番はじめに近代国家へ変身をとげた。

産業革命

1600年代の市民革命によって、人々は自由に生産活動ができるようになり、海外には広大な植民地を確保して、そうした植民地との貿易をつうじて多くの資本が蓄積された。また農村では新しい農法が発達して、効率の良い大農地経営がすすめられて大量の農民が農地を追い出された(第二次囲い込み)。農民は都市へ移り住み、工場労働者となり、商工業はさらに発展した。

했고, 1600년대에는 동인도회사를 설립하여 무역이 더욱 발전하게 되었다.

뒤이어 왕이 된 제임스 1세는, 왕권은 신으로부터 하사받은 것이라는 왕권신수설을 주장하며 의회를 경시하고 신교도인 퓨리턴(청교도)을 압박했다. 이 무렵 성장하기 시작한 중산계급에는 퓨리턴이 많아, 과세문제를 둘러싸고 국왕과 대립하기도 했다. 다음의 찰스 1세도 전제적 정치를 계속했기 때문에 의회는 왕에게 권리청원을 제출하고 자기들의 권리를 호소했지만, 왕은 이를 무시하고 의회를 해산했다. 그 결과, 1642년 청교도혁명(퓨리턴혁명)이 일어나 왕정은 크롬웰 등에 의해 무너졌다. 그 후 크롬웰의 독재정치로 인해 국민의 불만이 고조되었고, 그가 죽은 후 또다시 왕정이 부활했다(왕정복고). 그러나 국왕은 이전처럼 절대왕정의 정치체제를 취하였고, 이 때문에 1688년에 의회는 명예혁명을 일으키고 다음해는 권리장전을 발표하여 입헌왕정이 확립되었다.

이렇게 하여 영국은 세계에서 가장 처음으로 근대국가로의 변신을 이룩했다.

산업혁명

1600년대의 시민혁명으로 사람들은 자유롭게 생산활동을 할 수 있게 되었고, 해외에는 광대한 식민지를 확보하여 그들과의 무역을 통해 많은 자본을 축적하였다. 또한 농촌에서는 새로운 농법이 발달하고 효율이 좋은 대농지 경영이 권장되는 바람에 많은 농민이 농지에서 쫓겨나게 되었다(제2차 인클로저). 농민은 도시로 이동해 살면서 공장 노동자가 되었고, 상공업은 더욱 발전해갔다.

イギリスではもともと、マニュファクチュア(工場制手工業)による毛織物の生産が盛んだったが、インドなどの植民地との貿易が始まって、綿織物中心に変わっていった。産業革命によって蒸気機関が発明されると、力織機などの新しい機械が生まれ、綿工業はさらに発展し、蒸気機関車や蒸気船も誕生し交通・運輸も発達した。

영국에서는 원래 매뉴팩처(공장제 수공업)를 통한 모직물 생산이 번성했지만, 인도 등의 식민지와의 무역이 시작되면서 면직물 중심으로 변해갔다. 산업혁명으로 증기기관이 발명되자 역직기 등의 새로운 기계가 만들어져 면공업은 더욱 발전하였으며, 증기기관차와 증기선도 탄생하여 교통·운수도 발달했다.

▲ 産業革命によって機械化された紡績工場
▲ 산업혁명으로 기계화된 방적공장

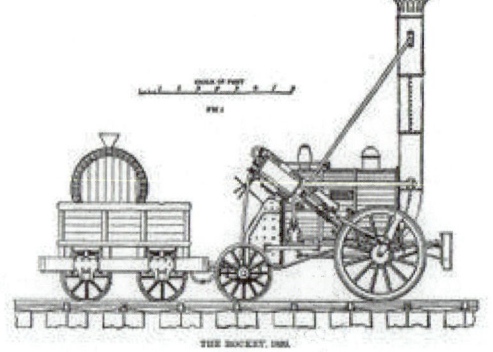

▲ スチーブンソンの蒸気機関車 ロケット号
▲ 스티븐슨의 증기기관차 로켓호

資本主義の確立と社会問題

▲ アダム・スミス
▲ 아담 스미스

こうして19世紀半ばには「世界の工場」とよばれるようになったイギリスでは、産業資本家が経済を支配する資本主義社会が始まった。このころ、「諸国民の富」をあらわしたアダム・スミスやマルサス、リカードによる新しい経済学が誕生した。現在ではこの時期の経済学は、古典派経済学といわれる。

자본주의 확립과 사회문제

이렇게 해서 19세기 중반 '세계의 공장'이라 불리게 된 영국에서는, 산업자본가가 경제를 지배하는 자본주의 사회가 시작되었다. 이 무렵, '제국민의 부'를 주장한 아담 스미스와 맬서스, 리카도에 의해 새로운 경제학이 탄생했다. 이 시기의 경제학은 현재 고전파 경제학이라 불린다.

資本主義が確立すると、工場を経営する産業資本家と労働者の対立や、環境の悪化などのさまざまな問題が発生した。1800年代になると、労働条件の改善を求めるラダイト運動や、選挙権を求めるチャーティスト運動などの労働者階級の運動がおこった。また、資本主義の問題点を修正しようとする社会主義思想が生まれたのもこのころである。

このように18世紀の後半にまずイギリスではじまった産業革命は、19世紀にベルギー、フランス、ドイツさらにアメリカへ広まった。19世紀末には、ロシアや日本でも産業革命が進行した。

자본주의가 확립되자 공장을 경영하는 산업자본가와 노동자의 대립, 환경악화 등의 여러 가지 문제가 발생했다. 1800년대가 되자 노동조건 개선을 요구하는 러다이트 운동과 선거권을 요구하는 차티스트운동 등의 노동자계급 운동이 일어났다. 또한 자본주의의 문제점을 고치려 하는 사회주의 사상이 생겨난 것도 이 무렵이다.

이렇게 18세기 후반에 영국에서 먼저 시작된 산업혁명은 19세기에 벨기에, 프랑스, 나아가 미국에 까지 퍼졌다. 19세기 말에는 러시아와 일본에서도 산업혁명이 진행되었다.

정리해보자

ピューリタン革命から立憲王政へ 청교도혁명에서 입헌왕정으로

議会 의회 / 君主 군주

- ピューリタン多数 청교도 다수 ← ジェームズ1世 __ 王権神授説を唱える
  제임스 1세 __ 왕권신수설을 주창함

  ピューリタン弾圧 청교도 탄압

- 1628年 権利請願 → 絶対王政 절대왕정
  1628년 권리청원
  チャールズ1世 __「権利請願」を無視し、議会を閉じる
  찰스 1세 __ '권리청원'을 무시하고 의회를 폐쇄함

1640年代 ピューリタン革命 共和制の開始
  청교도혁명 공화제 개시

1650年代 クロムウェルの独裁 → 国民の反発 → 1660年 王政復古
  크롬웰의 독재 국민의 반발 1660년 왕정복고
  カトリックと絶対王政の復活
  카톨릭과 절대왕정 부활

1688年代 名誉革命 명예혁명
  『権利章典』制定 → 立憲王政の確立 '권리장전' 제정 → 입헌왕정의 확립
  「王は君臨すれども統治せず」 '왕은 군림하지만 통치하지 않는다'

01 イギリスの市民革命について述べた次の①〜④のうち正しいものを一つ選びなさい。

❶ ピューリタンとは、カトリックの一派である。
❷ ピューリタン革命は国王が「権利章典」を無視したことから始まった。
❸ ジョン・ロックは「市民政府二論」のなかで、革命を擁護した。
❹ 名誉革命において「権利請願」が出された。

02 イギリスの産業革命について述べた次の①〜④のうち正しいものを一つ選びなさい。

❶ イギリスでは、広大な植民地からの石炭や鉄鉱石の輸入によって、産業革命が実現した。
❷ 産業革命の初期には、イギリスは高い生産力を背景に、輸入制限政策のもと輸出を伸ばすことができた。
❸ 産業革命期のイギリスでは、女性や子供も労働者として雇用された。
❹ 機械を大規模に導入したマニュファクチュアが普及した。

01 영국의 시민혁명에 대해 서술한 다음의 ①～④ 중에서 올바른 것을 하나 고르시오.

① 청교도란 카톨릭의 한 파이다.
② 청교도혁명은 국왕이 '권리장전'을 무시한 것에서 시작되었다.
③ 존 로크는 '시민정부론'에서 혁명을 옹호했다.
④ 명예혁명에서 '권리청원'이 나왔다.

> **정답·해설** 01 정답 ❸
> ❶ ピューリタンとはプロテスタントの一派　청교도는 프로테스탄트의 한 종파
> ❷ 「権利章典」ではなく、「権利請願」　'권리장전'이 아니고, '권리청원'
> ❹ 「権利請願」ではなく、「権利章典」　'권리청원'이 아니고, '권리장전'

02 영국의 산업혁명에 대해 서술한 다음의 ①～④ 중에서 올바른 것을 하나 고르시오.

① 영국에서는 광대한 식민지로부터 석탄과 철광석을 수입하여 산업혁명이 실현되었다.
② 산업혁명 초기에 영국은 높은 생산력을 배경으로, 수입제한정책 하에서 수출을 늘릴 수 있었다.
③ 산업혁명기의 영국에서는, 여자와 아이도 노동자로 고용되었다.
④ 기계를 대규모로 도입한 매뉴팩처가 보급되었다.

> **정답·해설** 02 정답 ❸
> ❶ イギリスでは、国内に石炭や鉄鉱石などの資源が豊富だった。
> 　영국은 국내에 석탄과 철광석 등의 자원이 풍부했다.
> ❷ 当時のイギリスの政策は輸入を制限する「保護貿易」主義ではなく、「自由貿易」主義だった。
> 　당시 영국의 정책은 수입을 제한하는 '보호무역'주의가 아니라, '자유무역'주의였다.
> ❹ マニュファクチュアは工場制手工業のこと。
> 　매뉴팩처는 공장제 수공업을 말한다.

第2章

フランス革命と第一帝政
프랑스혁명과 제1제정

>> 학습 포인트

・フランス革命はなぜ、どのようにして起こったのか？
　프랑스혁명은 왜, 어떻게 해서 일어났는가?

・フランス革命は、国内に、また世界にどのような影響を与えたか？
　프랑스혁명은 국내에, 그리고 세계에 어떤 영향을 미쳤는가?

キーワード

アンシャン・レジーム 앙시앵 레짐(구체제)　啓蒙主義思想 계몽주의사상　三部会 삼부회
国民議会 국민의회　人権宣言 인권선언

○ フランス旧制度

　フランスは太陽王と呼ばれたルイ14世の時代に絶対主義の最盛期を迎えた。ルイ14世は徹底した重商主義政策により、商工業の育成をはかり、また、ベルサイユ宮殿を建てるなど、はなやかな宮廷生活をおくった。対外的には侵略戦争をくり返し、晩年には国家財政は苦しくなっていった。さらに次のルイ15世の時代には、ヨーロッパでの七年戦争、新大陸でのフレンチ・インディアン戦争、さらにインドでの植民地争奪戦などで莫大な戦費を費やし、財政はますます悪化していった。各地でのイギリスとの植民地争いにも敗れ、フランス絶対王政は大きくゆらいでいった。
　一方、当時のフランスにはアンシャン・レジームといわれる古い社会制度が残っていた。アンシャン・レジームの代表的なものに身分制度がある。当時の身分制度は三つの身分に分かれており、聖職者が第一身分、貴族が第二身分とされ、第一身分と第二身分には免税などの特権が与えられていた。しかしこの

프랑스의 구제도

　프랑스는 태양왕이라 불렸던 루이 14세 때 절대주의의 최전성기를 맞이했다. 루이 14세는 철저한 중상주의 정책에 따라 상공업의 육성을 도모하고 베르사이유 궁전을 세우는 등, 화려한 궁정생활을 보냈다. 그러나 대외적으로 침략전쟁을 반복하여 만년에는 국가재정이 궁핍해져 갔다. 더욱이 루이 15세 때는 유럽에서의 7년전쟁, 신대륙에서의 프렌치-인디언전쟁, 그리고 인도에서의 식민지 쟁탈전 등으로 막대한 전비를 낭비하여 재정은 점점 더 악화되어 갔다. 각지에서 일어난 영국과의 식민지 싸움에도 패배하여, 프랑스 절대왕정은 크게 흔들리고 있었다.
　한편, 당시의 프랑스에는 앙시앵 레짐이라 불리는 낡은 사회제도가 남아 있었다. 앙시앵 레짐의 대표적인 것으로 신분제도가 있다. 당시의 신분제도는 세 개로 나뉘어 성직자가 제1신분, 귀족이 제2신분이 되었고, 제1신분과 제2신분에는 면세 등의 특

特権身分はわずかであり、ほとんどの商工業者や農民などの一般市民は平民といわれる第三身分であった。税金の負担は一番貧しい第三身分の平民に押しつけられた。

このころ、フランスでは啓蒙主義思想が市民の間に広まっていった。啓蒙主義思想とは、理性の力によって社会的不正を改革しようとする合理主義的思想である。代表的な思想家はヴォルテールで、当時の専制的な教会や王政のあり方を批判した。モンテスキューは「法の精神」の中で、三権分立を説き、ルソーは「社会契約論」で人民主権を主張した。

この啓蒙主義思想はアンシャン・レジーム批判に影響をあたえ、アメリカで独立宣言が発表されると、さらにその動きが高まっていった。

○ フランス革命

このように古い制度に対する批判が盛り上がるなか、次のルイ16世の時代になると国家財政はほとんど破産状態となった。そこでルイ16世は財政改革のため、1789年、長い間開かれていなかった三部会を召集した。三部会は第一身分、第二身分、第三身分からそれぞれ代表者が参加する議会だが、特権を持つ第一、第二身分と特権を持たない第三身分との間で対立が起こり、議会はすすまなかった。そこで第三身分の人々は議会を出て、国民議会という別の議会を結成し、憲法が制定されて国王が国民議会を正式な議会と認めるまで、解散しないことを誓った(球技場の誓い)。

これに対し国王は軍隊を送って、この動きをおさえようとしたため、パリ市民は7月14日にバスティーユ牢獄を襲撃し、占領した。

권이 부여되었다. 그러나 이 특권신분은 극소수이고, 대부분의 상공업자와 농민 등의 일반시민은 평민이라 불리는 제3신분이었다. 세금 부담은 제일 가난한 제3신분인 평민에게 부과되었다.

이 무렵, 프랑스에서는 계몽주의사상이 시민 사이에 펴져 갔다. 계몽주의사상이란, 이성의 힘으로 사회적 부정을 개혁하려는 합리주의적 사상이다. 대표적 사상가는 볼테르로, 당시의 전제적 교회와 왕정의 모습을 비판했다. 몽테스키외는 '법의 정신'에서 삼권분립을 강설하였으며, 루소는 '사회계약론'에서 인민주권을 주장했다.

이 계몽주의사상은 앙시앵 레짐 비판에 영향을 주었고, 미국에서 독립선언이 발표되자 더욱 그 움직임이 고조되어 갔다.

프랑스 혁명

이렇게 낡은 제도에 대한 비판이 활발한 가운데, 루이 16세 때가 되자 국가재정은 거의 파산 상태가 되었다. 그래서 루이 16세는 재정개혁을 위해 1789년, 오랫동안 열리지 않았던 삼부회를 소집했다. 삼부회는 제1신분, 제2신분, 제3신분에서 각각 대표자가 참가하는 의회였지만, 특권을 가진 제1, 제2신분과 특권을 가지지 않는 제3신분 사이에서 대립이 일어나 의회는 진전이 없었다. 그래서 제3신분인 사람들은 의회를 나와 국민의회라는 다른 의회를 결성하여, 헌법이 제정되고 국왕이 국민의회를 정식 의회로 인정할 때까지 해산하지 않을 것을 맹세했다(테니스코트의 서약).

이러한 행동에 대해 국왕은 군대를 보내서 이 움직임을 억압하려 했고, 그 때문에 파리시민

▲ バスティーユ牢獄の襲撃
▲ 바스티유감옥 습격

こうしたなか、国民議会は翌8月、自由平等や私有財産の不可侵などをうたった人権宣言を発表した。当時の国民議会を指導していたのは、人権宣言を起草したラ・ファイエットやミラボーら自由主義貴族であった。彼らは、1791年には、制限選挙制、立憲君主制をうたった憲法を制定した。

은 7월 14일에 바스티유감옥을 습격하여 점령했다.
　이러한 가운데, 국민의회는 8월에 자유평등과 사유재산 불가침 등을 강조한 인권선언을 발표했다. 당시의 국민의회를 지도하고 있었던 것은 인권선언을 기안한 라파예트와 미라보 등의 자유주의 귀족이었다. 그들은 1791년에 제한선거제, 입헌군주제를 표명한 헌법을 제정했다.

○ 共和制の成立

憲法制定後、国民議会は解散し、新たな立法議会がつくられた。この立法議会では立憲君主制を主張するフイヤン派と、共和制を主張するジロンド派が対立するようになった。1792年に、革命に対し否定的なオーストリアとの戦争が始まると議会は国民軍をつくり、革命を守ろうとした。しかし、国王一家は外国に逃れようとしたため、国民の国王への不信が高まり、新しく成立した国民公会は王政を廃止して共和政の成立を宣言し(第一共和政)、翌1793年に王を処刑した。その後、国民公会では急進派のジャコバン派の力が大きくなり、ロベスピエールによる恐怖政治がおこなわれたが国民の反発が強まり、クーデターによりロベスピエールは倒され、1795年には5人の総裁による総裁政府が成立した。

공화제의 성립

　헌법 제정 후, 국민의회는 해산하고 새로운 입법의회가 만들어졌다. 이 입법의회에서는 입헌군주제를 주장하는 푀양파와 공화제를 주장하는 지롱드파가 대립하게 되었다. 1792년에 혁명에 대해 부정적이던 오스트리아와의 전쟁이 시작되자, 의회는 국민군을 만들어 혁명을 지키려 했다. 그러나 국왕일가는 외국으로 도망가려고 했고, 이에 국왕에 대한 국민의 불신이 고조되었다. 그래서 새로 성립된 국민공회는 왕정을 폐지하고 공화제의 성립을 선언하였으며(제1공화정), 다음 해인 1793년에 왕을 처형했다. 그 후 국민공회에서는 급진파인 자코뱅파의 힘이 커져, 로베스 피에르에 의해 공포정치가 행해졌다. 그러나 국민의 반발이 거세져 쿠데타에 의해 로베스 피에르는 무너지고, 1795년에는 5명의 총재에 의한 총재정부가 성립되었다.

○ ナポレオンのヨーロッパ支配

　総裁政府による政治は安定せず、諸外国との戦争で力をつけ、人気が高まっていた軍人のナポレオンは、1799年、クーデターにより総裁政府をたおした。1804年には国民投票によって皇帝となり、ナポレオン1世となった(第一帝政)。ナポレオンは、ナポレオン法典とよばれる民法典を公布し、国家制度をととのえ、また対外的にも遠征をつづけヨーロッパ諸国を次々と服従させていった。そして、1806年にはイギリスに対抗するため、大陸諸国とイギリスの貿易を禁止する大陸封鎖令を出した。

나폴레옹의 유럽지배

　총재정부에 의한 정치가 안정되지 못한 가운데, 여러 나라와의 전쟁으로 힘을 키워 인기가 많았던 군인 나폴레옹은 1799년에 쿠데타로 총재정부를 무너뜨렸다. 1804년에는 국민투표로 황제가 되어 나폴레옹 1세가 되었다(제1제정). 나폴레옹은 나폴레옹법전이라 불리는 민법전을 공포하고 국가제도를 정비하였으며, 대외적으로도 원정을 계속해 유럽의 여러 나라를 잇달아 정복해 갔다. 그리고 1806년에는 영국에 대항하기 위해 대륙 국가들과 영국의 무역을 금지하는 대륙 봉쇄령을 내렸다.

정리해보자

フランス革命の流れ 프랑스 혁명의 흐름

ルイ14世の時代からの宮廷の浪費・対外戦争による財政難
루이 14세 시대부터의 궁정의 낭비·대외전쟁에 의한 재정난

1789年5月
三部会招集　삼부회 소집
国民議会結成(球技場の誓い)　국민의회 결성(테니스코트의 서약)

1789年7月
バスティーユ牢獄の襲撃　바스티유 감옥 습격
フランス革命勃発　프랑스 혁명 발발
人権宣言、憲法制定＿自由・平等・国民主権
인권선언, 헌법제정＿자유·평등·국민주권

1792年
立法議会成立(ジロンド派台頭で共和制主張)
입법의회 성립(지롱드파 대두로 공화제 주장)

《第一共和制》《제1공화제》
王政の廃止・共和政の開始　왕정의 폐지·공화제의 개시

ジャコバン派の独裁と恐怖政治＿ルイ16世と王妃処刑
자코뱅파의 독재와 공포정치＿루이 16세와 왕비처형

恐怖政治への反発＿クーデターによりロベスピエール処刑
공포정치에의 반발＿쿠데타에 의해 로베스 피에르 처형

1795年
総裁政府＿5人の総裁による政府　총재정부＿5명의 총재에 의한 정부
ナポレオンの台頭＿対外戦争で国民の人気を集める
나폴레옹의 대두＿대외전쟁으로 국민의 인기를 얻음

1799年
ブリュメールのクーデター　브뤼메르 쿠테타
ナポレオンが総裁政府を倒す　나폴레옹이 총재정부를 무너뜨림
ナポレオンによる新政府　나폴레옹에 의한 신정부

1804年
ナポレオン皇帝に即位　나폴레옹 황제에 즉위

《第一帝政》《제1제정》

1806年 大陸封鎖令　대륙봉쇄령
1810年 ロシアが大陸封鎖令を破る　러시아가 대륙봉쇄령을 어김
1812年 ロシア遠征 → 失敗　러시아원정 → 실패

1814年 皇帝を退位 → エルバ島へ流刑　황제를 퇴위시킴 → 엘바섬으로 유배

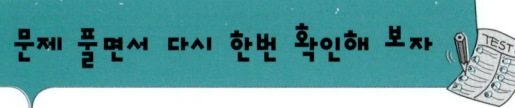

01　フランス革命について述べた次の①〜④のうち正しいものを一つ選びなさい。

① ルソーは「法の精神」の中で、国民主権を主張し、フランス革命を擁護した。
② 人権宣言を起草したのは、ミラボーやラファイエットなどの自由主義貴族たちであった。
③ 憲法制定後できた立法議会は王党派のロベスピエールによって倒された。
④ 急進派の国民議会によって国王は処刑された。

02　ナポレオンについて述べた次の①〜④のうち正しいものを一つ選びなさい。

① テルミドールのクーデターを起こした。
② 民法典を公布し、経済活動の自由を認めた。
③ イギリスの大陸封鎖令によって、経済的に苦しくなった。
④ 国内に反対勢力が多かったが、武力でおさえて皇帝になった。

01 프랑스 혁명에 대해 서술한 다음의 ①~④ 중 올바른 것을 하나 고르시오.

① 루소는 '법의 정신'에서, 국민주권을 주장하고 프랑스혁명을 옹호했다.
② 인권선언을 기안한 것은 미라보와 라파예트 등 자유주의 귀족들이었다.
③ 헌법제정 후에 생긴 입법의회는 왕당파의 로베스 피에르에 의해 무너졌다.
④ 국왕은 급진파인 국민의회에 의해 처형되었다.

> **정답 · 해설 01 정답 ❷**
> ❶「法の精神」ではなく「社会契約論」 '법의 정신'이 아니고 '사회계약론'
> ❸ ロベスピエールは王党派ではなく革命派 로베스 피에르는 왕당파가 아니라 혁명파
> ❹ 国民公会のジャコバン派によって国王は処刑された。국왕은 국민공회의 자코뱅파에 의해 처형되었다.

02 나폴레옹에 대해 서술한 다음의 ①~④ 중 올바른 것을 하나 고르시오.

① 테르미도르의 쿠데타를 일으켰다.
② 민법전을 공포하고, 경제활동의 자유를 인정했다.
③ 영국의 대륙봉쇄령에 의해 경제적으로 어려워졌다.
④ 국내에 반대세력이 많았지만 무력으로 진압하여 황제가 되었다.

> **정답 · 해설 02 정답 ❷**
> ❶ テルミドールではなく、ブリュメールのクーデター 테르미도르가 아니고 브뤼메르 쿠데타이다.
> ❸ 人陸封鎖令はナポレオンが出した。대륙봉쇄령은 나폴레옹이 내렸다.
> ❹ 国民投票によって、圧倒的支持によって皇帝となった。국민투표에 따른 압도적인 지지로 황제가 되었다.

第 3 章

ウィーン体制と第三共和政
빈 체제와 제3공화정

>> 학습 포인트

- ナポレオンの支配後のウィーン体制とは、どんな体制であったか？
  나폴레옹 지배 후의 빈 체제란 어떤 것이었는가?
- ウィーン体制の前と後ではフランスやヨーロッパの秩序はどう変わったか？
  빈 체제 전과 후에 프랑스와 유럽의 질서는 어떻게 변했는가?

キーワード

ウィーン体制 빈 체제　王政復古 왕정복고　メッテルニヒ 메테르니히　七月革命 7월혁명
二月革命 2월혁명　第二帝政 제2제정　普仏戦争 보불전쟁　パリコミューン 파리코뮌

○ ウィーン体制

　ナポレオンのヨーロッパ支配が長引くと、諸国民の間で抵抗運動がおこってきた。特に大陸封鎖令はイギリスとの貿易ができず、大陸諸国の経済を圧迫した。ナポレオンは1812年に大陸封鎖令を破ってイギリスと貿易をつづけたロシアへ遠征するが、失敗し、さらに諸国との戦争にも敗れ、ナポレオンの支配は終わり、フランスは王政が復活した。
　ナポレオンの退位後、1814年には諸国の代表が集まりウィーン会議がひらかれた。この会議では革命前の王朝を復帰させてヨーロッパ秩序を守ろうとする「正統主義」が原則となった。各国の王政を守るため、ロシアを中心に神聖同盟が結ばれ、イギリス、ロシア、プロイセン、オーストリアのあいだで四国同盟も成立した。このように各国の君主は市民の革命運動や自由主義運動を抑えようとした。この体制をウィーン体制という。

빈 체제

　나폴레옹이 유럽을 지배하는 기간이 길어지자, 국민들 사이에서 저항운동이 일어나기 시작했다. 특히 대륙봉쇄령은 영국과의 무역을 할 수 없게 만들어, 대륙국가들의 경제를 억압했다. 나폴레옹은 1812년에 대륙봉쇄령을 어기고 영국과 무역을 계속한 러시아로 원정하지만 실패하고 말았다. 그 후 여러 나라들과의 전쟁에도 패배하여 나폴레옹의 지배는 끝나게 되었고 프랑스는 왕정이 부활했다.
　나폴레옹 퇴위 후, 1814년에 여러 나라의 대표가 모여 빈 회의가 열렸다. 이 회의에서는 혁명 전의 왕정을 부활시켜 유럽 질서를 지키려 하는 '정통주의'가 원칙이 되었다. 각국의 왕정을 지키기 위해 러시아를 중심으로 신성동맹이 체결되고, 영국, 러시아, 프로이센, 오스트리아 사이에서 4국동맹도 체결되었다.

○ **自由主義の発展**

王政が復活したヨーロッパ諸国ではウィーン体制下でも、自由をめざす民衆の動きはつづき、特に、1820年代からは各地で自由主義運動が盛んになり、また、ヨーロッパ諸国の植民地であった南アメリカなどでも、独立運動が高まっていった。

▲ 七月革命のイメージ『民衆を導く自由の女神』ドラクロワ(ルーブル美術館所蔵)
▲ 7월혁명 이미지 '민중을 이끄는 자유의 여신' 들라크루아作 (루브르 박물관 소장)

そのようななか、フランスでも復活した王政に市民は反発し、1830年7月にパリで革命を起こして王を退位させ、自由主義的な新しい王をむかえた(七月革命)。

フランスでは七月革命後、産業革命が本格化し、労働者階級が増えていったが、七月王政の下では資本家に有利な政策がとられたため、労働者や農民の不満が強まった。

そして1848年2月、パリでまたも革命が起こり(二月革命)、国王を退位させ、共和政が成立した(第二共和政)。しかし、新しい憲法の大統領に選ばれたナポレオン1世の甥が、1852年に国民投票によって皇帝となり、ナポレオン3世と称した(第二帝政)。

이렇게 각국의 군주는 시민의 혁명활동과 자유주의 운동을 억압하려 했다. 이 체제를 빈 체제라고 한다.

자유민주주의의 발전

왕정이 부활한 유럽의 여러 나라에서는 빈체제 하에서도 자유를 향한 민중운동이 계속되었다. 특히 1820년대부터는 각지에서 자유주의 운동이 활발해지고, 또 유럽 여러 나라의 식민지였던 남아메리카 등에서도 독립운동이 고조되어 갔다. 이와 같은 흐름 속에 프랑스에서도 부활한 왕정에 대해 시민이 반발하여, 1830년 7월에 파리에서 혁명을 일으켜 왕을 퇴위시키고 자유주의적인 새 왕을 맞이했다(7월혁명).

프랑스에서는 7월혁명 후, 산업혁명이 본격화되고 노동자계급이 증가했지만, 7월왕정 하에서는 자본가에게 유리한 정책을 내세웠기 때문에 노동자와 농민의 불만이 거세졌다.

그리고 1848년 2월, 파리에서 또다시 혁명이 일어나(2월혁명), 국왕을 퇴위시키고 공화정이 성립되었다(제2공화정). 그러나, 새 헌법으로 대통령에 선출된 나폴레옹 1세의 조카가 1852년에 국민투표로 황제가 되면서 나폴레옹 3세라고 불리었다(제2제정).

第三共和政の成立

そのころ、周辺のイタリアやドイツは多くの小国に分かれていて、統一国家を形成していなかったが、1860年代にイタリアの統一がほぼ完成され、ドイツもプロイセンを中心に北ドイツ連邦を成立させた。1870年にはナポレオン3世のフランス軍をやぶり(普仏戦争)、ドイツ帝国となって連邦制のもとでドイツ統一が実現した。

いっぽう、普仏戦争にやぶれたフランスではナポレオン3世の退位後、パリの民衆が自治組織(パリ・コミューン)をつくって、臨時政府に抵抗したが、しばらくして臨時政府に抑えられ、その後新しい政府によって新憲法が制定され、共和政がしかれた(第三共和政)。

제3공화정의 성립

그 무렵, 주변의 이탈리아와 독일은 여러 연방들로 분열되어 있어 통일국가를 형성하지 못했지만, 1860년대에 이탈리아가 거의 통일되었고 독일도 프로이센을 중심으로 북독일연방을 성립시켰다. 1870년대에는 나폴레옹 3세가 이끄는 프랑스군을 격파하고(보불전쟁) 독일제국이 되어 연방제 하에서 통일이 실현되었다.

한편, 보불전쟁에 패한 프랑스에서는 나폴레옹 3세의 퇴위 후, 파리의 민중이 자치조직(파리코뮌)을 만들어 임시정부에 저항했지만 얼마 지나지 않아 임시정부에 진압되고 말았다. 그 후 새로운 정부에 의해 신헌법이 제정되어 공화정이 펼쳐졌다(제3공화정).

フランス七月革命と二月革命の影響
프랑스 7월혁명과 2월혁명의 영향

1830年のフランスの七月革命によって
1830년 프랑스의 7월혁명으로

- 1815年の王政復古で復活したブルボン朝が再び崩壊することになった。
  1815년 왕정부활에서 부활한 부르봉조가 재차 붕괴하게 되었다.

七月革命の影響を受けて
7월혁명의 영향을 받아서

- オランダに併合されていたベルギーで独立革命がおこり、1831年ベルギー王国として独立した。
  네덜란드에 병합된 벨기에에서 독립혁명이 일어나, 1831년 벨기에 왕국으로 독립했다.
- ロシア帝国の支配に対して、ポーランドで民族主義の革命が起こった。
  （この革命はロシア軍によって鎮圧される。）
  폴란드에서 러시아 제국의 지배에 대항하여, 민족주의 혁명이 일어났다.
  (이 혁명은 러시아군에 의해 진압된다.)

七月革命の結果
7월혁명의 결과

- ウィーン体制が大きく揺らぐことになった。→ 1848年の二月革命へ
  빈 체제가 크게 흔들리게 되었다. → 1848년의 2월혁명으로

二月革命は全ヨーロッパで
2월혁명은 전 유럽에서

- フランスでは二月革命が起こった1848年は、フランスだけでなくヨーロッパ各地でウィーン体制に対する反発が高まったため、『諸国民の春』と呼ばれる。
  프랑스에서는 2월혁명이 일어났던 1848년은 프랑스뿐만 아니라 유럽 각지에서 빈 체제에 대한 반발이 고조되었기 때문에 '모든 국민의 봄'이라고 한다.

↓

この革命により、フランスでは王政は廃止され共和制に移行した。
第二共和政これ以後フランスに国王があらわれることはなくなった。
이 혁명으로 프랑스에서는 왕정이 폐지되어 공화제로 이행되었다.
제2공화정 이후 프랑스에 국왕이 나타나는 일은 없어졌다.

↓

フランスの二月革命はヨーロッパ各地に伝播し、特にドイツのベルリンとオーストリアのウィーンでの運動は三月革命と呼ばれる。ウィーンの革命ではウィーン体制の代表的存在であったメッテルニヒが失脚した。その他、イタリアでも統一に向けた運動が高まった。
프랑스의 2월혁명은 유럽 각지에 전파되어, 특히 독일의 베를린과 오스트리아 빈에서의 운동은 3월혁명이라고 한다. 빈 혁명에서는 빈 체제의 대표적 존재였던 메테르니히가 실각했다. 그 외, 이탈리아에서도 통일을 향한 운동이 고조되었다.

二月革命の結果
2월혁명의 결과

- 市民の政治参加や立憲政治を目指す動きが高まっていった。
  시민이 정치참가와 입헌정치를 지향하는 움직임이 고조되어 갔다.

ウィーン体制 빈 체제

	フランス革命・ナポレオン戦争による混乱 프랑스 혁명・나폴레옹전쟁에 의한 혼란 ↓
1814年	ウィーン会議＿オーストリアのメッテルニヒの呼びかけで各国の代表が集まる。 빈 회의＿오스트리아의 메테르니히의 제안으로 각국의 대표가 모임
1815年	ウィーン議定書＿フランス王政の復活が決定　빈의정서＿프랑스 왕정의 부활이 결정됨 その他、神聖同盟・四国同盟が結ばれ、自由主義や革命を抑える。ウィーン体制ができる。 그 외, 신성동맹・4 국동맹이 체결되어 자유주의와 혁명을 억압하는 빈 체제가 만들어짐 ↓ ヨーロッパ各地でウィーン体制に反発する民族運動や独立運動が高まる。 유럽 각지에서 빈 체제에 반발하는 민족운동과 독립운동이 고조됨 ↓
1830年	フランス　七月革命《七月王政》　프랑스 7월혁명《7월왕정》
1848年	二月革命《第二共和政》　2월혁명《제2공화정》

歴史 分野 | 93

문제 풀면서 다시 한번 확인해 보자

01 ウィーン体制について述べた次の①〜④の文章のうち正しいものを一つ選びなさい。

① ウィーン会議では、自由主義こそ正統であるとする正統主義が確認された。
② ウィーン体制の下では、ヨーロッパに王政が定着し、各国王政の下安定した政治がおこなわれた。
③ ウィーン会議は正統主義を主張するイギリスの呼びかけで始まった。
④ ウィーン体制後も自由主義を求める動きが活発になり、南アメリカでも独立の動きが高まった。

02 ウィーン体制後のフランスの動きについて次の（　）に当てはまる語句を選びなさい。

ウィーン会議後もフランスでは（　a　）の動きがおさまらず、1830年に（　b　）、1848年に（　c　）が起こり、（　d　）がしかれた。

	a	b	c	d
①	王政復古	七月革命	二月革命	絶対王政
②	自由主義	七月革命	二月革命	共和政
③	自由主義	二月革命	七月革命	共和政
④	王政復古	二月革命	七月革命	共和政

01 빈 체제에 대해서 서술한 다음의 ①～④의 문장 중 올바른 것을 하나 고르시오.

① 빈 회의에서는 자유주의야말로 정통이라는 정통주의가 확인되었다.

② 빈 체제 하에서는 유럽에 왕정이 정착되었고 각국의 왕정 하에 안정된 정치가 행해졌다.

③ 빈 회의는 정통주의를 주장하는 영국의 요청으로 시작되었다.

④ 빈 체제 후에도 자유주의를 요구하는 운동이 활발해져, 남아메리카에서도 독립의 움직임이 고조되었다.

> 정답·해설 01 정답 ❹
> ❶ 自由主義ではなく王政 자유주의가 아니고 왕정
> ❷ 王政が復活したが、各地で反発する運動がおこった。
>   왕정이 부활했지만, 각지에서 반발하는 운동이 일어났다.
> ❸ オーストリアのメッテルニヒの呼びかけにより始まった。
>   오스트리아의 메테르니히의 제안으로 시작되었다.

02 빈 체제 후 프랑스의 변화에 대해 다음의 (　)에 들어갈 알맞은 말을 고르시오.

빈 회의 후에도 프랑스에서는 (a)의 움직임이 진정되지 않고, 1830년에 (b), 1848년에 (c)이 일어나, (d)이 펼쳐졌다.

	a	b	c	d
❶	왕정복고	7월혁명	2월혁명	절대왕정
❷	자유주의	7월혁명	2월혁명	공화정
❸	자유주의	2월혁명	7월혁명	공화정
❹	왕정복고	2월혁명	7월혁명	공화정

> 정답·해설 02 정답 ❷
> フランスではウイーン体制後、王政が復活したが、革命の動きはおさまらず、2度の革命で共和政が実現した。
> 프랑스에서는 빈 체제 후 왕정이 부활했지만 혁명의 움직임이 진정되지 않고 두 번의 혁명으로 공화정이 실현되었다.

제 4 장 アメリカの独立 미국의 독립

>> 학습 포인트

・イギリスからの独立は各国にどのような影響を与えたか?
영국으로부터의 독립은 각국에 어떤 영향을 끼쳤는가?

・重商主義支配から脱したアメリカの憲法にはどんな特徴があったか?
중상주의 지배로부터 탈피한 미국의 헌법에는 어떤 특징이 있는가?

キーワード

印紙税 인지세　ボストン茶会事件 보스턴 차 사건　大陸会議 대륙회의
独立宣言 독립선언　パリ条約 파리조약　三権分立 삼권분립　モンロー主義 몬로주의

独立戦争

　北米大陸の東海岸には、18世紀半ばまでにイギリスの13の植民地が成立していたが、17世紀に、信仰の自由を求めてイギリスから渡ったピューリタン（清教徒）も多かった。
　植民地の北部では、農水産業のほか商業や手工業も発達し、南部ではたばこなどの大農園（プランテーション）が発達した。経済が発達して人口も増えた植民地では、自主独立の気風が強くなったが、イギリス政府は、本国の利益を中心とする重商主義政策をとっていた。
　さらに、18世紀半ばになると、各地で植民地戦争を展開していたイギリス政府は財政が苦しくなり、植民地への課税を強化した。
　1765年に本国政府が印紙税を課すと、植民地側は「代表なくして課税なし」と主張して反対し、これを撤廃させた。さらに、

독립전쟁

　북미대륙의 동해안에는 18세기 중순까지 영국이 세운 13식민지가 있는데, 그 중에서는 17세기에 신앙의 자유를 외치며 영국에서 건너온 퓨리턴(청교도)도 많았다.
　식민지 북부에서는 농수산업 외에 상업과 수공업이 발달하였으며, 남부에서는 담배 등의 대농원(플렌테이션)이 발달했다. 경제가 발달하여 인구도 증가하게 된 식민지에서는 자주독립의 기풍이 강해졌지만, 영국 정부는 본국의 이익을 중심으로 한 중상주의 정책을 폈다.
　게다가 18세기 중반이 되자, 각지에서 식민지 전쟁을 전개했던 영국정부는 재정이 어려워져 식민지에의 과세를 강화했다.
　1765년 본국정부가 인지세를 과세하자 식민지 측에서는 '대표 없는 과세 없다'며 반대하여 이것을 철폐시켰다. 게다가 1773년

▲ ボストン茶会事件
1773年インディアンに変装したボストン市民は船に乗りこみ、茶箱を海に投げ捨てた。

▲ 보스턴 차 사건
1773년 인디언으로 위장한 보스턴 시민이 배에 올라타 차 박스를 바다에 던져 버렸다.

1773年に本国が東インド会社に茶の独占販売を認めると、植民地側は抵抗し、ボストン茶会事件が起こった。翌1774年には大陸会議をひらいて本国に抗議したが、本国政府は認めず、1775年ボストン郊外で戦争がはじまった。1776年7月4日、大陸会議は独立宣言を発表した。1777年には国名をアメリカ合衆国とし、フランスやスペインなどの援助もあり、本国軍を制圧していった。そして1783年、パリ条約を結び、イギリスはアメリカ合衆国の独立を認めた。

合衆国憲法

独立を果たした合衆国は、1787年、人民主権・連邦主義・三権分立を基本とする合衆国憲法を制定し、1789年、ワシントンが初代大統領となった。

合衆国の独立と、人民主権と三権分立を明記した史上初の憲法制定は、絶対王政のもとで苦しんでいたヨーロッパや多くの植民地に大きな影響を与えた。

▲ 独立宣言への署名
大陸会議は、1778年7月に独立を決議した。13の植民地の代表が宣言書に署名しているところ。中央で立っているのが起草者ジェファソン。

▲ 독립선언 서명
대륙회의는 1778년 7월에 독립을 결의했다. 13식민지의 대표가 선언서에 서명하고 있는 장면으로, 중앙에 서 있는 사람이 기안자 제퍼슨이다.

에 본국이 동인도회사에 차 독점판매를 인정하자 식민지측이 저항하면서 보스턴 차 사건이 일어났다. 다음 해인 1774년에는 대륙회의를 열어 본국에 저항했지만 본국정부는 인정하지 않았고, 1775년 보스턴 교외에서 전쟁이 시작되었다. 1776년 7월 4일의 대륙회의에서 독립선언을 발표했으며, 1777년에는 국명을 미합중국으로 하고 프랑스와 스페인 등의 원조로 본국군을 제압해 갔다. 그리고 1783년, 영국은 파리 조약을 체결해 미합중국 독립을 인정했다.

합중국헌법

독립을 이룩한 합중국은 1787년 인민주권·연방주의·삼권분립을 기본으로 한 합중국헌법을 제정하였으며, 1789년 워싱턴이 초대 대통령이 되었다.

합중국의 독립과 인민주권, 삼권분립을 명기한 사상 최초의 헌법제정은 절대왕정 하에서 시달리고 있던 유럽과 많은 식민지에 큰 영향을 끼쳤다.

○ **アメリカの発展と南北戦争**

独立を果たしたアメリカは、ヨーロッパ諸国との相互不干渉を主張してモンロー宣言をおこない、これ以後独自の外交政策(モンロー主義)を展開することになった。また、国内産業を育てながら、未開発の西部地域(フロンティア)を獲得しながら領土を拡大していった。

さらに、西部開拓がすすんでいくと、特に奴隷制を認めるかどうかで南部地域と北部地域の対立がはげしくなった。南部諸州では、イギリスへ輸出する綿花栽培が盛んで、黒人奴隷を使った農業中心の経済体制であった。そのため、奴隷制度と自由貿易を守ろうとした。これに対し、北部では工業が発展していたため、工業製品の輸入を制限する保護貿易を求め、奴隷制度には反対した。

1860年に北部出身のリンカーンが大統領になると、南部の反発が強まり、1861年、ついに戦争へと発展した(南北戦争)。1863年にはリンカーンが奴隷解放宣言をし、1865年には北部が勝って戦争が終わった。やがて、西部地域は鉄道や運河建設によって開拓がすすみ、ヨーロッパからの移民も増加し、アメリカの工業は飛躍的に発展した。

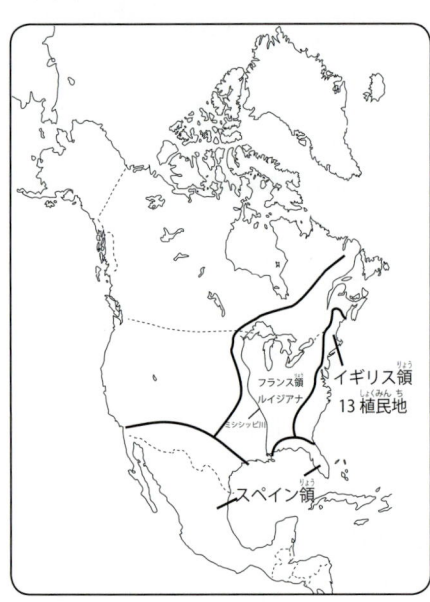

▲ 18世紀半ばのアメリカ植民地
▲ 18세기 중엽의 미국 식민지

미국의 발전과 남북전쟁

독립을 이루한 미국은 유럽국가들과의 상호 불간섭을 주장하며 몬로독트린 선언을 하고 독자적인 외교정책(몬로주의)을 전개하게 되었다. 또한, 국내 산업을 키워 미개발 서부지역(프론티어)을 획득하면서 영토를 확대해 갔다.

더욱이 서부개척이 추진됨에 따라, 노예제의 인정문제로 남부와 북부지역의 대립이 격렬해졌다. 남부의 여러 주에서는 영국으로 수출하는 면화재배가 발달하여, 흑인노예를 이용한 농업중심 경제체제였기때문에 노예제도와 자유무역을 지키려고 했다. 이것에 반해, 북부에서는 공업이 발전했기 때문에 공업제품의 수입을 제한하는 보호무역을 요구하고 노예제도에는 반대했다.

1860년에 북부 출신인 링컨이 대통령이 되자 남부의 반발이 거세지며 1861년 결국 전쟁으로 발전했다(남북전쟁). 1863년에는 링컨이 노예해방을 선언하고 1865년에는 북부가 승리하며 전쟁이 끝났다. 이윽고, 서부지역은 철도와 운하건설로 개척이 진행되고 유럽으로부터의 이민도 증가하여, 미국의 공업은 비약적으로 발전해갔다.

▲ フレンチ–インディアンの戦争後の北米
▲ 프렌치·인디언 전쟁 후의 북미

▲ パリ条約後の北米
▲ 파리조약 후의 북미

정리해보자

アメリカ独立までの流れ 미국독립까지의 흐름

1755〜1763年
フレンチ・インディアン戦争 프렌치·인디언 전쟁
北米でのイギリスとフランスの領土争い → イギリスの勝利
북미에서의 영국과 프랑스의 영토싸움 → 영국의 승리

↓

広大な植民地経営とたび重なる戦争によって財政が苦しくなり、
イギリスは植民地支配を強化
광대한 식민지 경영과 거듭되는 전쟁으로 재정이 어려워져, 영국은 식민지 지배를 강화함

↓

印紙税・茶法などに対する植民地の反発 인지세·차 법 등에 대한 식민지의 반발

1775年〜
アメリカ独立戦争 イギリス ⇔ 植民地(フランス・スペインが支援)
미국 독립 전쟁 영국 ⇔ 식민지(프랑스·스페인이 지원)

1776年
アメリカ独立宣言(自由・平等の実現)
미국 독립 선언(자유·평등의 실현)

1783年
パリ条約 イギリスがアメリカの独立承認、アメリカ合衆国成立(13州)
파리 조약 영국이 미국의 독립승인, 미국 합중국 성립(13주)

1787年
アメリカ合衆国憲法(人民主権・三権分立・連邦主義)
미합중국헌법(인민주권·삼권분립·연방주의)

01 アメリカ独立戦争に関する次の文章のうち正しいものを一つ選びなさい。

❶ アメリカ独立戦争では、フランスもイギリス側にたって戦った。
❷ 独立宣言がワシントンを中心に起草された。
❸ パリ条約で、イギリスは植民地の独立を認めた。
❹ 独立宣言によって、黒人奴隷が解放された。

02 合衆国憲法に関する次の文章のうち正しいものを一つ選びなさい。

❶ この憲法にもとづいて、ジェファソンが初代合衆国大統領に就任した。
❷ この憲法によって先住民（インディアン）の市民権も認められた。
❸ 憲法で、連邦制・人民主権・三権分立の原則が定められた。
❹ 民主的な憲法により、第一回の選挙から黒人の投票も認められた。

01 미국 독립전쟁에 관한 다음 글 중 올바른 것을 하나 고르시오.

① 미국 독립전쟁에서는, 프랑스도 영국편에 서서 싸웠다.
② 독립선언이 워싱턴을 중심으로 기안되었다.
③ 파리조약으로 영국은 식민지 독립을 인정했다.
④ 독립선언으로 흑인노예가 해방되었다.

> **정답 · 해설 01**
> 정답 ❸
> 独立戦争後の1783年パリ条約で独立を認められた。 독립전쟁 후인 1783년 파리조약으로 독립을 인정받았다.
> ❶ フランスはイギリスに抵抗するため、植民地の独立を支援した。
>   프랑스는 영국에 저항하기 위해 식민지 독립을 지원했다.
> ❷ ワシントンではなく、ジェファソン 워싱턴이 아니고 제퍼슨이다.
> ❹ 奴隷制は後の南北戦争後までつづく。 노예제도는 후에 남북전쟁까지 계속된다.

02 합중국 헌법에 관한 다음 글 중 올바른 것을 하나 고르시오.

① 이 헌법에 근거해서 제퍼슨이 초대 합중국 대통령에 취임했다.
② 이 헌법에 의해 선주민(인디언)의 시민권도 인정되었다.
③ 헌법에서 연방제 · 인민주권 · 삼권분립의 원칙이 정해졌다.
④ 민주적 헌법에 의해 제1회 선거부터 흑인 투표도 인정되었다.

> **정답 · 해설 02**
> 정답 ❸
> ❶ ジェファソンではなく、ワシントン 제퍼슨이 아니고 워싱턴이다.
> ❷❹ 先住民や黒人の権利は認められなかった。 선주민과 흑인의 권리는 인정받지 못했다.

第5章 帝国主義と世界分割 제국주의와 세계 분할

> **》 학습 포인트**
>
> ・19世紀後半のヨーロッパの国民国家の誕生は国際政治をどのように変え、こうした列強の進出に対して、アジアの国々はどう対応したのか？
>
> 19세기 후반 유럽 국민국가의 탄생은 국제정치를 어떻게 바꾸었으며, 이러한 열강의 진출에 대해 아시아의 나라들은 어떻게 대응했는가?

キーワード

オスマン帝国 오스만 제국　東インド会社 동인도 회사　プラッシーの戦い 플라시 전투
インド帝国 인도 제국　アヘン戦争 아편전쟁　海峡植民地 해협식민지　3C政策 3C정책
3B政策 3B정책

○ 解体するオスマン帝国

最盛期にはヨーロッパからアジアにかけて広大な領地を持ったオスマン帝国だったが、17世紀末から勢力が衰え始め、領土内の諸民族の自立運動が高まり、ロシアやヨーロッパの列強によって、しだいに領土をうばわれていった。クリミア戦争ではかろうじてロシアの南下を防いだが、後のロシア・トルコ戦争では大敗し、領土の大半を失った。

オスマン帝国の領土だったエジプトではナポレオンが去った後、独立の動きが高まり、フランスの支援のもと西欧化を目指していた。19世紀半ばにはスエズ運河を完成させたが、財政難に陥り運河の所有権をイギリスに売り渡した結果、財政だけではなく内政に関してもイギリスとフランスの強い干渉を受けるようになった。

해체된 오스만 제국

전성기에는 유럽에서 아시아에 걸쳐 광대한 영토를 소유했던 오스만 제국이었지만, 17세기 말부터 세력이 쇠퇴해지기 시작하고 영토 내 여러 민족의 독립운동이 고조되어 러시아와 유럽 열강에 의해 차츰 영토를 빼앗기게 되었다. 크림전쟁(크리미아전쟁)에서는 겨우 러시아의 남하를 막았지만, 나중에 러시아·터키 전쟁에서 대패하여 영토의 대부분을 잃어버렸다.

오스만 제국의 영토였던 이집트에서는 나폴레옹이 사라진 후 독립의 움직임이 고조되었으며, 프랑스의 지원으로 서구화를 지향하고 있었다. 19세기 중반에는 수에즈 운하를 완성시켰지만 재정난에 빠져 운하의 소유권을 영국에 팔아 넘긴 결과, 재정 뿐 아니라 내정에 관해서도 영국과 프랑스의 강한 간섭을 받게 되었다.

インドの植民地化

　18世紀になるとインドではムガル帝国が衰え、イギリスとフランスの進出が本格化した。両国は対立していたが、1757年のプラッシーの戦いでイギリスの東インド会社の軍隊が勝ち、19世紀前半までにイギリスがほぼ全インドを植民地化した。

　イギリスは本国で産業革命が進行すると、イギリス産の安い綿布をインドに売りつけたため、インドの綿工業は衰退していった。こうしたなかイギリスの植民地支配に対してインド人の不満が高まり、1857年、デリー近郊でインド人傭兵（セポイ）が蜂起し、反乱は北インド一帯に広まった（セポイの反乱）。

　しかし、反乱はすぐにイギリス軍によっておさえられ、さらにイギリスはムガル皇帝を廃し、東インド会社を解散して、政府が直接支配することになった。こうして1877年には、イギリス領インド帝国が成立した。

アヘン戦争

　いっぽう東アジアの清も、イギリスにとって茶や陶磁器を輸入する重要な貿易国であったが、18世紀末ころから勢力が衰えていった。茶の輸入が増加するにつれイギリスは、赤字を解消するためインド産のアヘンを清に持ち込み、清から大量の銀が流出した。そこで清はイギリス商人の貿易を禁止するなどしたが、これに対しイギリスは1840年、艦隊を派遣して攻撃を開始した（アヘン戦争）。その後、南京条約が結ばれ、清は香港をイギリスにゆずり、上海など5港をひらき、自由貿易と不平等条約を強制された。

　1856年にはフランスも加わったアロー戦争にもやぶれ、欧米列強の中国侵略が始まった。

인도의 식민지화

　18세기가 되자 인도에서는 무굴제국이 쇠퇴하여 영국과 프랑스의 진출이 본격화 되었다. 두 나라는 대립하고 있었는데 1757년 플라시 전투에서 영국의 동인도 회사의 군대가 승리하여 19세기 초반까지 영국이 인도 대부분의 지역을 식민지화 했다.

　영국은 본국에서 산업혁명이 진행되자 영국산의 싼 면직물을 인도에 강매했고, 그로 인해 인도의 면공업은 쇠퇴해 갔다. 이렇게 되자 영국의 식민지 지배에 대한 인도인의 불만이 고조되었고, 1857년 델리 근교에서 인도인 용병(세포이)이 봉기하여 반란은 북인도 일대로 퍼졌다(세포이의 항쟁).

　그러나 반란은 바로 영국군에 의해 제압되었고 영국은 무굴황제를 폐위시켰다. 또한 동인도 회사를 해산하여 정부가 직접 지배하게 되었다. 이렇게 해서 1877년에는 영국령 인도제국이 성립되었다.

아편전쟁

　한편 동아시아의 청나라도 영국으로서는 차와 도자기를 수입하는 중요한 무역국이었지만, 18세기 말 무렵부터 세력이 쇠퇴해 갔다. 차 수입이 증가함에 따라 영국은 적자를 해소하기 위해 인도산 아편을 청나라에 반입하였고, 청나라에서 대량의 은이 유출되었다. 그래서 청나라는 영국상인의 무역을 금지하기도 했는데, 이것에 대해 영국은 1840년 함대를 파견하여 공격을 개시했다(아편전쟁). 그 후 난징조약이 체결되어 청나라는 홍콩을 영국에 양보하고 상하이 등 다섯 항구를 개항하여, 자유무역과 불평등 조약을 강제로 맺게 되었다.

　1856년에는 프랑스까지 가담한 애로호 전쟁에도 패배해, 구미열강의 중국침략이 시작되었다.

東南アジアの植民地化

東南アジアは17世紀になるとオランダがインドネシアへ進出し、コーヒーやさとうきびの強制栽培によって多大な利益をあげた。

ベトナムへは19世紀からフランスが進出し、カンボジアを保護国として1887年にはフランス領インドシナを成立させた。

イギリスは19世紀前半にマレー半島とシンガポールを獲得して海峡植民地を成立させ、後半にはミャンマーも併合し、インド帝国に編入した。タイ王国だけが、東南アジアのなかで唯一独立を維持した。

▲ 19世紀の東南アジア
▲ 19세기의 동남아시아

日本と東アジア諸国

列強の圧力は、日本にもおよんだ。1854年にはペリーの来航により日米和親条約をむすんで開国し、1858年には日米修好通商条約をむすんだ。以後、江戸幕府がたおれて1868年、明治政府が成立した。明治政府は中央集権体制を整え、産業の発展につとめ、近代国家をめざした。

その後、朝鮮半島をめぐって清とのあいだで緊張が高まり、1894年の甲午農民戦争をきっかけに戦争となった(日清戦争)。戦争に勝った日本は翌年の下関条約で、遼東半島や台湾を手に入れた。その後、三国干渉により遼東半島は清に返還されたが、巨額の賠償金を課せられた清は財政が苦しくなり、列強による中国本土進出がすすんでいった。

동남아시아의 식민지화

동남아시아에서는 17세기가 되자 네덜란드는 인도네시아에 진출하여 커피와 사탕수수의 강제 재배로 막대한 이익을 올렸다.

베트남에는 19세기부터 프랑스가 진출하였고, 캄보디아는 프랑스의 보호국으로서 1887년에 프랑스령 인도차이나로 편입되었다.

영국은 19세기 초반에 말레이반도와 싱가포르를 획득하여 해협식민지를 만들고, 후반에는 미얀마도 병합하여 인도제국에 편입했다. 태국왕국만이 동남아시아 중에서 유일하게 독립을 유지했다.

일본과 동아시아의 여러 나라들

열강의 압력은 일본에도 미쳤다. 1854년에는 페리제독의 내항으로 미일 화친조약을 맺고 개국하였으며, 1858년에는 미일수호통상조약을 맺었다. 이후, 에도 막부가 쓰러지고 1868년에 메이지 정부가 들어섰다. 메이지 정부는 중앙집권체제를 정비하고 산업발전에 힘쓰며 근대국가를 지향했다.

그 후 한반도를 둘러싸고 청나라와의 사이에 긴장이 고조되어, 1894년 동학농민운동을 계기로 전쟁이 일어났다(청일전쟁). 전쟁에서 승리한 일본은 다음해 시모노세키조약으로 요동반도와 대만을 손에 넣었다. 그 후, 삼국간섭에 의해 요동반도는 청나라에 반환되었지만 거액의 보상금을 부과받은 청나라는 재정이 어려워졌고, 열강에 의한 중국본토 진출이 추진되어갔다.

アフリカ分割と世界政策

イギリスは、19世紀前半までに世界中に植民地を持っていたが、1870年代からアフリカ大陸へも進出した。イギリスはまず1875年にスエズ運河の株式を買収してエジプトを保護国とし、スーダンを占領した。また南部ではボーア戦争を起こしてケープ植民地を含む南アフリカ連邦を組織した。

これに対しフランスは北アフリカのアルジェリアやサハラ砂漠を占領し、東へ進むアフリカ横断政策をくわだて、1898年にはスーダンのファショダで南下してきたイギリス軍と衝突した（ファショダ事件）。

イギリスはケープタウンとカイロをむすぶアフリカ縦断政策を成功させ、さらにインドのカルカッタを結んで広大な勢力圏をつくろうとしていた（3C政策）。

植民地政策がおくれたドイツも1880年代からアフリカへの進出をはじめ、アメリカも1898年の米西戦争に勝ってフィリピンを得ると同時にカリブ海へも積極的に進出し、キューバを保護国にした。

아프리카 분할과 세계정책

19세기 전반까지 전 세계에 식민지를 가지고 있었던 영국은 1870년대부터 아프리카 대륙에도 진출했다. 영국은 먼저 1875년에 수에즈 운하의 주식을 매수하여 이집트를 보호국으로 한 뒤, 수단을 점령했다. 또 남부에서는 보어전쟁을 일으켜 케이프 식민지를 포함한 남아프리카연방을 조직했다.

이에 프랑스는 북아프리카의 알제리와 사하라사막을 점령하고 동쪽으로 진출하는 아프리카 횡단정책을 꾀하여, 1898년에는 수단의 파쇼다에서 남하해 온 영국군과 충돌했다(파쇼다 사건).

영국은 케이프 타운과 카이로를 잇는 아프리카 종단정책을 성공시키고 인도의 캘커타를 연결해서 광대한 세력권을 만들려고 했다(3C정책).

식민지 정책이 뒤처진 독일도 1880년대부터 아프리카 진출을 시작하였고, 미국도 1898년의 미국-스페인 전쟁에 승리하여 필리핀을 얻음과 동시에 카리브해에도 적극적으로 진출, 쿠바를 보호국으로 하게 되었다.

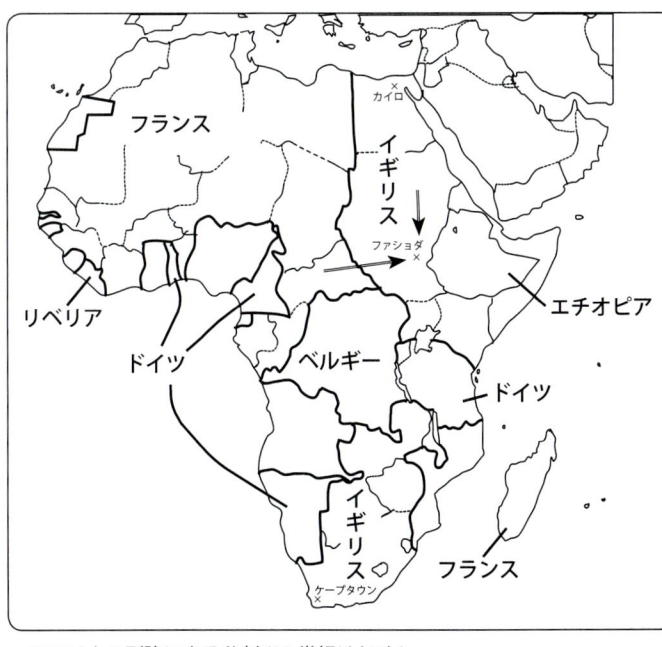

▲ アフリカの列強による分割 (20世紀はじめ)
▲ 아프리카의 열강에 의한 분할 (20세기 초)

19世紀のイギリスの海外進出 19세기 영국의 해외진출

- **1815年** ケープ植民地　케이프 식민지
  セイロン領有　실론 영유
- **1842年** 香港領有　アヘン戦争により
  홍콩영유　아편전쟁에 의해
- **1858年** インド直接統治　「セポイの反乱」後、1877年インド帝国を樹立
  인도 직접통치　'세포이의 항쟁' 후, 1877년 인도제국을 수립
- **1882年** エジプト保護国化　←　1875年　スエズ運河獲得
  이집트 보호국화　←　1875년 수에즈 운하 획득
- **1886年** ビルマ領有　インド帝国に併合
  버마 영유　인도 제국에 병합
- **1895年** マラッカ連邦領有　マラッカ海峡、シンガポールなど航海拠点を確保
  말라카 연방영유　말라카 해협, 싱가포르 등 항해거점을 확보
- **1899年** スーダン領有　수단 영유

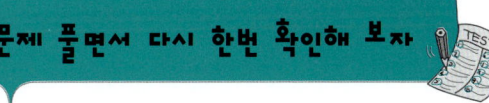

01 1900年代初めの植民地の組み合わせとして誤っているものを一つ選びなさい。

❶ フランス　－　ベトナム
❷ イギリス　－　シンガポール
❸ イギリス　－　ビルマ(ミャンマー)
❹ スペイン　－　フィリピン

02 エジプトについて述べた次の①～④の文章のうち正しいものを一つ選びなさい。

❶ エジプトはオスマン帝国の領土の一部だったが、ナポレオン遠征以後、半ば独立した状態だった。
❷ 列強の進出を防ぐため、オスマン帝国とともにスエズ運河をつくった。
❸ スエズ運河建設後財政が苦しくなり、フランスの植民地となった。
❹ 第1次大戦中、スエズ運河の国有化を宣言して認められた。

01 1900년대 초의 식민지 조합으로 잘못된 것을 하나 고르시오.

① 프랑스 － 베트남
② 영국 － 싱가포르
③ 영국 － 버마(미얀마)
④ 스페인 － 필리핀

> **정답·해설** 01 정답 ❹
> 1899年の米西戦争により、スペイン領からアメリカ領になった。
> 필리핀은 1899년 미국-스페인 전쟁에 의해 스페인령으로부터 미국령이 되었다.

02 이집트에 대해 서술한 다음 ①~④의 문장 중 올바른 것을 하나 고르시오.

① 이집트는 오스만 제국 영토의 일부였지만 나폴레옹 원정 이후 반은 독립한 상태였다.
② 열강 진출을 막기 위해 오스만 제국과 함께 수에즈 운하를 만들었다.
③ 수에즈 운하 건설 후 재정이 어려워져 프랑스 식민지가 되었다.
④ 제1차 세계대전 중, 수에즈 운하 국유화를 선언하여 인정받았다.

> **정답·해설** 02 정답 ❶
> ナポレオン遠征をきっかけにエジプトは近代化し、以後オスマン帝国から半ば独立した状態となる。
> 나폴레옹 원정을 계기로 이집트는 근대화되고, 이후 오스만 제국으로부터 반독립 상태가 된다.
> ❷ エジプト進出をねらうフランスの支援によりおこなう。
> 이집트 진출을 겨냥한 프랑스의 지원으로 만들어졌다.
> ❸ その後、スエズの運営権をイギリスが買う。 그 후, 수에즈 운하권을 영국이 산다.
> ❹ スエズ運河の国有化宣言は第二次戦争後。 수에즈 운하의 국유화 선언은 제2차 세계대전 후이다.

第1次世界大戦とロシア革命
제1차 세계대전과 러시아 혁명

제 6 장

>> 학습 포인트

・第1次世界大戦はなぜ、どこから始まったのか。
제1차 세계대전은 왜, 어디에서 시작되었는가?

・大戦の前と終わった後では世界はどのように変わったか。
대전 전과 끝난 후에 세계는 어떻게 바뀌었는가?

キーワード

パン・スラブ主義 범 슬라브 주의　パン・ゲルマン主義 범 게르만 주의　サラエボ事件 사라예보 사건　三国同盟 삼국동맹　三国協商 삼국협상　無制限潜水艦作戦 무제한 잠수함 작전　ブレスト・リトフスク条約 브레스트 리토프스크 조약　3月革命 3월혁명　ボリシェビキ 볼셰비키　レーニン 레닌　11月革命 11월혁명　コミンテルン 코민테른

○ ヨーロッパの火薬庫

バルカン半島には多数の民族が混在していたが、この地域を支配するオスマン帝国が、19世紀後半に衰退すると、各民族の独立運動が盛んになった。

こうした状況の中、ロシアとオーストリア・ハンガリー帝国は、この地域への進出をはかろうとし、ロシアはスラブ系民族の一体性を主張し（パン・スラブ主義）スラブ系民族の運動を支持した。これに対し、オーストリアはドイツのうしろだてで、パン・ゲルマン主義を唱え、スラブ系民族を押さえ込もうとした。

1908年、オーストリアがボスニア・ヘルツェゴビナを併合すると、この地域に住むセルビア人を中心とするスラブ系民族の反発が強まっていった。そこへロシアの利害も加わり、バルカン半島は大国、小国の利害が複雑にからみあう「ヨーロッパの火薬庫」となったのである。

유럽의 화약고

발칸반도에는 다수의 민족이 혼재해 있었는데, 19세기 후반에 이 지역을 지배하던 오스만 제국이 쇠퇴하자 각 민족의 독립운동이 활발해졌다.

이러한 상황 속에 러시아와 오스트리아·헝가리 제국은 이 지역으로의 진출을 꾀하려 했다. 러시아는 슬라브계 민족의 일체성을 주장하며(범슬라브 주의) 슬라브계 민족의 운동을 지지했다. 이에 맞서 오스트리아는 독일의 후원으로 범게르만 주의를 표방하며 슬라브계 민족을 억누르려 했다.

1908년 오스트리아가 보스니아헤르체고비나를 병합하자, 이 지역의 세르비아인을 중심으로 한 슬라브계 민족의 반발이 거세졌다. 이에 러시아와의 이해관계도 더해져 발칸반도는 대국, 소국 이해관계가 복잡하게 뒤얽힌 '유럽의 화약고'가 되었다.

第1次世界大戦

　1914年、ボスニアの首都サラエボを訪問中のオーストリアの皇太子夫妻が、セルビア人の青年に暗殺される事件がおきた（サラエボ事件）。それを機に、オーストリアがセルビアに宣戦すると、オーストリアと同盟をむすんでいたドイツもロシアとフランスに宣戦、次いでイギリスも参戦し、戦争はドイツ、オーストリアの同盟国側と、ロシア、フランス、イギリスの協商国側が全面衝突する第1次世界大戦へと発展した。

　イタリアはドイツ、オーストリアと三国同盟を結んでいたが、途中から協商国側に立って参戦した。イギリスと日英同盟を結んでいた日本は協商国側に加わった。

　戦争は長期化し、つぎつぎに新しい兵器が開発された。戦車や飛行機が初めて戦争に使われたほか、毒ガスのような新兵器も登場した。犠牲者の数も劇的に増えた。

제1차 세계대전

　1914년, 보스니아의 수도 사라예보를 방문 중이던 오스트리아 황태자부부가 세르비아인 청년에게 암살당하는 사건이 일어났다(사라예보 사건). 그것을 계기로 오스트리아가 세르비아에 전쟁을 선언하자, 오스트리아와 동맹을 맺고 있던 독일도 러시아와 프랑스에 전쟁을 선언했다. 뒤이어 영국도 참전하여 전쟁은 독일, 오스트리아 동맹국측과 러시아, 프랑스, 영국의 협상국측이 전면충돌하는 제1차 세계대전으로 발전하게 되었다.

　이탈리아는 독일, 오스트리아와 삼국동맹을 맺고 있었지만, 도중에 협상국측에 서서 참전했다. 영국과 영일동맹을 맺고 있던 일본은 협상국 측에 가담했다.

　전쟁은 장기화되어 연달아 새로운 병기가 개발되었다. 전차와 비행기가 처음으로 전쟁에 사용된 것 외에 독가스와 같은 신병기도 등장했다. 희생자 수도 극적으로 늘었다.

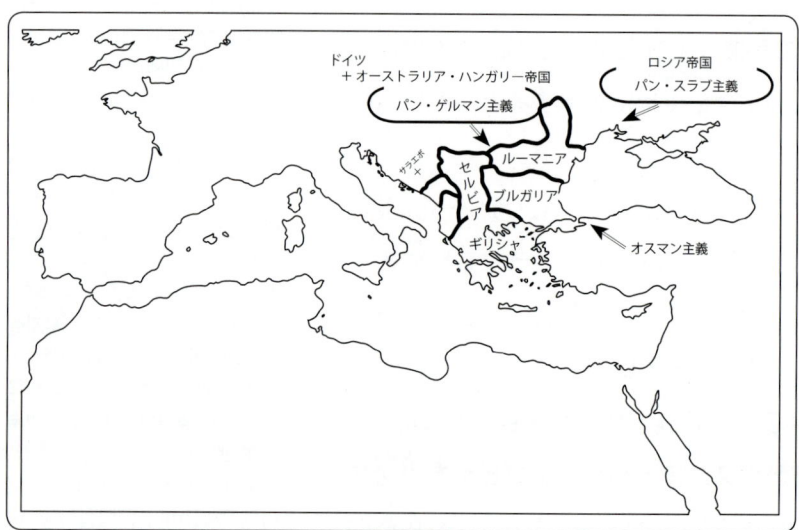

▲ 第1次世界大戦直前のヨーロッパ
▲ 제1차 세계대전 직전의 유럽

世界大戦の終結

　戦争が長期の総力戦となるなかで、協商国側はインドをはじめアジア、アフリカなどの植民地の人々を戦争に動員した。イギリスは大戦中、アラブ人の協力を得るために、戦争が終わったらその独立に協力すると約束した（フサイン・マクマホン協定）。しかし、イギリスは他方で、ユダヤ人からも協力を得るため、アラブ人の住むパレスチナにユダヤ人の国をつくることを約束した（バルフォア宣言）。このイギリスの矛盾した外交は現在までパレスチナ問題として残ることになった。

　東アジアでは、日本が中国にあったドイツの租借地を占領した。さらに中国に勢力を拡大しようとこころみ、大戦中中国政府に二十一か条の要求を行い、権益の拡大をはかった。

　長く続いた戦争が転機を迎えたのが1917年だった。この年、ドイツが無制限潜水艦作戦を開始して、中立国の商船も攻撃するようになると、中立を保っていたアメリカがドイツに宣戦した。このアメリカの参戦により、戦局は協商国側が有利になっていった。

　またこの年、1917年にロシアで革命がおこり、翌1918年にロシアはドイツとブレスト・リトフスク条約をむすんで戦線を離れた。また、同じころドイツでも革命が起こり、皇帝は退位し、休戦条約がむすばれた。こうして4年あまり続いた世界大戦は終わった。

세계대전의 종결

　전쟁이 장기간 총력전이 되는 상황 속에서 협상국측은 인도를 비롯하여 아시아, 아프리카 등의 식민지 사람들을 전쟁에 동원시켰다. 영국은 대전 중에 아랍인의 협력을 얻기 위해, 전쟁이 끝나면 그 독립에 협력하겠다고 약속했다(후세인-맥마흔 협정). 그러나 영국은 다른 지방에서 유태인에게도 협력을 얻기 위해, 아랍인이 사는 팔레스타인에 유태인의 나라를 만들겠다고 약속했다(벨포아 선언). 이러한 영국의 모순된 외교는 현재까지 팔레스타인 문제로 남게 되었다.

　동아시아에서는 일본이 중국에 있던 독일 조차지를 점령했다. 나아가 중국에 세력을 확대하고자, 대전 중 중국정부에 21개조를 요구하여 권익 확대를 도모하였다.

　오랫동안 계속된 전쟁이 전환점을 맞이한 것은 1917년이었다. 이 해 독일이 무제한 잠수함 작전을 개시하여 중립국의 상선까지 공격하자 중립을 지키고 있던 미국이 독일에 선전포고를 한 것이다. 미국의 참전으로 전세는 협상국 측에 유리해져 갔다.

　또한, 이 해 1917년에 러시아에서 혁명이 일어나, 다음 해인 1918년에 러시아와 독일은 브레스트리토프스크 조약을 맺고, 전선을 떠났다. 또 같은 시기 독일에서도 혁명이 일어나 황제는 퇴위하고 휴전조약이 맺어졌다. 이렇게 해서 4년 남짓 계속된 세계대전은 끝이 나게 되었다.

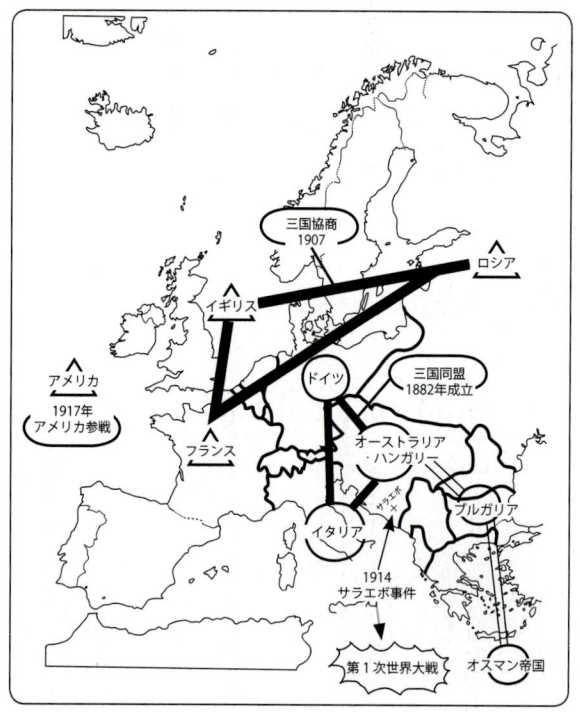

▲ 第1次世界大戦の参戦国
第1次大戦において、英仏露側を連合国、独墺側を同盟国とよぶ

▲ 제1차 세계대전 참전국
제1차 세계대전에서 영국·프랑스·러시아를 연합국, 독일·오스트리아를 동맹국이라 부른다.

ロシア革命

　戦争が長期化するとロシアでは、国民の生活が苦しくなり、反戦気分と戦争を続ける政府に対する不満が高まった。1917年3月、首都ペトログラードで大規模なストライキが起こると、兵士もこれに加わり反乱は広がって、各地にソビエト（評議会）が結成された。こうしたなか臨時政府がつくられると、皇帝は退位しロシア帝国は倒れた（3月革命）。

　しかし、臨時政府が戦争を続けたため、民衆の不満は残った。4月になってボリシェビキ（社会民主労働党）の指導者レーニンが戦争反対の立場を明らかにして、民衆の支持が高まった。11月になるとレーニンは臨時政府を倒してソビエト政権を樹立した（11月革命）。

러시아 혁명

　전쟁이 장기화되자 러시아에서는 국민의 생활이 궁핍해져, 전쟁 반대 기운과 전쟁을 계속하는 정부에 대한 불만이 고조되었다. 1917년 3월, 수도 페트로그라드에서 대규모 동맹파업이 일어나자 병사들도 이것에 가담하여 반란은 퍼져나가고 각지에 소비에트(평의회)가 결성되었다. 이런 상황 속에 임시정부가 만들어지자 황제는 퇴위하고 러시아제국은 멸망했다(3월 혁명).

　그러나 임시정부가 전쟁을 계속했기 때문에 민중의 불만은 남아 있었다. 4월이 되어 볼셰비키(사회민주노동당)의 지도자 레닌이 전쟁 반대의 입장을 밝히자 민중의 지지가 높아갔다. 11월이 되자 레닌은 임시정부를 무너뜨리고 소비에트 정권을 수

レーニンは停戦をよびかけ、1918年にドイツと単独で条約（ブレスト・リトフスク条約）を結び、戦線を離れた。
　戦線を離れたロシアは国内の改革をすすめたが、革命の波及を恐れたイギリス、フランス、アメリカ、日本はロシアに軍隊を送って、革命を抑えようとした（干渉戦争）。
　危機に直面したソビエト政府は、一党独裁体制をしき、工業を国有化するなど社会主義改革を強化した。1919年には世界中で社会主義運動を進めるため、コミンテルン（第三インターナショナル）が結成された。
　その後、外国軍の干渉戦争も戦いながら、1922年にソビエト社会主義共和国連邦（ソ連）が誕生した。

립했다(11월혁명).
　레닌은 휴전을 호소하여 1918년에 독일과 단독으로 조약(브레스트 리토프스크 조약)을 맺고 전선을 떠났다.
　전선을 떠난 러시아는 국내 개혁을 추진했지만, 혁명의 파급을 두려워한 영국, 프랑스, 미국, 일본은 러시아에 군대를 보내어 혁명을 진압하도록 했다(간섭전쟁).
　위기에 직면한 소비에트 정부는 일당독재체제를 토대로 공업을 국유화하는 등 사회주의 개혁을 강화했다. 1919년에는 전세계에서 사회주의운동을 전개하기 위한 코민테른(제3인터네셔널)이 결성되었다.
　그 후, 외국군의 간섭전쟁에서도 싸우며 1922년에 소비에트 사회주의공화국연방(소련)이 탄생했다.

インターナショナルとは？

　一般的には『国際的な』という意味の英語だが、ここでの意味は労働運動や社会主義運動の中心となった国際組織の通称である。1864年、ロンドンで、ヨーロッパの労働者や社会主義者が集まって第一インターナショナルが組織された。その後、1889年にパリで第二インターナショナルが組織された。三番目の第三インターナショナルは、ロシア革命時にレーニン率いるボリシェビキの呼びかけによって組織された。第三インターナショナルはコミンテルンとよばれる。

인터내셔널이란？

　일반적으로는 '국제적'이라는 의미의 영어인데 여기서의 의미는 노동운동과 사회주의운동의 중심이 된 국제조직을 일컫는 통칭이다. 1864년 영국에서 유럽노동자와 사회주의자가 모여 제1인터내셔널이 조직되었다. 그 후, 1889년에 파리에서 제2인터내셔널이 조직되었다. 세 번째인 제3인터내셔널은 러시아혁명 때에 레닌이 이끌던 볼셰비키의 제안으로 조직되었다. 제3인터내셔널은 코민테른이라고 한다.

第1次世界大戦の参戦国　제1차 세계대전 참전국

1914年 8月	日本＿連合国　日英同盟にもとづく	일본＿연합국　영일동맹에 근거함
1914年 10月	オスマン帝国＿同盟国　ドイツ地中海艦隊の脱出を受け入れたのを契機に参戦	오스만제국＿동맹국　독일 지중해함대의 탈출을 받아들인 것을 계기로 참전
1915年 5月	イタリア＿連合国　이탈리아＿연합국 三国同盟に属していたものの、オーストリア領土を与えるとの誘いに乗って英仏側に立つ 삼국동맹에 속했지만 오스트리아 영토를 주겠다는 유혹에 넘어가 영국과 프랑스편에 서게 됨	
1915年 10月	ブルガリア＿同盟国　セルビアが領有したマケドニアをねらって参戦	불가리아＿동맹국　세르비아가 영유했던 마케도니아를 노리고 참전
1916年 8月	ルーマニア＿連合国　루마니아＿연합국 オーストリア支配下のトランシルヴァニア領有をめざして参戦 오스트리아 지배 하의 트란실바니아 영유를 목표로 참전	
1917年 4月	アメリカ＿連合国　미국＿연합국 ドイツの無制限潜水艦作戦と、メキシコに対する策動を口実に参戦 독일의 무제한 잠수함 작전과 멕시코에 대한 책동을 구실로 참전	

第1次世界大戦とロシア革命　제1차 세계대전과 러시아혁명

1914年	サラエボ事件　第1次世界大戦勃発　사라예보 사건　제1차 세계대전 발발
1917年	ドイツ無制限潜水艦作戦　　　　　ロシア革命（10月革命）→ 帝政おわる 독일 무제한 잠수함 작전　　　　　러시아혁명(10월혁명) → 제정 끝남 ↓　　　　　　　　　　　　　↓ アメリカ参戦　　　　　　　　　3月革命　レーニンによるソビエト政権 미국 참전　　　　　　　　　　3월혁명　레닌에 의한 소비에트 정권 　　　　　　　　　　　　　　↓
1918年	ドイツ革命＿休戦　　　　　　　ドイツと講和条約（ブレスト・リトフスク条約） 독일 혁명＿휴전　　　　　　　독일과 강화조약（브레스트 리토프스크 조약） ↓ 第1次世界大戦終結 → 干渉戦争 제1차 세계대전 종결 → 간섭전쟁

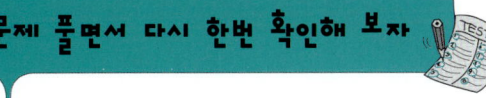

01　第１次世界大戦について述べた次の①～④の文章のうち正しいものを一つ選びなさい。

① 戦争が始まるとすぐに、アメリカは協商国側にたって参戦した。
② 日本は日英同盟にもとづいて、中国のフランス領を占領した。
③ ヨーロッパ各国の植民地からもたくさんの兵隊が派遣された。
④ アメリカの無制限潜水艦作戦により、戦争が大規模になった。

02　ロシア革命について述べた次の①～④の文章のうち正しいものを一つ選びなさい。

① ロシアの皇帝は革命の動きが高まってきたので、ドイツと講和条約を結んだ。
② レーニンによる臨時政府によって、皇帝が倒された。
③ ドイツと講和条約が結ばれると、各国は革命の拡大を恐れて干渉戦争をしかけた。
④ ３月革命により、ソビエト政権が生まれた。

01 제1차 세계대전에 대해 서술한 다음 ①~④의 문장 중 올바른 것을 하나 고르시오.

① 전쟁이 시작되자마자 미국은 협상국편에 서서 참전했다.
② 일본은 영일동맹에 근거해 중국의 프랑스령을 점령했다.
③ 유럽각국의 식민지로부터 많은 군대가 파견되었다.
④ 미국의 무제한 잠수함 작전으로 인해 전쟁이 대규모로 변했다.

> **정답·해설 01** 정답 ❸
> 特にイギリスの植民地であったインドからは大量の兵士が送られた。
> 특히 영국 식민지였던 인도는 대량의 병사를 보내왔다.
> ❶ アメリカは1917年から参戦 미국은 1917년부터 참전
> ❷ 日本は、中国のドイツ領を占領した。 일본은 중국의 독일령을 점령했다.
> ❹ アメリカではなく、ドイツ 미국이 아니라 독일

02 러시아 혁명에 대해 서술한 다음 ①~④의 문장 중 올바른 것을 하나 고르시오.

① 러시아 황제는 혁명운동이 고조되기 시작했기 때문에 독일과 강화조약을 체결했다.
② 레닌이 이끄는 임시정부 때문에 황제가 무너졌다.
③ 독일과 강화조약이 체결되자 각국은 혁명의 확대를 우려하여 간섭전쟁을 시작했다.
④ 3월혁명에 의해 소비에트 정권이 탄생했다.

> **정답·해설 02** 정답 ❸
> ❶ ソビエト政権樹立後、ドイツと講和条約を結んだ。
> 소비에트 정권 수립 후 독일과 강화조약을 체결했다.
> ❷ 臨時政府はレーニンによって倒された。
> 임시정부는 레닌에 의해 무너졌다.
> ❹ 3月革命で臨時政府が誕生した。
> 3월혁명으로 임시정부가 탄생했다.

第7章

ベルサイユ体制とワシントン体制
베르사이유 체제와 워싱턴 체제

>> 학습 포인트

- ベルサイユ体制はどのような体制だったか。
  베르사이유 체제는 어떤 체제였나?
- ワシントン体制の特徴は？
  워싱턴 체제의 특징은?

キーワード

14か条の平和原則 14개조 평화원칙　民族自決 민족자결　ベルサイユ条約 베르사이유 조약
国際連盟 국제연맹　ワシントン会議 워싱턴 회의　パリ不戦条約(ケロッグ・ブリアン協定)
파리부전 조약(켈로그-브리앙 협정)　ワイマール憲法 바이마르 헌법

○ ベルサイユ体制

第1次世界大戦後、1919年パリで講和会議が開かれた。会議には敗戦国は参加できず、ソビエト政府も招かれなかった。

アメリカのウィルソン大統領は、軍備縮小や民族自決、国際平和機関の設立などを含む「14か条の平和原則」を発表した。この提案にもとづいて国際連盟が設立されたが、ドイツとソ連の加盟は認められず、またアメリカも参加しなかった。

パリ会議で調印されたベルサイユ条約では、ドイツは全ての植民地を失っただけでなく、軍備の制限や巨額の賠償金の支払いを課せられるなど厳しい条件を課せられ、国内に強い不満と恨みを残した。

ベルサイユ体制は、国際連盟の設立などの成果はあったが、理想よりもイギリス、フランスなどの戦勝国の利益が重視され、ドイツへの報復とソ連に対する敵視を特徴としていた。

베르사이유 체제

제1차 세계대전 후, 1919년 파리에서 강화회의가 열렸다. 회의에는 패전국은 참가하지 않았고 소비에트 정부도 초대받지 못했다.

미국의 윌슨 대통령은 군비축소와 민족자결, 국제평화기관의 설립 등을 포함하는 '14개조 평화원칙'을 발표했다. 이 제안에 근거하여 국제연맹이 설립되었지만, 독일과 소련의 가맹은 인정되지 않았고 또 미국도 참가하지 않았다.

파리회의에서 조인된 베르사이유 조약으로 독일은 모든 식민지를 잃어버린 것 뿐만 아니라 군비 제한과 거액의 배상금 지불을 부과 받는 등, 과중한 처벌을 받아 국내에 강한 불만과 원한을 남겼다.

베르사이유 체제는 국제연맹 설립 등의 성과는 있었지만 이상보다도 영국, 프랑스 등과 같이 전쟁에서 이긴 나라의 이익이 중시되어, 독일에의 보복과 소련을 적대시하는 것이 특징이었다.

용어정리

14か条の平和原則 14개조 평화원칙

1918年に当時のアメリカ大統領、ウッドロウ・ウィルソンが発表した平和原則。
1918년 당시 미국 대통령이었던 우드로 윌슨이 발표한 평화원칙

〔主な内容〕 주요내용

* 秘密外交の禁止 비밀외교 금지
* 海洋の自由 해양의 자유
* 経済障壁の撤廃 경제장벽 철폐
* 軍備縮小 군비축소
* 国際平和機関の設立 → 1920年 国際連盟 設立
  국제평화기관 설립 → 1920년 국가간 연맹체 설립
* 民族自決 → 東欧では実現　その他 1921年イラン、1922年エジプト独立
  민족자결 → 동구에서는 실현. 그 외 1921년 이란, 1922년 이집트 독립
* 植民地問題の公正解決 식민지 문제 공정한 해결

民族自決と東欧国家の誕生

パリ講和会議には、自分たちの民族自決の要求が実現することを期待して、植民地の人々も注目した。しかし、列強は植民地の独立の要求を無視し、ドイツの旧植民地やオスマン帝国の領土などは戦勝国の間で分割された。

独立要求を無視された植民地では、エジプト、インド、朝鮮半島など各地で民族主義運動が起こった。しかし、結局、民族自決の原則が適用されたのはポーランド、チェコスロバキアなどの東欧諸国に限られた。

민족자결과 동유럽국가의 탄생

파리 강화회의에는 자신들의 민족자결에 대한 요구가 실현될 것이라 기대하는 식민지 사람들도 주목했다. 그러나 열강은 식민지의 독립요구를 무시하고, 독일의 구 식민지와 오스만 제국의 영토 등은 전쟁에서 이긴 나라들 사이에서 분할되었다.

독립요구를 무시당한 식민지인 이집트, 인도, 한반도 등 각지에서는 민족주의 운동이 일어났다. 그러나, 결국 민족자결의 원칙이 적용된 것은 폴란드, 체코슬로바키아 등의 동유럽국가들에 한정되었다.

ドイツとオーストリア・ハンガリーの二つの帝国が戦争に負け、またロシア帝国が革命によって崩壊したために、東欧の地図は大きく変えられた。これらの三国によって分割支配されていたポーランドがドイツとソ連の間にでき、オーストリア・ハンガリー帝国からチェコスロバキアが独立し、またバルカン半島には新しくユーゴスラビアが生まれた。

독일과 오스트리아·헝가리의 두 제국이 전쟁에 패배하고 또 러시아 제국이 혁명에 의해 붕괴되어 동유럽의 지도는 크게 바뀌었다. 독일, 오스트리아·헝가리, 러시아에 의해 분할 지배되었던 폴란드가 독일과 소련 사이에 만들어지고 오스트리아·헝가리 제국으로부터 체코슬로바키아가 독립하였으며, 또 발칸반도에는 새롭게 유고슬라비아가 탄생했다.

ワシントン体制

　一方、アメリカの呼びかけで1921年からワシントン会議が開かれた。この会議では海軍軍縮条約が結ばれ、また、アメリカ、イギリス、フランス、日本のあいだで四カ国条約が結ばれて、同時に日英同盟が解消された。さらに、イタリア、中国などが加わった九カ国条約では、中国に対する門戸開放、機会均等などが決められたが、これは日本の中国進出を抑えようとするものであった。

　これらの条約によって生まれた国際秩序をワシントン体制とよぶが、これはアジアにおけるアメリカの優位を築く基礎となった。

　1925年には、ロカルノ条約によってドイツとフランス、ベルギー間の国境が確認され、翌1926年にはドイツが国際連盟に加盟した。また、1928年には各国の間で不戦条約(ケロッグ・ブリアン協定)が結ばれた。

워싱턴 체제

　한편, 미국의 요청으로 1921년부터 워싱턴회의가 열렸다. 이 회의에서는 해군 군축 조약이 체결되어 미국, 영국, 프랑스, 일본 사이에서 4개국 조약이 체결됨과 동시에 영일동맹은 소멸되었다. 더욱이, 이탈리아, 중국 등이 추가된 9개국 조약에서는 중국에 대한 문호개방, 기회균등 등이 결정되었는데, 이것은 일본의 중국진출을 억제하려는 전략이었다.

　이러한 조약에 의해 탄생한 국제질서를 워싱턴 체제라고 부르는데, 이것은 아시아에서 미국의 우위를 구축하는 기초가 되었다.

　1925년에는 로카르노 조약에 의해 독일과 프랑스, 벨기에 사이의 국경이 인정되었으며, 다음 해인 1926년에는 독일이 국제연맹에 가맹했다. 또, 1928년에는 각국 사이에서 부전 조약(켈로그-브리앙 협정)이 체결되었다.

大戦後のアメリカとヨーロッパ諸国

　戦争による直接の被害を受けなかったアメリカは、「黄金の20年代」とよばれる工業化の時期を経て、イギリスに代わって世界経済の中心的な地位を築いた。この時期アメリカは、自動車をはじめ、電機工業などさまざまな新しい産業が生まれ、大量生産・大量消費の時代になり、人々の生活が大きく変わった。
　一方、戦争には勝ったものの直接戦争被害を受けたイギリスやフランスは、政治的影響力は維持したが、経済的には十分に回復することができなかった。
　敗戦国のドイツでは、1918年に革命が起こり、ワイマール共和国ができ、1919年には民主的なワイマール憲法が制定された。しかし、多くの賠償金を課せられ、工業生産も落ち込み、空前のインフレーションが起こり、社会は混乱していった。
　また、協商国側にたって戦ったイタリアは、期待していた領土の獲得が実現されず、国民の不満が高まっていった。そんななか、1919年にムッソリーニがファシスト党を結成し、急激に力を伸ばしていった。政権を握った彼は、1926年一党独裁体制を確立した。

대전 후의 미국과 유럽의 여러 나라

　전쟁으로 인한 직접적인 피해를 입지 않은 미국은 '황금의 20년대'라 불린 공업화 시기를 거쳐, 영국을 대신해서 세계경제의 중심적인 지위를 구축했다. 이 시기의 미국은 자동차를 비롯하여 전기공업 등 여러 가지 새로운 산업이 탄생해 대량생산·대량소비의 시대가 되었고, 사람들의 생활도 크게 변했다.
　한편, 전쟁에는 이겼지만 직접적인 전쟁의 피해를 입은 영국과 프랑스는 정치적 영향력은 유지했지만 경제적으로는 충분히 회복할 수 없었다.
　패전국인 독일에서는, 1918년에 혁명이 일어나고 바이마르공화국이 수립되어 1919년에는 민주적인 바이마르헌법이 제정되었다. 그러나, 많은 배상금을 부과 받아 공업생산도 떨어지고 전례없는 인플레이션이 일어나, 사회는 혼란상태였다.
　한편, 협상국 편에 서서 싸웠던 이탈리아는 기대했던 영토 획득이 실현되지 않아 국민의 불만이 고조되어 갔다. 그런 상황 속에서, 1919년에 무솔린이 파시스트당을 결성해 급속하게 힘을 키워갔다. 정권을 쥔 그는, 1926년 일당독재체제를 확립했다.

アジア、アフリカの民族運動

　大戦中の1915年、日本は中国の袁世凱政府に対して、二十一か条要求をおこなって、山東半島などの権益拡大をはかった。中国は、1919年のパリ講和会議でこの要求の撤回を求めたが認められなかった。その結果、5月4日、北京で学生らの抗議運動が起こった（5．4運動）。また、同年3月1日には日本の植民地であった朝鮮半島でも、独立を叫ぶ民族運動が起こった（3．1運動）。

　大戦中、ドイツ側についたトルコは、戦後列強の事実上の植民地となったが、ケマル・パシャの指導のもと抵抗運動をおこし、1922年に帝政を廃止してトルコ共和国をたてた。

　そのトルコの領内にあったエジプトは、大戦中にイギリスの保護国となったが、戦後はげしい反英運動が起こると、1922年イギリスは独立を認めた。しかし、スエズ運河の管理権はイギリスに残された。

　また、大戦中イギリスは、戦後の自治を約束して多くのインド人を動員したが、戦後この約束は守られず、インドでははげしい民族運動が起こった。イギリスは一部で自治を認める一方、民族運動への弾圧を強めた。そこで、ガンジーらは非暴力、不服従の反英運動を展開した。その後も、運動はネルーらによって高まっていき、1935年イギリスはインドの自治を認めたが、完全な独立は認められなかった。

아시아, 아프리카의 민족운동

　대전 중이었던 1915년, 일본은 중국의 위안 스카이 정부에 대해 21개조를 요구하여 산동반도 등의 권익확대를 도모했다. 중국은 1919년 파리 강화회의에서 이 요구의 철회를 요구했지만 받아들여지지 않았다. 그 결과, 5월 4일 북경에서 학생들의 항의운동이 일어났다(5.4운동). 같은 해 3월 1일에는 일본의 식민지였던 한반도에서도 독립을 외치는 민족운동이 일어났다(3.1운동).

　대전 중, 독일 편에 붙었던 터키는 전쟁 후 열강의 사실상의 식민지가 되었지만, 케말 파샤의 지도로 저항운동을 일으켜 1922년에 제정을 폐지하고 터키 공화국을 세웠다.

　터키 영내에 있던 이집트는 대전 중에 영국 보호국이 되었지만, 전쟁 후 거센 반영(反英)운동이 일어나자 1922년 영국은 독립을 인정했다. 그러나, 수에즈 운하의 관리권은 영국에 남겨졌다.

　또한 대전 중인 영국은 전쟁 후의 자치를 약속하고 많은 인도인을 동원했지만 전쟁 후 이 약속은 지켜지지 않았고, 이 때문에 인도에서는 격렬한 민족운동이 일어났다. 영국은 일부에서 자치를 인정하는 한편, 민족운동의 탄압을 강화했다. 그래서 간디 등은 비폭력, 불복종의 반영운동을 전개했다. 그 후에도, 운동은 네루 등에 의해 고조되어 1935년 영국은 인도의 자치를 인정했지만, 완전한 독립은 인정받지 못했다.

문제 풀면서 다시 한번 확인해 보자

01 ベルサイユ条約についての次の①〜④の文章のうち正しいものを一つ選びなさい。

① この条約によってドイツの海外領土は一部残された。
② この条約でオーストリア・ハンガリー帝国の存続が決まった。
③ 新しくできたソビエト政権が主導して、条約が結ばれた。
④ この条約によってできた秩序をベルサイユ体制という。

02 パリ講和会議についての次の①〜④の文章のうち誤っているものを一つ選びなさい。

① この会議では、全世界の国々に民族自決が適用された。
② オーストリア・ハンガリー帝国の崩壊後、チェコスロバキアが独立した。
③ ロシア帝国の崩壊後、フィンランドが独立した。
④ ドイツの軍隊が縮小された。

01 베르사이유 조약에 대한 다음 ①~④의 문장 중 올바른 것을 하나 고르시오.

① 이 조약으로 독일의 해외 영토는 일부 남게 되었다.
② 이 조약으로 오스트리아·헝가리 제국의 존속이 결정되었다.
③ 새로 생긴 소비에트정권이 주도하여 조약이 체결되었다.
④ 이 조약으로 생겨난 질서를 베르사이유 체제라고 한다.

> 정답·해설 01 정답 ❹
> ❶ ドイツの海外領土はすべて他の国で分割された。 독일의 해외 영토는 모두 다른 나라에서 분할되었다.
> ❷ オーストリア・ハンガリー帝国が崩壊した。 오스트리아·헝가리 제국이 붕괴했다.
> ❸ ソビエト政権は会議に参加しなかった。 소비에트 정권은 회의에 참가하지 않았다.

02 파리 강화회의에 대한 다음 ①~④의 문장 중 틀린 것을 하나 고르시오.

① 이 회의에서 전세계의 나라들에 민족자결이 적용되었다.
② 오스트리아·헝가리 제국의 붕괴 후, 체코슬로바키아가 독립했다.
③ 러시아 제국의 붕괴 후, 핀란드가 독립했다.
④ 독일 군대가 축소되었다.

> 정답·해설 02 정답 ❶
> 講和会議の前年に出された、ウィルソンによる「14か条の平和原則」による民族自決はヨーロッパだけに適用され、その他のアジア、アフリカの植民地は独立できなかった。
> 강화회의 전년에 나온 윌슨에 의한 '14개조 평화원칙'에 따라 민족자결은 유럽에만 적용되어 그 외의 아시아, 아프리카의 식민지는 독립을 하지 못했다.

歴史 分野 | 123

제 8 장

第 2 次世界大戦の勃発と終結
제2차 세계대전 발발과 종결

>> 학습 포인트

- 世界恐慌がどのようにして国際秩序をゆるがし、世界大戦を引き起こしたのか？
  세계공황이 어떻게 해서 국제질서를 뒤흔들고, 세계대전을 일으켰는가?

キーワード

世界恐慌 세계공황　ニューディール政策 뉴딜정책　ブロック経済 블록경제
ファシズム 파시즘　日中戦争 청일전쟁　三国同盟 삼국동맹

○ 世界恐慌

　第1次大戦後、1920年代に繁栄期を迎えたアメリカ経済だったが、1929年10月にニューヨークの株式市場の株価が大暴落すると、銀行や工場が次々と閉鎖され、大恐慌へ発展した。この恐慌はすぐに世界へ波及していった(世界恐慌)。

　こうしたなかアメリカは、フランクリン・ルーズベルト大統領のもと、大規模公共事業による失業者対策などニューディールとよばれる政策を展開した。また、関税引き上げなど保護主義的な政策をとった。

　また、イギリスやフランスは植民地など自国の勢力圏で経済圏をつくり、域外からの輸入に高い関税をかける措置で自国経済を守ろうとした。このような政策をブロック経済政策という。

세계공황

　제1차 세계대전 후, 1920년대에 번영기를 맞이한 미국 경제였지만 1929년 10월에 뉴욕 주식 시장의 주가가 대폭락하자 은행과 공장이 연달아 폐쇄되어 대공황으로 발전했다. 이 공황은 곧바로 세계로 파급되었다(세계공황).

　이에 미국은 프랭클린 루스벨트 대통령 하에서 대규모 공공사업을 통한 실업자 대책 등의 뉴딜이라는 정책을 전개했다. 또한 관세인상 등 보호주의적 정책을 폈다.

　한편, 영국과 프랑스는 식민지 등 자국의 세력권에서 경제권을 만들어 다른 지역으로부터 들어오는 수입에 높은 관세를 매기는 조치로 자국경제를 지키려고 했다. 이러한 정책을 블록경제정책이라고 한다.

ニューディール政策とは？ 뉴딜정책이란？

世界恐慌への対策として、1933年に就任したフランクリン・ルーズベルト大統領による経済対策。それまでの、政府は市場には介入しないという自由主義的な経済理論から、政府が経済へ介入するという『ケインズ理論』を取り入れた。

세계공황에 대한 대책으로 1933년에 취임한 프랭클린 루스벨트 대통령의 경제대책. 그 때까지의 정부는 시장에는 개입하지 않는다는 자유주의적인 경제이론에서 정부가 경제에 개입한다는 '케인즈 이론'을 수용했다.

具体的な政策としては・・・ 구체적인 대책으로는

* TVA(テネシー川流域開発公社)設立 → 多数のダム建設など大規模公共事業をおこない、雇用を増やした。

 TVA(테네시강유역공사)설립 → 다수의 댐 건설 등 대규모 공공사업을 시행하여 고용을 늘림

* NIRA(全国産業復興法) → 1933年制定（労働者の保護、権利保障）

 NIRA(전국산업부흥법) → 1933년 제정 (노동자 보호, 권리보장)

その他 기타

* CCC(民間資源保存局) → 若者に対する職業訓練の実施、雇用促進

 CCC(민간자원보존국) → 젊은이에 대한 직업훈련 실시, 고용촉진

ファシズムの台頭

しかし、第1次世界大戦で植民地を失ったドイツや、経済基盤の弱かったイタリア、日本では恐慌による経済への打撃が大きく、ナショナリズムを高揚させ、軍需産業や植民地政策を強化して危機を打開しようとするファシズムが生まれた。

こうして、第1次大戦後にできあがったベルサイユ、ワシントンの国際協調体制は世界恐慌により消え去り、各国は自国中心主義の政策をおし進めた。その結果、アメリカ、イギリス、

파시즘의 대두

그러나, 제1차 세계대전에서 식민지를 잃은 독일이나 경제기반이 약했던 이탈리아, 일본에서는 공황으로 경제에 큰 타격을 입었다. 그래서 내셔널리즘을 고양시키고 군수산업과 식민지정책을 강화하여 위기를 타개하려는 파시즘이 생겨났다.

이렇게 제1차 세계대전 후에 완성된 베르사이유, 워싱턴의 국제 협조 체제는 세계공황으로 인해 사라지고, 각국은 자국중심주의 정책을 밀고 나아갔다.

フランスなどの広大な植民地を持つ国々と、ナチスが政権をにぎったドイツ、ファシスタ党のイタリア、軍国主義が台頭した日本の三国との対立が深まっていった。

ナチス政権成立の前年、東アジアでは1932年に日本が満州国を成立させ、翌年国際連盟を脱退すると、ドイツも同年に脱退し、1935年にはベルサイユ条約を無視して再軍備宣言をおこなった。この年イタリアもエチオピアを侵略し、翌年併合した。さらにドイツは1936年、ロカルノ条約を破棄してラインラントへ進駐した。

○ 第2次世界大戦勃発

ドイツはさらに、1938年オーストリアを併合し、チェコスロバキア西部のズデーテン地方の併合を要求した。同年おこなわれたドイツ、イギリス、フランスによるミュンヘン会議では、ドイツに対する宥和政策がとられ、ドイツの要求は認められた。

しかし、ドイツは約束をやぶってチェコスロバキアを占領し、さらにポーランドへ侵攻しようとしたためイギリスとフランスは、ドイツの動きを止めるためソ連へ協力を求めたが、ソ連はミュンヘン会議の結果に不信を抱き、1939年8月、ドイツと独ソ不可侵条約をむすび世界を驚かせた。

その年の9月、ドイツ軍はポーランドへ侵攻し、これに対しイギリス、フランスが宣戦布告し、第2次世界大戦が始まった。ソ連もドイツと同時にポーランドへ進行し分割占領した。ドイツは次々と周辺国を占領し、1940年にはフランスを攻撃しパリを占領した。このときドイツの勝利を確信したイタリアがドイツ側に参戦した。

ドイツの攻撃を警戒したソ連は、1941年4月、日ソ中立条約をむすんで背後の安全を確保した。ソ連の予想どおり、まもな

그 결과 미국, 영국, 프랑스 등 광대한 식민지를 가진 나라들은 나치스가 정권을 잡은 독일, 파시스트 당인 이탈리아, 군국주의가 대두한 일본 이렇게 3국과의 대립이 깊어져 갔다.

나치스 정권이 성립되기 전인 1932년, 동아시아에서는 일본이 만주국을 세우고 그 다음 해에 국제연맹을 탈퇴하였다. 그러자 독일도 같은 해에 탈퇴하고, 1935년에는 베르사이유 조약을 무시한채 재군비선언을 했다. 같은 해 이탈리아도 이디오피아를 침략하고 그 다음 해에 병합했다. 더욱이 독일은 1936년 로카르노 조약을 파기하고 라인란트에 진주했다.

제2차 세계대전 발발

독일은 1938년 오스트리아를 병합하고 체코슬로바키아의 서부 수데텐 지방의 병합을 요구했다. 같은 해 독일, 영국, 프랑스에 의해 열린 뮌헨회의에서, 독일에 대한 유화정책으로 독일의 요구가 받아들여졌다.

그러나, 독일은 약속을 어기고 체코슬로바키아를 점령하였고, 게다가 폴란드를 침공하려 했기 때문에 영국과 프랑스는 독일의 움직임을 저지하기 위해 소련에 협력을 요청했다. 하지만 소련은 뮌헨회의 결과에 불신을 품고 1939년 8월, 독일과 독-소 불가침 조약을 맺어 세계를 놀라게 했다.

그 해 9월, 독일군은 폴란드를 침공하였고 이에 대해 영국, 프랑스가 선전포고를 함으로서 제2차 세계대전이 시작되었다. 소련과 독일도 동시에 폴란드에 진격하여 분할점령했다. 독일은 잇달아 주변국을 점령해 갔고, 1940년에는 프랑스를 공격하여 파리를 점령했다. 이때 독일의 승리를 확신한 이탈리아가 독일 편에 참전했다.

독일의 공격을 경계한 소련은 1941년 4월, 일-소 중립 조약을

くドイツ軍は不可侵条約を破ってソ連へ侵攻した。日・独・伊を中心とした枢軸国側は1943年ごろまでは優勢だったが、次第に連合国側が有利に展開していった。

太平洋戦争から終戦まで

このころ東アジアでは、満州国成立以後、さらに軍部の力が強まった日本と中国との全面戦争が始まった（日中戦争）。1940年には日独伊三国同盟をむすび、東南アジアへ進出するにしたがってアメリカ、イギリス、オランダなどと対立を深めた。さらにアメリカとの交渉に行き詰まった日本軍は、1941年12月、ハワイの真珠湾を奇襲攻撃し、太平洋戦争が始まった。

ヨーロッパ戦線では、1943年、アメリカ・イギリス軍がイタリアに上陸すると、ムッソリーニが失脚し、9月無条件降伏した。さらに米英軍は1944年、フランス北部のノルマンディーに上陸し、2月パリを解放した。1945年にはいると、ソ連軍と米英軍はドイツ領内に入り、5月ベルリンを占領し、ドイツは無条件降伏した。

他方、太平洋戦争では1942年のミッドウェー海戦以後、アメリカ軍が優勢になり、1945年4月には沖縄本島に上陸してこれを占領した。また、日本本土の空襲もはげしくなり、米英中の三国はポツダム宣言を発表して、日本の降伏を求めた。しかし、日本はこれを受け入れなかったため、8月に広島と長崎に原子爆弾が投下され、さらに同年2月のヤルタ会談で、対日参戦の密約を結んでいたソ連が参戦すると、ついに日本はポツダム宣言を受け入れ、8月15日に無条件降伏し、第2次世界大戦が終わった。

체결하고 배후의 안전을 확보했다. 소련의 예상대로 독일군은 바로 불가침 조약을 어기고 소련을 침공했다. 일본·독일·이탈리아를 중심으로 한 추축국편은 1943년경까지는 우세였으나, 점차 연합국 측에 유리하게 전개되어 갔다.

태평양전쟁부터 종전까지

이 무렵 동아시아에서는 만주국 성립 이후 군부의 힘이 더욱 강해진 일본과 중국의 전면전쟁이 시작되었다(중일전쟁). 1940년에는 일본·독일·이탈리아가 삼국동맹을 맺고 동남아시아에 진출함에 따라 미국, 영국, 네덜란드 등과의 대립이 깊어갔다. 더욱이 미국과의 교섭에 진전이 없던 일본군은 1941년 12월 하와이의 진주만을 기습공격 하여 태평양전쟁이 시작되었다.

유럽전선에서는 1943년 미국·영국군이 이탈리아에 상륙하자 무솔린이 실각하고 9월에 무조건 항복했다. 더욱이 미국·영국군은 1944년, 프랑스 북부의 노르망디에 상륙하고 2월에 파리를 해방시켰다. 1945년에 접어들자 소련군과 미국·영국군은 독일 영내로 들어왔고. 5월에 베를린을 점령하여 독일은 무조건 항복했다.

한편 태평양전쟁에서는 1942년 미드웨이해전 이후 미군이 우세해 지자, 1945년 4월에는 오키나와본섬에 상륙하여 섬을 점령했다. 또 일본본토의 공습도 거세져, 미국·영국·중국의 삼국은 포츠담 선언을 발표하여 일본의 항복을 요구했다. 그러나 일본은 이것을 받아들이지 않았고, 이로 인해 8월에 히로시마와 나가사키에 원자폭탄이 투하되었다. 같은 해 2월의 얄타 회담에서 대일참전 밀약을 맺고 있던 소련이 참전하자 결국 일본은 포츠담 선언을 받아들였고, 8월 15일에 무조건 항복하여 제2차 세계대전이 끝나게 되었다.

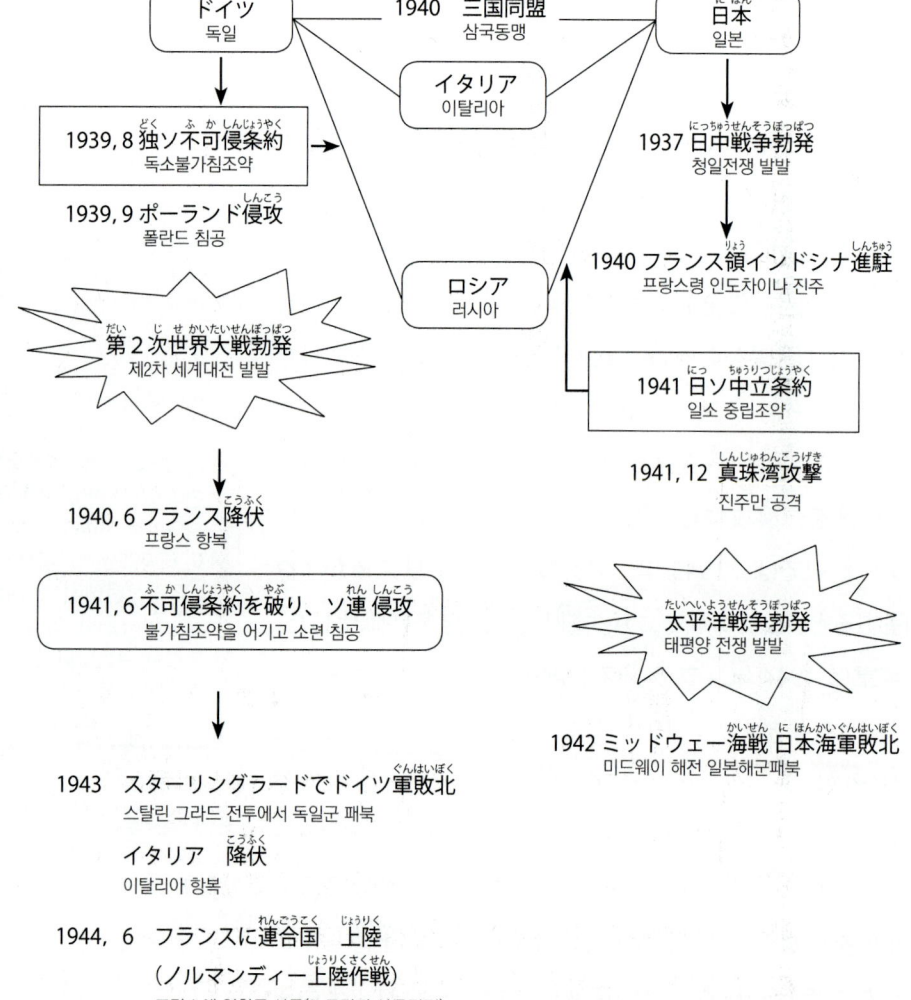

문제 풀면서 다시 한번 확인해 보자

01 1930年代の出来事として誤っているものを次の①〜④から一つ選びなさい。

① ドイツではヒトラーが政権を握り、国際連盟を脱退した。
② アメリカではフランクリン・ルーズベルト大統領によるニューディール政策がおこなわれた。
③ イタリアではムッソリーニがファシスト党を結成した。
④ ソ連は世界恐慌の混乱を避けるため、一部資本主義経済を導入した。

02 次の第2次世界大戦期の出来事を年代順に正しく並べたものを一つ選びなさい。

　　A　ドイツのオーストリア併合
　　B　独ソ不可侵条約
　　C　ドイツのポーランド侵攻
　　D　ミュンヘン会談

① A → B → C → D
② A → D → B → C
③ B → A → C → D
④ B → D → A → C

01 1930년대의 사건으로 틀린 것을 다음의 ①~④에서 하나 고르시오.

① 독일에서는 히틀러가 정권을 쥐고 국제연맹을 탈퇴했다.

② 미국에서는 프랭클린 루스벨트 대통령에 의해 뉴딜정책이 실시되었다.

③ 이탈리아에서는 무솔리니가 파시스트당을 결성했다.

④ 소련은 세계공황의 혼란을 피하기 위해 일부 자본주의경제를 도입했다.

> 정답 · 해설 01 정답 ❹
> ソ連は世界恐慌時には、計画経済によって経済発展に成功した。
> 소련은 세계공황 때에는 계획경제를 통한 경제발전에 성공했다.

02 다음 제2차 세계대전 때의 사건을 연대순으로 바르게 나열한 것을 하나 고르시오.

A 독일의 오스트리아 병합
B 독-소 불가침 조약
C 독일의 폴란드 침공
D 뮌헨회담

① A → B → C → D

② A → D → B → C

③ B → A → C → D

④ B → D → A → C

> 정답 · 해설 02 정답 ❷

第9章 明治維新と日本の近代化
메이지유신과 일본의 근대화

>> 학습 포인트

- どのような経緯で江戸幕府は開国し、明治政治が誕生したのか理解しよう。
  어떠한 경위로 에도막부가 개국되고 메이지정부가 탄생했는지 이해하자.

キーワード

鎖国 쇄국　日米修好通商条約 미일수호통상조약　治外法権 치외법권　関税自主権 관세자주권
尊王攘夷 존왕양이　大政奉還 대정봉환　明治維新 메이지유신　版籍奉還 판적봉환
廃藩置県 폐번치현　富国強兵 부국강병　殖産興業 식상흥업　藩閥政治 번벌정치
自由民権運動 자유민권운동　大日本帝国憲法 대일본제국헌법　日清戦争 청일전쟁
三国干渉 삼국간섭　日露戦争 러일전쟁

江戸時代

1603年、徳川家康が征夷大将軍になり江戸(現在の東京)に政治の中心となる幕府を開いて、全国を支配した。これ以後の徳川氏による武家中心の政治を展開した約260年余りを江戸時代と呼ぶ。幕府は全国を幕府領と藩に分け、各藩の大名に領地と農民を直接支配させたが、各藩の力が強くなり過ぎないように幕府の監視体制も強化して、幕藩体制とよばれる政治体制をつくった。

また、江戸幕府は、国内政治を安定させて幕府の統制力を強化するため、当時広まりつつあったキリスト教を排除して、外国船の入港を制限する鎖国政策をとった。

에도시대

1603년 도쿠가와 이에야스가 세이타이쇼군(정이대장군)이 되어 에도(지금의 도쿄)에 정치의 중심인 막부를 열어 전국을 지배했다. 그 이후 도쿠가와 가문이 무가 중심의 정치를 전개했던 약 260년 남짓의 기간을 에도시대라 부른다. 막부는 전국을 막부령과 한(藩)으로 나누어 각 한(藩)의 다이묘에게 영지와 농민을 직접 지배하게 했다. 이에 각 한(藩)의 힘이 너무 강해지지 않도록 막부의 감시체제를 강화하여 바쿠한(막번)체제라 불리는 정치체제를 만들었다.

또한 에도막부는 국내의 정치를 안정시키고 막부의 통제력을 강화하기 위해, 당시 퍼지고 있던 기독교를 배제하고 외국선의 입항을 제한하는 쇄국정책을 폈다.

鎖国政策によって、平和が長くつづき、経済や産業が発達して国内が一体化され、また歌舞伎や浮世絵など日本独自の文化が開花した。しかし、世界の動きからは隔離されてしまった。

쇄국정책으로 평화는 계속되고 경제와 산업이 발달하여 국내가 일체화 되었으며, 가부키와 우키요에 등 일본의 독자적인 문화가 개화되었다. 그러나 세계의 변화로부터는 격리되고 말았다.

鎖国から開国へ

　人口の80％をこえる農民は生産力を向上させ、交通や学問、文化も進展したが、18世紀半ばころから幕府の財政が苦しくなって封建体制が揺らぎはじめ、百姓一揆や打ちこわしと呼ばれる農民の反乱が起こるようになった。さらに19世紀にはいると、日本周辺で外国船の行き来が多くなり、日本の開国を求めて外国船がたびたび来航するようになった。

　そのようななか1853年、ペリーの率いるアメリカの艦隊が浦賀沖（神奈川県）に現れた。当時のアメリカは植民地政策でヨーロッパ諸国に遅れをとっており、中国への航路を開こうとしていた。突然の外国船の登場に驚いた幕府は、すぐには返答できず、一年後の再来を約束していったんペリーは退去した。翌1854年、ペリーは再び江戸湾に姿を現し、強行に条約の締結を迫った。ペリーの強硬な態度におされた幕府は下田と箱館（函館）の開港と燃料や食料の供給を認める日米和親条約をむすんだ。

　この条約では通商は拒否していたが、さらにアメリカは、通商条約を結んで本格的に貿易を始めることを強く求め、その結果幕府は、国内の反対意見をおさえて、1858年、日米修好通商条約をむすび、オランダ、ロシア、イギリス、フランスとも同様の条約をむすんだ。

쇄국에서 개국으로

　인구의 80퍼센트가 넘는 농민은 생산력을 향상시키고 교통과 학문, 문화도 발전시켰다. 그러나 18세기 중반 무렵부터 막부의 재정이 어려워지고 봉건체제가 흔들리기 시작하여, 농민폭동과 우치코와시라는 농민 반란이 일어나게 되었다. 그리고 19세기에 접어들자 일본 주변에서 외국선의 왕래가 빈번해 지고, 일본의 개국을 요구하는 외국선이 자주 내항하게 되었다.

　그러한 상황에서 1853년, 페리가 이끄는 미국 함대가 우라가오키(가나가와현)에 나타났다. 당시의 미국은 식민지 정책에서 유럽국가들 보다 뒤떨어져 있어, 중국의 항로를 열려 하고 있었다. 갑작스런 외국선의 등장에 놀란 막부는 바로 대응할 수 없었고, 페리는 1년 후에 다시 올 것을 약속하며 일단 물러났다. 다음 해인 1854년, 페리는 재차 에도만에 모습을 나타냈고 강제로 조약체결을 독촉했다. 페리의 강경한 태도에 눌린 막부는 시모다와 하코다테의 개항과, 연료와 식료의 공급을 받아들이는 미일화친조약을 체결했다.

　이 조약에서는 통상을 거부했지만, 미국은 통상조약을 체결하여 본격적으로 무역을 시작할 것을 강력하게 요구했다. 그 결과 막부는 국내의 반대 의견을 무시하고 1858년 미일수호통상조약을 맺었고, 네덜란드, 러시아, 영국, 프랑스와도 같은 조약을 맺었다.

しかしこの条約は、外国人の犯罪はその国の領事が裁く治外法権を認め、輸入品の関税を決める関税自主権がないなど不平等なものであった。

그러나 이 조약은 외국인의 범죄는 그 나라의 영사가 재판한다는 치외법권을 인정하고 수입품의 관세를 정하는 관세자유권이 없는 등 불평등한 것이었다.

▲ ペリー提督
▲ 페리 제독

▲ 黒船来航の様子
▲ 쿠로후네(흑선) 내항 모습

倒幕への動き

外国との貿易が始まると、外国から毛織物、綿織物、武器などが輸入され、日本からは生糸、茶などが大量に輸出された。そのため、国内では品不足がおこって、物価が上がり、人々の生活を圧迫した。その結果、外国や幕府に対する反感が高まり、外国を追い払おうとする攘夷論と、朝廷の権威を高めようとする尊王論が結びつき、尊王攘夷運動に発展していった。

この尊王攘夷運動の中心勢力は薩摩、長州藩であったが、この二つの藩は外国船と実際に戦かって欧米諸国の強さに気づき、攘夷は不可能であることをさとり、開国論をとるようになる。二藩は徐々に、強い国になるためには幕府を倒して新しい政府をつくるべきであると考えるようになり、1866年に薩長同盟をむすび、倒幕運動へと動き始めた。

막부 타도에의 움직임

외국과의 무역이 시작되자 외국에서 모직물, 면직물, 무기 등이 수입되고 일본에서는 생사, 차 등이 대량으로 수출되었다. 그 때문에 국내에서는 물량부족이 일어나고 물가가 올라 사람들의 생활을 압박했다. 그 결과 외국과 막부에 대한 반감이 고조되어, 외국을 내쫓으려 하는 양이론과 조정의 권위를 높이려는 존왕론이 결부된 존왕양이운동으로 발전해 갔다.

이 존왕양이운동의 중심세력은 사쓰마·쵸슈한이었다. 그러나 이 두 개의 한(藩)은 외국선과 실제로 싸워본 후 열강이 강하다는 것과 양이파는 불가능하다는 것을 깨닫게 되어 개국론을 펴게 된다. 서서히 이 두 한(藩)은 강한 나라가 되기 위해서는 막부를 무너뜨리고 새로운 정부를 만들어야 한다고 여기게 되어, 1866년에 삿쵸동맹을 맺고 막부 타도 운동을 하기 시작했다.

大政奉還

　こうしたなか、15代将軍慶喜は、政権を維持するのは困難だと判断し、1867年朝廷に政権を返すことを申し出た。これを大政奉還という。

　慶喜は、天皇のもとに議会をつくって、つづけて自分が中心になって政治をすすめようと考えていたため、それに反対していた朝廷側は、王政復古の大号令を発表して、天皇を中心とする新政府の成立を宣言した。

　新政権から追い出されてしまった幕府側は、翌1868年、新政府との戦争（戊辰戦争）を始めたが、一年後旧幕府軍は敗れ、260年あまりつづいた江戸幕府の政治が終わった。

대정봉환

　이러한 가운데 15대 쇼군인 요시노부는 정권을 유지하는 것은 어렵다고 판단하여 1867년 조정에 정권을 돌려 줄 것을 자청했다. 이것을 대정봉환이라고 한다.

　요시노부는 천황 하에 의회를 만들어 계속 자신을 중심으로 한 정치를 해나가려 했다. 그것에 반대했던 조정 측은 왕정복고의 대호령을 발표하고, 천황을 중심으로 하는 신정부 성립을 선언했다.

　신정권으로부터 쫓겨난 막부 측은 다음 해인 1868년에 신정부와의 전쟁(보신전쟁)을 시작했지만 1년 후 구(旧)막부군은 패배하였고, 260년 남짓 계속된 에도 막부의 정치가 끝이 났다.

明治維新

　幕府を倒した新政府は、それまでの幕府と藩を中心とした政治をかえて、天皇を中心に中央政府が全国をおさめる、中央集権国家をめざした。

　新政府は江戸を東京と改め、年号を明治と定めた。そこでまず、1869年政府は藩主のものであった土地と人民を天皇に返させ（版籍奉還）、1871年には、各藩の反発をおさえつつ、藩を廃止して県を置き、各県に政府が任命した知事を置いた（廃藩置県）。

　こうして政府の政治が全国にゆきわたるようにして、中央集権国家の基礎をつくった。また江戸時代までの古い身分制度を廃止し、四民平等とした。

메이지유신

　막부를 무너뜨린 신정부는 그때까지 막부와 한(藩)을 중심으로 이루어지던 정치를 바꾸어 천황을 중심으로 중앙정부가 전국을 다스리는 중앙집권국가를 지향했다.

　신정부는 에도를 도쿄로 바꾸고 연호를 메이지라고 정했다. 그리고 정부는 1869년에 한(藩) 영주의 소유였던 토지와 인민을 천황에게 돌려 주도록 하고(판적봉환), 1871년에는 각 한(藩)의 반발을 진압하여 한을 폐지하고 현을 두어 각 현에 정부가 임명한 지사를 두었다(폐번치현).

　이렇게 해서 정부의 정치가 전국에 미치게 되고 중앙집권국가의 기초를 만들었다. 그리고 에도시대까지의 낡은 신분제도를 폐지하여 모든 계급의 사람들을 평등하게 했다.

富国強兵

　政府は、欧米諸国のような強い国をつくるために、「富国強兵」の政策をすすめた。まず、1872年、学制をしき、小学校までを義務教育として、全国に小学校がつくられ、1873年には徴兵令を出し、成人男子の兵役を義務づけた。

　また、安定した歳入を得るために、地租改正をおこない、国民に土地の所有権と売買権を認め、土地所有者から地租として、税金を現金で納めさせた。

부국강병

　정부는 구미 열강과 같은 강한 나라를 만들기 위해 '부국강병' 정책을 추진했다. 우선, 1872년에 학제를 펴 소학교까지를 의무교육으로 하여 전국에 소학교가 만들어졌으며, 1873년에는 징병제를 내려 성인남자의 병역을 의무화했다.

　그리고 안정된 세입을 얻기 위해 지조개정을 하여, 국민에게 토지 소유권과 매매권을 인정하고 토지 소유자에게 지세로서 세금을 현금으로 납부하게 했다.

地租改正

　地租とは、土地に課す税金のことで、地租改正とはいわば税制改革であった。新政府が近代化政策をすすめるためには、何よりもそれを支える財源が必要だったため、土地の所有者に、地価の3％にあたる地租を納入させた。これにより、政府は安定した財源基盤を確保した。しかし、各地で反対運動が激化したため、後に税率が下げられた。

지세개정

　지세란, 토지에 부과하는 세금을 말하는 것으로, 지세개정이란 이른바 세제개혁이었다. 신정부가 근대정책을 추진하기 위해서는 무엇보다도 그것을 유지할 자원이 필요했기 때문에, 토지 소유자에게 토지가격의 3퍼센트에 해당하는 지세를 납부하게 했다. 이것으로 정부는 안정된 재원기반을 확보했다. 그러나 각지에서 반대운동이 격해져 나중에는 세율을 내리게 되었다.

○ 殖産興業

　さらに政府は、欧米のすすんだ技術や機械を取り入れ、国が経営する官営工場をつくり、民間の産業も育てようとした。これを殖産興業という。

　また、1869年に最初の鉄道が開通し、郵便制度もととのえた。

　新しい制度や思想とともに、欧米の文化や生活様式も取り入れられ、「文明開化」がすすんだ。都市には西洋風の建物が建ち、人々は洋服を着るようになり、暦も太陽暦を使用するようになった。

식산흥업

나아가 정부는 구미의 발전된 기술과 기계를 받아들이고 나라가 경영하는 관영공장을 만들어 민간산업도 키우려 했다. 이것을 식산흥업이라 한다.

그리고 1869년에 최초로 철도가 개통되고 우편제도도 정비되었다.

새로운 제도, 사상과 더불어 미유럽 문화와 생활양식도 받아들여져 '문명개화'가 추진되었다. 도시에는 서양풍의 건물이 들어서고 사람들은 서양옷을 입었으며, 달력도 태양력을 사용하게 되었다.

 정리해보자

文明開化の流れ 문화개화의 흐름

1867年	王政復古の大号令、新政府発足 왕정복고의 대호령, 신정부 발족
1868年	初のホテル開業(築地ホテル館) 최초의 호텔 개업(쓰키지호텔관)
1869年	電信開通(東京―横浜間) 통신개통(도쿄―요코하마 간)
1870年	初の新聞創刊 최초의 신문 창간
1871年	郵便事業開始(東京―大阪間) 우편사업 개시(도쿄―오사카 간)
1872年	福沢諭吉著『学問のすすめ』発行 후쿠자와 유키치 저 '학문의 권유' 발행
	学制公布 학제공포
	鉄道開通(新橋―横浜間) 철도개통(신바시―요코하마 간)
	太陽暦採用 태양력 사용
1873年	キリスト教解禁 크리스트교 금지 해제
1877年	東京大学設立 도쿄대학 설립
1878年	はじめて電灯が点灯 처음으로 전기가 켜짐

士族の反乱

新政府は、薩摩、長州など一部の藩出身者によって占められ（藩閥政治）、他の藩の士族の間で政府への反感が高まった。また、徴兵令や帯刀の禁止によって、それまでの武士の特権を奪われ、不満を持つ士族が多かった。そのため各地で士族の反乱が起こったが、なかでも1877年の西郷隆盛を中心とする西南戦争が最大のものであった。しかし、この反乱も政府軍におさえられ、以後、士族の反乱はなくなった。

自由民権運動

一方、西郷とともに征韓論をめぐる対立で政府を去っていた板垣退助らは、藩閥政治を批判し、1874年、民選議院（国会）の開設の要求を政府に提出した。この動きは徐々に士族だけでなく農民の間にも広まり、大きくなっていた。これを自由民権運動とよぶ。1880年には全国の代表者が集まり、正式に国会開設の請願書が政府に出された。これに対し政府は、1881年、10年後の1890年に国会を開設することを約束した。そこで、国会開設にそなえて板垣退助は自由党を、大隈重信は立憲改進党を結成し、議会政治をめざした。

사족의 반란

신정부는 사쓰마, 쵸수 등 일부의 한(藩) 출신자가 차지하여(한벌정치) 다른 한(藩)의 사족들 사이에서 정부에 대한 반감이 고조되었다. 또한 징병령과 칼을 차는 것이 금지되어, 그때까지의 무사의 특권을 빼앗기게 된 사족들의 불만이 커졌다. 그 때문에 각지에서 사족의 반란이 일어나게 되었는데, 그 중에서도 1877년 사이고 다카모리를 중심으로 한 세이난전쟁(서남전쟁)이 최대의 것이었다. 그러나 이 반란도 정부군에게 진압되어 이후 사족의 반란은 없어졌다.

자유민권운동

한편 사이고와 더불어 정한론을 둘러싼 대립으로 정부를 떠났던 이타가키 다이스케 등은 한벌정치를 비판하며, 1874년 민선의원(국회) 개설요구를 정부에 제출했다. 이 움직임은 서서히 사족뿐만 아니라 농민사이에도 퍼져 점점 커져갔다. 이것을 자유민권운동이라고 한다. 1880년에는 전국의 대표자가 모여 정식으로 국회개설 청원서가 정부에 제출되었다. 이것에 대해 정부는 1881년의 10년 후인 1890년에 국회를 개설할 것을 약속했다. 그래서 국회개설에 대비하여 이타가키 다이스케는 자유당을, 오쿠마 시게노부는 입헌개진당을 결성하여 의회정치를 지향했다.

○ 大日本帝国憲法

　国会開設を約束した政府は、伊藤博文をヨーロッパへ派遣し、憲法をつくる準備を始めた。伊藤は君主の力が強いドイツの憲法を中心に学び、それをもとに憲法づくりを始めた。1885年に、伊藤が初代内閣総理大臣となり、内閣制度を始め、1889年、天皇が国民に与えるというかたちで大日本帝国憲法が発布された。

　1890年には約束どおり第一回帝国議会を開き、初めての総選挙がおこなわれた。しかし、選挙権を持てたのは、納税額の高い25歳以上の男子に限られていて、国民の約1％に過ぎなかった。

○ 日清・日露戦争

　1894年、朝鮮半島で農民を中心とする反乱が起き、これをおさえるため清が軍隊を送ると、日本も清に対抗して軍隊を送ったため、両国は衝突し、日清戦争が始まった。この戦争に勝った日本は翌年、下関条約を結び、その結果、清は朝鮮半島の独立を認め、日本は遼東半島と台湾を清から譲り受け、多額の賠償金を得た。

　清が日本に負けると、欧米諸国は争って清に進出するようになり、特に北からアジア進出を目指していたロシアはフランス、ドイツとともに、遼東半島の返還を日本に強く求め、日本はこれに応じた。これを三国干渉という。

　また、中国でも外国勢力を追い払おうという動きが強まり、義和団事件が起こったが、ロシアや日本など8カ国の連合軍によってしずめられた。事件後もロシアは中国北部に軍隊をとどめたため、朝鮮半島に勢力を伸ばそうとしていた日本と対立するようになった。

대일본제국헌법

　국회개설을 약속한 정부는 이토 히로부미를 유럽에 파견하여 헌법을 만들 준비를 시작했다. 이토는 군주의 힘이 강한 독일헌법을 중심으로 배워, 그것을 토대로 헌법을 만들기 시작했다. 1885년에 이토가 초대 내각총리대신이 되어 내각제도를 시작하였고, 1889년 천황이 국민에게 수여하는 형식으로 대일본제국헌법이 공포되었다.

　1890년에는 약속한 대로 제1회 제국의회를 열어 처음으로 총선거가 실시되었다. 그러나 선거권을 가질 수 있는 것은 납세액이 높은 25세 이상의 남자에 한했고, 그것은 국민의 약 1퍼센트에 불과했다.

청일·러일전쟁

　1894년, 조선에서 농민을 중심으로 한 반란이 일어나 이를 진압하기 위해 청나라가 군대를 보내자, 일본도 청나라에 대항하여 군대를 보냈다. 이에 양국은 충돌하여 청일전쟁이 시작되었다. 이 전쟁에 이긴 일본은 다음 해 시모노세키 조약을 맺었다. 그 결과 청나라는 조선의 독립을 인정하고, 일본은 청나라로부터 요동반도와 대만을 양도 받아 거액의 배상금을 손에 넣었다.

　청나라가 일본에 패하자 구미 열강들은 서로 뒤질세라 청나라에 진출하게 되었다. 특히 북쪽에서 아시아 진출을 노리고 있던 러시아는 프랑스, 독일과 함께 요동반도의 반환을 일본에 강하게 요구하였고 일본은 이에 응했다. 이것을 삼국간섭이라고 한다.

　그리고 중국에서도 외국세력을 내쫓으려 하는 움직임이 강해져 의화단사건이 일어났지만, 러시아와 일본 등 8개국 연합국에 의해 평정되었다. 사건 후에도 러시아는 중국 북부에 군대를 주둔했기 때문에 조선에 세력을 뻗치려고 했던 일본과 대립하게

1902年に日本はイギリスと日英同盟を結び、1904年、日露戦争が始まった。この戦争も日本の優勢で終わり、翌1905年、アメリカの仲介でポーツマス条約が結ばれ、ロシアは日本の朝鮮半島での優越権を認めた。その後、日本は1910年韓国を併合した。

条約改正への動き

　明治政府の外交の中心的な課題は、江戸幕府が外国と結んだ不平等な条約を改正し、外国と対等になることであった。日清戦争をきっかけに、まず、治外法権の撤廃に成功し、日露戦争後の1911年に関税自主権も回復し、条約改正は達成された。

日本の工業化

　日本の産業革命は製糸業や紡績業などの軽工業から始まった。官営の工場は民間に払い下げられ、1880年代以降、民間でも大規模な工場がつくられるようになった。
　当初日本は、イギリスの綿製品やインドの綿糸を輸入していたが、1890年代になると国内で綿糸が生産されるようになり、日清戦争後には輸出されるようになった。また、生糸生産も機械化により増加し、欧米諸国へ輸出されるようになった。
　軽工業に比べ、重工業はまだ立ち遅れていたが、日清戦争で清から得た賠償金で、北九州に官営の八幡製鉄所がつくられ、重工業発展の中心となった。

되었다.
　1902년에 일본은 영국과 영일동맹을 맺었고, 1904년 러일전쟁이 시작되었다. 이 전쟁도 일본의 우세로 끝나고 다음 해인 1905년에 미국의 중개로 포츠머스조약이 맺어져, 러시아는 조선에서의 일본의 우월권을 인정했다. 그 후 일본은 1910년에 한국을 합병했다.

조약개정으로의 움직임

　메이지정부의 외교중심적인 과제는 에도막부가 외국과 맺은 불평등 조약을 개정하고 외국과 대등하게 되는 것이었다. 청일전쟁을 계기로 먼저 치외법권을 철폐하는 것에 성공한 뒤, 러일전쟁 후인 1911년에 관세자유권을 회복하여 조약개정은 달성되었다.

일본의 공업화

　일본의 산업혁명은 제사업과 방적업 등의 경공업부터 시작되었다. 관영공장은 민간에 불하되어, 1880년대 이후 민간에서도 대규모공장이 만들어지게 되었다.
　당초 일본은 영국의 면제품과 인도의 면사를 수입하고 있었지만, 1890년대가 되자 국내에서 면사를 생산할 수 있게 되어 청일전쟁 후에는 수출도 하게 되었다. 그리고 기계화로 인해 생사의 생산도 증가하여 구미 국가들로 수출하게 되었다.
　경공업에 비해 중공업은 아직 뒤떨어졌지만, 청일전쟁에서 청나라로부터 받은 배상금으로 기타큐슈에 관영인 야하타 제철소를 세웠고 이는 중공업발전의 중심이 되었다.

日本の工業化 ―「日清戦争」で軽工業、「日露戦争」で重工業が発達
일본의 공업화 ― '청일전쟁'에서 경공업, '러일전쟁'에서 중공업이 발달

軽工業と重工業の発達 경공업과 중공업의 발달

1872年	富岡製糸場設立	도미오카 제사장 설립
1873年	大阪紡績会社開業__ 民間紡績業のさきがけ	오사카 방적회사 개업__ 민간방적업의 시초가 됨
1879年	官営工場払い下げ開始	관영공장매각 개시
1882年	日本銀行設立	일본은행 설립
1889年	東海道本線全通	도카이도 전선 개통
1894年	日清戦争	청일전쟁
1901年	八幡製鉄所操業__ 重工業発達の基盤	야하타 제철소 조업__ 중공업 발달의 기반
1904年	日露戦争	러일전쟁
1905年	鉄道国有化	철도국유화
1909年	三井合名会社設立__ 財閥の誕生	미츠이고메 회사설립__ 재벌의 탄생

정리해보자

江戸時代末期から明治時代の出来事 _{에도시대말기 부터 메이지시대의 사건}

1853年	ペリーが浦賀に来航 페리가 우라가에 내항
1854年	日米和親条約 미일화친조약
1858年	日米修好通商条約 미일수호통상조약
1866年	薩長同盟 삿쵸동맹
1867年	大政奉還 대정봉환
1868年	五箇条のご誓文、王政復古の大号令＿戊辰戦争 5개조의 서약문, 왕정복고의 대호령＿보신전쟁(무진전쟁)
1869年	版籍奉還 판적봉환
1871年	廃藩置県 폐번치현
1872年	学制、徴兵令 학제, 징병령
1873年	地租改正 지조개정
1874年	民選議院設立の建白書 민선의원 설립의 건백서 自由民権運動はじまる 자유민권운동이 시작됨
1877年	西南戦争 세이난전쟁(서남전쟁)
1881年	自由党結党 자유당 결당 国会開設の勅諭 국회개설의 칙유
1882年	立憲改進党結党 입헌개진당 결당
1885年	内閣制度開始 내각제도 개시
1889年	大日本帝国憲法 대일본제국헌법
1894年	日清戦争＿下関条約 청일전쟁＿시모노세키조약
1904年	日露戦争＿ポーツマス条約 러일전쟁＿포츠머스조약
1911年	不平等条約完全回復 불평등조약 완전회복

문제 풀면서 다시 한번 확인해 보자

01 江戸時代末期についての次の①～④の文章のうち正しいものを一つ選びなさい。
① 薩摩藩と長州藩は同盟を結んで、攘夷を主張した。
② 日米和親条約は、関税自主権のない不平等なものだった。
③ 日米修好通商条約は、外国人への裁判権が日本に認められなかった。
④ 西南戦争は新政府をつくろうとする改革派の反乱であった。

02 明治維新についての次の①～④の文章のうち正しいものを一つ選びなさい。
① 新政府は、版籍奉還をおこない藩制を廃止し、県を置いた。
② 地租改正により、各藩の大名に地租を納めさせた。
③ 一部の藩の出身者が新政府の中心を占めていた。
④ 身分制度の改正で、それまでの武士は士族となったが、特権は守られた。

01 에도시대 말기에 대한 다음 ①～④의 문장 중 올바른 것을 하나 고르시오.

① 사쓰마한과 쵸수한은 동맹을 맺어 양이를 주장했다.
② 미일화친조약은 관세자유권이 없는 불평등한 것이었다.
③ 미일수호통상조약은 외국인에의 재판권이 일본에 인정되지 않았다.
④ 세이난전쟁(서남전쟁)은 신정부를 만들려고 하는 개혁파의 반란이었다.

> 정답·해설 01 정답 ❸
> ❶ 薩長同盟を結び、倒幕へと動いていった。삿쵸동맹을 맺고 막부 타도로 이어졌다.
> ❷ 関税自主権は通商条約の内容 관세자유권은 통상조약의 내용이다.
> ❹ 西南戦争は、新政府の動きに反発する最後の士族の反乱
> 세이난 전쟁(서남전쟁)은 신정부의 변화에 반발하는 최후의 사족의 반란이다.

02 메이지 유신에 대한 다음 ①～④의 문장 중 올바른 것을 하나 고르시오.

① 신정부는 판적봉환을 하지 않는 한(藩)제를 폐지하고 현을 두었다.
② 지세개정으로 각 한(藩)의 다이묘에게 지세를 납부하게 했다.
③ 일부의 한(藩) 출신자가 신정부의 중심을 차지하고 있었다.
④ 신분제도의 개정으로 그 때까지의 무사는 사족이 되었지만, 특권은 지켜졌다.

> 정답·해설 02 정답 ❸
> これを、藩閥政治という。이것을 한벌정치라고 한다.
> ❶ 版籍奉還ではなく、廃藩置県 판적봉환이 아니고 폐번치현이다.
> ❷ 地租改正の前に、藩制はなくなっている。지세개정 전에 한(藩)제는 없어졌다.
> ❹ 武士の特権はなくなった。무사의 특권은 없어졌다.

第10章 現代の日本と世界

현대의 일본과 세계

》 학습 포인트

・戦後の日本の経済、政治のたて直しのために、具体的にどのような政策がおこなわれたのか。

전쟁 후의 일본의 경제, 정치를 바로잡기 위해 구체적으로 어떤 정책을 폈는가?

キーワード

大正デモクラシー 다이쇼데모크라시　護憲運動 호헌운동　ポツダム宣言 포츠담 선언
GHQの五大改革 GHQ의 5대개혁　特需 특수
サンフランシスコ平和条約 샌프란시스코 강화조약　日米安全保障条約 미일안전보장조약
高度経済成長期 고도 경제성장기　所得倍増計画 소득배가계획

○ 大正デモクラシー

　第1次世界大戦が起こると、日本から軍需品などの輸出が増え、重工業が急増し、財閥も大きな力をつけた。しかし、1918年頃になると物価が急激に上昇し、国民の生活は苦しくなった。特に米の価格は異常に値上がりし、民衆は米屋に押しかけるなど、激しい行動を起こした。これを米騒動という。
　一方、ロシア革命や米騒動の影響から国内ではさまざまな社会運動が起こり、労働争議や民主主義を求める動きが強まった。
　大正時代に入り、藩閥政治を批判する声が高まり、政党による政治を求める護憲運動が起こり、その結果、護憲運動を主張する新たな政党内閣が生まれた。そして、1925年、納税額に関係なく25歳以上の全ての男性に選挙権が与えられた。
　政党政治がおこなわれ、社会運動がさかんになったこの時代を大正デモクラシーという。

다이쇼데모크라시

　제1차 세계대전이 일어나자 일본에서 군수품 등의 수출이 증가하고 중공업이 급증하여 재벌도 큰 힘이 생겼다. 그러나, 1918년경이 되자 물가가 급격히 상승하여 국민의 생활은 궁핍해져 갔다. 특히 쌀가격이 과도하게 올라 민중은 쌀집을 습격하는 등 격한 행동을 일으켰다. 이것을 쌀소동이라고 한다.
　한편, 러시아혁명과 쌀소동의 영향으로 국내에서는 여러 가지 사회운동이 일어나 노동쟁의와 민주주의를 요구하는 움직임이 강해졌다.
　다이쇼시대에 접어들어 한벌정치를 비판하는 소리가 높아지고 정당에 의한 정치를 요구하는 보헌운동이 일어나서, 그 결과 보헌운동을 주장하는 새로운 정당내각이 탄생했다. 그리고, 1925년 납세액에 관계없이 25세 이상의 모든 남성에게 선거권이 주어졌다. 정당정치가 시행되고 사회운동이 활발해진 이 시대를 다이쇼데모크라시라고 한다.

軍部の台頭

　第1次世界大戦で急成長した日本だったが、その後不景気となり、さらに1929年の世界恐慌の影響が日本にも及んだ。国民の不満は高まって労働運動などが活発になった。

　政府はこうした動きをおさえて景気を回復するため、中国北部の満州への進出をすすめ、1931年に満州事変を起こし、1932年満州国をつくった。

　国際連盟はこれを認めず、日本は1933年国際連盟を脱退して、以後軍部の力が強まっていった。

　国際的に孤立するなか政府は、同様に国際連盟を脱退したドイツに接近していった。そして、中国へのさらなる進出をめざした日本軍は1937年、北京郊外で中国軍と衝突して日中戦争がはじまった。アメリカ、イギリス、フランス、ソ連は中国政府を支援し、戦争は長期化していった。

太平洋戦争

　ヨーロッパでは1939年にドイツがポーランドを侵攻し、第2次世界大戦がはじまった。日本は1940年にドイツ、イタリアと三国同盟を結び、さらに翌年、ソ連と日ソ中立条約を結んで中国からさらに東南アジアへの侵略をすすめた。

　これに対しアメリカは、中国から手を引くことを求めたが、日本はこれを受け入れず両国の対立は深まった。そして1941年12月8日、日本軍はハワイの真珠湾のアメリカ軍基地を奇襲し、太平洋戦争が始まった。

　はじめのうちは激しい攻防戦となったが、1942年頃から連合国側の反撃が本格化し、日本の戦局は悪化していった。

군부의 대두

　제1차 세계대전으로 급성장한 일본이었지만 그 후 불경기가 되고 거기에 1929년 세계공황의 영향이 일본에도 미쳤다. 국민의 불만은 고조되어 노동운동 등이 활발해졌다.

　정부는 이러한 움직임을 누르고 경기를 회복하기 위해 중국 북부의 만주로 진출을 전개하여, 1931년에 만주사변을 일으키고 1932년 만주국을 만들었다.

　국제연맹은 이것을 인정하지 않았으며 일본은 1933년 국제연맹을 탈퇴하고 이후 군부의 힘이 강해졌다.

　국제적으로 고립된 속에서 정부는 마찬가지로 국제연맹을 탈퇴한 독일에 접근해 갔다. 그리고 중국으로의 진출을 꾀한 일본군은 1937년 북경의 교외에서 중국군과 충돌하여 중일전쟁이 시작되었다. 미국, 영국, 프랑스, 소련은 중국정부를 지원했고, 전쟁은 장기화되어 갔다.

태평양전쟁

　유럽에서는 1939년에 독일이 폴란드를 침공하여 제2차 세계대전이 시작되었다. 일본은 1940년에 독일, 이탈리아와 삼국동맹을 맺고 다음해 에 소련과 일소조약을 맺어, 중국부터 시작하여 나아가 동남아시아로 침략을 진행했다. 이것에 대해 미국은 중국에서 손을 뺄 것을 요구했지만 일본은 이것을 받아들이지 않았고, 양국의 대립은 깊어졌다. 그리고 1941년 12월 8일, 일본군은 하와이 진주만의 미군 기지를 기습하여 태평양전쟁이 시작되었다.

　처음에는 치열한 공방전이었지만 1942년경부터 연합국측의 반격이 본격화되어 일본의 전국은 악화되어 갔다.

終戦と戦後の日本

1945年になると日本本土への空襲が激しくなり、連合国側はポツダム宣言を出し、日本の無条件降伏を求めた。しかし日本はこの宣言を受け入れなかったため、アメリカは8月6日に広島に、つづいて8月9日に長崎に原子爆弾を投下し、日本は8月14日にポツダム宣言の受け入れを決め、8月15日国民にこれを伝えて戦争は終わった。

日本が降伏すると、アメリカ軍を中心とする連合国軍が日本を占領した。日本政府は、連合国軍総司令部（GHQ）の指示のもと政治をおこなった。

GHQは、まず軍隊を解散させて、戦争犯罪者を裁く極東国際軍事裁判をおこなった。そして、女性の解放、労働組合の奨励、教育の自由化、秘密警察の廃止、経済の民主化という五大改革の指令を出した。治安維持法の廃止で政治活動の自由は認められ、選挙法の改正で20歳以上の男女に選挙権が与えられた。

経済の民主化としては、財閥解体がおこなわれ、また地主の土地を小作人に解放する政策もおこなわれ、政府が地主の土地を買い上げて小作人に安く売り渡す農地改革がおこなわれた。教育制度の改革では1947年、教育基本法が制定され、小学校6年と中学校3年を義務教育とした。

また、天皇が神の子孫であるという考えは否定され、「人間宣言」が出された。

종전과 전쟁 후의 일본

1945년이 되자 일본 본토에의 공습이 거세져 연합국측은 포츠담 선언을 하여 일본의 무조건 항복을 요구했다. 그러나 일본은 이 선언을 받아들이지 않았고, 이에 미국은 8월 6일에 히로시마에, 연달아 8월 9일에 나가사키에 원자폭탄을 투하했다. 일본은 8월 14일에 포츠담 선언을 받아들일 것을 결정하고, 8월 15일 국민에게 이것을 알림으로서 전쟁은 끝이 났다.

일본이 항복하자 미군을 중심으로 한 연합군이 일본을 점령했다. 일본정부는 연합군 총사령부(GHQ)의 지시하에 정치를 했다.

GHQ는 먼저 군대를 해산시키고 전쟁범죄자를 재판하는 극동 국제 군사재판을 실시했다. 그리고 여성해방, 노동조합장려, 교육자유화, 비밀경찰의 폐지, 경제 민주화 라는 5대개혁의 지령을 내렸다. 치안유지법의 폐지로 정치활동의 자유가 인정되고, 선거법 개정으로 20세 이상 남녀에게 선거권이 주어졌다.

경제의 민주화로는 재벌해체가 이루어졌고 또한 지주의 토지를 소작인에게 해방하는 정책도 펼쳐져, 정부가 지주의 토지를 매입해서 소작인에게 싸게 매도하는 농지개혁이 시행되었다. 교육제도의 개혁에서는 1947년에 교육기본법이 제정되어, 소학교 6년과 중학교 3년을 의무교육으로 정했다.

그리고 천황이 신의 자손이라는 생각이 부정되어 '인간선언'이 내려졌다.

日本国憲法の制定

GHQは日本の民主化の基本として、憲法の改正を命じた。しかし日本政府がつくった改正案は天皇の統治権を認めるなど不十分なものだったので、GHQが草案をつくり、これをもとに政府は改正案をつくった。

新しい憲法は1946年11月に日本国憲法として公布され、1947年5月から施行された。

日本国憲法は、国民主権・基本的人権の尊重・平和主義(戦争放棄)を三つの基本原則とし、天皇は国民統合の象徴であるとした。またこの憲法にもとづいて、1947年地方自治法が施行され、これまで政府が任命していた都道府県知事が、住民の直接選挙で選ばれるようになった。

冷戦と占領政策の転換

戦後、アメリカとソ連の対立がきびしくなると、アメリカは日本に対する占領政策を改め、アジアにおける共産主義の広がりをくい止める役割を期待し、経済の復興と自立を求めるようになった。そのため、政府は労働運動や共産党の活動を制限した。

経済的には物価上昇によって厳しい状況が続いていたが、1950年から朝鮮戦争がおこると、アメリカは日本の基地を使用し、大量の物資を日本へ注文したため、特需が生まれ、日本は好景気になり、復興が早まった。また、アメリカ軍が朝鮮へ出動した後の日本国内の治安を維持するため、1950年警察予備隊がつくられた。これがのちに自衛隊へと発展していく。

일본국헌법의 제정

GHQ는 일본의 민주화의 기본으로서 헌법개정을 명령했다. 그러나 일본정부가 만들었던 개정안은 천황의 통치권을 인정하는 등 불충분한 것이었기 때문에, GHQ가 초안을 만들고 이것을 토대로 정부는 개정안을 만들었다.

새 헌법은 1946년 11월에 일본국헌법으로 공포되고 1947년 5월부터 시행되었다.

일본국헌법은 국민주권・기본적 인권존중・평화주의(전쟁포기)를 세 개의 기본원칙으로 하고, 천황은 국민통합의 상징으로 정했다. 또 이 헌법에 근거하여 1947년 지방자치법이 시행되어, 이제까지 정부가 임명했던 도도후켄 지사가 주민의 직접선거로 뽑히게 되었다.

냉전과 점령정책의 전환

전쟁 후, 미국과 소련의 대립이 심해지자 미국은 일본에 대한 점령정책을 변경하여, 아시아에 있어 공산주의 확산을 막는 역할을 기대하고 경제 부흥과 자립을 요구하게 되었다. 그 때문에 정부는 노동운동과 공산당 활동을 제한했다.

경제적으로는 물가상승으로 인해 힘든 상황이 계속되고 있었다. 하지만 1950년부터 한국전쟁이 일어나자 미국은 일본의 기지를 사용하여 대량의 물자를 일본에 주문했고, 그 때문에 특수가 생겨 일본은 경기가 좋아져 부흥이 빨라지게 되었다. 그리고 미군이 조선에 출동한 후 일본국내의 치안을 유지하기 위해 1950년 경찰예비대가 만들어졌다. 이것이 나중에 자위대로 발전해 간다.

国際社会への復帰

　1951年、サンフランシスコ講和会議で日本は、アメリカを中心とする48カ国と平和条約を結び、独立を認められた。しかし、沖縄と小笠原諸島はアメリカに占領されたままだった。また、平和条約と同時にアメリカと日米安全保障条約を結び、独立後もアメリカ軍基地を日本に置くことが決められた。
　1956年には平和条約を結ばなかったソ連と日ソ共同宣言が調印され、国交を回復して、国際連合への加盟が実現した。

経済の高度成長

　朝鮮戦争による特需で日本経済は急速に発展し、鉄鋼、造船、石油化学などを中心に設備投資や技術革新がすすんだ。1960年に池田内閣が「所得倍増計画」を発表して経済発展はさらにすすみ、1968年には国民総生産がアメリカに次ぐ2位になるまで成長した。この経済の急成長は高度経済成長とよばれ、国民の経済水準は高まった。しかし一方で、各地で公害問題が発生したのもこのころであった。

국제사회로의 복귀

1951년에 일본은 샌프란시스코강화회의로 미국을 중심으로 한 48개국과 평화조약을 맺고 독립을 인정받았다. 그러나 오키나와와 오가사와라 제도는 미국에 점령된 채였다. 또 평화조약과 동시에 미국과 미일안전보장조약을 맺어, 독립 후에도 미군사지를 일본에 두도록 결정되었다.

1956년에는 평화조약을 체결하지 않았던 소련과 일소공동선언이 조인되어, 국교를 회복하고, 국제연합으로의 가맹이 실현되었다.

경제의 고도성장

한국전쟁으로 인한 특수로 일본경제는 급속하게 발전하여 철강, 조선, 석유화학 등을 중심으로 설비투자와 기술혁신이 추진되었다. 1960년에 이케다 내각이 '소득배가계획'을 발표해서 경제발전은 더욱 진척되어, 1968년에는 국민총생산이 미국에 이어 2위가 되는데까지 성장했다. 이러한 경제의 급성장은 고도경제성장이라 불리었고, 국민의 경제수준은 높아졌다. 그러나 한편으로 각지에서 공해문제가 발생한 것도 이 쯤이었다.

 정리해보자

戦後の主なできごと 전쟁 후의 주요사건

1945年	ＧＨＱの五大改革　ＧＨＱ의 5대개혁
1946年	日本国憲法公布　일본국헌법 공포
1951年	サンフランシスコ平和条約　샌프란시스코 평화조약 日米安全保障条約　미일안전보장조약
1956年	日ソ共同宣言　일소공동선언 国際連合加盟　국제연합(UN) 가맹
1960年	日米安全保障条約改正　미일안전보장조약 개정 「所得倍増計画」　'소득배가계획'
1972年	沖縄復帰　오키나와 복귀 日中共同声明　중일공동성명
1973年	第1次石油ショック　제1차 석유쇼크
1978年	日中平和友好条約　중일평화우호조약

ＧＨＱの五大改革 ＧＨＱ의 5대 개혁

女性の解放 여성해방	新選挙法(1945年)により、女性の選挙権をみとめる。 신선거법(1945년)에 따라 여성의 선거권을 인정함.
労働の民主化 노동의 민주화	労働組合法(1945年)、労働関係調整法(1946年)、労働基準法(1947年)により、労働者の権利保障 노동조합법(1945년), 노동관계조정법(1946년),노동기준법(1947년)에 따라 노동자의 권리보장
教育の民主化 교육의 민주화	教育基本法(1947年)　小学校6年、中学校3年を義務教育に 교육기준법(1947년)　초등학교 6년, 중학교 3년을 의무교육으로
治安維持法の撤廃 치안유지법 철폐	治安維持法の廃止(1945年)、秘密警察制度の廃止 치안유지법 폐지(1945년), 비밀경찰제도 폐지
経済の民主化 경제민주화	独占禁止法(1947年)、財閥解体(1945年〜) 독점금지법(1947년), 재벌해체(1945년 〜)

문제 풀면서 다시 한번 확인해 보자

01 戦後のGHQの改革について正しいものを次の①～④から一つ選びなさい。
① 独占禁止法の廃止によって、経済発展がすすんだ。
② 労働組合法により、労働者の団結や運動をおさえた。
③ 日本国憲法のなかではじめて女性の選挙権が保障された。
④ 教育の改革で、小学校から大学までの6・3・3・4年の制度が定められた。

02 戦後の経済成長について正しいものを次の①～④から一つ選びなさい。
① 農村では地主制が強化され、農村の生産性が高まった。
② 1960年の所得倍増計画をきっかけに経済が発展した。
③ 戦後、石炭や鉄鋼などの大型産業を基盤にする、傾斜生産方式によって経済発展がすすんだ。
④「国民所得倍増計画」は、計画どおり倍増までは達成できなかった。

01 전쟁 후 GHQ의 개혁에 대해 올바른 것을 다음 ① ~ ④ 에서 하나 고르시오.

　① 독점금지법의 폐지로 경제발전이 진척되었다.
　② 노동조합법으로 노동자의 단결과 운동을 억압했다.
　③ 일본국헌법 중에서는 처음으로 여성의 선거권이 보장되었다.
　④ 교육개혁으로 소학교에서 대학까지의 6 · 3 · 3 · 4년의 제도가 정해졌다.

> **정답 · 해설**　**01**　정답 ❹
> ❶ 廃止ではなく、制定。폐지가 아니고, 제정이다.
> ❷ 労働組合法により、労働者の団結や運動の権利が保障された。
> 　노동조합법에 의해 노동자의 단결과 운동의 권리가 보장되었다.
> ❸ 1945年の選挙法改正で実現した。1945년 선거법 개정으로 실현되었다.

02 전쟁 후 경제성장에 대해 올바른 것을 다음 ① ~ ④에서 하나 고르시오.

　① 농촌에서는 지주제가 강화되어, 농촌 생산성이 높아졌다.
　② 1960년의 소득배가계획을 계기로 경제가 발전했다.
　③ 전쟁 후, 석탄과 철강 등의 대형산업을 기반으로 하는 경사생산방식에 의해 경제발전이 진척되었다.
　④ '국민소득배가계획'은 계획대로 배가까지는 달성되지 못했다.

> **정답 · 해설**　**02**　정답 ❸ 石炭や鉄鋼などの基盤産業に重点を置く政策を傾斜生産方式という。
> 　석탄과 철강 등의 기반산업에 중점을 두는 정책을 경사생산방식이라고 한다.
> ❶ 地主制が廃止された。지주제가 폐지되었다.
> ❷ 1950年の朝鮮戦争による特需をきっかけに経済発展がはじまった。
> 　1950년 한국전쟁으로 인한 특수를 계기로 경제발전이 시작되었다.
> ❹ 計画より早い7年で目標を達成した。계획보다 빠른 7년으로 목표를 달성했다.

第3部 政治 分野

- 第1章 国家と法
- 第2章 近代民主政治の成立と基本原理
- 第3章 主要国の政治制度
- 第4章 大日本国帝国憲法と日本国憲法
- 第5章 三権分立＿日本の政治システム
- 第6章 政党政治と選挙制度
- 第7章 行政国家
- 第8章 自由権と社会権

第 1 章 国家と法
국가와 법

>> 학습 포인트

- 政治と国家の関係を理解し、国家を構成するために必要な国家の要素を覚える。
  정치와 국가의 관계를 이해하고, 국가를 구성하기 위해 필요한 국가 요소를 배운다.
- 法律の成立理由を理解し、法律の種類について整理する。
  법률의 성립 이유를 이해하고, 법률의 종류에 대해 정리한다.

キーワード

国家権力 국가권력　領土 영토　領海 영해　領空 영공　排他的経済水域 (EEZ) 배타적 경제수역
封建制国家 봉건제국가　絶対王政国家 절대왕정국가　市民階級 시민계급　夜警国家 야경국가
福祉国家 복지국가　人類普遍の法則 인류보편의 법칙　社会規範 사회규범　自然法 자연법
実定法 실정법　成文法 성문법　不文法 불문법

○ 政治とは何か

かつてギリシャのプラトンは、政治とは正義を実現するための手段だと定義し、ルネサンス期イタリアのマキャベリは政治とは力の行使の方法と考えた。近代に入り、政治学の大家マックス・ウェーバーは、政治を分配の手段だと定義した。このように政治の概念は様々なものがあり、ひとつに決めることは難しいが、社会集団を円滑に維持する上で必要な、利害関係の調整手段だということができるだろう。そしてその政治が最も大きく、しかも強力に行われる場所が国家であるといえる。国家はこの利害調整や資産配分、他国との外交を行うために強大な権力(=国家権力)を持っている。

정치란 무엇인가?

그리스의 플라톤은 정치란 정의를 실현하기 위한 수단이라 정의했고, 르네상스기 이탈리아의 마키아벨리는 정치란 힘을 행사하는 방법이라고 여겼다. 근대에 들어, 정치학의 대가 막스 베버는 정치를 분배의 수단이라고 정의했다. 이렇게 정치의 개념은 여러 가지가 있어 하나로 정하기는 어렵지만 사회집단을 원활하게 유지하는 데에 있어서 필요한 이해관계의 조정 수단이라고 할 수 있을 것이다. 그리고 그러한 정치가 가장 크게, 또한 강력하게 행해지는 장소가 국가라고 말할 수 있다. 국가는 이 이해조정과 자산배분, 다른 나라와의 외교를 위해 강대한 권력(=국가권력)을 가지고 있다.

国家の3要素

国家を成立させるためには3つの要素が必要である。それはその国に住む国民と、国民が住むための領域、そしてその領域で有効な主権を持っていることである。領域は領土と領海、そして領空から構成される。一般的に領海は、領土とその低潮線から12海里までである。領空はその領海を始点として上空、大気圏まで及ぶ。宇宙空間は領空内には含まれず、人工衛星が他国の上空を通過することに問題はない。また領海とは別に、低潮線から200海里までを排他的経済水域(EEZ)と呼び、この海域にある海洋資源や地下資源に関しては、当該国に独占的な開発権が存在する。

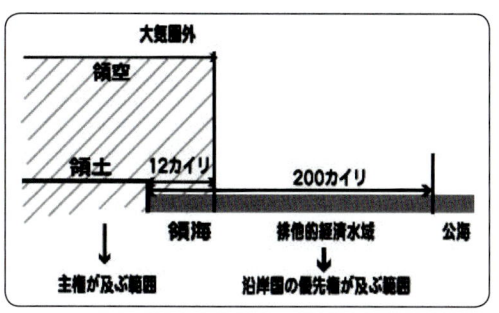

国家の変遷

18世紀に至るまで、ほとんどのヨーロッパ国家群は地方の貴族領主を中心にした封建制国家や、国王を中心とする絶対王政国家のような支配者中心の国家体制であった。しかし、18世紀に入りイギリスにおいて王政に反対した貴族や市民階級のような、国民の権利を主張し、国家に対し個人の自由を主張する人々が現れ始めた。そして彼らの行動により、絶対主義から離れ、個人の自由権を認め始める体制へと徐々に変化していった。そして19世紀の前半からは、ヨーロッパ諸国を中心に近代国家が成立し始めた。このころの国家は絶対王政の干渉を排し、個人の自由を求めたため、国家がなるべく個人に干渉しない、小さな政府、俗に夜警国家といわれる国家を理想像としていた。国家は国防や治安の維持、司法のみを扱い、その他の件

국가의 3요소

국가를 성립시키기 위해서는 세 개의 요소가 필요하다. 그것은 그 나라에 사는 국민과 국민이 살기 위한 영역, 그리고 그 영역에서 유효한 주권을 가지는 것이다. 영역은 영토와 영해, 그리고 영공으로 구성된다. 일반적으로 영해는 영토와 그 저조선에서 12해리까지이다. 영공은 그 영해를 시점으로 상공, 대기권까지 이른다. 우주공간은 영공 내에는 포함되지 않아, 인공위성이 다른 나라의 상공을 통과하는 것은 문제가 없다. 또한 영해와는 달리, 저조선에서 200해리까지를 배타적 경제수역 (EEZ)이라 부르고, 이 해역에 있는 해양자원과 지하자원에 관해서는 해당국에 독점적인 개발권이 존재한다.

국가의 변천

18세기에 이르기까지 대부분의 유럽국가군은 지방의 귀족영주를 중심으로 한 봉건제국가와 국왕을 중심으로 한 절대왕정국가 같은 지배자 중심의 국가체제였다. 그러나 18세기에 들어 영국에서는 왕정에 반대하여 국민의 권리를 주장하고 국가에 대한 개인의 자유를 주장하는 귀족이나 시민계급과 같은 사람들이 나타나기 시작했다. 그리고 그들의 행동으로 인해 절대주의에서 벗어나 개인의 자유를 인정하기 시작하는 체제로 서서히 변화해 갔다. 그리고 19세기 전반부터는 유럽제국을 중심으로 근대국가가 성립되기 시작했다. 이 무렵의 국가는 절대왕정의 간섭을 배제하고 개인의 자유를 요구했기 때문에 될 수 있으면 국가가 개인에 간섭하지

に関してはなるべく国民に干渉しないほうがよいという考え方である。ただし資本主義の進展により、貧困・失業問題など個人のレベルでは解決しようもない問題が、社会に広まり始めた結果、20世紀の半ば、特に第2次世界大戦後から、国家が経済政策や社会保障政策など、国民の生活に積極的に介入するべきとする福祉国家観が主流となり始めた。現在の国家はこのような国民の幸福を国家の役割として動いているともいえよう。

国家と法律の関係

国家を運営するためにはその基本となるルールが必要である。それを法律と呼んでいる。この法律はその国家の主権内において行使できる。法律の行使には当該国の国家権力による強制力が与えられており、多くの場合、その国の道徳や習俗、また人類普遍の法則などに基づいた法律が制定されている。そしてそれらを社会規範と呼んでいる。社会規範とは法律や道徳、習俗など社会構成員が守らなければならない一定の規則のことであるが、法律だけが国家権力による強制力を持っている。また、特にどの国にも属しない領域や国家間の取り決めには国際法が定められている。

않는 작은 정부, 흔히 야경국가라 불리는 국가를 이상적인 국가로 여겼다. 국가는 국방과 치안유지, 사법만을 다루고 그 외의 건에 관해서는 가능한 한 국민에게 간섭하지 않는 것이 좋다는 사고방식이다. 단 자본주의의 진전으로 말미암아, 빈곤이나 실업문제 등 개인적 차원에서는 해결할 수 없는 문제가 사회에 퍼지기 시작했다. 그 결과, 20세기 중반 특히 제2차 세계대전이 끝나고나서부터 국가가 경제정책과 사회보장정책 등 국민의 생활에 적극적으로 개입해야 한다는 복지국가관이 주류가 되기 시작했다. 현재의 국가는 이렇게 국민의 행복을 국가의 역할로 하여 움직이고 있다고 말할 수 있다.

국가와 법률관계

국가를 운영하기 위해서는 그 기본이 되는 규칙이 필요하다. 그것을 법률이라고 한다. 이 법률은 해당 국가의 주권 안에서 행사할 수 있다. 법률 행사에는 해당국의 국가권력에 의한 강제력이 부여되어 있고, 대부분의 경우에는 그 나라의 도덕과 풍습, 또한 인류보편의 법칙 등에 근거한 법률이 제정되고 있다. 그리고 그러한 것을 사회규범이라고 한다. 사회규범이라는 것은 법률과 도덕, 풍습 등 사회구성원이 지켜야 하는 일정한 규칙을 말하는데, 법률만이 국가권력에 의한 강제력을 가지고 있다. 그리고 특별히 어느 나라에도 속하지 않는 영역과 국가간의 약속에는 국제법이 제정되어 있다.

法の種類

　法律には本来人間の本性に根ざし、時代や社会を超えて普遍的に通用する自然法と、特定の時代や社会に合わせ人間が作った実定法に分けられる。しかし厳密にどこまでを自然法にするのかの区分は難しく、人間が作ったおよそすべての法律は実定法であるという考え方もできる。

　この実定法には、憲法やその他の法律のように文書として形になった成文法と、慣習法などのように文書にはなっていないが法規範として効力を持つ不文法の二つがある。近代国家において効力を持つ法規範は実定法だけでなく、慣習法や判例法といった不文法も含まれる。ちなみにイギリスは世界で唯一憲法が不文法であり、他の国とは異なっている。

법의 종류

　법률에는 원래 인간의 본성에 기인하여 시대나 사회를 초월해 보편적으로 통용되는 자연법과, 인간이 특정 시대나 사회에 맞춰 만들어낸 실정법으로 나뉜다. 그러나 엄밀히 어디까지를 자연법으로 할 것인가의 구분은 어렵고, 인간이 만든 대부분의 모든 법률은 실정법이라는 견해도 나올 수 있다.

　이 실정법에는 헌법이나 그 외의 법률과 같이 문서 형태로 된 성문법과, 관습법 등과 같이 문서로 되어 있지 않지만 법규범으로서 효력을 가지는 불문법, 이렇게 두 가지가 있다. 근대국가에 있어서 효력을 가지는 법규범은 실정법뿐만 아니라 관습법, 판례법과 같은 불문법도 포함된다. 이와 관련하여 영국은 다른 나라와는 달리 세계에서 유일하게 헌법이 불문법이다.

문제 풀면서 다시 한번 확인해 보자

01 **国家の領域に関した次の文章のうち、正しいものを一つ選びなさい。**
① 領海とはその国の低潮線を基準に200海里までをいう。
② 領空とはその領土内から大気圏までの範囲をいい、大気圏外までは含まない。
③ 排他的経済水域(EEZ)内に存在する資源は、他の国と相談した上で利用しなければならない。
④ 国家にはその領域内で有効な主権が必ず必要で、主権が無くては独立国とは認められない。

02 **次の文章のうち、誤っているものを一つ選びなさい。**
① 市民革命は一般的にイギリスで起こった清教徒革命や名誉革命により始まった。
② 19世紀から成立し始めた近代国家は、国防や治安の維持、司法などに関する最低限の権限しか持たない夜警国家を理想とした。
③ 20世紀に入り、国防や外交などよりも国内の福祉充実こそが最も大切だと考える福祉国家観が主流となった。
④ 法律には文書として書かれた成文法や、文書の形にはなっていない不文法の両方が存在する。

01 국가의 영역에 관한 다음 문장 중 올바른 것을 하나 고르시오.

① 영해란 그 나라의 저조선을 기준으로 200해리까지를 말한다.
② 영공이란 그 영토 내에서부터 대기권까지의 범위를 말하고, 대기권 밖까지는 포함되지 않는다.
③ 배타적 경제수역(EEZ) 내에 존재하는 자원은 다른 나라와 상의한 후에 이용해야 한다.
④ 국가에는 그 영역 내에서 유효한 주권이 반드시 필요하고, 주권이 없는 독립국으로 인정받을 수 없다.

> **정답·해설 01** 정답 ④
> ❶ 領海とはその国の低潮線を基準に12海里までをいう。
> 영해란 그 나라의 저조선을 기준으로 12해리까지를 말한다.
> ❷ 領空とは領土内ではなく領海内から大気圏までの範囲をいう。
> 영공이란 영토 내뿐만 아니라 영해 내로부터 대기권까지의 범위를 말한다.
> ❸ 排他的経済水域(EEZ)内に存在する資源はその国が独占的に活用できる。
> 배타적 경제수역(EEZ) 내에 존재하는 자원은 해당 국가가 독점적으로 활용할 수 있다.

02 다음 문장 중 틀린 것을 하나 고르시오.

① 시민혁명은 일반적으로 영국에서 일어난 청교도혁명과 명예혁명에 의해 시작되었다.
② 19세기부터 성립되기 시작한 근대국가는 국방과 치안 유지, 사법 등에 관한 최저한의 권한밖에 가지지 않는 야경국가를 이상으로 삼았다.
③ 20세기에 들어, 국방과 외교 보다도 국가 내 복지에 충실한 것이 가장 중요하다고 여기는 복지국가관이 주류가 되었다.
④ 법률에는 문서로 쓰여진 성문법과 문서 형태가 아닌 불문법 모두가 존재한다.

> **정답·해설 02** 정답 ③
> ❸ 福祉国家とは国民の福祉も重視する国家であり、また福祉に劣らぬよう国防や外交にも力を入れることが国家の大切な政策課題である。
> 복지국가란 국민의 복지를 중시하는 국가로, 복지와 더불어 국방과 외교에도 힘을 쏟는 것이 국가의 중요한 정책 과제이다.

第 2 章 近代民主政治の成立と基本原理
근대민주정치의 성립과 기본원리

>> 학습 포인트

- 市民革命がなぜ起こったのか、その原因を理解する。
  시민혁명이 왜 일어났는지 그 원인을 이해한다.
- 社会契約説の代表的な3人の学者の主張の違いを明確に理解する。
  사회계약설의 대표적인 세 학자의 주장 차이를 명확하게 이해한다.

キーワード

絶対王政 절대왕정 地方分権 지방분권 中央集権 중앙집권 重商主義 중상주의 市民革命 시민혁명 社会契約説 사회계약설 自然状態 자연상태 ホッブス 홉스 ロック 로크 ルソー 루소 抵抗権(革命権) 저항권(혁명권) 近代民主政治の3つの基本原理 근대민주정치의 3대 기본원리 モンテスキュー 몽테스키외 3権分立 3권분립

近代民主政治の成立

　民主政治の始まりは紀元前5世紀ごろ、ポリスと呼ばれたギリシアの古代都市国家が始まりとされる。特にその中心都市であったアテネは市民による直接選挙を行い、民主主義による都市の運営を実現していた。しかしその後、ギリシアの民主主義はローマ帝国の支配により潰え、ヨーロッパは封建主義に入る。しかし18世紀に入りイギリスで絶対王制に反抗した市民たちにより、近代民主政治はまだまだ不完全ではあったが始まりの兆しを見せた。

근대민주정치의 성립

　민주정치는 기원전 5세기 경, 폴리스라 불린 그리스 고대도시 국가가 그 기원이다. 특히 그 중심도시에 있던 아테네는 시민에 의한 직접선거를 실시하여, 민주주의를 통한 도시 운영을 실현하고 있었다. 그러나 그 후, 그리스 민주주의는 로마제국의 지배에 의해 붕괴되고 유럽은 봉건주의에 들어선다. 18세기에 접어들어 영국에서 절대왕제에 반발한 시민들로 인해 민주정치는 여전히 불완전 했지만, 그 발단의 조짐은 보였다.

絶対王政

　中世世界で支配的だった地方分権的な封建制国家に変わり、17世紀ごろから中央官僚と強大な常備軍を備えた王を中心とする中央集権国家が成立し始めた。このような国家を一般に絶対王政国家と呼ぶ。代表的な国としてはブルボン朝フランスや、チューダー朝のイギリスがあげられる。それらは国の組織としては大きな官僚組織を整え、物理的には王権への反抗を許さない強力な常備軍が、理論的には王権神授説という考え方が絶対王政のシステムを支えた。この王権神授説は、国王の権力が神から授けられたものであり、したがって王の意思は神の意思を代弁していると唱えた。そのため国王は自らの臣民ではなく、神に対してのみ責任を持った。この説を唱えた代表的な学者にフィルマー(英)やボシュエ(仏)がいる。

市民革命

　このような絶対王政の国家は経済面では重商主義政策を採り、貿易により国内に富を蓄積していった。そのため国内に産業資本家が生まれ始め、特にイギリスでは富を蓄え、豊かになった市民階層が誕生した。彼らは更なる経済的な自由や、信仰の自由を求めて王権に挑戦し始めた。やがてその力は大きくなり、彼らを中心とした革命が行われるようになった。それが市民革命である。最初の市民革命であるピューリタン革命は1642年にイギリスで起こった。その後、名誉革命(1688)、アメリカ独立革命(1775～83)、フランス革命(1789)などにより、絶対王政に代わる社会が訪れるようになった。

절대왕정

　중세세계에서 지배적이었던 지방분권적인 봉건제 국가가 바뀌어, 17세기 무렵부터 중앙관료와 강대한 상비군을 갖춘 왕 중심의 중앙집권 국가가 성립되기 시작했다. 이러한 국가를 일반적으로 절대왕정 국가라고 부른다. 대표적인 국가로는 프랑스 부르봉 왕조와 영국 튜더왕조를 들 수 있다. 프랑스 부르봉 왕조와 영국 튜더왕조는 나라의 조직으로서는 큰 관료조직을 정비하고 물리적으로는 왕권에의 반항을 허락하지 않는 강력한 상비군이, 이론적으로는 왕권신수설이라는 생각이 절대왕정의 제도를 지탱했다. 이 왕권신수설은 국왕의 권력이 신으로부터 하사 받은 것이고, 따라서 왕의 뜻은 신의 뜻을 대변하고 있다고 주장했다. 그 때문에 국왕은 자신이 신민이 아닌 신에 대해서만 책임을 졌다. 이 설을 주장한 대표적인 학자로는 필머(영국)과 보쉬에(프랑스)가 있다.

시민혁명

　이러한 절대왕정 국가는 경제면에서는 중상주의 정책을 취하여, 무역으로 국내에 부를 축적해 갔다. 그 때문에 국내에 산업자본가가 생겨나기 시작하였으며, 특히 영국에서는 부를 비축하여 부유해진 시민계층이 탄생했다. 그들은 더욱더 경제적인 자유와 신앙의 자유를 요구하며 왕권에 도전하기 시작했다. 이윽고 그 힘이 커져 그들을 중심으로 한 혁명이 일어나게 되었다. 그것이 시민혁명이다. 최초의 시민혁명인 청교도혁명은 1642년에 영국에서 일어났다. 그 후, 명예혁명(1688), 미국독립혁명(1775~83), 프랑스혁명(1789) 등에 의해, 절대왕정을 대신하는 사회가 도래하게 되었다.

社会契約説

　社会契約説とは、神が王に権力を与えたとする王権神授説とは異なり、人民が自身の生存のために社会と契約をした結果、権力を持った国家が生まれた、という考え方である。代表的な思想家にホッブス(英)、ロック(英)、ルソー(仏)の3人がいる。彼らはまず、国家や社会が成立する前、人々が個人個人で生きている架空状態を想像した。これを自然状態と呼ぶ。そしてここから人々が自分の生存を確固たるものにするため、社会を作り、それに人々の権利を一部、あるいは全面的に移譲することで国家体制ができたとする学説である。3人はいずれも社会契約説の学者であるが、それぞれが考えた自然状態の中身や、理想の国家像については考えが異なっている。

▲ ホッブス
▲ 홉스

　まずホッブスは自然状態を『万人の万人による闘争』と捉えた。自然状態ではすべての個人の力関係が同等であるため、自分の権利を守るためには他人との戦いに勝たなければ、いつ自分の権利を侵害されるかもしれない。そのために常に各人が争いあっている。それを防ぐためには社会契約を結び、個人の権利を強大な国家に全面譲渡して、その支配に従うことで個人個人の生存を確保した、という考え方である。彼はこの強大な国家をリヴァイアサンと呼び、王権神授説に代わる絶対王政擁護の考え方を生み出した。

　ロックはホッブスの考えとは異なり、自然状態における人間を、争い合う存在とは見ていない。しかしそ

▲ ロック
▲ 로크

사회계약설

　사회계약설이란 신이 왕에게 권력을 주었다는 왕권신수설과는 달리, 인민이 자신의 생존을 위해 사회와 계약을 한 결과 권력을 가진 국가가 생겨났다는 사상이다. 대표적인 사상가는 홉스(영국), 로크(영국), 루소(프랑스) 세 사람이 있다. 그들은 국가와 사회가 성립되기 전 사람들이 개개인으로 살아가는 가공 상태를 상상했다. 이것을 자연상태라고 부른다. 그리고 여기서 사람들이 자신의 생존을 확고한 것으로 하기 위해 사회를 만들고, 게다가 사람들의 권리를 일부 혹은 전면적으로 이양함으로써 국가체제가 생겨났다고 하는 학설이다. 세 사람은 모두 사회계약설 학자이지만, 제각기 생각했던 자연상태의 내용과 이상국가상에 대해서는 생각이 달랐다.

　우선 홉스는 자연상태를 '만인의 만인에 의한 투쟁'이라고 주창했다. 자연상태에서는 모든 개인의 힘관계가 동등하기 때문에, 자신의 권리를 지키기 위해서는 타인과의 싸움에 이기지 못한다면 언제 자신의 권리를 침해 당할지 모른다. 그 때문에 언제나 개개인이 경쟁하고 있다. 그것을 방지하기 위해서는 사회계약을 맺고 개인의 권리를 강대한 국가에 전면 넘겨서, 그 지배에 따르는 것으로 개개인의 생존을 확보한다는 사상이다. 그는 이 강대한 국가를 리바이어던이라 부르며, 왕권신수설을 대신하는 절대왕정 옹호 사상을 만들어 냈다.

　로크는 홉스의 생각과는 달리, 자연상태에 있어서의 인간을 서로 경쟁하는 존재라고는 보지 않았다. 그러나 그러한 평온한 인간이 사는 상태라도 완전하게 사람의 권리를 지킬 수 없기 때문에, 그것을 지킬 정치력이 필요하다고 설명한다. 그 때문에 국가를 만들어 거기에 사람들의 권리의 일부를 신탁하고, 자

のような穏やかな人間の住む状態であっても、完全に人の権利を守ることはできないので、それを守る政治力が必要であると説く。そのため国家を作り、それに人々の権利の一部を信託して、自然権の擁護を任せたのだという。そのためもし国家が信託された権力を乱用し、人民を虐げるようなことがあれば、抵抗権を行使して政府を変更することができると唱えた。

▲ ルソー
▲ 루소

ルソーは自然状態を、そこに生きる人々は悪徳を知らず、自由平等な暮らしをしているパラダイスとして捉えた。しかし人々の間で私有財産が確立され出すと、貧富の差が生じ、それにより理想の共同体は失われることになってしまった。それゆえルソーの考える国家とは、失われてしまった自然状態を回復するために作られたものであると定義し、そのような人々の意思を一般意思と呼んだ。この一般意思は絶対に誤らないため、これに従いその意思を実現する国家が理想だと捉えた。そのためにこそ国家権力は使われるのである。

このように3人はまるで異なる国家論を主張した。

연권의 옹호를 맡기는 것이라고 한다. 그 때문에 만약 국가가 신탁 받은 권력을 남용하고 인민을 학대하는 등의 일이 있다면, 저항권을 행사하여 정부를 바꿀 수 있다고 주장했다.

루소는 자연상태라는 것을, 그곳에 사는 사람들은 악덕을 모르고 자유 평등한 삶을 살고 있는 파라다이스로 받아들였다. 그러나 사람들 사이에서 사유재산이 확립되기 시작하자 빈부의 차가 생기고 그것에 의한 이상의 공동체는 잃어버리게 되었다. 그 때문에 루소가 생각하는 국가란 잃어버린 자연상태를 회복하기 위해 만들어진 것이라 정의하고, 그러한 사람들의 생각을 일반의지라 불렀다. 이 일반의지는 절대로 잘못을 저지르지 않기 때문에 이것에 따르고 그 의지를 실현하는 국가가 이상이라고 주장했다. 그것 때문에 국가권력은 사용되는 것이다.

이렇게 세 사람은 완전히 다른 국가론을 주장했다.

3者の社会契約説の違い

	ホッブス 홉스	ロック 로크	ルソー 루소
自然状態 자연상태	万人の万人に対する闘争 만인의 만인에 대한 투쟁	牧歌的な平和状態 목가적인 평화상태	理想の共同体 이상적인 공동체
権力 권력	国家への全面的な譲渡 국가로의 전면적인 양도	権利の一部を信託 권리의 일부를 신탁	直接民主主義の実現 직접민주주의의 실현
特徴 특징	絶対王政の肯定 절대왕정의 긍정	抵抗権の提唱 저항권의 제창	一般意思の実現 일반의지의 실현
著作 저작	『リヴァイアサン』 리바이어던	『市民政府二論』 시민정부론	『社会契約論』 사회계약론

近代民主政治の基本原理

近代の民主政治とは①国民主権、②権力分立、③法の支配の3つの基本原理が守られていることが前提である。

国民主権とは、人であれば生まれながらに当然持っている基本的人権を確保するために作られた統治原理である。基本的人権は、アメリカ独立時に書かれたバージニア権利章典で史上初めて自然権として認められた。

そして近代の民主政治は、権力を分割し異なる機関に担当させることで、相互の抑制と均衡を図り、権力の乱用を防ぐようにしている。代表的な考え方はモンテスキュー(仏)による三権分立である。彼は立法権を議会が、執行権を国王が、司法権を裁判所が持ち、互いにチェックをしあうシステムを考えた。現在では一般的に、執行権(行政権)を国民に選ばれた政府が担当している。

法の支配は、権力者を法で拘束することで国民の権利と自由を守ろうという考えである。ただしこの法の支配は、法律であればどのようなものでも厳守されるものではなく、法の内容の適正さまで求められる。法は絶対無謬のルールではなく、あくまで国民を幸せにするための規範となるものである。

근대 민주정치의 기본원리

근대 민주정치란 ①민주주권 ②권력분립 ③법의 지배와 같이 세 가지 기본원리가 지켜지는 것이 전제이다.

국민주권이란, 인간이라면 태어나면서 당연히 가지고 있는 기본적 인권을 확보하기 위해 만들어진 통치원리이다. 기본적 인권은 미국 독립 때 쓰여진 버지니아권리장전으로, 사상 처음 자연권으로 인정되었다.

그리고 근대 민주정치는 권력을 분할하여 다른 기관에 담당하게 함으로써 상호간의 억제와 균형을 도모하고, 권력의 남용을 막도록 하고 있다. 대표적인 사상은 몽테스키외(프랑스)에 의한 삼권분립이다. 그는 입법권을 의회가, 집행권(행정권)을 국왕이, 사법권을 재판소가 가지는 서로 견제하는 시스템을 생각했다. 현재는 일반적으로 집행권은 국민이 선출한 정부가 담당하고 있다.

법의 지배는 권력자를 법으로 구속함으로써 국민의 권리와 자유를 지키려는 생각이다. 다만 이러한 법의 지배는 법률이라면 어떤 것이든 엄수되는 것이 아닌, 법의 내용의 적정함까지 요구된다. 법은 절대 오류가 없는 규칙이 아니며, 어디까지나 국민을 행복하게 하기 위한 규범이 되는 것이다.

01 **次の文章のうち正しいものを一つ選びなさい。**

❶ 王権神授説はホッブスによって唱えられ、王の権力が神から与えられたと説明した。

❷ 社会契約説では国家や社会が成立する前の人間集団の状態を自然状態と呼び、あるべき個人と社会の関係を理論的に説明しようとした。

❸ ルソーは人々の一般意思は時に誤ってしまうため、優秀な政治家を選ぶことが必要だと唱えた。

❹ ロックの革命権の思想は欧米だけでなくアジア諸国にも広く浸透し、宗主国への植民地闘争に発展した。

02 **次の出来事を古い順に組み合わせたものを一つ選びなさい。**

　ア　アメリカ独立革命
　イ　フランス革命
　ウ　名誉革命
　エ　清教徒革命(ピューリタン革命)

❶ ア―イ―ウ―エ
❷ イ―エ―ウ―ア
❸ エ―ウ―ア―イ
❹ ウ―エ―イ―ア

01 다음 문장 중 올바른 것을 하나 고르시오.

① 왕권신수설은 홉스에 의해 주창되어, 왕의 권력이 신에게 부여받은 것이라고 설명했다.
② 사회계약설에서는 국가와 사회가 성립되기 전의 인간집단의 상태를 자연상태라 부르고, 있어야 하는 개인과 사회의 관계를 이론적으로 설명하려 했다.
③ 루소는 사람들의 일반의지는 때로는 잘못을 저지르기 때문에 우수한 정치가를 뽑는 것이 필요하다고 주창했다.
④ 로크의 혁명권 사상은 구미뿐만 아니라 아시아제국에도 광범위하게 침투하여, 종주국에의 식민지 투쟁으로 발전했다.

> **정답·해설 01** 정답 ❷
> ❶ 王権神授説で有名な学者はボーダン(仏)やフィルマー(英)。ホッブスは社会契約論の学者。
> 왕권신수설로 유명한 학자는 보댕(프랑스)과 필머(영국)이다. 홉스는 사회계약론 학자이다.
> ❸ ルソーは一般意思は決して間違えることは無く、これを実現するためにも直接民主制が必要だと主張した。
> 루소는 일반의지는 결코 잘못된 것이 없고, 이것을 실현하기 위해서도 직접민주제가 필요하다고 주장했다.
> ❹ ロックの革命権はアメリカの独立戦争に影響を与えた。로크의 혁명권은 미국의 독립전쟁에 영향을 끼쳤다.

02 다음 사건을 오래된 순서대로 조합한 것을 하나 고르시오.

ア 미국독립혁명　　イ 프랑스혁명　　ウ 명예혁명　　エ 청교도혁명 (퓨리턴혁명)

① ア―イ―ウ―エ
② イ―エ―ウ―ア
③ エ―ウ―ア―イ
④ ウ―エ―イ―ア

> **정답·해설 02** 정답 ❸
> 1642年　清教徒革命(ピューリタン革命)　1642년　청교도혁명(퓨리턴혁명)
> 1688年　名誉革命　1688년　명예혁명
> 1775年　アメリカ独立革命　1775년　미국독립혁명
> 1789年　フランス革命　1789년　프랑스혁명

제 3 장

主要国の政治制度
주요국의 정치제도

>> 학습 포인트

- 議院内閣制と大統領制の違いを理解し、その原理を理解する。
  의원내각제와 대통령제의 차이를 이해하고, 그 원리를 이해한다.
- 代表的な英米中の政治システムを把握する。
  대표적인 미국·영국·중국의 정치제도를 파악한다.

키워드

『王は君臨すれども統治せず』왕은 군림하지만 통치하지 않는다　議院内閣制 의원내각제
大統領制 대통령제　民主集中制 민주집중제　貴族院 귀족원　庶民院 서민원　下院の優越
하원의 우월　内閣不信任案 내각불신임안　内閣総辞職 내각총사퇴　解散 해산　影の内閣
그림자 내각　法案提出権 법안제출권　教書送付権 교서송부권　法案拒否権 법안거부권
違憲審査権 위헌심사권

○ イギリス型議院内閣制

イギリスは1688年の名誉革命以来、『王は君臨すれども、統治せず』の言葉通り、国家元首は国王だが、政治の責任者は首相というふうに権力の譲渡が行われていた。そして権力は三権分立の考え方にのっとり、立法は議会、行政は内閣、司法は裁判所というように分かれている。そしてイギリスの議院内閣制は議会の信任に基づき成立し、内閣が議会に対して連帯責任を負うシステムになっている。

영국형 의원내각제

영국은 1688년 명예혁명 이후 '왕은 군림하지만 통치하지 않는다'는 말대로, 국가원수는 국왕이지만 정치의 책임자는 수상이라는 식의 권력 양도가 행해졌다. 또한 권력은 삼권분립 사상에 따라 입법은 의회, 행정은 내각, 사법은 재판소와 같이 나뉘어져 있다. 그리고 영국의 의원내각제는 의회의 신임에 근거해 성립되며, 내각이 의회에 대해 연대책임을 지는 시스템이다.

▲ イギリスの庶民院
▲ 영국 서민원

政治 分野 | 167

議会は上院である貴族院と下院である庶民院の2院で構成されている。貴族院はその名のとおり貴族や高位聖職者などが議席を持ち、庶民院は国民投票により選ばれる。国民主権の観点から下院の優越が確立しており、さらに首相は通常下院で第1党を占める党の党首が就任する。

内閣は首相と閣僚により構成され、国王に任命された首相が閣僚を任命する。イギリスの内閣は行政府でありながら、閣僚が議員で構成されているため、予算作成権と同時に法案の提出権も持っている。しかしアメリカ大統領のような法案拒否権は認められていない。下院で内閣不信任案が可決された場合には、内閣が総辞職をするか、下院を解散して総選挙をしなくてはならない。イギリスは小選挙区を採用しているため、2大政党制が確立されている。19世紀までは保守党と自由党が2大政党だったが、現在自由党は勢力を弱め第3政党となっており、代わりに労働党が保守党と対峙している。そして野党は与党からの政権交代に備え、『影の内閣』(シャドーキャビネット)を組織している。

의회는 상원인 귀족원과 하원인 서민원의 2원으로 구성되어 있다. 귀족원은 그 이름대로 귀족과 고위 성직자 등이 의석을 가지며, 서민원은 국민투표에 의해 뽑힌다. 국민주권의 관점에서 하원의 우월이 확립되어 있고, 더욱이 수상은 통상 하원에서 제1당을 차지하는 당의 당수가 취임한다.

내각은 수상과 각료에 의해 구성되며, 국왕에게 임명된 수상이 각료를 임명한다. 영국의 내각은 행정부이면서도 각료가 의원으로 구성되어 있기 때문에 예산작성권과 동시에 법안제출권도 가지고 있다. 그러나 미국 대통령과 같은 법안거부권은 인정되지 않는다. 하원에서 내각 불신임안이 가결된 경우에는, 내각이 총사퇴하든지 하원을 해산해서 총선거를 해야 한다. 영국은 소선거구를 채택하고 있기 때문에 양대 정당제가 확립되어 있다. 19세기까지는 보수당과 자유당이 양대 정당이었지만, 현재 자유당은 세력이 약해져 제3정당이 되어 있고, 대신에 노동당이 보수당과 대립하고 있다. 그리고 야당은 여당으로부터 정권교체에 대비해 '그림자 내각'(섀도 캐비닛)을 조직하고 있다.

アメリカ型大統領制

アメリカ型の大統領制とはイギリスの議院内閣制とは違い、立法、行政、司法の三権が明確に分けられた政治制度である。1788年にアメリカ合衆国憲法が発効したが、その初めの部分で三権の区分が示されている。

▲ アメリカ上院
▲ 미국 상원

アメリカ連邦議会は上院と下院に分かれており、それぞれ議員の選出方法や、役割が異なっている。上院はアメリカにある50の州から2人ずつ選ばれ、現在の定員は100名。任期は6年で、2年ごとに定員の1/3ずつ選挙を行う。上院は条約の同意権や高級公務員や連邦最高裁判事の任命同意権、下院の訴追に基づいての大統領解任権を持っている。一方下院は10年に一度行われる国勢調査に基づき人口比により選ばれ、現在の定員は435人。任期は2年で上院と同じ時期に選挙を行う。イギリスのような下院の優越権は持たないが、予算案の先議権を持っている。

▲ アメリカ下院
▲ 미국 하원

行政権は大統領府が持ち、強大な権限を持っている。大統領の任期は4年。国民が大統領選挙人を選ぶ間接選挙によって選ばれ、議員との兼職は三権分立の立場から禁止されている。アメリカには解散制度が存在しないため、国家元首である大統領にも議会の解散権はない。大統領は外国との条約締結権や軍の最高指揮

미국형 대통령제

미국형 대통령제란 영국의 의원내각제와는 달리 입법, 행정, 사법의 삼권이 명확하게 구분된 정치제도이다. 1788년에 미합중국헌법이 발효되었는데, 그 앞부분에 삼권의 구분이 명시되어 있다.

미국 연방의회는 상원과 하원으로 나뉘어 있고 각각 의원의 선출방법과 그 역할이 다르다. 상원은 미국에 있는 50개주에서 두 명씩 뽑혀, 현재의 정원은 백 명이다. 임기는 6년으로 2년마다 정원의 3분의 1씩 선거를 치른다. 상원은 조약 동의권, 고급 공무원과 연방 최고재판관의 임명 동의권, 하원의 소추에 근거한 대통령 해임권을 가지고 있다. 한편 하원은 10년에 한 번 치르는 국세조사를 토대로 인구비에 의해 선출되어, 현재의 정원은 435명이며 임기는 2년으로 상원과 같은 시기에 선거를 치른다. 영국처럼 하원우월권은 가지지 않지만, 예산안 선의권을 가진다.

행정권은 대통령이 가지며, 강대한 권한을 지닌다. 대통령의 임기는 4년이고 국민이 대통령 선거인을 뽑는 간접선거권에 의해 선발되며, 의원과의 겸직은 삼권분립의 관점에서 금지되어 있다. 미국에는 해산제도가 없기 때문에 국가원수인 대통령에게도 의회 해산권은 없다. 대통령은 외국과의 조약체결권과 군의 최고지휘권, 고급 공무원의 임면권 등을 가지고 있지만, 법안의 제출권은 없다(행정권과 입법권의 분리). 그 대신에 의회에서 가결된 법안에 대한 거부권을 가지고 있다. 그러나 거부한 사안이어도 상하양원에서 재차 3분의 2이상이 재가결을 하면, 대통령은 거부할 수 없다.

政治 分野 | 169

権、高級公務員の任免権などを持っているが、法案の提出権はない（行政権と立法権の分離）。その代わり議会で可決された法案に対する拒否権を持っている。しかし拒否した案であっても、上下両院で再び2/3以上の再可決をすれば、大統領は拒否できない。

　司法は連邦裁判所が担当している。アメリカの政治システムでは大統領が非常に大きな権限を持つため、それに対抗するため司法に違憲行政審査権を与え、解散のない議会に対しても違憲立法審査権を与えている。つまり立法権、行政権に対する司法権の優位を制度化している。

사법은 연방재판소가 담당하고 있다. 미국의 정치 시스템에서는 대통령이 상당히 큰 권한을 가지기 때문에, 그것에 대항하기 위해 사법에 위헌행정심사권을 주고, 해산하지 않는 의회에 대해서도 위헌입법심사권을 부여하고 있다. 즉 입법권, 행정권에 대한 사법권의 우위를 제도화하고 있는 것이다.

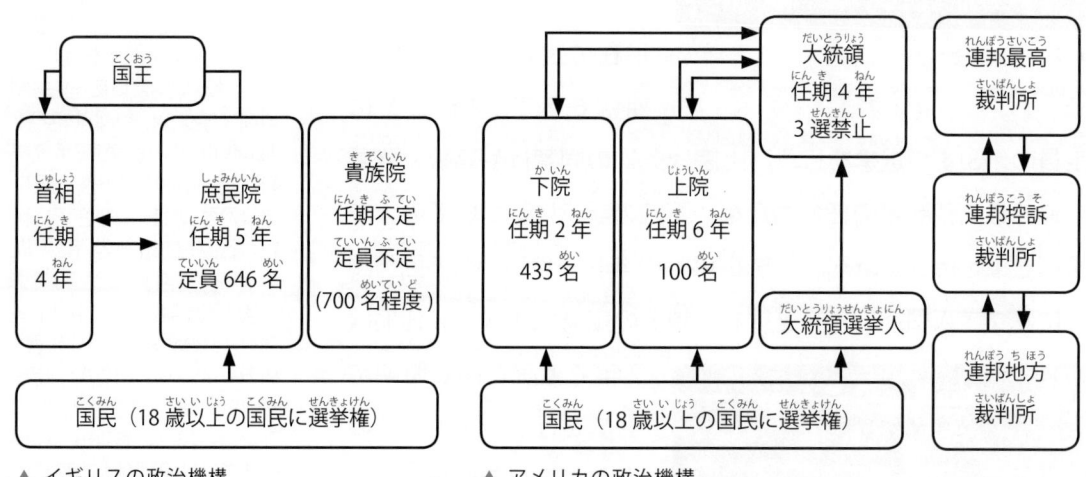

▲ イギリスの政治機構
▲ 영국의 정치기구

▲ アメリカの政治機構
▲ 미국의 정치기구

中国型民主集中制

中国はマルクスによる社会主義を標榜した国家であり、共産党によるプロレタリアート独裁を国是としている。そのためイギリス型やアメリカ型の政治体制とは異なり、三権分立の政治体制を採用せず、国民から選ばれた立法府にあたる全国人民代表大会(全人代)が、行政府に当たる国務院や、司法府に当たる最高人民法院、最高人民検察院の上に位置し、それぞれのメンバーを選出するシステムになっている。中国ではこのような政治体制を民主集中制と呼んでいる。

しかしこの全国人民代表大会は1年に1回しか開かれず、普段は全人代の代表者から選ばれた常務委員会のメンバーにより立法活動が行われており、この委員会の場で法律の制定や条約の承認などが決定される。そして中華人民共和国憲法の前文にもあるように、中国では中国共産党が指導政党の立場にあることが規定されているため、これら全人代や常務委員会のメンバーになるには、共産党の指示に忠実な人物が選ばれるようになっている。近年では共産党以外の政党も認められてはいるが、あくまでも共産党の友党としてであり、共産党に変わって政権を担うことはない。

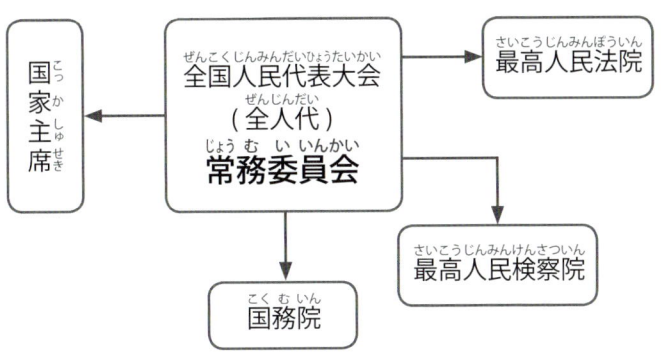

▲ 中国の民主集中制
▲ 중국의 민주집중제

중국형 민주집중제

중국은 마르크스에 따른 사회주의를 표방한 국가로, 공산당에 의한 프롤레타리아 독재를 정치의 기본적인 방침으로 하고 있다. 그 때문에 영국형과 미국형 정치체제와는 달리 삼권분립의 정치체제를 채택하지 않는다. 국민으로부터 뽑힌 입법부에 해당하는 전국인민대표대회(전인대)가 행정부에 해당하는 국무원과 사법부에 해당하는 최고인민법원, 최고인민검찰원 위에 위치하여 각각 회원을 선출하는 시스템으로 되어 있다. 중국에서는 이러한 정치체제를 민주집중제라고 부른다.

그러나 이 전국인민대표대회는 1년에 한 번밖에 열리지 않는다. 그래서 보통은 전인대의 대표자로부터 선출된 상무위원회의 회원에 의해 입법활동이 이루어지고, 이 위원회의장에서 법률 제정과 조약승인 등이 결정된다. 그리고 중화인민공화국 헌법의 전문에도 있는 것처럼, 중국에서는 중국공산당이 지도정당으로 규정되어 있기 때문에 이러한 전인대와 상무위원회의 회원이 되기 위해서는, 공산당의 지시에 충실한 인물이 뽑히게 되어 있다. 최근에는 공산당 이외의 정당도 받아들이고는 있지만 어디까지나 공산당과 우호관계에 있는 정당으로서이고, 공산당을 대신해서 정권을 맡는 경우는 없다.

문제 풀면서 다시 한번 확인해 보자

01 イギリスの政治機構について述べた次の文章のうち正しいものを一つ選びなさい。
❶ 首相は庶民院と貴族院の投票によって決まり、両院の投票結果が異なった場合、庶民院の結果が優先される。
❷ 20歳以上の国民全員に選挙権が与えられ、庶民院の議員を投票で選ぶことができる。
❸ 小選挙区制を採用しており、保守党と労働党による2大政党制が確立されている。
❹ 首相は行政府の長であると同時に、立法府の議員でもあるため、議会で成立した法案に対する拒否権を持っている。

02 アメリカの政治機構について述べた次の文章のうち正しいものを一つ選びなさい。
❶ 上院は下院に対し優越しているため、両院の判断が異なった場合、下院で成立した法案を破棄することができる。
❷ 大統領は法案を議会に提出する権限を持たず、議会を解散する権利も持たない。
❸ 大統領は議会が可決した法案に対して拒否権を持っており、拒否権が行使されれば、いかなる場合であってもその法律が制定される可能性はない。
❹ 大統領は国民の直接投票によって選ばれ、全国の得票総数が最も多かった人物が大統領に就任する。

01 영국의 정치기구에 대해 서술한 다음의 문장 중 올바른 것을 하나 고르시오.

① 수상은 서민원과 귀족원의 투표에 의해 결정되고 양원의 투표결과가 다른 경우, 서민원의 결과가 우선된다.
② 20세 이상인 국민 전원에 선거권이 부여되고, 서민원의 의원을 투표로 선출할 수 있다.
③ 소선거구제를 채택하고 있고, 보수당과 노동당에 의한 양대정당제가 확립되어 있다.
④ 수상은 행정부의 장임과 동시에 입법부의 의원이기도 하기 때문에, 의회에서 성립된 법안에 대한 거부권을 가지고 있다.

> 정답 · 해설 01 정답 ③
> ❶ 慣例的に首相は庶民院の第1党の党首が就任する。 관례적으로 수상은 서민원의 제1당의 당수가 취임한다.
> ❷ 18歳以上の国民によって選ばれる。 18세 이상인 국민에 의해 선출된다.
> ❹ 首相には拒否権がない。 수상에게는 거부권이 없다.

02 미국의 정치기구에 대해 서술한 다음의 문장 중 올바른 것을 하나 고르시오.

① 상원은 하원에 대해 우월하기 때문에 양원의 판단이 다른 경우 하원에서 성립된 법안을 파기할 수 있다.
② 대통령은 법안을 의회에 제출할 권한을 가지지 않고, 의회를 해산할 권리도 가지지 않는다.
③ 대통령은 의회가 가결한 법안에 대해 거부권을 가지고 있고, 거부권이 행사되면 어떠한 경우가 있어도 그 법률이 제정될 가능성은 없다.
④ 대통령은 국민의 직접투표에 의해 선출되고, 전국투표총수가 가장 많은 인물이 대통령에 취임한다.

> 정답 · 해설 02 정답 ②
> ❶ 上院と下院は対等の関係にある。 상원과 하원은 대등한 관계이다.
> ❸ 拒否権を行使したとしても、上下両院で2/3以上の賛成をもって再可決されれば、法案は制定される。 거부권을 행사한다고 해도, 상하양원에서 3분의 2이상의 찬성으로 재가결 되면, 법안은 제정된다.
> ❹ 大統領は各州ごとに大統領選挙人を選ぶ方式で決められ、全国の得票総数とは無関係である。 대통령은 각주마다 대통령 선거인을 선발하는 방식으로 결정되며, 전국의 득표총수와는 관계없다.

第4章

大日本帝国憲法と日本国憲法
대일본제국헌법과 일본국헌법

>> 학습 포인트

・両憲法の違いを理解する。(成立の過程・主権者・基本的人権など)
　두 헌법의 차이를 이해한다. (성립의 과정・주권자・기본적 인권 등)
・日本国憲法の基本原理を理解する。
　일본국헌법의 기본원리를 이해한다.

キーワード

大日本帝国憲法 대일본제국헌법　欽定憲法 흠정헌법　伊藤博文 이토 히로부미　統帥権 통수권
貴族院 귀족원　衆議院 중의원　参議院 참의원　ポツダム宣言 포츠담선언　GHQ 연합국 총사령부
マッカーサー 맥아더 장군　5大改革指令 5대개혁지령　日本国憲法 일본국헌법　国民主権 국민주권
平和主義 평화주의　第9条 제9조　基本的人権の尊重 기본적 인권 존중　社会権 사회권

○ 大日本帝国憲法の成立

明治維新後、新政府は西洋的な近代政府を作り、国内の改革を進めようとしていたが、国内がまだ不安定だったため、すぐには実現しなかった。その間、新政府に反対する元武士を中心に西南戦争など一連の武力反乱が起こった。明治政府はこれらを軍隊により鎮圧することに成功したが、その後は自由民権運動といわれる国会開設、憲法制定を柱にした民衆の民主化運動に悩まされることになった。政府はこれら自由民権運動に対して集会条例などによる取締りを行う一方、自らの主導権による立憲政治の準備に努めた。
一方、政府内でも目指す国の体制について意見が分かれていた。大隈重信を中

▲ 伊藤博文
▲ 이토 히로부미

대일본제국헌법의 성립

메이지 유신 후, 신정부는 서양적인 근대정부를 만들어 국내 개혁을 추진하려고 했지만, 국내가 아직 불안정했기 때문에 바로 실현되지는 못했다. 그 사이, 신정부에 반대하는 전(前)무사를 중심으로 세이난 전쟁(서남전쟁) 등 일련의 무력반란이 일어났다. 메이지 정부는 이러한 것들을 군대로 진압하는 것에 성공했지만 그 후는 자유민권운동이라 불리는 국회개설, 헌법제정을 중심으로 한 민중의 민주화 운동에 골치 아파했다. 정부는 이런 자유민권운동에 대해 집회조례 등으로 단속을 하는 한편, 스스로의 주도권에 의한 입헌정치 준비에 힘썼다.
한편, 정부 내에서도 지향하는 국가의 체제에 대해 의견이 분분했다. 오쿠마 시게노부를 중심으로 하는 집단은 영국식 의

心とするグループはイギリス式の議会政治の実現を主張したが、伊藤博文を中心とする政府首脳は、より君主の力の強いドイツ式の憲法を作る方針を固めた。そして1881年10年後の国会開設を宣言し、同時に反対派である大隈らを辞職させた。

翌1882年、政府は伊藤博文らを憲法調査のためにヨーロッパに派遣した。そこで彼らはシュタインやグナイストなどの法学者の講義を聞き、ドイツ流の憲法の研究を深めた。帰国した伊藤はドイツ人顧問ロエスレルらの助言を得て、1889年2月11日に憲法を発布する。これがアジアで2番目の近代憲法となった大日本帝国憲法である。

▲ 大日本帝国憲法発布
▲ 대일본제국헌법발포

大日本帝国憲法の特徴

大日本帝国憲法は、天皇が臣民に授けるという欽定憲法の形を取っていた。天皇は国家を統治するという原則に則り、立法、行政、司法の各権力と軍隊の指揮権(統帥権)などの広範な権力(天皇大権)をもった。また天皇は神聖にして不可侵な存在と明記され、天皇を中心とする国家神道の体制も整えられた。

議会は帝国議会と呼ばれ、衆議院と貴族院を有する2院制が採用された。衆議院は国民の中から制限選挙で選

▲ 戦艦ミズーリ艦上での降伏文書調印式
▲ 미주리전함 선상에서의 항복문서 조인식

회정치의 실현을 주장했지만, 이토 히로부미를 중심으로 하는 정부수뇌는 보다 군주의 힘이 강한 독일식 헌법을 만들 방침을 확고히 했다. 그리고 1881년에 10년 후의 국회개설을 선언하고, 동시에 반대파인 오쿠마 등을 파면시켰다.

다음 해인 1882년, 정부는 헌법 조사를 위해 이토 히로부미 등을 유럽에 파견했다. 그래서 그들은 슈타인이나 그나이스트 등의 법학자의 강의를 듣고, 독일식 헌법 연구를 심화했다. 귀국한 이토는 독일인 고문인 로에스레르의 조언을 얻어, 1889년 2월 11일에 헌법을 발포한다. 이것이 아시아에서 두 번째의 근대헌법이 된 대일본제국헌법이다.

대일본제국헌법의 특징

대일본국헌법은 천황이 군민에게 하사한다는 흠정헌법의 형식을 취하고 있었다. 천황은 국가를 통치한다는 원칙에 준하여, 입법, 행정, 사법의 각 권력과 군대의 지휘권(통수권) 등의 광범한 권력을 가졌다(천황대권). 또한 천황은 신성한 불가침의 존재로 명기되어, 천황을 중심으로 하는 국가신도의 체제도 정비되었다.

의회는 제국회의라 불리며, 중의원과 귀족원을 가지는 2원제가 채택되었다. 중의원은 국민 중에서 제한선거로 선출된 대표자에 의해, 귀족원은 황족과 화족(귀족), 거액 납세자와 국가 공로자로부터 선출된 칙찬의원들에 의해 구성되었다. 양원은 법률제정이나 예산을 결정할 때에, 천황을 돕는 존재로 여겨졌다.

ばれた代表者によって、貴族院は皇族や華族(貴族)、多額納税者や国家の功労者から選ばれた勅撰議員らによって構成された。両院は法律の制定や予算の決定に際し、天皇を協賛する存在とされた。

また後の日本国憲法に見られるような衆議院の優越は認められず、両院は対等の力を持っていた。

国民は憲法では臣民と呼ばれ、法律の範囲内でのみ、所有権の不可侵や言論・出版・結社・信教の自由が認められた。それと同時に納税や兵役、教育の義務が課せられた。

これらは今日の民主主義の観点からすれば専制的で不十分な点も多々ある。しかし、制限的であったとしても国民の権利と自由が認められ、天皇の下で三権分立のシステムを確立しようとしたことは評価される。

○ 日本国憲法の成立

1945年8月15日、ポツダム宣言の受諾により日本は連合国に対する無条件降伏をした。ここに6年にわたる第2次世界大戦が終了した。これを受け連合国は最高司令官であるマッカーサー元帥を日本に向かわせ、日本統治を開始した。マッカーサーは連合国軍最高司令官総司令部(GHQ)を置き、占領政策を実施した。

占領統治の基本政策は、日本が再び軍国主義の国家になることを防ぐことである。そのため戦前の日本社会に見られた軍国主義を排除し、その封建的な諸制度を改革し、より民主的な政体を構築することが目指された。

これに基づきGHQは政府に婦人参政権の付与、労働組合結成の奨励、教育制度の自由主義的改革、圧政的諸制度の撤廃、経済の民主化の5大改革指令を発した。またGHQは民主化の

또 이후 일본국헌법에서 볼 수 있는 것과 같은 중의원의 우월은 인정되지 않고, 양원은 대등한 힘을 가지고 있었다.

국민은 헌법에서는 신민이라 불리며, 법률의 범위내에서만 소유권의 불가침과 언론·출판·결사·신교의 자유가 인정되었다. 그것과 동시에 납세와 병역, 교육의 의무가 부과되었다.

이들은 오늘의 민주주의의 관점에서 보면 전제적으로 불충분한 점도 많다. 그러나 제한적이었다고 해도 국민의 권리와 자유가 인정되어, 천황 아래에서 삼권분립 제도를 확립하려 한 것은 높이 평가된다.

일본국헌법의 성립

1945년 8월 15일, 포츠담선언의 수락에 의해 일본은 연합국에 무조건 항복을 했다. 이에 6년에 걸친 제2차 세계대전이 종료되었다. 이것을 받아들여 연합국은 최고사령관인 맥아더 원수를 일본으로 보내 일본통치를 개시했다. 맥아더는 연합국군 최고사령관 총사령부(GHQ)를 두고, 점령정책을 실시했다.

점령통치의 기본정책은, 일본이 재차 군국주의 국가가 되는 것을 막는 것이다. 그렇게 하기 위해 전쟁 전 일본사회에서 볼 수 있었던 군국주의를 배제하고, 그 봉건적인 여러 제도를 개혁하여 보다 민주적인 정치를 구축하는 것이 지향되었다.

이것에 근거하여 GHQ는 정부에 부인참정권 부여, 노동조합 결성의 장려, 교육제도의 자유주의적 개혁, 압제적 정치의 모

重要課題として憲法改正を要求した。これを受け日本政府は独自の憲法草案を提出したが、民主化が不十分であるとしてＧＨＱはこれを拒否した。そしてＧＨＱは自ら作成した改正案を政府に示し、これを基に新しい政府原案が作られた。この憲法は1946年11月3日に公布され、翌年の1947年5月3日に日本国憲法として施行された。

日本国憲法の特徴

　日本国憲法は国民主権、平和主義、基本的人権の尊重の3つの基本原理を持つ。
　まず憲法の前文と第1条において国の主権者が国民であることが明記され、それまで主権者であった天皇は日本国の象徴であり、日本国民の総意に基づきその地位にあることが定められた。また国は個人の尊重に究極の価値を定め、人権保障の確保に努め、その国民の意思を政治に反映させるため、選挙を通じた代表民主制を実施するものとされた。議会では貴族院は廃止され、代わりに参議院が誕生した。
　また再び戦争の惨禍を起こさないために、厳格な平和主義に基づく戦争放棄が宣言された。この平和主義は憲法の前文と第9条によって示され、特に第9条の第1項では国際紛争解決の手段としての武力が否定され戦争を放棄することが書かれ、そして第2項ではその目的を達成するために戦力の不保持と国の交戦権の否定が記されている。

든 제도 철폐, 경제민주화의 5대 개혁지령을 발표했다. 그리고 GHQ는 민주화의 중요과제로서 헌법개정을 요구했다. 일본정부는 이것을 받아들여 독자적인 헌법초안을 제출했지만, GHQ는 민주화가 불충분하다는 이유로 이것을 거부했다. 그리고 GHQ가 스스로 작성한 개정안을 정부에 제시하여, 이것을 토대로 새로운 정부원안이 만들어졌다. 이 헌법은 1946년 11월 3일에 공포되어 다음해인 1947년 5월 3일에 일본국헌법으로 시행되었다.

일본국헌법의 특징

　일본국헌법은 국민주권, 평화주의, 기본적 인권 존중의 세가지 기본원리를 갖는다.
　우선 헌법의 전문과 제1조에 국가의 주권자는 국민이라는 것이 명기되어, 그때까지 주권자였던 천황은 일본국의 상징이며 일본 국민 전체의 의사에 근거하여 그 지위에 있는 것이 결정되었다. 또한 국가는 개인존중을 궁극의 가치로 정하고 인권보장 확보에 힘쓰며, 국민의 의사를 정치에 반영시키기 위해 선거를 통한 대표민주제를 실시하기로 했다. 의회에서는 귀족원이 폐지되고, 대신에 참의원이 탄생했다.
　또한 재차 전쟁의 참화를 일으키지 않기 위해 엄격한 평화주의에 근거한 전쟁포기가 선언되었다. 이 평화주의는 헌법의 전문과 제9조에 의해 명시되었다. 특히 제9조의 제1항에서는 국제분쟁을 해결하는 수단으로서의 무력을 부인하여 전쟁을 포기하며, 제2항에서는 그 목적을 달성하기 위해 전력(전쟁을 할 능력)을 가지지 않을 것과 나라의 교전권을 부인함이 기록되었다.

▲ 衆議院の女性議員
▲ 중의원 여성의원

基本的人権に関してはこれを永久不可侵のものと規定し、何人であってもこれを侵害することはできないとしている。また法の下の平等を実現するため戦前にあった華族制度を廃止し、性差別を除去することが決められた。また日本国憲法において社会権が認められ、生存権や労働基本権、教育を受ける権利等が明記された。

기본적 인권에 있어서는 이것을 영구불가침한 것으로 제정하고, 어느 누구도 이것을 침해할 수 없도록 하고 있다. 그리고 법 아래의 평등을 실현하기 위해 전쟁 전에 있던 화족 제도를 폐지하고 성차별을 제거하도록 결정되었다. 또 일본국헌법에 있어서 사회권이 인정되어 생존권과 노동기본권, 교육을 받을 권리 등이 명기되었다.

01 大日本帝国憲法に関する次の文章のうち正しいものを一つ選びなさい。

❶ 大日本帝国憲法はフランスの憲法を参考にし、三権分立を基礎として作られた。
❷ 大日本帝国憲法は天皇が臣民に対して憲法を授けるという欽定憲法であった。
❸ 陸海軍の指揮権は文民が取り、シビリアンコントロールが確立していた。
❹ 当初は制限選挙が行われていたが、1925年からは男女普通選挙法が成立した。

02 日本国憲法に関する次の文章のうち誤ったものを一つ選びなさい。

❶ 日本国憲法は1946年11月3日に公布され、半年後の1947年5月3日より発効した。
❷ 日本国憲法の基本原則は国民主権、平和主義、基本的人権の尊重の3つである。
❸ 日本国憲法の成立後、時代に合わせて憲法は少しずつ修正されて今日に至っている。
❹ 日本国憲法の下で貴族院が廃止され、新しく参議院が作られた。

01 대일본제국헌법에 관한 다음 문장 중 올바른 것을 하나 고르시오.

① 대일본제국헌법은 프랑스헌법을 참고하여, 삼권분립을 기초로 만들어졌다.
② 대일본제국헌법은 천황이 신민에게 헌법을 하사한다는 흠정헌법이었다.
③ 육해군의 지휘권을 문민이 갖는, 문관통제(지배)가 확립되어 있었다.
④ 당초에는 제한적 선거를 행하고 있었지만, 1925년부터는 남녀보통선거법이 성립되었다.

정답·해설 01 정답 ❷

❶ プロイセン憲法を参考にして作られた。 프로이센헌법을 참고로 하여 만들어졌다.
❸ 陸海軍の最高指揮権は天皇にあるとされていた。 육해군의 최고 지휘권은 천황에 있다고 여겨졌다.
❹ 1925年に男子普通選挙法が成立し、25歳以上の男子のみに選挙権が与えられた。
1925년에 남자보통선거가 성립되어, 25세 이상의 남자에게만 선거권이 부여되었다.

02 일본국헌법에 관한 다음 문장 중 틀린 것을 하나 고르시오.

① 일본국헌법은 1946년 11월 3일에 공포되어, 반년 후인 1947년 5월 3일부터 발효되었다.
② 일본국헌법의 기본원칙은 국민주권, 평화주의, 기본적 인권 존중의 세 가지이다.
③ 일본국헌법 성립 후 헌법은 시대에 맞게 조금씩 수정되어 오늘에 이르고 있다.
④ 일본국헌법 하에서 귀족원이 폐지되고, 새롭게 참의원이 만들어졌다.

정답·해설 02 정답 ❸

❸ 日本国憲法は現在まで1文字も改正されたことはない。
일본국헌법은 현재까지 한 글자도 개정된 적이 없다.

第5章

三権分立　日本の政治システム
삼권분립　일본의 정치제도

> **》 학습 포인트**
>
> ・三権分立が日本の政治システムにどう現れているかを理解する。
> 삼권분립이 일본정치제도에 어떻게 나타나고 있는지 이해한다.
>
> ・立法府、行政府、司法府が持つお互いへのチェック機能を理解する。
> 입법부, 행정부, 사법부가 가지는 상호 견제기능을 이해한다.

キーワード

立法府 입법부　行政府 행정부　司法府 사법부　国会中心主義 국회중심주의　二院制と一院制 이원제와 일원제　不逮捕特権 불체포특권　免責特権 면책특권　常会 정기국회　臨時会 임시국회　特別会 특별국회　委員会中心主義 위원회중심주의　衆院の優越 중원의 우월　内閣総辞職 내각총사퇴　解散 해산　三審制度 삼심제도　上告審 상고심　控訴審 공소심　一審 일심

日本の三権分立

三権分立とは、フランスの政治学者モンテスキューが唱えたもので、権力者の独裁を防ぐために権力を分散し、互いにチェックしあうシステムである。日本では立法府を国会が、行政府を内閣が、司法府を裁判所が担っている。そして日本の政治システムはイギリス型の議員内閣制度を基本とし、アメリカ型の違憲審査制度を持つ司法府を加えたものになっている。日本において三権は完全な平等ではなく、憲法41条において『国会は国権の最高機関であり、国の唯一の立法機関である』と定められているとおり、国会中心主義(立法権優位)を採用している。

일본의 삼권분립

삼권분립이란 프랑스 정치학자 몽테스키외가 주창한 것으로, 권력자의 독재를 막기 위해서 권력을 분산하고 상호 견제하는 제도이다. 일본에서는 입법부를 국회가, 행정부를 내각이, 사법부를 재판소가 책임지고 있다. 또한 일본의 정치제도는 영국형 의원내각제도를 기본으로, 미국형 위헌심사제도를 가지는 사법부를 덧붙인 형태로 되어 있다. 일본에 있어 삼권은 완전한 평등이 아니며, 헌법 41조에 있어서 '국회는 국권의 최고기관이고, 나라의 유일한 입법기관이다' 라고 정해져 있는 바와 같이, 국회중심주의(입법권우위)를 채택하고 있다.

政治 分野 | 181

立法府：国会

日本の国会は衆議院と参議院の2院で構成されている。世界の国々の大半は2院制を採用している。2院制にすることで政策決定がより慎重にでき、間違った判断を減らすことができ、両院の任期や資格、選挙制度を変えることで多様な意見を国政に反映できることを期待している。

衆議院の定員は480人で任期は4年、内閣総理大臣による解散の可能性がある。そして参議院の定数は242人、任期は6年で解散はない。国会議員は適正な政治を行えるようにその身分を保証され、不逮捕特権や発言の免責特権を持っている。

	衆議院	参議院
任期	4年	6年
解散	あり	なし
定員数	480人	242人
選挙制度	小選挙区 比例代表並立制	大選挙区 比例代表並立制

▲ 衆議院議員と参議院議員の違い
▲ 중의원과 참의원의 비교

国会には常会、臨時会、特別会の3つがある。常会の会期は150日で毎年1月に召集され、主に予算の審議などを行う。臨時会は内閣が必要だと求めたとき、またはいずれかの院の総議員数の1/4以上の開催要求があったときに開かれる。特別会は衆議院の解散に伴う総選挙の日から30日以内に召集され、内閣総理大臣を選出する。

国会の審議は衆参両院に分かれてそれぞれ審議をし、国会内の討議は公開が原則である。国会での本会議のほかに常任委員会や特別委員会が設置され、それぞれの委員会で専門的な討議をしている。国会ではそのように設置された委員会で審議した

입법부 : 국회

일본의 국회는 중의원과 참의원의 2원으로 구성되어 있다. 세계 여러 나라들의 대부분은 2원제를 채택하고 있다. 2원제를 함으로써 정책 결정을 보다 신중하게 할 수 있고 잘못된 판단을 줄일 수 있으며, 양원의 임기와 자격, 선거제도를 바꾸는 것으로 다양한 의견을 국정에 반영할 수 있다고 기대하는 것이다.

중의원 정원은 480명으로 임기는 4년, 내각총리대신에 의한 해산의 가능성이 있다. 그리고 참의원의 정원수는 242명, 임기는 6년으로 해산은 없다. 국회의원은 적정한 정치를 할 수 있도록 그 신분을 보장받고, 불체포특권과 발언의 면책특권을 가지고 있다.

국회에는 정기국회, 임시국회, 특별국회의 세 가지가 있다. 정기국회의 회기는 150일로 매년 1월에 소집되며, 주로 예산 심의 등을 진행한다. 임시국회는 내각이 필요하다고 요청했을 때, 또는 어느 한쪽 원의 총의원수 4분의 1이상의 개최 요구가 있었을 때에 열린다. 특별국회는 중의원의 해산에 따라 총선거일로부터 30일 이내에 소집되어 내각총리대신을 선출한다.

국회의 심의는 중참양원으로 나뉘어 각각 이루어지며, 국회 내의 토의는 공개를 원칙으로 한다. 국회에서의 본회의 외에 상

後、委員会を通過したものを本会議で検討している。これを委員会中心主義といい、アメリカの政治システムの影響で導入された。この委員会の内容は非公開で、自由かつ専門的な議論が行われている。

国会は法律の制定や予算の審議などを行うが、衆議院と参議院の権限は対等ではない。衆議院は任期が短く、解散もあることから参議院より国民に近い存在と考えられているため、衆議院の優越が認められている。もし衆議院と参議院の意見が異なった場合、両院で話し合いの場が設けられ(両院協議会)、その場でも調停がつかなかった時は衆議院で再議決をし、2/3以上の賛成を得た場合、参議院の同意がなくとも法案は成立する。また衆議院は予算の先議権を持ち、加えて予算案の可決や外国との条約の承認、内閣総理大臣の指名の3つの事項に関しては再議決をしなくても衆院の判断がそのまま決定となる。また内閣不信任決議は衆議院でのみ審議される。

国会は憲法の改正の発議もできる。これについては衆議院と参議院の権限は対等で、両院それぞれ2/3の賛成により通過する。その後国民投票を行い、過半数の賛成で憲法の改正ができる。しかし、日本国憲法は現在まで一度も改正されたことはない。

임위원회와 특별위원회가 설치되어, 각각의 위원회에서 전문적인 토의를 한다. 국회에서는 그와 같이 설치된 위원회에서 심의를 한 후, 위원회를 통과한 것을 본회의에서 검토한다. 이것을 위원중심주의라고 하며, 미국 정치시스템의 영향으로 도입되었다. 이 위원회의 내용은 비공개로, 자유롭고 전문적인 논의가 이루어지고 있다.

국회는 법률제정과 예산 심의 등을 진행하지만, 중의원과 참의원의 권한은 대등하지 않다. 중의원은 임기가 짧고 해산도 있기 때문에 참의원 보다 국민에 가까운 존재로 여겨지고 있어, 중의원의 우월이 인정되고 있다. 만약 중의원과 참의원의 의견이 다를 경우 양원에서 토론장이 마련된다(양원협의회). 그 장에서도 조정이 되지 않았을 때는 중의원에서 재의결을 하여 3분의 2이상의 찬성을 얻으면, 참의원의 동의가 없어도 법안은 성립된다. 또 중의원은 예산의 선의권을 가지며, 그밖에 예산안의 가결과 외국과의 조약 승인, 내각 총리대신 지명의 세 가지 사항에 관해서는 재의결을 하지 않아도 중원의 판단이 그대로 결정된다. 또 내각불신임결의는 중의원에서만 심의된다.

국회는 헌법 개정 발의도 할 수 있다. 이것에 대해서는 중의원과 참의원의 권한은 대등하며, 양원 각각의 3분의 2 찬성이면 통과된다. 그 후 국민투표를 실시하고, 과반수의 찬성으로 헌법개정을 할 수 있다. 그러나 일본국헌법은 현재까지 한 번도 개정된 적이 없다.

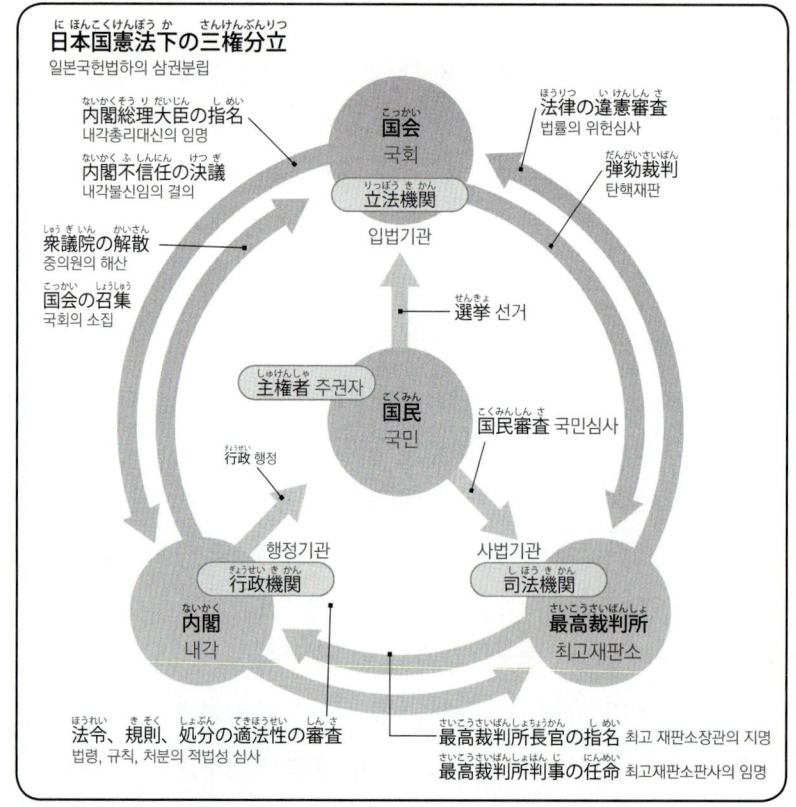

▲ 三権分立の図(内閣府HPより抜粋)
▲ 삼권분립 그림(내각부 홈페이지에서 발췌)

○ 行政府：内閣

日本国憲法はイギリス型の議院内閣制を採用しているため、立法府の国会議員の中から投票により内閣総理大臣を指名する。選ばれた総理大臣は天皇によって任命され、その後、国務大臣を選び、自ら任命する。内閣は国務大臣の半数以上を国会議員から選ばなければならず、全員が文民で構成される。内閣は国会の制定した法律を執行し政令を制定する。また外国との条約を締結したり、予算案の作成を行う。そしてこのようなものに対して内閣は国務大臣による閣議を開いて方針を決定する。この閣議は非公開・全会一致の原則がある。

内閣は衆院で不信任案が可決された場合、内閣総辞職か10日以内の衆議院の解散を選択しなければならない。そして衆院解散後、40日以内に衆議院選挙を行われなければならない。

행정부 : 내각

일본국헌법은 영국형 의원내각제를 채택하고 있기 때문에, 입법부인 국회의원 중에서 투표로 내각총리대신을 지명한다. 선출된 총리대신은 천황이 임명하며, 그 후 국무대신을 선출하고 스스로 임명한다. 내각은 국무대신의 과반수 이상을 국회의원으로부터 선출해야 하며, 전원이 문민으로 구성된다. 내각은 국회가 제정한 법률을 집행하고 정령을 제정한다. 또 외국과의 조약을 체결하거나, 예산안을 작성한다. 그리고 이러한 것에 대해 내각은 국무대신에 의한 각의를 열어 방침을 결정한다. 이 각의는 비공개·전회일치를 원칙으로 한다.

내각은 중원에서 불신임안이 가결되었을 경우, 내각총사퇴나 10일 이내의 중의원 해산을 선택해야 한다. 그리고 중원 해산 후, 40일 이내에 중의원선거를 실시해야 한다.

司法府：裁判所

日本は冤罪の可能性を減らすために裁判制度において三審制を取っている。上告審である最高裁判所と控訴審の高等裁判所、一審の地方・家庭・簡易裁判所に分かれる。裁判には民事裁判と刑事裁判があり、同じ事件に対して別々に審議されることもある。

日本の裁判所は違憲審査権を持っており、現行の法令が憲法に違反しているかどうかを判断する権利がある。これは最高裁判所だけでなく下級裁判所でも判断できるが、その際には必ず最高裁判所の判断を得なければならない。また2009年より重大な刑事裁判事件に限り、専門の裁判官だけでなく、一般成人6人を加えた9人の多数決により判決をする裁判員制度が運用される。ただしこれは一審に限られる。

사법부 : 재판소

일본은 원죄(무고한 죄)의 가능성을 줄이기 위해 재판제도에 있어서 삼심제를 택하고 있다. 상고심인 최고재판소와 공소심인 고등재판소, 일심인 지방·가정·간이재판소로 나뉜다. 재판에는 민사재판과 형사재판이 있고, 같은 사건에 대해서 따로 심의되는 경우도 있다.

일본의 재판소는 위헌심사권을 가지고 있으며, 현행 법령이 헌법에 위반되고 있는지 어떤지를 판단할 권리가 있다. 이것은 최고재판소뿐만 아니라 하급재판소에서도 판단할 수 있지만, 그 때에는 반드시 최고재판소의 판단을 얻어야 한다. 또 2009년부터 중대한 형사재판 사건에 한해서, 전문 재판관뿐만 아니라, 일반 성인 6명을 더한 9명에 의해 다수결로 판결을 하는 재판원제도가 운용된다. 단, 이것은 일심에 한한다.

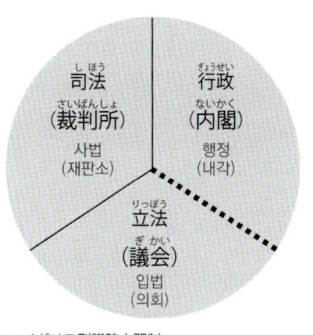

▲ イギリス型議院内閣制
▲ 영국형 의원내각제

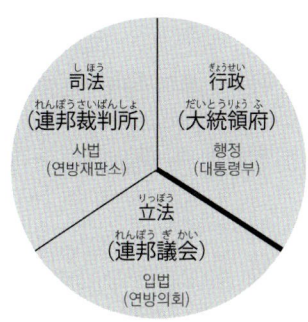

▲ アメリカ型大統領制
▲ 미국형 의원내각제

문제 풀면서 다시 한번 확인해 보자

01 国会に関する次の文章のうち正しいものを一つ選びなさい。

❶ 衆議院議員の任期は4年であるが、常に解散の可能性がある。解散は内閣総理大臣の専権事項であり、他の誰も関与できない。
❷ 参議院議員の任期は6年であるが、2年ごとに総数の1/3ずつ選挙を行っている。
❸ 日本の国会は委員会中心主義を採用しており、委員会の議論は公開され、透明性を持っている。
❹ 衆議院の優越が認められているのは内閣総理大臣の指名と予算案の審議、それに憲法改正の動議の3つである。

02 内閣に関する次の文章のうち正しいものを一つ選びなさい。

❶ 内閣総理大臣は国会議員の投票により、衆議院議員の中から選ばれる。
❷ 閣僚は総理大臣が自由に選ぶことができるが、全閣僚のうち過半数は国会議員でなくてはならない。
❸ 内閣も国会の運営と同じように、意見の調整は民主的に多数決で判断し、閣内で意見が違っていたとしてもかまわない。
❹ 内閣総理大臣は、衆議院で内閣不信任案が可決された場合、直ちに内閣総辞職をしなくてはならない。

01 국회에 관한 다음 문장 중 올바른 것을 하나 고르시오.

① 중의원의 임기는 4년이지만, 언제나 해산의 가능성이 있다. 해산은 내각총리대신의 전권사항이며 어떤 누구도 관여할 수 없다.
② 참의원 임기는 6년이지만, 2년마다 총수의 3분의 1씩 선거를 실시하고 있다.
③ 일본 국회는 위원회중심주의를 채택하고 있으며, 위원회 논의는 공개되어 투명성을 가진다.
④ 중의원 우월이 인정되는 것은 내각총리대신의 지명과 예산안 심의, 헌법개정 동의의 세 가지이다.

> **정답·해설**
> **01** 정답 ❸
> ❷ 参議院議員の任期は6年。3年ごと総数の1/2ずつ選挙を行う。
> 중의원의 임기는 6년이며, 3년마다 총수의 2분의 1씩 선거를 치른다.
> ❸ 委員会での議論は原則非公開である。 위원회에서의 논의는 원칙적으로 비공개이다.
> ❹ 衆議院の優越は内閣総理大臣の指名、予算案の審議、条約の承認の3つである。
> 중의원의 우월은 내각총리대신의 지명, 예산안 심의, 조약 승인의 세 가지이다.

02 내각에 관한 다음 문장 중 올바른 것을 하나 고르시오.

① 내각총리대신은 국회의원의 투표에 의해 중의원 중에서 선출된다.
② 각료는 총리대신이 자유롭게 지명할 수 있지만, 전체 각료 중 과반수는 국회의원이어야 한다.
③ 내각도 국회 운영과 마찬가지로 의견 조정은 민주적인 다수결로 판단하고, 내각의 내부에서 의견이 다르다고 해도 상관없다.
④ 내각총리대신은 중의원으로 내각불신임안이 가결된 경우, 바로 내각총사퇴를 해야 한다.

> **정답·해설**
> **02** 정답 ❷
> ❶ 衆議院議員に限らず参議院議員も選ばれる資格がある。
> 중의원뿐만 아니라 참의원도 선출될 자격이 있다.
> ❸ 内閣による閣議の決定は全会一致でなくてはならない。 내각에 의한 각의의 결정은 전원일치여야 한다.
> ❹ 内閣不信任案が可決された場合、首相は内閣総辞職か衆議院の解散を選択しなくてはならない。
> 내각불신임이 가결되었을 경우, 수상은 내각 총사퇴나 중의원해산을 선택해야 한다.

第6章

政党政治と選挙制度
정당정치와 선거제도

≫ 学習ポイント

・選挙制度の違いとその特徴について理解を深め、長所・短所を把握する。
선거제도의 차이와 그 특징에 대해 이해를 심화하고, 장단점을 파악한다.

・日本の戦後の政党の大まかな流れを理解する。
전쟁 후 일본 정당의 대략적인 흐름을 이해한다.

キーワード

制限選挙 제한선거 普通選挙 보통선거 名望家政党 명망가정당 大衆政党 대중정당
2大政党制 양대정당제 多党制 다당제 死票 사표(낙선자에 던진 표) 近代選挙の4つの原則
근대선거의 4개의 원칙 小選挙区制 소선거구제 大選挙区制 대선거구제 比例代表制 비례대표제
自由民権運動 자유민족운동 大正デモクラシー 다이쇼 데모크라시(다이쇼 천황시대의 민주정치)
大政翼賛会 대정익찬회 55年体制 55년 체제 小選挙区比例代表並立制 소선거구 비례대표
병립제

○ 政党の歴史

自分たちの意見や、政治的な信条を実際の政治に実現させるために集まった政治集団を、政党と呼んでいる。18〜19世紀にかけて、制限選挙下で選ばれた議員たちが議会の運営のために作った名望家政党と呼ばれるものが誕生した。これらが政党の始まりである。しかし、これらエリート集団であった名望家政党にははっきりとした綱領もなく、統一した政策もなかった。しかし19世紀後半にはいると選挙権の拡大により一般大衆の支持を受けた政治家たちが生まれた。彼らは当選するために、民衆に対して政党の政策や、実現すべき政治的な目標を提示し始め、支持者の獲得に勤めるようになった。ここに現代に至る大衆政党が誕生した。

정당의 역사

자신들의 의견이나 정치적 신조를 실제로 정치에 실현시키기 위해 모인 정치집단을 정당이라고 한다. 18～19세기에 걸쳐, 제한선거 하에 선출된 의원들이 의회운영을 위해 만든 명망가정당이 탄생했고, 이것이 정당의 시작이다. 하지만 엘리트 집단이었던 명망가정당에는 확실한 강령도, 통일된 정책도 없었다. 그러나 19세기 후반에 접어들자 선거권의 확대에 따라 일반대중의 지지를 얻은 정치가들이 생겨났다. 그들은 당선되기 위해, 민중에게 정당의 정책과 실현해야 하는 정치적 목표를 제시하기 시작하여, 지지자 획득에 힘을 쏟게 되었다. 이렇게 현대에 이르는 대중정당이 탄생했다.

政党政治の種類

　政党政治には大きく分けて2大政党制と多党制の2つがある。2大政党制を取る代表的な国はイギリス(保守党 vs 労働党)やアメリカ(共和党 vs 民主党)が、多党制にはフランス、イタリア、ドイツ等がある。日本も多党制であるが、近年は2大政党制の状況になりつつある。

　2大政党制は大政党が単独で政権を担うため政局が安定し、政治責任も明確で、政権交代も容易になるなどの利点があるが、議会において少数意見が反映しにくく、特定政党が長期間政権を維持するという短所もある。

　多党制はさまざまな政党が存在するため、多様な民意を取り上げやすく少数意見も政治に反映される利点があるが、連立政権になりやすく、政権内の意見調整が必要になり、政局が不安定になる恐れがある。また、さまざまな意見を取り入れるために大胆な政治がしにくく、一般的に迅速な政策決定が難しいといった短所もある。

選挙制度

　近代選挙には全ての成年に選挙権を与える①普通選挙の原則－1票の価値を平等とする②平等の原則－代理投票を認めず有権者が直接議員を選ぶ③直接選挙の原則－有権者が誰に投票したのかを公開しない④秘密選挙の原則、の4つの原則がある。

　そして選挙区には1選挙区から1人しか当選させない小選挙区制と、2人以上当選させる大選挙区制、候補者個人でなく、政党に投票後、得票数に応じて議席を分配する比例代表制がある。

정당정치의 종류

　정당정치에는 크게 나누어 양대정당제와 다당제가 있다. 양대정당제의 대표적인 나라는 영국(보수당 vs 노동당)과 미국(공화당 vs 민주당)이, 다당제로는 프랑스, 이탈리아, 독일 등이 있다. 일본도 다당제이지만, 최근에는 양대정당제의 형태로 흐르고 있다.

　양대정당제는 대정당이 단독으로 정권을 잡기 때문에 정국이 안정되고 정치책임도 명확하며 정권교체도 용이한 것 등의 이점이 있지만, 의회에 있어서 소수의견이 반영되기 어렵고 특정 정당이 장기간 정권을 유지한다는 단점도 있다.

　다당제는 여러 정당이 존재하기 때문에 다양한 민의를 받아들이기 쉽고 소수의견도 정치에 반영된다는 이점이 있으나, 연립정권이 되기 쉽고 정권 내의 의견 조정이 필요하게 되어 정국이 불안정해질 염려가 있다. 또한 다양한 의견을 받아들이기 때문에 대담한 정치를 하기 어렵고, 일반적으로 신속한 정책 결정이 힘들다는 단점도 있다.

선거제도

　근대선거에는 모든 성년에 선거권을 부여하는 ①보통선거의 원칙-한 표의 가치를 평등하게 한다 ②평등의 원칙-대리투표를 인정하지 않고 유권자가 직접 의원을 선출한다 ③직접선거의 원칙-유권자가 누구에게 투표 했는지 공개하지 않는다 ④비밀선거의 원칙 등 네 개의 원칙이 있다.

　그리고 선거구에는 한 선거구에서 한 사람만 당선시키는 소선거구제와 두 사람 이상 당선시키는 대선거구제, 후보자 개인이 아닌 정당에 투표하여 득표수에 따라 의석을 분배하는 비례대표제가 있다.

小選挙区と大選挙区

　小選挙区は選挙区ごとに、議席が1つしか配分されない制度を言う。その結果、得票数が1位の者のみが議席を得るので、1位になる力を持った大政党に有利なため、2大政党制になりやすく政局が安定しやすい。そして各選挙区で各党の代表が1人しか立候補しないので同じ政党の候補者同士で争うことがなく、政策本位の争いになる利点がある。しかし落選者に投票され、政治的には意味を持たない死票が多くなり、少数意見が国政に反映されにくいという欠点がある。
　大選挙区は逆に選挙区ごとに、複数の当選者が出るので死票が少なく、少数派も比較的議席を獲得しやすくなる。しかし小党分立になりやすいため政局が不安定になることが多い。また同じ選挙区から同党の候補が多数立候補した場合、政策以外で争うことにもなる。
　比例代表制は一般的にもっとも多党制の傾向になる。死票が少ないのは利点だが、当選順位は党が決めるので、特定の議員を落選させにくいという欠点がある。

日本の政党政治

　日本の政党政治は明治維新後に起こった自由民権運動にまで遡ることができる。明治維新後10年間ほどは、明治新政府への不満を持つ旧武士階級が政府に対して武力反乱を頻繁に起こしていた。しかしその最大の反乱である西南戦争が終わると、すでに武力では国政の改革はできないとの考えが全国に広がった。そのため早期の憲法成立と、議会の開設を求める民間の動きが盛んになり、自由党や立憲改進党といった政党が誕生する。

소선거구와 대선거구

　소선거구는 선거구마다 의석이 하나밖에 배분되지 않는 제도를 말한다. 그 결과, 득표수가 1위인 사람만이 의석을 얻기 때문에 1위가 될 힘을 가진 대정당이 유리해져 양대정당제가 되기 쉽고 정국의 안정이 용이하다. 그리고 각 선거구에서 각 당의 대표가 한 명 밖에 입후보하지 않기 때문에 같은 정당의 후보자끼리 경쟁하는 경우가 없어, 정책본위의 경쟁이 된다는 이점이 있다. 그러나 낙선자에 투표된, 정치적으로는 의미가 없는 사표(낙선자에 던진 표)가 많아져, 소수 의견이 국정에 반영되기 어렵다는 결점이 있다.
　대선거구는 반대로 선거구마다 복수의 당선자가 나오기 때문에 사표가 적어지고, 소수파도 비교적 의석을 획득하기 쉬워진다. 그러나 소당분립이 되기 쉽기 때문에 정국이 불안정해지는 경우가 많다. 또한 같은 선거구에서 같은 당의 후보가 다수 입후보 한 경우, 정책 이외의 것으로 경쟁하게 되는 경우도 있다.
　비례대표제는 일반적으로 가장 다당제의 경향을 띤다. 사표가 적은 것은 이점이지만 당선순위는 당이 결정하기 때문에, 특정의원을 낙선시키기 어렵다는 결점이 있다.

일본의 정당정치

　일본의 정당정치는 메이지 유신 후에 일어난 자유민권운동에 까지 거슬러 올라갈 수 있다. 메이지 유신 후 10년간 정도는 메이지 신정부에 불만을 가진 구(旧)무사계급이 정부에 대하여 무력반란을 빈번하게 일으키고 있었다. 그러나 그 최대의 반란인 세이난전쟁(서남전쟁)이 끝나자, 이미 무력으로는 국정개혁을 할 수 없다는 생각이 전국에 퍼졌다. 그 때문에 조기 헌법성립과 의회를 개설할 것을 요구하는 민간의 움직임이 활발해져, 자유당과 입헌개진당이라는 정당이 탄생한다.

その後、大正時代には大正デモクラシーと呼ばれる政党政治が行われた時期があった。しかし第2次世界大戦が近づくとともに各政党は解散し、大政翼賛会という名の政治結社を作った。こうした流れにより日本の政党政治は戦前に終わってしまった。

第2次世界大戦後、大政翼賛会が解散し、政党政治が復活する。1946年には女性の参政権が認められ、その年の衆議院選挙により史上初の女性議員が誕生した。1951年、戦後GHQの占領下にあった日本がサンフランシスコ講和条約の調印により主権を回復する。しかしその対応をめぐって社会党が右派と左派に分裂をしてしまう。その4年後、党勢回復のため社会党は再統一するが、革新勢力の結集に脅威を感じた保守系の自由党と日本民主党が合同して自由民主党が誕生した。これにより保守勢力の自由民主党と革新勢力の社会党が対立する『55年体制』が確立し、戦後の政治体制が完成した。この後1993年までの38年間、自民党が継続して政権を担当し、革新勢力が政権を獲得することはなかった。

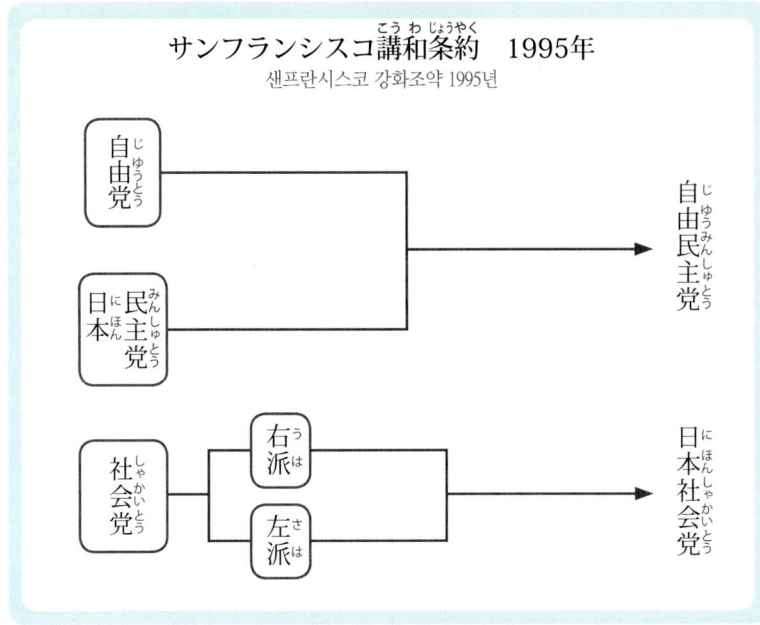

サンフランシスコ講和約　1995年

○ **日本の選挙制度**

　衆議院と参議院によって異なり、衆議院では1993年まで1選挙区から3〜5人ほどが当選する中選挙区制を採用し、参議院は比例代表制を採っていた。しかし衆議院では1993年の公職選挙法改正により、小選挙区比例代表並立制に移行した。参議院では2001年より各都道府県ごとの選挙区選挙と非拘束名簿式比例代表制といわれる当選順位をつけない比例代表制の並立制を採用している。

　現在の日本の選挙制度の問題点としてよく取り上げられるものに1票の格差がある。選挙区における当選者と有権者の人数のバランスが均衡していないため、このような状況が起こる。最高裁判所の判断では、衆院の選挙区で約2倍、参院では約6倍以内であれば許容範囲との判断をしている。

일본의 선거제도

　일본의 선거제도는 중의원과 참의원에 따라 다르며, 중의원에서는 1993년까지 한 선거구에서 3〜5명 정도가 당선되는 중선거구제를 채택하고, 참의원은 비례대표제를 채택했다. 그러나 중의원에서는 1993년 공직선거법개정에 따라 소선거구 비례대표 병립제로 이행했다. 참의원에서는 2001년부터 각 도도후켄(일본 행정구역 단위)마다 선거구 선거와 비구속명부식 비례대표제라고 불리는, 당선순위를 메기지 않는 비례대표제의 병립제를 채택했다.

　현재의 일본 선거제도의 문제점으로 자주 거론되는 것에 한 표의 격차가 있다. 선거구에 있어서 당선자와 유권자의 인원수의 균형이 균등하지 않기 때문에 이러한 상황이 일어난다. 최고재판소의 판단으로는 중원의 선거구에서 약 2배, 참원에서는 약 6배 이내이면 허용범위라고 판단을 하고 있다.

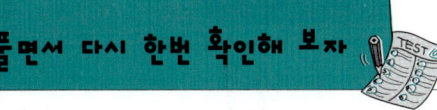

01 **2大政党制と多党制に関する次の文章のうち正しいものを一つ選びなさい。**
① 2大政党制は少数意見が大きな力を持つので、様々な意見が採用される傾向がある。
② 多党制は絶対的な力を持った与党が出来にくく、安定した政治基盤を持ちにくい。
③ アメリカやイギリスは典型的な2大政党制採用国家であるが、近年はその他の政党も議席を増やし続けている。
④ 多党制の代表国としてフランスやイタリア等が挙げられるが、日本も現在、多党制を志向し、様々な新政党が作られている。

02 **選挙制度に関する次の文章のうち誤ったものを一つ選びなさい。**
① 大選挙区を採用すると、ひとつの選挙区から複数の当選者が出るので死票が少なく、少数派も比較的議席を取りやすくなる。
② 小選挙区を採用すると、同一の政党の候補者同士で争うことがなく、政策本位の争いになる利点がある。
③ 比例代表制は他の制度に比べて死票が最も少ないが、当選順位は党が決めるので、特定の議員を落選させにくいという欠点がある。
④ どんな選挙制度を採用しても、選挙結果に大きな影響を与えることはないので、選挙制度の採用にはあまり関心を払わなくてよい。

01 양대정당제와 다당제에 관한 다음 문장 중 올바른 것을 하나 고르시오.

① 양대정당제는 소수 의견이 큰 힘을 가지기 때문에 다양한 의견이 채택되는 경향이 있다.

② 다당제는 절대적인 힘을 가진 여당이 만들어지기 어렵고, 안정된 정치기반을 갖기 어렵다.

③ 미국과 영국은 전형적인 양대정당제 채택 국가이지만, 최근에는 그 외의 정당도 의석을 계속 늘리고 있다.

④ 다당제의 대표국으로 프랑스와 이탈리아 등을 들지만, 일본도 현재 다당제를 지향하고 여러 신정당이 만들어지고 있다.

> **정답·해설** **01 정답 ❷**
>
> ❶ 2大政党制では多数意見が重視され、少数意見が政治に反映されにくい傾向がある。
> 양대정당제에서는 다수 의견이 중시되어, 소수 의견이 정치에 반영되기 어려운 경향이 있다.
>
> ❸ アメリカやイギリスでは大政党が強く、他の政党には大勢に影響を及ぼすほどの力はない。
> 미국과 영국에서는 대정당이 강하고, 다른 정당에는 대세에 영향을 미칠 정도의 힘은 없다.
>
> ❹ 1993年の選挙制度改革以来、基本的に2大政党制の流れがある。
> 1993년 선거제도 개혁 이후, 기본적으로 양대정당제의 흐름이 있다.

02 선거제도에 관한 다음 문장 중 틀린 것을 하나 고르시오.

① 대선거구를 채택하면 하나의 선거구에서 복수의 당선자가 나오기 때문에 사표가 적고, 소수파도 비교적 의석을 차지하기 쉬워진다.

② 소선거구를 채택하면 같은 정당의 후보자끼리 싸우는 일이 없고, 정책 본위의 경쟁을 할 수 있다는 이점이 있다.

③ 비례대표제는 다른 제도에 비해서 사표가 가장 적지만, 당선순위는 당이 결정하기 때문에 특정 의원을 낙선시키기 어렵다는 결점이 있다.

④ 어떤 선거제도를 채용해도 선거결과에 큰 영향을 주는 경우는 없기 때문에, 선거제도의 채택에는 그다지 관심을 기울이지 않아도 된다.

> **정답·해설** **02 정답 ❹**
>
> ❹ 同じ投票結果であっても、選挙制度により議席配分が大きく異なってくるため、その採択には慎重な討議が不可欠である。
> 같은 투표결과라도 선거제도에 따라 의석배분이 크게 달라지기 때문에, 그 채택에는 신중한 논의가 불가결이다.

第7章

行政国家 행정국가

>> 학습 포인트

- 行政権が拡大してきたその原因を理解し、問題点を把握する。
  행정권이 확대되어 온 원인을 이해하고, 문제점을 파악한다.

- 肥大化する行政国家への対策を学習し、地方分権の意義を理解する。
  비대화된 행정국가에 대한 대책을 학습하고, 지방분권의 의의를 이해한다.

キーワード

夜警国家 야경국가　中央省庁 중앙성청(일본 행정기관에서 지방자치제에 대한 중앙기관)
内閣提出法案 내각제출법안　議員立法 의원입법　許認可権 허인가권
天下り 낙하산(퇴직한 고급관리가 관련단체나 민간회사의 좋은 자리에 취직함)
オンブズマン制度 옴부즈맨제도(고충조사관제도)　中央省庁改革基本法 중앙성청개혁기본법
1府12省庁 1부 12성청　団体自治 단체자치　住民自治 주민자치　地方交付税 지방교부세
国庫支出金 국고지출금　地方への財源移譲 지방에의 자원이양　三位一体の改革 삼위일체개혁

○ 行政国家の誕生

市民革命を通じて成立した19世紀の国家は、政府の干渉を最小限に抑え、その機能を限定する夜警国家を理想とした。このような国家では経済政策や、国民の福祉などは民間に任せられ、政府の仕事も少なく、公務員の数も少なかった。しかし資本主義の発展に伴い、経済運営や社会保障、教育や労働などの分野で大きな問題が発生し、政府による問題解決の必要性が高まってきた。従来の国家観に変化が見られ、20世紀に入ると政府による国民への干渉が求められるようになった。その実現のため政府の中央省庁が次第に巨大化し、大勢の官僚を従え、行政権が他の分野に優越した行政国家が誕生し始めた。

행정국가의 탄생

시민개혁을 통해 성립된 19세기의 국가는 정부의 간섭을 최소한으로 억제하고 그 기능을 한정하는 야경국가를 이상으로 삼았다. 이러한 국가에서는 경제정책과 국민의 복지 등은 민간에게 맡겨졌으며, 정부의 일도 적어 공무원의 수 역시 적었다. 그러나 자본주의의 발전과 더불어 경제운영과 사회보장, 교육과 노동 등의 분야에서 큰 문제점이 발생하고, 정부에 의한 문제해결의 필요성이 높아져 갔다. 종래의 국가관에 변화가 보여, 20세기에 들어서자 정부에 의한 국민에의 간섭이 요구되기 시작했다. 그 실현을 위해 정부의 중앙성청이 점점 거대화되었으며, 많은 관료를 거느리고 행정권이 다른 분야보다 우위에 있는 우월한 행정국가가 탄생하기 시작했다.

政治 分野 | 195

行政国家の問題点

　政府の仕事が増すにつれ、その仕事の内容は複雑化し、専門的な知識を持つ官僚・公務員の重要性が増してきた。実際の政治には国民の代表である国会議員よりも、より専門的で高度な訓練を積んだ官僚の役割がますます高まってきた。しかし彼らに対しては主権者である国民のチェックが入りにくく、国民の代表者である国会議員の監査も届きづらいため、さまざまな弊害も出てきた。

　まず内閣提出法案の増大があげられる。本来は立法府の権限である法律の制定であるが、現在は議員による議員立法よりも、官僚が作成した内閣による内閣提出法案のほうが多い。また監督官庁による許認可権の増大により、企業や個人に対する統制が増えてきている。そして官庁を早期に退職した元官僚が、自身が管轄していた関連業界の民間企業や特殊法人に再就職し、かつての職場に働きかけ、不正な利益を得る天下りの問題も絶えず起こっている。

行政の民主化

　このような行政の肥大化による非効率や不正、サービスの低下を抑えるためには、民主的なシステムによる行政のコントロールが不可欠である。なかでも国民の苦情や告発をもとに独自の調査を行い、行政府に対して改善案を提案、勧告する行政監察官制度、通称オンブズマン制度が良く知られている。この制度は1809年にスウェーデンでスタートしたのが始まりで、各国に広がっている。日本でも導入されて時間がたつが、その導入は地方自治体レベルに止まり、いまだに国政レベルでのオンブズマン制度は発足していない。

행정국가의 문제점

　정부의 일이 늘어남에 따라, 그 일의 내용은 복잡해지고 전문적인 지식을 가진 관료·공무원의 중요성이 더해졌다. 실제로 정치에는 국민의 대표인 국회의원보다도, 더욱 전문적으로 고도의 훈련을 쌓은 관료의 역할이 점점 커지게 되었다. 그러나 그들에 대해서는 주권자인 국민의 견제가 들어가기 어렵고, 국민의 대표자인 국회의원의 감사도 미치기 힘들기 때문에 여러가지 폐해도 나타나기 시작했다.

　우선 내각제출법안의 증대를 들 수 있다. 본래 법률제정은 입법부의 권한이지만, 현재는 의원에 의한 의원입법보다도 관료가 작성한 내각에 따른 내각제출법안이 많다. 또 감사관청에 의한 허인가권의 증대로 기업과 개인에 대한 통제가 늘기 시작했다. 그리고 관청을 조기에 퇴직한 전(前)관료가 자신이 관할했던 관련 업계의 민간기업과 특수법인에 재취업하여, 예전의 직장에 손을 씀으로써 부정한 이익을 얻는 낙하산 문제도 끊임없이 일어나고 있다.

행정의 민주화

　이러한 행정의 비대화로 인한 비효율과 부정, 서비스 저하를 막기 위해서는 민주적인 시스템을 통한 행정의 컨트롤이 불가피하다. 그 중에서도 국민의 고충과 고발을 바탕으로 독자적인 조사를 실시하고 행정부에 대해 개선안을 제안, 권고하는 행정감찰관제도, 통칭 옴부즈맨제도가 잘 알려져 있다. 이 제도는 1809년에 스웨덴에서 시작된 것을 시초로, 각국에 퍼져 있다. 일본에서도 도입된지 꽤 되었지만 그 도입은 지방자치체 수준에 머물러, 아직까지 국정 수준의 옴부즈맨 제도는 발족되지 않고 있다.

また国会による国政調査権を強化し、情報を公開させる情報公開制度も整えられてきている。2001年から施行されている情報公開法は、この制度を法制化したものである。また教育委員会や公正取引委員会など、一般の行政機関から独立し、自由な立場で民主的な運用をしようと作られた行政委員会や、各省庁が独自に学識経験者や利害関係者を集め、その意見を直接参考にする審議会等も開かれている。

日本における行政改革

　55年体制により、自民党が長期政権を続けるうちに政府と官僚の結びつきが強くなっていった。そして高度経済成長期には右肩上がりの税収増により問題にならなかったが、石油危機後の経済政策による歳出の増大、税収不足から来る財政赤字の増大により、縦割り行政による非効率化の弊害や、予算配分の硬直化が招く新しい事態への対応の遅れが目立ってきた。それらの無駄を解消するため、1998年に中央省庁改革基本法が制定され、従来の1府21省庁から1府12省庁への組織の統廃合が行われた。そして内閣のリーダーシップを発揮しやすくするために内閣府を新設し、他の省庁より上にランクして、各省庁の意見の調整や議案のとりまとめを行おうとした。また議員立法を増やすために、議員に1人ずつ政策秘書を国費で雇うことを認め、官僚の干渉を防ぐため、国会において首相や閣僚に代わって官僚が答弁する政府委員制度を廃止し、立法権の強化と国会の活性化を目指した。

　그리고 국회에 의한 국정조사권을 강화하고, 정보를 공개시키는 정보공개제도도 정비되기 시작했다. 2001년부터 시행되고 있는 정보공개법은, 이 제도를 법제화한 것이다. 또 교육위원회와 공정거래위원회 등의 일반 행정기관으로부터 독립하여, 자유로운 입장에서 민주적인 운용을 하기 위해 만들어진 행정위원회와 각 성청이 독자적으로 학식경험자와 이해관계자를 모아서 그 의견을 직접 참고하는 심의회 등도 열리고 있다.

일본의 행정개혁

　55년 체제에 의해 자민당이 장기정권을 계속하는 동안 정부와 관료의 유착이 강해져 갔다. 그래서 고도경제성장기에는 세수가 증가하여 문제가 되지 않았던 것이, 석유위기 이후 경제정책에 따른 세출 증대와 세수부족으로 재정적자가 증가하게 되었다. 여기에 부처이기주의로 인한 비효율화의 폐해와 예산배분의 경직화가 초래한 새로운 사태에 뒤떨어진 대응이 두드러지기 시작했다. 그러한 것들의 낭비를 해소하기 위해 1998년에 중앙성청개혁 기본법이 제정되어, 종래의 1부 21성청에서 1부 12성청으로 조직의 통폐합이 실시되었다. 그리고 내각이 리더쉽을 발휘하기 쉽도록 하기 위해 내각부를 신설하여 다른 성청보다 위에 두고, 각 성청의 의견의 조정이나 의안을 종합하도록 했다. 또한 의원입법을 늘리기 위해 의원에 한 명씩 정책비서를 국비로 고용하는 것을 인정했다. 또한 관료의 간섭을 막기 위해 국회에 있어서 수상과 각료를 대신해서 관료가 답변하는 정부위원제도를 폐지하여, 입법권의 강화와 국회의 활성화를 지향했다.

地方自治

　戦前の地方政治は、内務省と言われる中央官庁の統制が強く、各都道府県を実質的に支配下においていたため、現在のような地方自治は存在していなかった。各都道府県には民選の議会が設置されてはいたが、組織のトップである知事は内務省が選び、一般の人々が選ぶことはできなかった。

　しかし第2次大戦後、日本を占領したGHQは、強力な権力を持ち、天皇中心の国家体制を維持してきた内務省を解体し、団体自治と住民自治の考え方を基本とする地方自治体のシステムを構築した。団体自治とは、中央から地方に権力を分散させることで中央政府に権限が集中することを防止する考え方であり、住民自治とは地方公共団体の政治に住民の直接的な関与を認める民主主義的な考え方のことを言う。この2つの原則をもとに地方自治は行われている。

　現在の日本の地方公共団体では直接選挙で自治体の長を選び長は議会に対して拒否権を持っている。また自治体の長は議会の解散権を持ち、逆に議会は長への不信任決議権を持っている。

日本の地方行政の問題点

　現在、日本の多くの自治体は自主財源の不足により、歳入のほとんどを国からの補助金や、地方交付税によって賄っている。このような現状を3割自治と呼んでいる。この国からの各種の補助金を国庫支出金といい、この資金は教育や社会福祉サービス、さまざまな公共事業など特定の事業に対して、使われる。そのため使い道が決まっており、自治体は他の用途に転用できない。また事業に予想以上に経費がかかった場合の不足分は、地方自治体の負担となり、地方財政の新たな財源不足の原因と

지방자치

　전쟁 전의 지방정치는 내무성이라 불리는 중앙관청의 통제가 강하고 각 도도후켄(일본의 행정구역)을 실질적으로 지배 하에 두었기 때문에, 현재와 같은 지방자치는 존재하지 않았다. 각 도도후켄에는 민선의회가 설치되어 있었지만, 조직의 수장인 지사는 내무성이 선출하는 것으로, 일반인들이 뽑을 수는 없었다.

　그러나 제2차 대전 후 일본을 점령한 GHQ는 강력한 권력을 가지고 천황 중심의 국가체제를 유지해 온 내무성을 해체하였으며, 단체자치와 주민자치를 기본으로 하는 지방자치체 시스템을 구축했다. 단체자치란 중앙에서 지방으로 권력을 분산시킴으로써 중앙정부에 권한이 집중하는 것을 방지하는 사고방식이며, 주민자치란 지방공공단체의 정치에 주민의 직접적인 관여를 인정하는 민주주의적인 사고방식을 말한다. 이 두개의 원칙을 바탕으로 지방자치가 실시되고 있다.

　현재 일본의 지방공공단체에서는 직접선거로 자치체의 장을 선출하고, 장은 의회에 대한 거부권을 가지고 있다. 또한 자치체의 장은 해산권을 가지며, 반대로 의회는 장의 불신임결의권을 가지고 있다.

일본 지방행정의 문제점

　현재, 일본 대부분의 자치체는 자주재원의 부족으로 인해, 세입의 대부분을 나라로부터 받는 보조금과 지방교부세로 꾸려 가고 있다. 이러한 현상을 3할 자치라고 한다. 이렇게 나라로부터 받는 각종 보조금을 국비지출금이라 하는데, 이것은 교육과 사회복지서비스, 여러 가지 공공사업 등 특정 사업에 사용된다. 그 때문에 사용처가 정해져 있어서, 자치체는 다른 용도로 바꾸어 쓸 수 없다. 또 사업에 예상 이상으로 경비가 들 경우의 부족

もなる場合がある。そして地方交付税は国税の一定割合を地方自治体に配分するもので、これは裕福な自治体と、予算不足に悩む自治体との格差を減らす役割を持っている。地方交付税は使い道が限定されておらず、自治体が自由に処分できるが、支出のチェックが甘くなることも多く、税金の無駄遣いにつながる危険性や、受給団体と非受給団体が存在することから、自治体間での不公平感が生じる恐れもある。これらの問題を解消するために、小泉純一郎政権下で国庫支出金の削減、地方交付金の削減、地方への財源移譲を元にした三位一体の改革が進められた。

분은 지방자치체가 부담하게 되어, 지방재정의 새로운 재원부족의 원인이 되는 경우가 있다. 그리고 지방교부세는 국세의 일정 비율을 지방자치체에 배분하는 것으로, 이것은 유복한 자치체와 예산부족에 시달리는 자치체 사이의 격차를 줄이는 역할을 하고 있다. 지방교부세는 사용처가 한정되어 있지 않아 자치체가 자유롭게 처분할 수 있지만, 지출에 대한 파악이 허술해지는 경우도 많다. 또한 세금 낭비로 이어질 위험성이나, 수급단체와 비수급단체 사이에서 불공평하다고 느낄 우려도 있다. 이러한 문제를 해소하기 위해 고이즈미 준이치로 정권 하에서 국고지출금의 삭감, 지방교부금의 삭감, 지방으로의 자원이양을 토대로 한 삼위일체 개혁이 추진되었다.

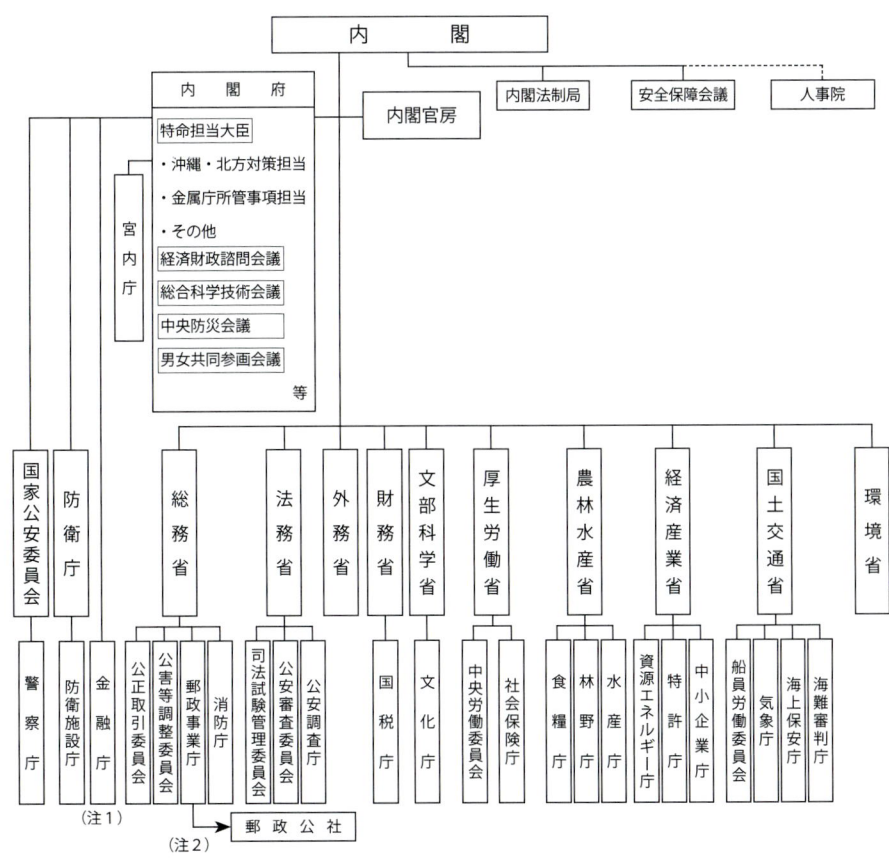

（注1）金融庁は平成12年7月設置、金融再生委員会は平成13年1月廃止。
（注2）郵政事業庁はその設置の2年後の属する年に郵政公社に移行。

現行省庁体制
総理府
国家公安委員会 (警察庁)
金融再生委員会
総務庁
北海道開発庁
防衛庁
経済企画庁
科学技術庁
環境庁
沖縄開発庁
国土庁
法務省
外務省
大蔵省
文部省
厚生省
農林水産省
通商産業省
運輸省
郵政省
労働省
建設省
自治省

新たな省庁編成
内閣府
国家公安委員会 (警察庁)
防衛庁
総務省
法務省
外務省
財務省
文部科学省
厚生労働省
農林水産省
経済産業省
国土交通省
環境省

内閣府HPより抜粋

01 **行政国家機能のチェックに関する次の文章のうち正しいものを一つ選びなさい。**
❶ 国政のレベルでもオンブズマン制度が採用されている。
❷ 天下りが奨励された結果、官僚と経済界の結びつきが緊密になり、メリットが増えた。
❸ 中央省庁改編は縦割り行政の非効率や無駄を省くために行われた。
❹ 近年、福祉国家が実現したため、行政の仕事は減り続けている。

02 **次の文章のうち団体自治に関するものを一つ選びなさい。**
❶ その地区の首長や議員、役員などをリコールによって免職できる。
❷ 条例の制定、または改廃を要求することができる。
❸ 地方には中央とは違う一定の自治権が認められている。
❹ 自ら住む地域の会計監査を要求することができる。

01 행정국가기능의 견제에 대한 다음 문장 중 올바른 것을 하나 고르시오.

　① 국정급에서도 옴부즈맨제도가 채택되었다.
　② 낙하산이 장려된 결과, 관료와 경제계의 결부가 긴밀해져 장점이 늘었다.
　③ 중앙성청 개편은 부처이기주의의 비효율과 낭비를 없애기 위해 실시되었다.
　④ 최근 몇 년, 복지국가가 실현되었기 때문에 행정의 업무는 계속 줄어들고 있다.

> **정답·해설** **01** 정답 ❸
> ❶ 国政のレベルではまだオンブズマン制度は採用されていない。
> 　국정급에서 옴부즈맨제도는 채택되지 않았다.
> ❷ 天下りは規制されているが、未だに無くならず、不正取引も発覚している。
> 　낙하산은 규제되어 있지만, 지금도 없어지지 않고 부정한 거래도 발각되고 있다.
> ❹ 現在も行政の仕事は増え続け、組織の肥大化が懸念されている。
> 　현재도 행정업무는 계속 늘고, 조직의 비대화가 우려되고 있다.

02 다음 문장 중 단체자치에 관한 것을 하나 고르시오.

　① 그 지구의 수장과 의원, 임원 등을 해직요구로 면책할 수 있다.
　② 조례 제정, 또는 개폐를 요구할 수 있다.
　③ 지방에는 중앙과는 다른 일정한 자치권이 인정되고 있다.
　④ 자기가 사는 지역의 회계감사를 요구할 수 있다.

> **정답·해설** **02** 정답 ❸
> その他は住民自治に該当する。 그 외는 주민자치에 해당한다.

第8章

自由権と社会権
자유권과 사회권

》 학습 포인트

- 自由権と社会権の目的の違いを理解し、その仕組みを理解する。
  자유권과 사회권의 목적의 차이를 이해하고, 그 구조를 이해한다.
- 権利の具体的な内容を把握し、区別できるよう理解する。
  권리의 구체적인 내용을 파악하고, 구별할 수 있도록 이해한다.

キーワード

精神の自由(思想・良心の自由、信教の自由、表現の自由、学問の自由)
정신의 자유(사상·양심의 자유, 종교를 믿을 자유, 표현의 자유, 학문의 자유)

経済の自由(居住・移転の自由、職業選択の自由、財産権)
경제의 자유(거주·이전의 자유, 직업선택의 자유, 재산권)

人身の自由 인신의 자유　社会権 사회권　生存権 생존권　労働三権 노동3권

参政権 참정권　請求権 청구권

○ 自由権

絶対主義の国家体制下では、個人が生まれながらに持っている権利を権力者たちによって侵害されたり、制限されてきた。このような公権力の不当な干渉を排除して、国民の自由を確保する権利のことを自由権と呼んでいる。自由権は18～19世紀を通じて、ヨーロッパを中心に絶対主義権力に対して、市民権の拡張と共に獲得されたものであり、現代では最も基本的な権利だといえる。日本国憲法では保障される権利の対象ごとに、精神の自由、経済の自由、人身の自由が認められている。

자유권

절대주의 국가체제 하에서는, 개인이 태어나면서부터 가지고 있는 권리를 권력자들에 의해 침해당하거나 제한되어 왔다. 이러한 공권력의 부당한 간섭을 배제하고, 국민의 자유를 확보하는 권리를 자유권이라 부른다. 자유권은 18～19세기를 통해 유럽을 중심으로 절대주의 권력에 대항하여 시민권의 확장과 더불어 획득된 것으로, 현대에서는 가장 기본적인 권리라고 할 수 있다. 일본헌법에서는 보장된 권리 대상마다 정신의 자유, 경제의 자유, 인신의 자유가 인정되고 있다.

政治 分野 | 203

精神の自由

　自由権の中でも人間の精神的な活動の自由に関する権利である。個人の尊厳と民主主義存立の根幹的な権利であるため、原則的にその制限は許されない。日本国憲法では精神の自由として、思想・良心の自由、信教の自由、表現の自由、学問の自由の４つを保障している。

　思想・良心の自由はそれぞれの人の内心の自由であり、どのような考えであっても自分たちの内面にとどめておく限り、何を考えても良いという最も基本的なものである。

　信教の自由は、信仰の自由や宗教活動の自由を保障したもので、その保障を確実なものとするために国家による干渉を抑えるため、政治と宗教の関係を厳しく分けている(政教分離の原則)。これには第２次世界大戦以前の国家による国家神道を利用した統治に対する反省も含められている。

　また表現の自由とは個人の思うことを正しい方法で表明する自由のことであり、他人に害を与えるものや公共の福祉を著しく犯すような危険がない限り、認められている。そして学問に対する自由も保障され、その自由の確保のために大学による自治も含まれている。

経済の自由

　国民が経済活動を自由に行うことを保障する権利で、日本国憲法では居住・移転の自由、職業選択の自由、財産権を保障している。経済活動の自由は、絶対王権に反対した市民階級が特に要求していたもので、18世紀には神聖不可侵の人権として手厚く保護されていたが、20世紀に入り、精神の自由や身体の自

정신의 자유

　자유권 중에서도 인간의 정신적인 활동의 자유에 관한 권리이다. 개인의 존엄과 민주주의 존립의 근본적인 권리이기 때문에, 원칙적으로 이를 제한하는 것은 허용되지 않는다. 일본국헌법에서는 정신의 자유로서, 사상·양심의 자유, 종교를 믿을 자유, 표현의 자유, 학문의 자유 등 네 가지를 보장하고 있다.

　사상·양심의 자유는 각자의 내면의 자유로, 어떠한 생각이라도 자신의 내면에 담아두는 한, 무얼 생각하던 상관없다는 가장 기본적인 자유이다.

　종교를 믿을 자유는 신앙의 자유와 종교활동의 자유를 보장한 것으로, 그 보장을 확실히 하기 위해 국가에 의한 간섭을 억제하기 때문에 정치와 종교의 관계를 엄격하게 구별하고 있다(정교분리의 원칙). 이것에는 제2차 세계대전 이전에 국가가 국가신도를 이용했던 통치에 대한 반성도 포함되어 있다.

　또한 표현의 자유란 개인이 생각하는 것을 정당한 방법으로 표명할 자유를 말하며, 타인에게 해를 가하는 것과 공공의 복지를 명백하게 어길 위험이 없는 한 인정되고 있다. 그리고 학문에 대한 자유도 보장되어, 그 자유의 확보를 위해 대학에 의한 자치도 포함되어 있다.

경제의 자유

　국민이 경제활동을 자유롭게 하는 것을 보장하는 권리로 일본국헌법에서는 거주·이전의 자유, 직업 선택의 자유, 재산권을 보장하고 있다. 경제활동의 자유는 절대왕권에 반대한 시민계급이 특히 요구했던 것으로, 18세기에는 신성불가침의 인권으로서 철저하게 보호되고 있었

由に比べて、『公共の福祉』という観点から制約されることが多くなっている。
　居住・移転の自由は、重い感染症にかかって隔離されたり、破産者の身柄を確保するために居住制限をしたりする、などといったごく一部の例外を除いて完全に認められているが、職業選択の自由に関しては、無制限に認めてしまうと、他人の人権を脅かす可能性も大きくなり、また特定の職業に参入者が増えすぎて、過当競争をもたらす場合などには、社会政策的な観点から積極的な制限が必要な場合も見られる。また同じように、財産権についても公共の福祉の観点から制限されることがある。しかしそのようなときには必ず正当な保障が必要であり、私有財産が不当に侵害されることは許されない。

人身の自由

　人身の自由とは正当な理由なしに、国家権力から身体の拘束を受けないという権利で、自由権の中でも基礎をなす権利である。これを守るために日本国憲法では奴隷的な拘束・苦役からの自由を定め、警察などによる拷問と残虐な刑罰を禁止している。加えて刑罰を科する際には、法廷手続きをとらなければならず、国家による恣意的な逮捕や裁判が行われないようにしている。また事後に制定された法律により、過去に遡って刑事上の責任を科すことは許されず、遡及処罰の禁止が決められている。

다. 그러나 20세기에 들어 정신의 자유나 신체의 자유에 비해, '공공의 복지'라는 관점에서 제약된 것이 많아지고 있다.
　거주·이전의 자유는 심한 감염증에 걸려 격리된다든지, 파산자의 신병을 확보하기 위해 거주제한을 하는 등과 같이 극히 일부 예외를 제외하고 완전하게 인정된다. 그러나 직업 선택의 자유에 관해서는 무제한으로 인정해 버리면 타인의 인권을 위협할 가능성도 커지고, 또 특정한 직업을 가지려는 사람이 너무 많아져 과도한 경쟁을 초래하는 등의 경우에는 사회정책적인 관점에서 적극적인 제한이 필요해질 수도 있다. 또, 마찬가지로 재산권에 대해서도 공공복지의 관점에서 제한되는 경우가 있다. 그러나 그럴 때에는 반드시 정당한 보장이 필요하며, 사유재산이 부당하게 침해되는 경우는 허용되지 않는다.

인신의 자유

　인신의 자유란 정당한 이유 없이 국가권력으로부터 신체의 구속을 받지 않을 권리로, 자유권 중에서도 기초를 형성하는 권리이다. 이것을 지키기 위해서 일본국헌법에서는 노예적인 구속·고역으로부터의 자유를 제정하여, 경찰 등에 의한 고문과 잔학한 형벌을 금지하고 있다. 또한 형벌을 가할 때에는 법정 수속을 밟아야 하며, 국가에 의한 자의적인 체포나 재판이 행해지지 않도록 하고 있다. 또 사후에 제정된 법률에 의해 과거로 거슬러올라가 형사상의 책임을 가하는 것은 허용되지 않으며, 소급처벌의 금지가 정해져 있다.

日本国憲法で認められている自由権
일본국헌법에서 인정되고 있는 자유권

精神の自由 정신의 자유
- 思想・良心の自由(第19条)
  사상・양심의 자유(제19조)
- 信教の自由(第20条)
  종교를 믿을 자유(제20조)
- 表現の自由(第21条)
  표현의 자유(제21조)
- 学問の自由(第23条)
  학문의 자유(제23조)

経済の自由 경제의 자유
- 居住・移転の自由
  거주・이전의 자유
- 職業選択の自由(第22条1項)
  직업선택의 자유(제22조1항)
- 財産権 (第29条)
  재산권 (제29조)

身体の自由(第18条、及び第31条)
신체의 자유(제18조, 및 제31조)

社会権

　社会権とは、その国の国民が『人に値する生活』をするための保障を国家に要求できる権利のことを言う。自由権が人の基本的な人権を守るため、国家の干渉を排除する目的で確立された『国家からの自由』であるのに対し、20世紀に入ってから各国で実現され始めた社会権は、国が人の生活に介入し、社会保障や教育、労働条件などを保障することで個人の自由を確保するため、『国による自由』であると言える。
　日本国憲法では生存権や教育を受ける権利、勤労権、労働三権などといった社会権を保障している。生存権は国民が健康で文化的な最低限度の生活を営むための必要な諸条件を国家に要求できる権利をいい、日本国憲法は福祉国家の理念から、国にこれらの社会保障政策を実施する義務を課している。
　また人に値する生活を営むためには一般的な常識と一定の知識、見識が必要なため、これを養うためにすべての国民には相応の教育を受ける権利を有しており、また親にはその保護する

사회권

　사회권이란, 그 나라의 국민이 '사람에게 가치있는 생활'을 하기 위한 보장을 국가에 요구할 수 있는 권리를 말한다. 자유권은 사람의 기본적인 인권을 지키기 위해 국가의 간섭을 배제할 목적으로 확립된 '국가로부터의 자유'이다. 사회권은 20세기에 들어서부터 각국에서 실현되기 시작하여 나라가 사람의 생활에 개입하고 사회보장이나 교육, 노동 조건 등을 보장하는 것으로 개인의 자유를 확보하기 위한, '나라에 의한 자유'라고 할 수 있다.
　일본국헌법에서는 생존권이나 교육을 받을 권리, 근로권, 노동 3권 등과 같은 사회권을 보장하고 있다. 생존권은 국민이 건강하고 문화적인 최저한도의 생활을 영위하기 위해 필요한 여러 조건을 국가에 요구할 수 있는 권리를 말하며, 일본국헌법은 복지국가의 이념에서 나라에 이러한 사회보장정책을 실시할 의무를 부과하고 있다.

子女に対して義務教育を受けさせる義務がある。

　労働の意欲と能力を持つものが職業につく権利を勤労の権利と呼び、その労働条件に関する基準も法律で定め、不当な条件で働かせることが無いように保証している。また児童を酷使し、就業させることは禁じられている。そして労働者の生存権を確保するために、団結権、団体交渉権、団体行動権(争議権)が認められており、勤労権と労働三権を合わせて労働基本権と呼ぶこともある。

日本国憲法で認められている社会権
일본국헌법에서 인정되고 있는 사회권

生存権(第25条) 생존권(제25조)
教育を受ける権利(第26条) 교육을 받을 권리(제26조)
勤労権(第27条) 근로권(제27조)
労働三権(第28条) 노동3권(제28조)
　団結権、団体交渉権、団体争議権
　단결권, 단체교섭권, 단체쟁의권

参政権と請求権

　このような人権保障を確保にするために、国民が直接政治にかかわる参政権や、国に一定の行動を要求する請求権が保障されている。

　参政権は古代ギリシャの直接民主制に始まり、現代国家では不可欠なものである。代表的な国会議員や地方公共団体の長の選挙権・被選挙権以外にも、最高裁判所裁判官の国民審査や地方特別法の住民投票、憲法改正の国民投票などの権利がある。

　請求権とは個人の利益のために、国家に対して積極的な行為を求める権利であり、請願権や国家賠償請求権、刑事補償請求権、裁判を受ける権利等がある。

또 가치있는 생활을 영위하기 위해서는 사람에게 일반적인 상식과 어느 정도의 지식, 견식이 필요하기 때문에, 이것을 양성하기 위해 모든 국민에게는 상응의 교육을 받을 권리가 있고, 또한 부모에게는 보호할 자녀에 대해 의무교육을 받게 할 의무가 있다. 노동 의욕과 능력을 가진 사람이 직업을 가질 권리를 근로의 권리라 부르고, 그 노동 조건에 관한 기준도 법률로 정해져, 부당한 조건으로 일을 시키는 일이 없도록 보증하고 있다. 또 아동을 혹사하고 취업시키는 것은 금지되어 있다. 그리고 노동자의 생존권을 확보하기 위해, 단결권, 단체교섭권, 단체행동권(쟁의권)이 인정되어, 근로권과 노동3권을 합쳐 노동기본권이라 부르는 경우도 있다.

참정권과 청구권

　이러한 인권보장을 확보하기 위해서 국민이 직접 정치에 관여하는 참정권과, 나라에 일정한 행동을 요구하는 청구권이 보장되어 있다.

　참정권은 고대 그리스의 직접민주제에서 시작되었으며, 현대 국가에서는 불가결한 것이다. 대표적인 국회의원이나 지방공공단체장 선거권·피선거권 이외에도, 최고재판소 재판관의 국민심사나 지방특별법의 주민투표, 헌법개정의 국민투표 등의 권리가 있다.

　청구권이란 개인의 이익을 위해 국가에 대해 적극적인 행위를 요구하는 권리로, 청원권과 국가배상청구권, 형사보상청구권, 재판을 받을 권리 등이 있다.

문제 풀면서 다시 한번 확인해 보자

01 自由権に関する次の文章のうち正しいものを一つ選びなさい。
① 自由権は、日本では社会権と共に日本国憲法で初めて認められた。
② 大規模なテロ犯罪など悪質な大量殺人に関しては、容疑者逮捕後の新法の適用を認めている。
③ 表現の自由は他人のプライバシーや名誉を傷つける等のやむをえない場合を除いては、原則的に守られるべき権利である。
④ 国民の統合として日本では神道と仏教を国家の宗教として定めており、原則的に日本人はこの２つの宗教のどちらかに所属している。

02 社会権に関する次の文章のうち誤っているものを一つ選びなさい。
① 全ての国民はその能力に応じて、等しい教育を受ける権利を有している。
② 全ての労働は個人の自由に任せられるものであり、当事者間の合意があれば、いかなる条件であってもその契約は有効である。
③ 労働者の権利を守るため労働三権が認められているが、公共の福祉を考慮した場合、これらの権利が制限される場合もある。
④ 日本国憲法は国民が健康で文化的な最低限度の生活を営むことを保障しているが、具体的な生活内容までを細かく規定しているものではない。

01 자유권에 관한 다음의 문장 중 올바른 것을 하나 고르시오.
① 자유권은, 일본에서는 사회권과 함께 일본국헌법에서 처음으로 인정받았다.
② 대규모 테러범죄 등 악질의 대량살인에 관해서는, 용의자 체포 후의 신법 적용을 인정하고 있다.
③ 표현의 자유는 타인의 프라이버시나 명예를 훼손하는 등 부득이한 경우를 제외하고는, 원칙적으로 지켜져야 할 권리이다.
④ 국민의 통합을 위해 일본에서는 신도와 불교를 국가의 종교로 정하고 있고, 원칙적으로 일본인은 이 두 개의 종교의 어느 한쪽에 소속되어 있다.

> **정답·해설 01** 정답 ❸
> ❶ 自由権は大日本帝国憲法でも一定範囲認められていた。
> 자유권은 대일본제국헌법에서도 일정 범위 인정받았다.
> ❷ いかなる場合でも遡及処罰は禁じられている。 어떠한 경우라도 소급처벌은 금지되어 있다.
> ❹ 信教の自由が存在する。 종교를 믿을 자유가 존재한다.

02 사회권에 관한 다음 문장 중 틀린 것을 하나 고르시오.
① 모든 국민은 그 능력에 상응해서 평등한 교육을 받을 권리를 가지고 있다.
② 모든 노동은 개인의 자유에 맡겨지는 것이고, 당사자간의 합의가 있으면 어떠한 조건이어도 그 계약은 유효하다.
③ 노동자의 권리를 지키기 위해 노동3권이 인정되고 있지만 공공의 복지를 고려한 경우, 이러한 권리가 제한되는 경우도 있다.
④ 일본국헌법은 국민이 건강하고 문화적인 최저한도의 생활을 영위하는 것을 보장하고 있지만, 구체적인 생활 내용까지를 세세하게 규정하고 있지는 않다.

> **정답·해설 02** 정답 ❷
> ❷ 当事者間の合意があっても、法律上不当な労働契約は無効とされる。
> 당사자간의 합의가 있어도, 법률상 부당한 노동계약은 무효가 된다.

第4部 経済 分野

- 第1章　経済の定義と市場メカニズム
- 第2章　資本主義と社会主義
- 第3章　国民所得と景気循環
- 第4章　金融と金融政策
- 第5章　財政と財政政策
- 第6章　貿易と外国為替
- 第7章　国際経済の動向と日本経済の現状

経済の定義と市場メカニズム

경제의 정의와 시장 매커니즘

제 1 장

> **학습 포인트**
>
> ・市場経済のしくみを理解しよう。
>   시장경제의 구조를 이해하자.
>
> ・市場経済の問題点にはどんなことがあるか。
>   시장경제의 문제점에는 어떤 것이 있는가?

キーワード

経済主体 경제주체　市場経済 시장경제　価格の自動調節機能 가격의 자동 조절 기능

アダム・スミス 아담 스미스　見えざる手 보이지 않는 손　市場の寡占化 시장의 과점화

カルテル 카르텔(기업연합)　トラスト 트러스트(기업합동)

コンツェルン 콘체른(기업연대)　独占禁止法 독점금지법　公正取引委員会 공정거래위원회

市場の失敗 시장의 실패　外部性 외부성

○ 経済活動と経済主体

私たちは生きていく上でさまざまな経済活動をおこなっている。例えば、商品を買ったり、会社で働いてお金をかせぐことも経済活動である。

人の労働によって生産されたモノやサービスは商品として市場に出る。消費者はお金を出してその商品を買う。このように、モノやサービスを生産し、流通、消費することを経済活動といい、その活動は市場（マーケット）でおこなわれるため、市場経済（マーケットエコノミー）と呼ぶ。

経済の担い手である家計・企業・政府を三つの経済主体と呼び、この三者間で経済活動がおこなわれる。

경제활동과 경제주체

우리들은 살아가면서 여러 가지 경제활동을 한다. 예를 들면 상품을 산다든지, 회사에서 돈을 번다든지 하는 것도 경제활동이다.

사람의 노동을 통해 생산된 물건과 서비스는 상품으로 시장에 나온다. 소비자는 돈을 내고 그 상품을 산다. 이렇게 물건과 서비스를 생산하고 유통, 소비하는 것을 경제활동이라 하며, 그 활동은 시장(마켓)에서 행해지기 때문에 시장경제(마켓이코노미)라고 한다.

경제를 담당하는 주체인 가계・기업・정부를 세 개의 경제주체라 부르고, 이 3자 사이에서 경제활동이 이루어진다.

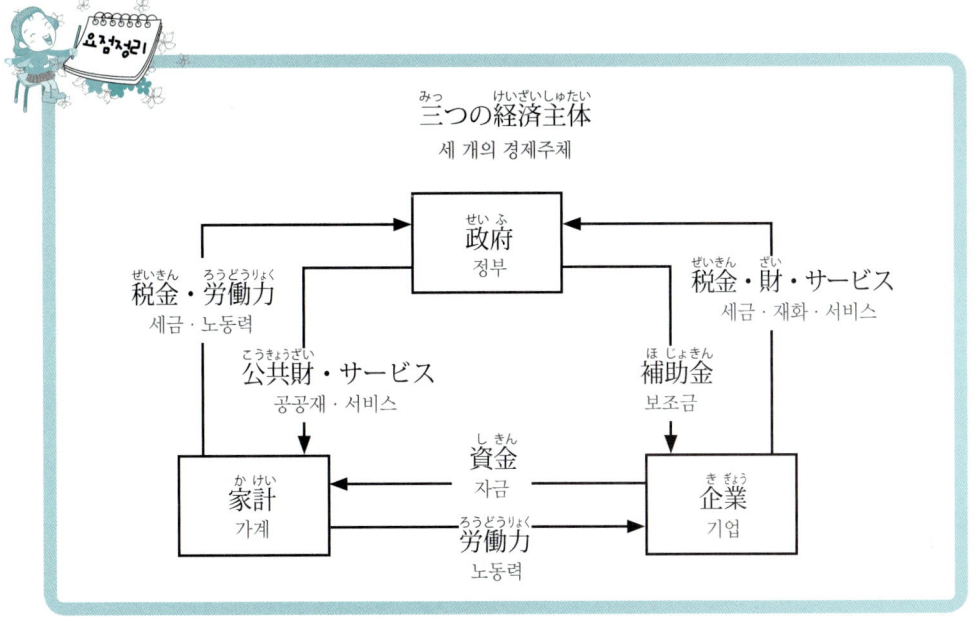

市場と価格メカニズム

　市場経済における価格は、需要と供給で決まる。ある商品の需要量と供給量と価格の関係を示したものが次のページの図である。価格が下がると需要量は増えるので需要曲線は右下がりの曲線になる。また逆に、価格が上がると供給量は増えるので供給曲線は右上がりの曲線になる。二つの曲線が交わる点を均衡点といい、ここで価格が決まる（均衡価格）。もし価格が均衡価格より低ければ、需要量＞供給量となり価格は上がり、逆に価格が均衡価格より高ければ、需要量＜供給量となり価格は下がる。このように需要と供給の関係で価格が変化し、需給が調節されることを価格の自動調節機能という。この機能をアダム・スミスは「見えざる手」と呼んだ。

시장과 가격 매커니즘

　시장경제에서 가격은 수요와 공급으로 결정된다. 어떤 상품의 수요량과 공급량, 가격의 관계를 나타낸 것이 다음 페이지의 표이다. 가격이 내려가면 수요량은 증가하기 때문에 수요곡선은 오른쪽으로 내려간다. 또한 반대로 가격이 올라가면 공급량은 증가하므로 공급곡선은 오른쪽으로 올라간다. 두 개의 곡선이 교차하는 점을 균형점이라 하며, 여기서 가격이 결정된다(균형가격). 만약에 가격이 균형가격보다 낮으면 수요량＞공급량이 되어 가격은 올라가고, 반대로 가격이 균형가격 보다 높으면 수요량＜공급량이 되어 가격은 내려간다. 이렇게 수요와 공급의 관계에서 가격이 변화하여 수급이 조절되는 것을 가격의 자동 조절 기능이라고 한다. 아담 스미스는 이 기능을 '보이지 않는 손'이라고 했다.

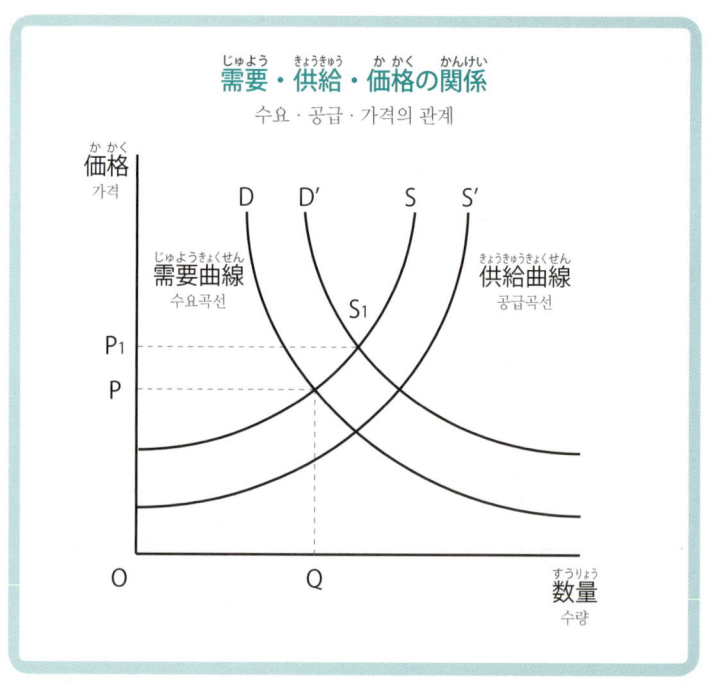

○ 市場の寡占化と独占禁止法

しかし、現代の市場では自由な競争の中で、需給のバランスによって価格が決まっていくことは少なく、少数の企業に生産が集中していることが多い。少数の企業が市場を占めることを寡占といい、この寡占市場では企業間の協定で価格が決まってしまったり（寡占価格）、プライスリーダーが設定した価格に他の企業がならって価格が決まってしまう（管理価格）場合が多い。このように生産者の求める価格が市場におしつけられるようになり、価格が高く設定されたまま下がりにくくなることを価格の下方硬直性という。

独占や寡占の形態には、企業間で利潤を確保するために価格や生産量について協定を結ぶ企業連合（カルテル）や、市場の支配を目的に企業が合併する企業合同（トラスト）、親会社の下に複数の子会社が結びつく企業連携（コンツェルン）がある。

시장의 과점화와 독점금지법

그러나, 현대의 시장에서는 자유로운 경쟁 속에서 수요와 공급의 균형으로 가격이 결정되는 경우는 적으며, 소수의 기업에 생산이 집중되는 경우가 많다. 소수의 기업이 시장을 차지하는 것을 과점이라 하고, 이 과점시장에서는 기업간의 협정으로 가격이 결정된다든지(과점가격), 프라이스 리더가 설정한 가격에 다른 기업이 덩달아 가격을 결정해 버리는(관리가격) 경우가 많다. 이렇게 생산자가 요구하는 가격이 시장을 압박하여 가격이 높게 설정된 채로 좀처럼 내려가지 않는 것을, 가격의 하방경직성이라고 한다.

독점과 과점의 형태에는 기업간의 이윤을 확보하기 위해서 가격과 생산량에 대해 협정을 맺는 기업연합(카르텔)과 시장지배를 목적으로 기업이 합병하는 기업합동(트러스트), 모회사

そこで、自由競争を促して市場メカニズムがうまく働くよう、各国とも政策をとっており、日本では1947年に独占禁止法が制定され、監視機関として公正取引委員会がおかれている。

아래에 여러 자회사가 결부되는 기업연대(콘체른)가 있다.

그래서 자유경쟁을 촉구하며 시장 매커니즘이 잘 돌아가도록 각국마다 정책을 펴고 있으며, 일본에서는 1947년에 독점금지법이 제정되어 감시기관으로서 공정거래위원회를 두고 있다.

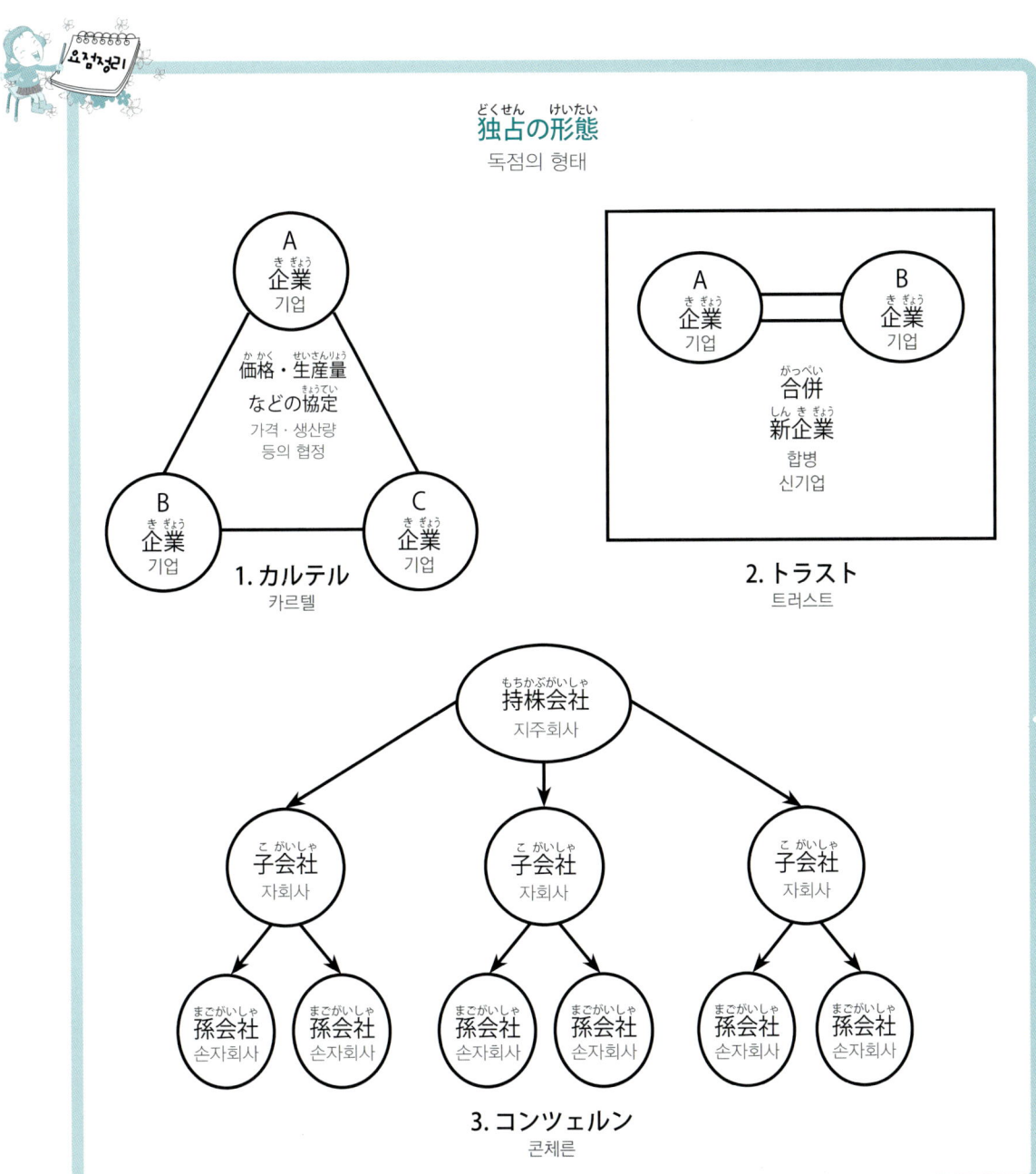

○ 市場の失敗と政府の役割

　寡占や独占状態の市場では自由競争ができなくなり、価格の自動調節がうまく働かずに買い手に不利な状態になるなど不都合が起こる。これを市場の限界、または市場の失敗という。

　また、公園や道路などの公共財や、消防・警察などの公共サービスの供給には莫大な費用がかかり、民間企業がおこなうことはない。したがって市場での供給には不向きなため、この場合も市場の失敗といえる。

　市場の失敗のもう一つのケースは外部性を伴うことである。資本主義経済では、市場の中で生産者と消費者が結びついているが、ある経済活動が市場を介さずに市場外の他者に何らかの影響を及ぼすことがある。これを外部性という。好ましいプラスの影響を与えることを外部経済といい、マイナスの影響を与えることを外部不経済という。自宅の近くが開発されて地価が上がったというのは前者の例で、開発によって環境が悪化したというのは後者の例である。

　その他、所得分配の不平等や失業の問題など、「市場が万能」というわけではない。このことをさして「市場の失敗」という。

시장 실패와 정부의 역할

과점과 독점상태의 시장에서는 자유경쟁을 할 수 없어서, 가격의 자동조절이 원만하게 이루어지지 않아 구매자에게 불리한 상태가 되는 등의 불합리한 상황이 일어난다. 이것을 시장 한계, 또는 시장 실패라고 한다.

또한, 공원과 도로 등의 공공재와 소방·경찰 등 공공서비스의 공급에는 막대한 비용이 들기 때문에, 민간기업이 시행하는 경우는 없다. 따라서 시장에서의 공급과는 맞지 않으므로, 이 경우도 시장 실패라고 말할 수 있다.

또 하나의 시장 실패의 케이스는 외부성을 동반한 것이다. 자본주의 경제에서는 시장 안에서 생산자와 소비자가 결부되어 있는데, 어떤 경제활동은 시장 개입 없이 시장 외의 다른 곳에 영향을 끼치는 경우가 있다. 이것을 외부성이라고 한다. 바람직한 플러스 영향을 주는 것을 외부경제라 하고, 마이너스 영향을 주는 것을 외부불경제라고 한다. 자신의 집 부근이 개발되어 땅값이 올랐다는 것은 전자의 예이고, 개발에 의해 환경이 악화되었다는 것은 후자의 예이다.

그 외, 소득분배의 불평등과 실업 문제 등 '시장이 만능'이라고는 할 수 없다. 이것을 가리켜 '시장 실패'라고 한다.

市場の失敗とは 시장 실패란

もともと資本主義のもとでは市場は万能
＝市場にまかせれば資源の最適配分はうまくいく
원래 자본주의 하에서는 시장은 만능 ＝ 시장에 맡기면 자원의 최적배분은 순조롭다.

⬇

しかしうまくいかない場合がでできた
그런데 순조롭지 못한 경우가 생기기 시작했다

主な原因として
주요 원인으로서

公共財	独占・寡占	外部性
공공재	독점・과점	외부성

など

⬇

市場の失敗
시장 실패

例）・独占、寡占がすすむと競争原理がストップする。
　　독점, 과점을 하면 경쟁원리가 멈춰버린다.

　　・公園は必要だが、入場料収入は望めない。
　　공원은 필요하지만, 입장료 수입은 바랄 수 없다.

01

需要と供給の関係について次の(　　)に当てはまる語句のうち正しいものを選びなさい。

一般にある商品の価格が高い状態のとき、供給量が需要量より(　　)なるので、商品は(　　)。その結果価格は(　　)。反対に、商品の価格が低いとき、供給量が需要量より(　　)なるので、商品は(　　)。その結果価格は(　　)

(下がる / 多くなる / 少なくなる / 不足する / 余る / 上がる)

02

自由競争市場において、次のことが起こった場合の需要、供給曲線の変化として正しいものを選びなさい。

A　パンの価格が上がったときのマーガリンの市場
B　猛暑なったときのビールの市場
C　技術革新により生産コストが下がったときのテレビの市場
D　紅茶の価格が上がったときのコーヒーの市場

　　ア　需要曲線が右に移動する　(　　)
　　イ　需要曲線が左に移動する　(　　)
　　ウ　供給曲線が右に移動する　(　　)
　　エ　供給曲線が左に移動する　(　　)

01 수요와 공급 관계에 대해 다음 (　) 에 들어갈 적합한 어구 중 올바른 것을 고르시오.
일반적으로 어떤 상품의 가격이 비싼 상태일 때 공급량이 수요량보다 (　)이기 때문에 상품은 (　). 그 결과 가격은 (　).
반대로 상품 가격이 낮을 때, 공급량이 수요량보다 (　)이기 때문에 상품은 (　). 그 결과 가격은 (　).
(내려간다 / 많아진다 / 적어진다 / 부족하다 / 남는다 / 오른다)

> **정답·해설**
>
> 01 정답 （多くなる, 余る, 下がる, 少なくなる, 不足する, 上がる）
> 　　　　　(많아진다, 남는다, 내려간다, 적어진다, 부족하다, 올라간다)
>
> 価格が上がる → 供給が増える → 供給＞需要 → 商品が余る → 価格が下がる
> 가격이 올라간다 → 공급이 증가한다 → 공급＞수요 → 상품이 남는다 → 가격이 내려간다
>
> 逆に 반대로
> 価格が下がる → 需要が増える → 需要＞供給 → 商品が不足する → 価格が上がる
> 가격이 내려간다 → 수요가 증가한다 → 수요＞공급 → 상품이 부족하다 → 가격이 올라간다

02 자유경쟁시장에서 다음과 같은 현상이 일어났을 경우의 수요, 공급곡선의 변화로 올바른 것을 고르시오.

A 빵 가격이 올랐을 때의 마가린 시장
B 무더위 시기의 맥주 시장
C 기술혁신에 의해 생산비용이 내려갔을 때의 텔레비전 시장
D 홍차 가격이 올랐을 때의 커피 시장

ア 수요곡선이 오른쪽으로 이동한다 （　）
イ 수요곡선이 왼쪽으로 이동한다 （　）
ウ 공급곡선이 오른쪽으로 이동한다 （　）
エ 공급곡선이 왼쪽으로 이동한다 （　）

> **정답·해설**
>
> 02 정답
> A パンが高くなったらパンの需要は減り、マーガリンの需要も減る。　　　　　　　　　(イ)
> 　빵이 비싸지면 빵 수요는 줄고, 마가린 수요도 줄어든다.
> B 猛暑にはビールの需要が増える。　　　　　　　　　　　　　　　　　　　　　　　(ア)
> 　무더울 때는 맥주 수요가 늘어난다.
> C 生産コストが下がれば、生産量(供給量)が増える。　　　　　　　　　　　　　　　(ウ)
> 　생산원가가 내려가면, 생산량(공급량)이 증가한다.
> D 紅茶が高くなれば、かわりにコーヒーを買う人が増える。　　　　　　　　　　　　(ア)
> 　홍차가 비싸지면, 대신에 커피를 사는 사람이 늘어난다

第2章 資本主義と社会主義
자본주의와 사회주의

》 学習ポイント / 학습 포인트

- 資本主義の特徴と問題点は?
  자본주의의 특징과 문제점은?
- 社会主義とは何か。
  사회주의란 무엇인가?
- 計画経済の問題点は?
  계획경제의 문제점은?

キーワード

自由競争 자유경쟁　夜警国家観 야경국가관　ケインズ 케인즈　有効需要 유효수요

修正資本主義 수정자본주의　マルクス 마르크스　資本論 자본론　計画経済 계획경제

ペレストロイカ 페레스트로이카　改革開放政策 개혁개방 정책

社会主義市場経済 사회주의 시장경제

○ 資本主義の成立

資本主義経済は18世紀のイギリスの産業革命によって成立した。それ以前の、重商主義政策や囲い込みによって資本や労働力を蓄積する一方、蒸気機関などの生産技術の革新もすすみ、機械制工業が発展して産業資本家が登場したのである。

資本主義経済の特徴としては、①私有財産制と②市場での自由競争があげられる。18世紀の経済学者アダム・スミスは「諸国民の富(国富論)」の中で、市場の自由に任せることで「見えざる手」によって調和がもたらされるので、国家は経済活動に介入するべきではないと主張した(夜警国家観)。また、モノの価値はそれを生み出すために投入された労働の量によって決定されると説いた。

자본주의의 성립

자본주의 경제는 18세기 영국 산업혁명에 의해 성립되었다. 그 이전의 중상주의 정책과 인클로저로 자본과 노동력을 축적하는 한편, 증기기관 등의 생산기술 혁신도 추진되어 기계제 공업이 발전함에 따라 산업자본가가 등장한 것이다.

자본주의 경제의 특징으로는, ①사유재산제와 ②시장에서의 자유경쟁을 들 수 있다. 18세기 경제학자 아담 스미스는 '모든 국민의 부(국부론)'에서, 시장의 자유에 맡김으로서 '보이지 않는 손'에 의해 조화가 이루어지므로 국가는 경제활동에 개입해서는 안 된다고 주장했다(야경국가관). 또, 물건의 가치는 그것을 산출하기 위해 투입된 노동량에 의해 결정된다고 주장했다.

資本主義の変容

初期の産業革命の時期にはこの自由放任の考え方が中心的であったが、資本主義経済が発展するにつれ、資本の集中がおこり、市場を独占する企業が現れるようになる。さらに、1929年の世界恐慌により、市場の自由に任せておいては経済がうまくいかなくなった。そこで、それまでの経済理論とは異なり、政府が経済過程に積極的に介入するべきであるという理論が生まれた。この理論を説いたのがケインズである。

ケインズは、世界恐慌に対応するために政府が有効需要を作り出すことにより、不況から脱することができると説いた。これは従来の理論を大きく転換するものであり、この理論のもとに成り立つ資本主義を修正資本主義または混合経済という。

社会主義の誕生

一方、19世紀になると、資本主義経済のシステムによって生まれた恐慌・失業・貧富の差などのさまざまな弊害を指摘し、それらを克服してそれまでの資本主義とはちがう体制の社会を作ろうとする社会主義思想が生まれた。

マルクスは「資本論」の中で先に挙げたような資本主義経済の問題点を指摘して、経済的平等を説いた。

社会主義の大きな特徴としては、①生産手段の社会的所有と②計画経済が挙げられる。国営企業と組合により生産された生産物は社会的所有となり、平等に分配される。

1917年のロシア革命によって成立したソ連は、強力な中央集権体制をしき、社会主義社会の建設につとめた。1921年からのレーニンによる新経済政策(ネップ)のもとソ連の経済は回復し

자본주의의 변용

초기 산업혁명 때에는 자유방임의 사고방식이 중심적이었지만, 자본주의 경제가 발전함에 따라 자본의 집중이 일어났으며 시장을 독점하는 기업이 나타나게 된다. 더욱이 1929년 세계공황으로 인해, 시장의 자유에 맡겨두는 것으로는 경제가 잘 돌아가지 않게 되었다. 그래서 그 때까지의 경제이론과는 달리, 정부가 경제과정에 적극적으로 개입해야 한다는 이론이 생겨났다. 이 이론을 주창한 사람이 케인즈이다.

케인즈는, 세계공황에 대처하기 위해 정부가 유효수요를 만들어냄으로써 불황으로부터 벗어날 수 있다고 했다. 이것은 종래의 이론을 크게 전환한 것이고, 이 이론을 바탕으로 성립된 자본주의를 수정자본주의 또는 혼합경제라고 한다.

사회주의의 탄생

한편, 19세기가 되자 자본주의 경제 시스템으로 말미암아 생겨난 공황·실업·빈부 격차 등의 여러 가지 폐해를 지적하고, 그것을 극복해서 그 때까지의 자본주의와는 다른 체제의 사회를 만들고자 하는 사회주의 사상이 생겨났다.

마르크스는 '자본론'에서 앞서 말한 바와 같은 자본주의 경제의 문제점을 지적하면서 경제적 평등을 주장했다.

사회주의의 큰 특징으로는 ① 생산수단의 사회적 소유와 ②계획경제를 들 수 있다. 국영기업과 조합에서 생산된 생산물은 사회적 소유가 되며 평등하게 분배된다.

1917년 러시아혁명에 의해 성립된 소련은, 강력한 중앙집권체제를 기반으로 사회주의 사회

ていき、1928年からの第一次五ヵ年計画により生産は急速に上昇した。

○ 計画経済の破綻

ソ連を中心に当時の社会主義諸国では、1960年までは比較的高い経済成長率を達成したが、1970年代以降、計画経済が行きづまりをみせ、経済は停滞した。特にソ連は莫大な軍事費が経済を圧迫していった。そこで、1985年に書記長になったゴルバチョフはペレストロイカ(改革)を提唱して、政治・経済の民主化をすすめた。しかし結局、国内の反対勢力が大きくなり、また各地で民族主義の動きが高まり、連邦国家を維持することが難しくなった結果1991年、ついにソ連は崩壊し、独立国家共同体(CIS)が誕生した。

ソ連の崩壊により、東欧諸国も現在では市場経済を導入しているが、いまだに西欧諸国との経済格差が残っており問題となっている。

戦後、社会主義国として誕生した中国は、1970年代から改革解放政策をしき、早くから経済特区では外国資本や市場経済を導入して、成長してきた。この体制を社会主義市場経済と呼ぶ。

의 건설에 힘썼다. 1921년부터 레닌에 의한 신경제정책(NEP) 아래 구소련의 경제는 회복되어 갔고, 1928년부터의 제1차 5개년 계획으로 생산은 급속하게 상승했다.

계획경제의 파탄

소련을 중심으로 당시의 사회주의 여러 나라에서는 1960년까지는 비교적 높은 경제성장률을 달성했지만, 1970년대 이후 계획경제가 끝을 보이게 되면서 경제는 정체되었다. 특히 소련은 막대한 군사비가 경제를 압박하고 있었다. 그래서, 1985년에 서기장이 된 고르바초프는 페레스트로이카(개혁)을 제창하며 정치·경제의 민주화를 추진했다. 그러나 결국 국내의 반대세력이 커지고 또 각지에서 민족주의 움직임이 고조되어, 연방국가를 유지하는 것이 어려워졌다. 그 결과 1991년, 결국 소련은 붕괴되고 독립국가공동체(CIS)가 탄생했다.

소련의 붕괴로 동유럽 국가들도 지금은 시장경제를 도입하고 있지만, 아직껏 서유럽 국가들과의 경제적 격차가 남아있어 문제가 되고 있다.

전쟁 후, 사회주의 국가로 탄생한 중국은 1970년대부터 개혁개방 정책을 펴고, 일찍이 경제특구에서는 외국자본과 시장경제를 도입하여 성장해 왔다. 이 체제를 사회주의 시장경제라 한다.

資本主義の発展
자본주의의 발전

18世紀 | イギリス産業革命 | 영국 산업혁명
18세기

↓

18世紀後半 | 工場制機械工業の発達・資本家の誕生
18세기 후반 | 공장제 기계공업의 발달 및 자본가의 탄생

アダム・スミス『国富論』
아담 스미스 '국부론'

自由放任主義・「神の見えざる手」 ⇒ 『夜警国家』観
자유방임주의・'보이지 않는 손' ・ '야경국가'관

↓

19世紀末 独占資本主義 － 資本の集積・集中による独占
19세기말 독점자본주의 － 자본의 집적, 집중에 의한 독점

↓ ↓

1929 | 世界恐慌 | 社会主義の誕生
세계공황 | 사회주의의 탄생

1930年代 | 修正資本主義 | マルクス『資本論』
수정자본주의 | 마르크스 '자본론'

ケインズ『雇用・利子及び貨幣の一般理論』 ・生産手段の公有
케인즈 '고용・이자 및 화폐의 일반이론' | 생산수단의 공유

政府による公共事業・社会保障 ・計画経済
정부에 의한 공공사업, 사회보장 | 계획경제

福祉国家・大きな政府 | 社会主義経済の行きづまり
복지국가・큰 정부 | 사회주의경제의 정체

混合経済 | 市場経済の導入
혼합경제 | 시장경제의 도입

	資本主義経済 자본주의경제	社会主義経済 사회주의경제
特徴 특징	私有財産制 사유재산제 経済活動の自由(市場経済) 경제활동의 자유(시장경제) 利潤追求をめざす自由競争 이윤추구를 목표로 하는 자유경쟁 商品経済(労働力も商品) 상품경제(노동력도 상품)	生産手段の国有・公有 생산수단의 국유·공유 計画経済 계획경제 労働に応じた分配 노동에 따른 분배
問題点 문제점	景気変動(大恐慌) 경기변동(대공황) 貧富の差(階級対立) 빈부의 차(계급 대립)	生産意欲の停滞 생산의욕의 정체 技術革新の立ち遅れ 기술혁신의 낙후 計画の不確実性 계획의 불확실성
対応 대응	経済への国家の介入 국가의 경제 개입 (混合経済) (혼합경제)	市場原理の導入 시장원리의 도입 中国 — 社会主義市場経済 중국 – 사회주의 시장경제

01 福祉国家について述べたものとして誤っているものを一つ選びなさい。
　❶ 積極的な財政政策を展開する。
　❷ 資本主義の弊害をなくすため、国民生活に介入するようになる。
　❸ 小さな政府になることで、自由を拡大してきた。
　❹ 行政機構の拡大につながった。

02 ケインズの主張として誤っているものを一つ選びなさい。
　❶ 財政赤字を批判して、政府は減税を積極的に行うべきである。
　❷ 企業の活動や市場での取引について、政府の介入を強化するべきである。
　❸ 政府が有効需要を財政政策と金融政策によって、管理するべきである。
　❹ 政府は、累進課税や社会保障の充実をはかって所得の再分配を行うべきである。

01 복지국가에 대해 서술한 것으로 틀린 것을 하나 고르시오.

① 적극적인 재정정책을 전개한다.
② 자본주의 폐해를 없애기 위해, 국민생활에 개입하게 된다.
③ 작은 정부가 됨으로써 자유를 확대해 왔다.
④ 행정기구의 확대로 이어졌다.

> **정답·해설 01 정답 ❸**
> 福祉国家とは、政府の経済活動への介入が積極的におこなわれる「大きな政府」のことである。その結果、行政機構が大きくなりすぎてしまう問題点がある。
> 복지국가라는 것은, 정부가 적극적으로 경제활동에 개입하는 '큰 정부'를 말한다. 그 결과, 행정기구가 너무 커져 버리는 문제점이 있다.

02 케인즈의 주장으로 틀린 것을 하나 고르시오.

① 재정적자를 비판하고, 정부는 감세를 적극적으로 시행하여야 한다.
② 기업활동과 시장에서의 거래에 대해서 정부 개입을 강화해야한다.
③ 정부가 유효수요를 재정정책과 금융정책에 의해서 관리해야 한다.
④ 정부는 누진과세와 사회보장을 충실하게 도모하고 소득재분배를 해야 한다.

> **정답·해설 02 정답 ❶**
> ケインズは、景気回復のためには政府が有効需要をつくりだす必要があり、積極的に政策をするべきであると主張した。財政問題を批判したのではない。
> 케인즈는, 경기회복을 위해서는 정부가 유효수요를 만들어 낼 필요가 있고, 적극적으로 정책을 펴야한다고 주장했다. 재정문제를 비판한 것은 아니다.

第 3 章

国民所得と景気循環
국민소득과 경기순환

>> **학습 포인트**

- 国の経済力の大きさはどのように表すのか?
  국가 경제력의 크기는 어떻게 나타내는가?
- 国民所得とは？国富とは？
  국민소득이란? 국부란?

キーワード

フロー 플로(flow) (이익)　ストック 스톡(stock) (자본)　GNP 국민총생산　GDP 국내총생산
国民所得の三面等価 국민소득의 삼면등가　名目経済成長率 명목경제성장률
実質経済成長率 실질경제성장률　景気循環 경기순환　インフレーション 인플레이션
デフレーション 디플레이션　スタグフレーション 스태그플레이션

○ フローとストック

ある国の経済的規模を示すものとして、国民所得や国富がある。

国民所得とは、ある国で一年間に生産された財やサービスの総計であり、GDP、NNP、NIなどの表し方がある。これらは、ある一定期間に生産された経済の大きさを示す貨幣の流れなので、フローとよばれる。これに対し、国富のようにある一時点に存在する資産をストックという。

플로와 스톡

한 나라의 경제력 규모를 나타내는 것으로 국민소득과 국부가 있다.

국민소득이란, 한 나라에서 1년간 생산된 재화와 서비스의 총계를 말하며, GDP, NNP, NI 등의 표시법이 있다. 이것들은 어느 일정기간에 생산된 경제의 크기를 나타내는 화폐 흐름으로, 플로(이익)라고 한다. 이에 반해 국부와 같이 어느 한 시점에 존재하는 자산을 스톡(자본)이라고 한다.

国民所得　一国で一年に生み出された価値の合計額 → フローの概念
국민소득　나라에서 1년 동안 창출해낸 가치의 합계액 → 플로의 개념

国富　一国がある時点で保有する資産(土地・工場・機械など)の合計額
국부　　→ ストックの概念
　　　한 나라가 어느 시점에서 보유하는 자산(토지·공장·기계 등)의 합계액 → 스톡의 개념

経済 分野 | **227**

国民所得

GNPとは、各生産部門の総生産額からそれらを生産するために使った中間生産物の額を引いたもの、その国の経済活動の規模を見るときの基準となる。中間生産物とは材料や燃料である。そこから設備費や修理費などの固定資本減耗を引いたものがNNPである。

さらにNNPから間接税を引き、政府から受け取る補助金を加えたものがNIで、これが実際の生産額である。

また最近では国際的に経済規模を比較する場合、GDPを多く用いる。GDPは国内総生産といい、海外でその国の国民が得た所得は入らない。これに対してGNPは国民総生産なので国民の海外での所得を入れる。

국민소득

GNP란, 각 생산부문의 총생산액에서 그것들을 생산하기 위해 사용한 중간생산물의 가격을 뺀 것으로, 그 나라 경제활동의 규모를 볼 때 기준이 된다. 중간생산물이란 재료와 연료이다. 거기서 설비비와 수리비 등의 고정자본의 감모분을 뺀 것이 NNP이다.

또한 NNP에서 간접세를 빼고 정부로부터 받은 보조금을 더한 것이 NI로, 이것이 실제 생산액이다.

또 최근에는 국제적 경제규모를 비교하는 경우, GDP를 많이 이용한다. GDP는 국내총생산을 말하는 것으로, 그 나라의 국민이 해외에서 얻은 소득은 들어가지 않는다. 이에 반해 GNP는 국민총생산이므로 국민이 해외에서 얻은 소득을 넣는다.

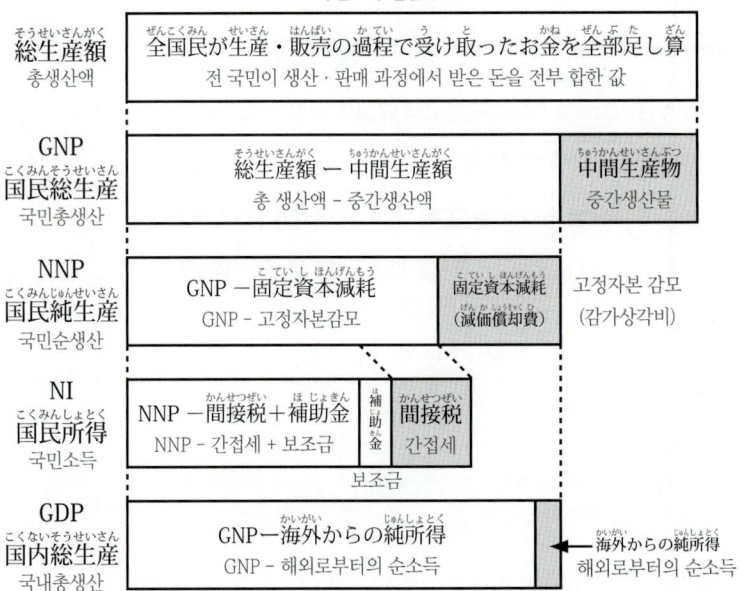

国民所得一覧表 / 국민소득 일람표

- 日本のGNP(国民総生産)・・・日本人が生産した総額
  일본의 GNP(국민총생산)　　일본인이 생산한 총액
- 日本のGDP(国内総生産)・・・日本国内で生産した総額
  일본의 GDP(국내총생산)　　일본국내에서 생산한 총액

GDPやNIなどはあくまでも「市場で取引された額」なので、家事労働は計算にはいらないし、また余暇時間が増えて生活が豊かになったと感じてもやはりGDPなどには反映されない。

さらにたとえGDPの数値が増えたとしても、環境が悪くなったとしたら本当に国民生活が豊かになったとはいえない。そこで、本来はGDPやNIの計算に含まれない部分まで示すことができる新たな指標が求められている。その例が国民純福祉（NNW）やグリーンGDPである。

GDP나 NI 등은 어디까지나 '시장에서 거래된 금액'이므로 가사노동은 계산에 들어가지 않으며, 또 여가 시간이 늘어서 생활이 풍요로워졌다고 생각해도 마찬가지로 GDP 등에는 반영되지 않는다.

더욱이 GDP수치가 늘었다고 해도, 환경이 나빠졌다면 실제로 국민생활이 풍요로워졌다고는 할 수 없다. 그래서 원래는 GDP나 NI의 계산에 포함되지 않는 부분까지 나타낼 수 있는 새로운 지표가 필요하다. 그 예가 국민순복지(NNW)나 그린 GDP이다.

国民純福祉（NNW）とグリーンGDP
국민순복지(NNW)와 그린 GDP

GDP、GNPには『主婦の家事労働』や『ボランティア活動』、『公害被害による損害』などが含まれない。本当の国民の豊かさを示しているのか？

国民純福祉（NNW）やグリーンGDP・・・新しい経済指標
国民純福祉（NNW）＝ GNP －（豊かさのマイナス要因）＋（豊かさのプラス要因）
グリーンGDP ＝ GDP －環境破壊の損失分

GDP, GNP에는 '주부의 가사노동'과 '자원봉사활동', '공해 피해에 따른 손해' 등이 포함되지 않는다. 실제 국민의 풍요로움을 나타내고 있는 것인가?

국민순복지(NNW)와 그린 GDP…새로운 경제지표
국민순복지(NNW) = GNP - (풍요로움의 마이너스 요인) + (풍요로움의 플러스 요인)
그린 GDP = GDP - 환경파괴의 손실분

国民所得の三面等価の原則

国民所得は「一年間に国民がどれだけ稼いだか」を示すが、これは言い換えると「どれだけの商品を作ったか（生産）」と同じ意味になる。さらに商品を生産して売っただけ代金を受け取るので、「どれだけの代金を受け取ったか（分配）」も同じ金額になる。また受け取った金額だけ買い物などで使うことができるので、「どれだけのお金を遣ったか（支出）」も同じ金額になる。

つまり、国民所得は生産（いくら作ったか）、分配（いくら受け取ったか）、支出（いくら遣ったか）の三つの面から見ることができ、すべて同じ金額になる。これを国民所得の三面等価の原則という。

국민소득의 삼면등가의 원칙

국민소득은 '1년에 국민이 얼마나 벌었는가'를 나타내지만, 이것은 바꾸어 말하면 '얼마나 상품을 만들었는가(생산)'와 같은 의미가 된다. 또 상품을 생산해서 판만큼 대금을 받으므로 '얼마나 대금을 받았는가(분배)'도 같은 금액이 된다. 또 받은 금액만큼 쇼핑 등으로 사용할 수 있기 때문에 '얼마나 돈을 썼는가(지출)'도 같은 금액이 된다.

즉, 국민소득은 생산(얼마나 만들었는가), 분배(얼마나 받았는가), 지출(얼마나 썼는가)의 세 가지 면에서 볼 수 있고, 모두 같은 금액이 된다. 이것을 국민소득의 삼면등가의 원칙이라고 한다.

三面等価の原則
삼면등가의 원칙

生産ー国民所得 생산　국민소득	第一次産業 （が生産したお金） 제1차 산업 (이 생산한 돈)	第二次産業 （が生産したお金） 제2차 산업 (이 생산한 돈)	第三次産業 （が生産したお金） 제3차 산업 (이 생산한 돈)
分配ー国民所得 분배　국민소득	雇用者所得 （労働者の給料） 고용자소득 (노동자의 급료)	財産所得 （銀行の利子や株式の利益） 재산소득 (은행의 이자나 주식의 이익)	企業所得 （企業の利益） 기업소득 (기업의 이익)
支出ー国民所得 지출　국민소득	消費 （商品やサービスを買ったお金） 소비 (상품이나 서비스를 산 돈)		投資 （誰かに貸したお金） 투자 (누군가에게 빌려준 돈)

合計金額は全部一緒
합계금액은 전부 동일

経済成長率

　一年間にGDPがどれだけ増加したか、または減少したかを比べたものが経済成長率である。経済成長率は次のように計算する。

$$(名目)経済成長率 = \frac{本年のGDP - 前年のGDP}{前年のGDP} \times 100\%$$

(명목) 경제성장률 = (올해의 GDP − 전년도의 GDP) / 전년도의 GDP × 100%

　しかし、もしGDPが増加してもそれ以上に物価も上昇してしまったら、本当に豊かになったとはいえない。収入が2倍になったとしても物価が10倍になってしまったら、逆に生活は苦しくなってしまうのである。
　そこで、先の計算式のようにただGDPの大きさだけを比べて出したものを名目経済成長率というのに対し、物価の変動も考慮して出した成長率を実質経済成長率という。

경제성장률

　일 년 동안 GDP가 얼마나 증가했는지, 또는 감소했는지를 비교한 것이 경제성장률이다. 경제성장률은 다음과 같이 계산한다.
　그러나 만약 GDP가 증가해도 그 이상으로 물가도 상승해 버린다면, 정말 풍요로워졌다고 할 수는 없다. 수입이 두 배가 되었다고 해도 물가가 열 배가 되어 버렸다면 거꾸로 생활은 궁핍해지는 것이다.
　그래서, 앞의 계산식처럼 그저 GDP의 크기만을 비교해서 계산한 것을 명목경제성장률이라고 하는 것에 반해, 물가의 변동까지 고려해서 계산한 성장률을 실질경제성장률이라고 한다.

景気循環

　経済成長率の変化によって、現在その国が、好景気の状態なのか、不景気の状態なのか確認することができる。景気の変動は、商品の需要と供給の不一致から発生する。
　資本主義経済では、市場経済を前提としているため、この需要と供給のずれは避けられない。

경기순환

　경제성장률의 변화를 통해 현재 그 나라가 호경기 상태인지, 불경기상태인지를 확인할 수 있다. 경기 변동은 상품의 수요와 공급의 불일치에서 발생한다.
　자본주의 경제에서는 시장경제를 전제로 하기 때문에, 이 수요와 공급의 차이는 피할 수 없다.

景気循環 경기순환

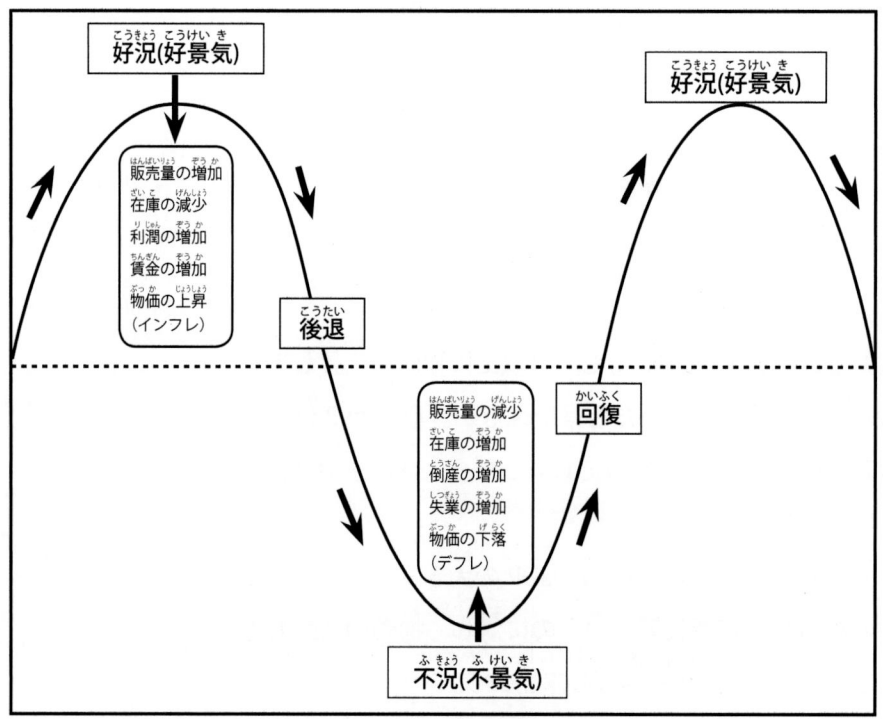

　上の図のように景気循環には四つの局面がある。生産や雇用が最大になり、物価や賃金が最高値になる好況、そこから徐々に生産・雇用が減っていき、物価や賃金も下がっていく後退期、さらに、生産・雇用が最小になり、物価・賃金が最低値になる不況。最後に再び好況に向かって生産・雇用が増え、物価・賃金が上がっていく回復期に分けられる。
　資本主義経済では必ずこの景気循環が繰り返されるが、周期についてはいくつかの説がある。
　この景気循環の周期について研究した代表的な4人の経済学者がいる。

　위의 그림과 같이 경기순환에는 네 개의 국면이 있다. 생산과 고용이 최대에 달해 물가와 임금이 최고치가 되는 호황, 거기서 서서히 생산·고용이 감소하며 물가와 임금도 내려가는 후퇴기, 또 생산·고용이 최소가 되고 물가·임금이 최저치가 되는 불황. 마지막으로 재차 호황을 향해 생산·고용이 증가하며, 물가·임금이 상승하는 회복기로 나눌 수 있다.
　자본주의 경제에서는 반드시 이 경기순환이 반복되지만, 주기에 대해서는 몇 개의 설이 있다.
　이 경기순환의 주기에 대해 연구한 대표적인 네 명의 경제학자가 있다.

	周期 주기	原因 원인
コンドラチェフの波 콘트라티어프 파동	長期波動 約50年周期 장기파동 약 50년 주기	技術革新の開発 기술혁신의 개발 ・50年ごとに新技術が開発され、景気に影響を与える。 50년마다 신기술이 개발되어 경기에 영향을 준다.
クズネッツの波 쿠즈네츠 파동	約20年周期 약 20 주년 주기	建設投資 건설투자 ・20年ごとに建物が建て替えられ、景気に影響を与える。 20년마다 건물을 새로 지어, 경제에 영향을 준다.
ジュグラーの波 주글라 파동	中期波動 約10年周期 중기파동 약 10년 주기	設備投資 설비투자 ・10年ごとに企業が生産用機械を買い替え、景気に影響を与える。 10년마다 기업이 생산용 기계를 새로 사서, 경기에 영향을 준다.
キチンの波 키친 파동	短期波動 約40ヶ月 단기파동 약 40개월	在庫投資 재고투자 ・40ヶ月ごとに在庫の量が増減を繰り返し、景気に影響を与える。 40개월마다 재고량이 증감을 반복하여 경기에 영향을 준다.

○ インフレーションとデフレーション

資本主義経済では、需要と供給のバランスで価格が決定する。当然、需要量と供給量は絶えず変動しているため価格も変動するわけだが、この需給のバランスが崩れて、持続的な物価上昇（または下落）がおこることをインフレーション、またはデフレーションという。

需要が供給を大幅に上回ると、「モノ不足」の状態となって物価は高くなる。この「物価上昇・貨幣価値の低下」状態をインフレーションという。インフレーションがおこるもう一つの原因として、モノの量に対してカネ（通貨）の量が増えることが挙げられる。

인플레이션과 디플레이션

자본주의 경제에서는 수요와 공급의 균형으로 가격이 결정된다. 당연히 수요량과 공급량은 끊임없이 변동하기 때문에 가격도 변동하는 것이지만, 이 수요의 균형이 깨져 지속적인 물가 상승(혹은 하락)이 일어나는 것을 인플레이션, 또는 디플레이션이라고 한다.

수요가 공급을 크게 웃돌면 물건이 부족해져 물가는 비싸진다. 이 '물가상승·화폐가치의 하락' 상태를 인플레이션이라고 한다. 인플레이션이 일어나는 또 하나의 원인으로, 물건의 양에 대해 돈(통화)의 양이 증가하는 것을 들 수 있다.

反対に、供給が需要を大幅に上回ると、「モノ余り」の状態となって物価は安くなる。この「物価下落・貨幣価値の上昇」の状態をデフレーションという。

物価が下がるということは、国民にとっては喜こばしいことのように感じるが、物価が下がるということは、一方で企業の利益が減少することで、そうなると企業は人員整理をしたり、給与の削減をおこなうことになる。労働者は所得が減少し、需要は回復せず、さらに売り上げが減少し…という不況の悪循環に陥る。これをデフレスパイラルという。

반대로, 공급이 수요를 크게 웃돌면 물건이 남아, 물가는 싸진다. 이렇게 '물가하락·화폐가치의 상승'상태를 디플레이션이라고 한다.

물가가 내려간다는 것은 국민에게 있어서는 기쁜 일인 것 같지만, 이는 한편으로 기업의 이익이 감소하는 것으로, 그렇게 되면 기업은 인원정리를 하거나 급여 삭감을 하게 된다. 노동자는 소득이 감소하고 수요는 회복되지 않으며 게다가 매상이 감소하고…이러한 불황의 악순환에 빠진다. 이것을 나선형 디플레이션이라고 한다.

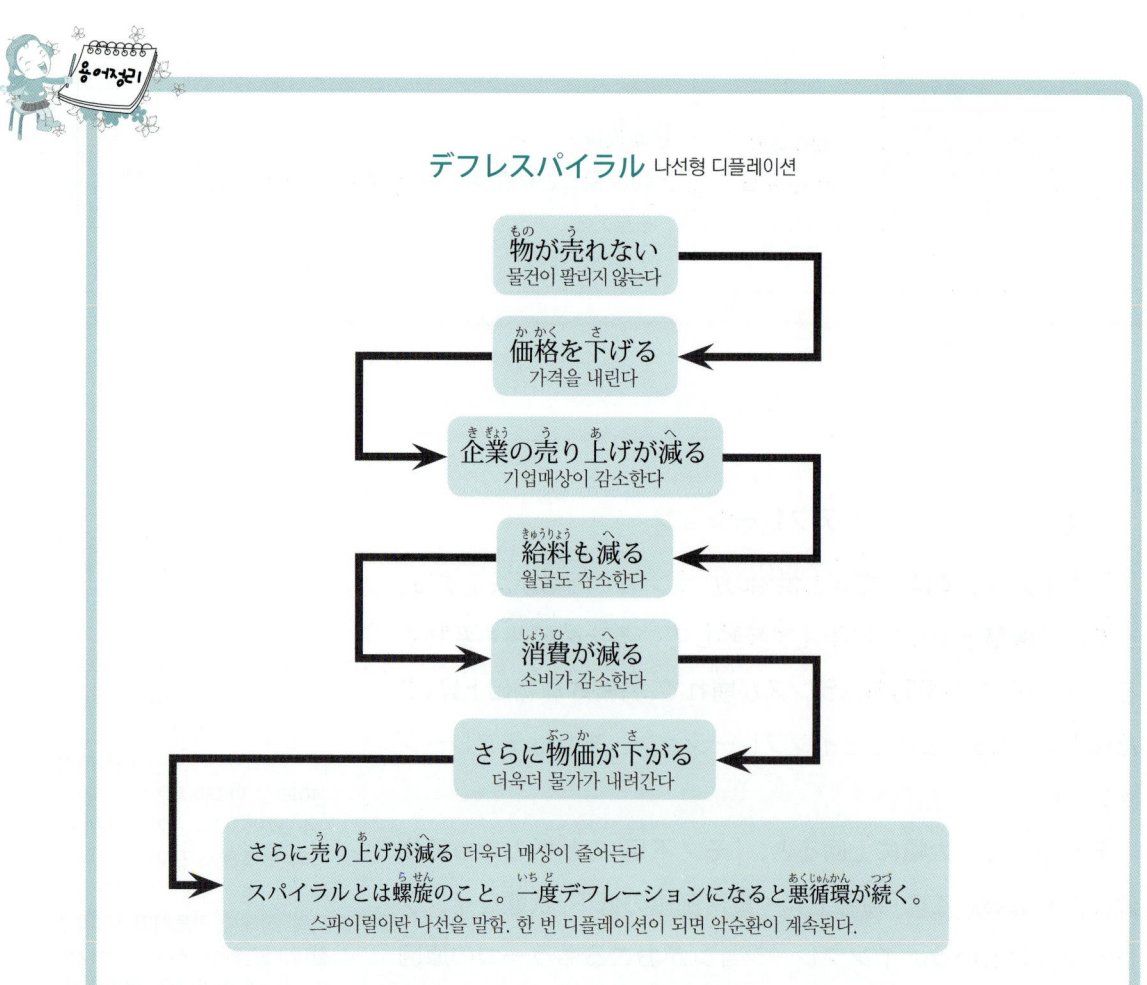

デフレスパイラル 나선형 디플레이션

物が売れない
물건이 팔리지 않는다

価格を下げる
가격을 내린다

企業の売り上げが減る
기업매상이 감소한다

給料も減る
월급도 감소한다

消費が減る
소비가 감소한다

さらに物価が下がる
더욱더 물가가 내려간다

さらに売り上げが減る 더욱더 매상이 줄어든다
スパイラルとは螺旋のこと。一度デフレーションになると悪循環が続く。
스파이럴이란 나선을 말함. 한 번 디플레이션이 되면 악순환이 계속된다.

スタグフレーション

不況になれば物価が下がるのが鉄則であり、経済学の基本であった。しかし戦後の先進工業国では、ゆるやかなインフレーションがつづき、特に1970年代の石油危機のころから経済の混乱による不景気も同時に進行した。このように不況と物価高が同時に進行することをスタグフレーションといい、新しい経済問題となっている。

스태그플레이션

불황이 되면 물가가 내려가는 것이 철칙이고 이는 경제학의 기본이었다. 그러나 전쟁 후의 선진공업국에서는 완만한 인플레이션이 계속되었고, 특히 1970년대의 석유위기 때부터 경제혼란으로 인한 불경기도 동시에 진행되었다. 이렇게 불황과 높은 물가가 동시에 진행되는 것을 스태그플레이션이라 하며, 새로운 경제문제가 되고 있다.

インフレーション 인플레이션	物価が継続的に上昇すること。貨幣価値は継続的に下がる。 물가가 계속적으로 상승하는 것. 화폐가치는 계속 내려간다.
インフレーションの分類 인플레이션의 분류	ディマンド・プル・インフレ 수요초과 인플레이션 需要(ディマンド)が供給を超過して起こる。 수요(demand)가 공급을 초과하여 일어난다. コスト・プッシュ・インフレ 코스트 인플레이션 原料価格など費用(コスト)の上昇により価格が上昇する。 원료가격 등의 비용(cost)의 상승으로 가격이 상승한다.
デフレーション 디플레이션	物価が継続的に下落すること。貨幣価値は継続的に上がる。 물가가 계속적으로 하락하는 것. 화폐가치는 계속 올라간다.
デフレスパイラル 나선형 디플레이션	不況下での物価下落の悪循環 불황 하에서 가격하락의 악순환

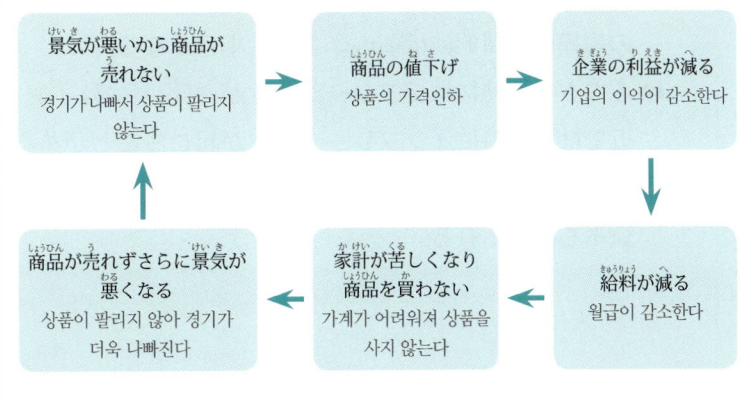

01

次の①〜④の記述のうち正しいものを一つ選びなさい。

❶ 国民総生産（GNP）とは、国内総生産（GDP）から機械設備などの固定資本減耗分を差し引いたものである。
❷ 国内で外資系企業が生産した財やサービスの総額が増加すれば、その国のGNPが増加する。
❸ GDPやGNPは、国民生活の豊かさを表す指標としては限界があり、国民純福祉（NNW）やグリーンGDPなどが提唱された。
❹ 国内でボランティア活動が増加すれば、その国のGDPは増加する。

02

次の①〜④の記述のうち誤っているものを一つ選びなさい。

❶ 名目成長率は、為替変動の影響を受けるので、国際比較のときには実質成長率を用いる。
❷ 名目成長率が正の値でも、物価の上昇率がそれを上回っている場合には、経済活動の規模は実質的には前の年よりも小さくなる。
❸ ふつう不況時にはデフレーションが、好況時にはインフレーションが起こるが、最近では不況時にインフレーションが起こることがある。
❹ 国富とは一国の資産の総計を示し、工場や機械などの設備や公園、学校などの社会資本も計算される。

01 다음 ①~④의 기술 중 올바른 것을 하나 고르시오.
① 국민총생산(GNP)이란, 국내총생산(GDP)에서 기계 설비 등 고정자본의 감모분을 뺀 것이다.
② 국내에서 외국계 기업이 생산한 재화와 서비스의 총액이 증가하면 그 나라의 GNP가 증가한다.
③ GDP와 GNP는 국민생활의 풍요로움을 나타내는 지표로서는 한계가 있어, 국민순복지(NNW)와 그린 GDP 등이 제창되었다.
④ 국내에서 봉사활동이 증가하면 그 나라의 GDP는 증가한다.

> **정답·해설 01 정답 ❸**
>
> ❶ GNPは総生産額から材料費などの中間生産物を引いたもの。
> GNP는 총생산액에서 재료비 등의 중간생산물을 뺀 것.
> ❷ GNPはその国の国民の生産額を表すので外資系企業の分は入らない。しかし、国内での生産なのでGDPには入れる。
> GNP는 그 나라의 국민생산액을 나타내는 것이므로 외국계 기업분은 포함되지 않는다. 그러나, 국내에서의 생산이므로 GDP에는 들어간다.
> ❸ NNWとは主婦の家事労働や余暇時間を計算に入れたもの、グリーンGDPとは環境防止のための費用をひいたもので実質的な豊かさを示す。
> NNW란 주부의 가사노동과 여가시간을 계산에 넣은 것이고, 그린 GDP란 환경방지를 위한 비용을 뺀 것으로 실질적인 풍요로움을 나타낸다.
> ❹ GDPやGNPの計算にボランティア活動は入れない。
> GDP와 GNP의 계산에 봉사활동은 들어가지 않는다.

02 다음 ①~④의 기술 중 틀린 것을 하나 고르시오.
① 명목성장률은 환율변동의 영향을 받으므로, 국제적으로 비교할 때는 실질성장률을 이용한다.
② 명목성장률이 정의 값이라고 해도 물가상승률이 그것을 웃돌고 있는 경우에는, 경제활동의 규모는 실질적으로는 전년도보다 적어진다.
③ 보통 불황기일 때는 디플레이션이 호황기일 때는 인플레이션이 일어나지만, 최근에는 불황기때에 인플레이션이 일어나는 경우가 있다.
④ 국부란 한 나라의 자산의 총계를 나타내며, 공장과 기계 등의 설비와 공원, 학교 등의 사회자본도 계산된다.

> **정답·해설 02 정답 ❶**
>
> ❶ 名目成長率と実質成長率は物価変動を考慮するかしないかで、為替変動とは関係がない。
> 명목성장률과 실질성장률은 물가변동의 고려 여부를 말하며, 환율변동과는 관계없다.
> ❸ 不況下でのインフレーションをスタグフレーションという。
> 불황기의 인플레이션을 스태그플레이션이라고 한다.

第 4 章 金融と金融政策
금융과 금융정책

>> 학습 포인트

- 日本銀行の役割を理解する。
  일본은행의 역할을 이해한다。
- 金融政策の方法にはどんなものがあるか。
  금융정책 방법에는 어떤 것이 있는가?

キーワード

直接金融 직접금융　間接金融 간접금융　信用創造 신용창조　金本位制 금본위제
管理通貨制 관리통화제　中央銀行 중앙은행　金融政策 금융정책
マネーサプライ 머니 서플라이　預金準備率操作 예금준비율 조작
公定歩合操作 공정보합 조작　公開市場操作 공개시장 조작　金融ビッグバン 금융빅뱅

○ 金融のはたらき

　金融とは資金の余ったところから足りないところへ融通することで、資金を必要としているところへ流していくことによって、経済を活性化させていくことができる。現在の経済は、証券市場や銀行などの金融機関を中心とする資金の循環によって成り立っている。

　資金の調達方法（金融の方法）には直接金融と間接金融がある。貸し手と借り手が直接資金を融通するのが直接金融である。資金の必要な企業が株式や社債券などを発行して、直接投資家から資金を調達する場合がこの例である。

　それに対し、銀行などの金融機関が間に入って資金の融通をするのが間接金融である。個人や企業が銀行に預金したお金を資金として個人や企業に貸し出す（融資する）のはこの場合にあたる。

금융의 기능

　금융이란 자금이 남는 곳에서 모자라는 곳으로 융통하는 것으로, 자금을 필요한 곳으로 흘려 보냄으로써 경제를 활성화시켜 갈 수 있다. 현재의 경제는 증권시장과 은행 등의 금융기관을 중심으로 하는 자금 순환에 의해 이루어진다.

　자금 조달방법(금융방법)에는 직접금융과 간접금융이 있다. 빌려주는 쪽과 빌리는 쪽이 자금을 직접 융통하는 것이 직접금융이다. 자금이 필요한 기업이 주식과 회사채권 등을 발행해서 투자가에게서 직접 자금을 조달하는 것이 이러한 예이다.

　그것에 반해, 은행 등의 금융기관이 중간에 개입하여 자금을 융통하는 것이 간접금융이다. 개인과 기업이 은행에 예금한 돈을 자금 명목으로 개인과 기업에 대출하는(융자하는) 것이

日本の企業は、かつては銀行融資などの間接金融に依存する割合が高かったが、最近では株式の発行などによる直接金融が多くなっている。

이에 해당한다. 일본의 기업은 예전에는 은행융자와 같은 간접금융에 의존하는 비율이 높았지만, 요즘에는 주식발행 등에 의한 직접금융이 많아지고 있다.

直接金融と間接金融
직접금융과 간접금융

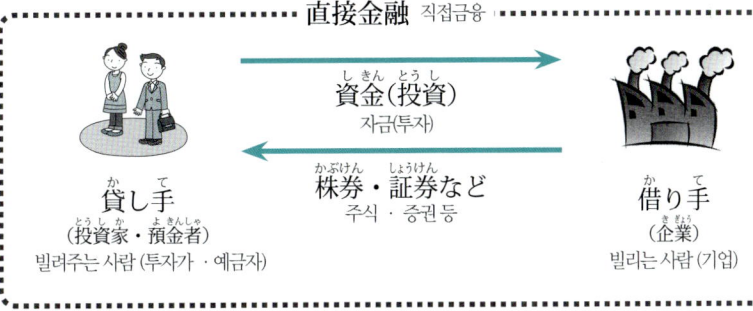

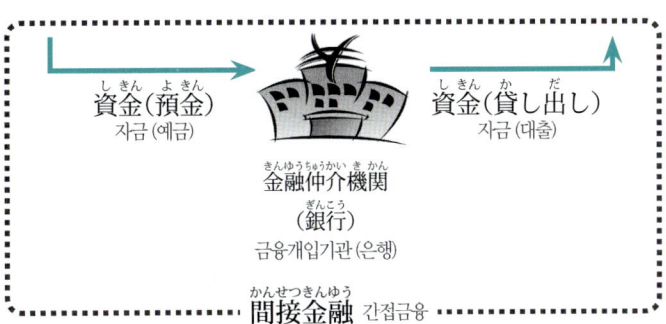

日本の企業は間接金融の割合が高かったが、1980年代後半以降、直接金融の割合が高まっている。

일본기업은 간접금융의 비율이 높지만, 1980년대 후반 이후 직접금융의 비율이 높아지고 있다.

信用創造

信用創造とは銀行の持つ機能で、預金と貸し出しを繰り返すことで、お金（預金通貨）が増えていくしくみをいう。

銀行は、預金という形で多数の預金者からお金を預かり、預金者がいつでも預金を引き出せるようにしている。しかしすべての預金者が同時に預金を引き出すことはないので、銀行は預金の一部だけを支払い準備金として現金で手元に置いておき、残りの大部分は貸し出しにまわすことになる。

貸し出された資金は取り引きに使われ、いずれその資金も再びどこかの銀行に預金される。このような過程が繰り返されると、結果的に銀行全体としては最初の預金の何倍もの預金を創り出すことになる。これを銀行の信用創造という。

신용창조

신용창조란 은행이 가지는 기능으로, 예금과 대출을 반복함으로서 돈(예금통화)이 증가하는 구조를 말한다.

은행은, 예금이라는 형태로 예금자 다수로부터 돈을 맡아서 예금자가 언제든지 예금을 찾을 수 있도록 하고 있다. 그러나 모든 예금자가 동시에 예금을 인출하지는 않으므로, 은행은 현금을 예금 일부만을 지급할 준비금으로서 수중에 두고 나머지 대부분은 대출로 돌리게 된다.

대출된 자금은 거래에 사용되어, 결국 그 자금도 재차 어딘가의 은행에 예금하게 된다. 이러한 과정이 반복되면, 결과적으로 은행 전체로서는 맨 처음 예금의 몇 배나 되는 예금을 만들어 내게 된다. 이것을 은행의 신용창조라고 한다.

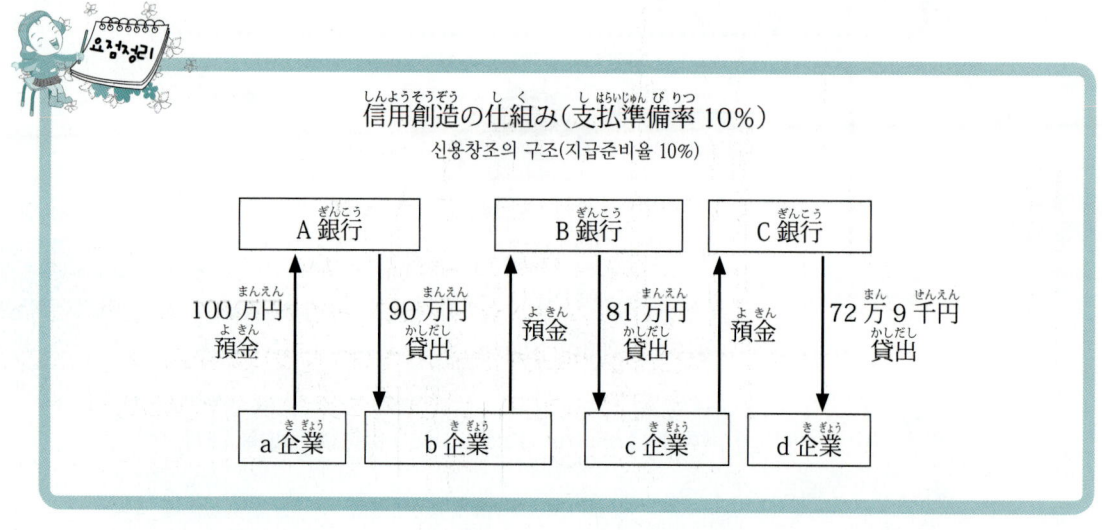

信用創造の仕組み（支払準備率10%）
신용창조의 구조(지급준비율 10%)

貨幣と通貨制度

1800年代以来、イギリスで始められたのをきっかけに、各国の通貨制度は金本位制と呼ばれるものであった。金本位制とは、その国の通貨量を金の量によって決めるもので、紙幣と金の交換が可能であった。

しかし、世界的に金の生産が貨幣の量に次第に追いつかなくなり、1929年の世界恐慌以来、各国は相次いで紙幣と金の交換を停止し、管理通貨制へ移行した。

この制度によれば、金の保有量に関係なく、その時々の経済状況に応じて通貨量を調整することができる。

この通貨の流通量を増やしたり減らしたりして、景気の調整をはかるという重要な役割を担うのが中央銀行である。

中央銀行

中央銀行とは、金融と通貨管理の中心となる国家の銀行である。アメリカでは連邦準備銀行（FRB）、イギリスではイングランド銀行がこれにあたる。日本は日本銀行がこれにあたる。

日本銀行の機能には大きく三つあり、まずは、日本銀行券（紙幣）の発行『発券銀行』と、一般の金融機関からの預金の受け入れや貸し出し『銀行の銀行』、さらに、国の委託を受けて、国庫事務や外国為替事務などをおこなう『政府の銀行』である。

화폐와 통화제도

1800년대 이후 영국에서 시작된 것을 계기로, 각국의 통화제도는 금본위제로 불리었다. 금본위제란, 그 나라의 통화량을 금의 양으로 결정하는 것으로 지폐와 금의 교환이 가능했다.

그러나 세계적으로 금 생산이 화폐량을 점점 따라잡을 수 없게 되어 1929년 세계공황 이후, 각국은 잇달아 지폐와 금 교환을 정지하고 관리통화제로 바꾸었다.

이는 금 보유량에 관계없이 그 때마다의 경제상황에 맞추어 통화량을 조정할 수 있는 제도이다.

이 통화의 유통량을 늘리거나 줄이거나 하여 경기 조정을 도모하는 중요한 역할을 짊어진 것이 중앙은행이다.

중앙은행

중앙은행이란, 금융과 통화관리의 중심이 되는 국가의 은행이다. 미국에서는 연방준비은행(FRB), 영국에서는 잉글랜드은행이 이것에 해당된다. 일본은 일본은행이 이것에 해당된다.

일본은행의 기능에는 크게 세 가지가 있는데, 우선은 일본은행권(지폐) 발행기능인 '발권은행'과 일반적인 금융기관으로부터의 예금수납과 대출 기능인 '은행의 은행', 또 나라의 위탁을 받아 국고사무와 외국외환사무 등을 하는 '정부의 은행'이다.

金融政策

日本銀行には、国の中央銀行として金融政策をおこなうという重要な仕事がある。

金融政策とは、物価と景気の安定を維持するための政策で、そのために市場に出回る通貨供給量(マネーサプライ)を調整することである。

金融政策の方法には①預金準備率(支払い準備率)操作、②公定歩合操作、③公開市場操作がある。預金準備率とは、市中銀行が中央銀行に預金する割合で、好況期には割合を上げて通貨供給量を減らし、不況時には反対に下げて供給量を増やす。

公定歩合とは、中央銀行が市中銀行に資金を貸し出す際の金利で、90年代初めまでは、公定歩合と市中銀行の金利が連動していたため、好況時には公定歩合を引き上げて通貨量を減らし、不況時には引き下げて通貨量を増やす政策をした。しかし、1994年からの金利自由化によって、公定歩合の高低が実質的な効果を失った。そこで、現在では銀行間の金利(コールレート)を操作するため、政策金利操作と呼ばれる。

公開市場操作とは、中央銀行が国債や手形を売買することによって、直接市場に通貨を流したり、反対に回収したりする。

금융정책

일본은행에는 나라의 중앙은행으로서 금융정책을 실시해야 하는 중요한 업무가 있다. 금융정책이란 물가와 경기 안정을 유지하기 위한 정책으로, 그것을 위해 시장에 유통되는 통화공급량(머니서플라이)을 조정하는 것이다.

금융정책 방법에는 ①예금준비율(지급 준비율) 조작 ②공정보합 조작 ③공개시장 조작이 있다. 예금준비율이란 시중은행이 중앙은행에 예금하는 비율로, 호황기에는 비율을 올려서 통화공급량을 줄이고 불황기에는 반대로 내려서 공급율을 늘린다.

공정보합이란 중앙은행이 일반은행에 자금을 대출할 때의 금리로, 90년대 초까지는 공정보합과 일반은행의 금리가 연동되어 있었다. 그래서 호황기 때는 공정보합을 올려 통화량을 줄이고, 불황일 때는 내려서 통화량을 늘리는 정책을 폈다. 그러나 1994년부터의 금리자유화에 의해, 공정보합의 등락이 실질적인 효과를 잃게 되었다. 그래서 현재는 은행 간의 금리(콜금리)를 조작하기 때문에, 정책금리 조작이라 불린다.

공개시장조직이란, 중앙은행이 국채와 어음을 매매함으로써 시장에 직접 통화를 유통한다든지 반대로 회수하는 것을 말한다.

金融政策 금융정책

	好況期＝インフレ対策 호황기＝인플레 대책	不況期＝デフレ対策 불황기＝디플레 대책
金融政策 금융정책	金融引き締め政策 ⇒マネーサプライ減らす 금융 긴축정책 머니 서플라이를 감소시킴	金融緩和政策 ⇒マネーサプライ増やす 금융 완화정책 머니 서플라이를 증가시킴
公定歩合操作 공정보합 조작	引き上げ 인상	引き下げ 인하
預金準備率操作 예금준비율 조작	引き上げ 인상	引き下げ 인하
公開市場操作 공개시장 조작	売りオペレーション 중앙은행이 유가증권을 팔아 시중은행의 통화를 회수	買いオペレーション 중앙은행이 유가증권을 사들여 통화를 공급

金融の自由化

日本では従来、経済の安定のために金融機関に対する保護と規制がおこなわれていたため、金融機関間での競争はほとんどない状態であった。しかし、経済のグローバル化がすすむ中で、この閉鎖的なシステムは批判を浴び、より効率的な金融をめざすために自由化が求められるようになった。

そこで日本では1990年代後半から金融の大改革がおこなわれてた。この改革を金融ビッグバンという。この改革では自由(free)・公正(fair)・国際化(global)を三原則とし、具体的には金利自由化、金融持株会社の解禁により銀行・証券・保険の三業務が相互参入できるようになり、さらに国際化にともなって為替業務も自由化され、さまざまな規制が緩和された。

금융의 자유화

일본은 이제까지 경제 안정을 위하여 금융기관을 보호·규제했기 때문에, 금융기간 사이의 경쟁은 거의 없는 상태였다. 그러나 경제의 국제화가 진행되면서 이 폐쇄적인 시스템은 비판을 받아, 더욱 효율적인 금융을 지향하기 위해 자유화가 요구되었다.

그래서 일본에서는 1990년대 후반부터 금융 대개혁이 일어났다. 이 개혁을 금융빅뱅이라고 한다. 이 개혁에서는 자유(free)·공정(fair)·국제화(global)를 3원칙으로 했다. 구체적으로는 금리 자유화, 금융지주회사의 금지 해제로 인해 은행·증권·보험의 세 업무가 상호 참가할 수 있게 되었으며, 국제화와 더불어 외환업무도 자유화되어 여러 가지 규제가 완화되었다.

金融大改革 — 日本版金融ビッグバン

1980年代にイギリスでおこなわれた金融大改革がビッグバンと呼ばれたことに由来して、日本でもビッグバンと呼ぶようになった。

日本のビッグバンの背景には「失われた10年」とよばれる、バブル経済崩壊後の不況があった。バブル経済期に銀行から供給された投資資金が、バブル経済崩壊後、多くの金融機関が回収できない貸付金いわゆる不良債権として残った。この不良債権処理を効率よくおこなうためにも金融再編が日本経済の復興の鍵とされ、ビッグバンがすすめられた。

また、戦後以来日本政府は安定した経済成長のために、銀行同士の競争を排除して銀行を保護してきた。これを護送船団方式と呼ぶが、そのため銀行は競争力を失い効率的な経営ができなくなっていた。

금융대개혁 – 일본판 금융빅뱅

1980년대에 영국에서 실시된 금융대개혁을 빅뱅이라 부른 것에서 유래하여, 일본에서도 빅뱅이라고 불리게 되었다.

일본 빅뱅의 배경에는 '잃어버린 10년'이라 불리는 버블경제 붕괴 후의 불황이 있었다. 버블경제기에 은행에서 공급된 투자자금이 버블경제 붕괴 후, 많은 금융기관이 회수할 수 없는 대부금, 이른바 불량채권으로 남았다. 이 불량채권 처리를 효율 좋게 하기 위해서도 금융 재편이 일본경제 부흥의 열쇠로 여겨져 빅뱅이 추진되었다.

또한 전쟁 후 일본 정부는 안정된 경제성장을 위해, 은행끼리의 경쟁을 배제하고 은행을 보호해 왔다. 이것을 호송선단방식이라고 하는데, 그 때문에 은행은 경쟁력을 잃고 효율적인 경영을 할 수 없게 되었다.

日本の金融ビッグバン三原則 일본의 금융빅뱅 3원칙

フリー … 市場原理による自由な市場に 자유… 시장원리에 따라 자유시장으로	・独占禁止法の改正により、金融持株会社の設立可能に 독점금지법 개정에 따라 금융지주회사의 설립이 가능해짐 ・為替業務の自由化、外貨預金の自由化 외환업무 자유화, 외화예금 자유화 ・銀行・証券・保険業務の相互介入が自由になど 은행・증권・보험업무 상호개입이 자유로워진 것 등
フェア … 公正で信用できる市場に 공정… 공정하게 신용할 수 있는 시장으로	・金融庁の設置 금융청의 설치 ・金融機関の情報開示（ディスクロージャー）の徹底 금융기관의 정보개시(디스클로저)를 철저히 함
グローバル … 国際的な市場に 국제화 … 국제적인 시장으로	・海外からの投資をしやすくするための規制緩和 해외로부터의 투자를 쉽게 하기 위한 규제 완화

○ **金融機関の破綻と再編**

　1997年、バブル崩壊後の日本では銀行や証券会社の破綻が相次ぎ、翌1998年から1999年にかけて国は莫大な公的資金を大手銀行などに注入した。しかし、長引く不況の中で企業の倒産や経営の不振が続き、不良債権（回収不能な貸し出し金）は減ることがなかった。

　そのような中で金融ビッグバンによって、金融界の活性化が目指された。

금융기관의 파탄과 재편

　1997년 버블붕괴 후 일본에서는 은행이나 증권회사의 파탄이 잇달아, 다음해 1998년부터 1999년에 걸쳐 일본은 막대한 공적자금을 대형은행 등에 주입했다. 그러나 오랜 불황 속에서 기업의 도산과 경영부진이 계속되어 불량채권(회수불가능한 대출금)은 감소하지 않았다.

　그런 상황 속에서 금융빅뱅을 통해 금융계 활성화를 지향했다.

문제 풀면서 다시 한번 확인해 보자

01 金融ビッグバンに関する次の①~④の記述のうち誤っているものを一つ選びなさい。
① 改革の三原則は、フリー（自由）・フェア（公正）・グローバル（国際化）である。
② 独占禁止法改正によって持株会社が解禁され、金融持株会社を設立することができるようになった。
③ 外為法改正によって為替の両替業務の自由化と外貨預金の自由化が行われた。
④ 金融ビッグバンとは、国債の大量発行を通じて景気対策をするものだった。

02 次の文章を読んで（　）に入る語句を次の①~④から選んで入れなさい。
企業が資金を集める方法には銀行などの金融機関から借り入れる（　a　）金融と、株式や社債などを発行して直接資金を集める（　b　）金融とがあり、日本は（　c　）金融型、アメリカは（　d　）金融型である。

① a 間接　　b 直接　　c 直接　　d 間接
② a 直接　　b 間接　　c 間接　　d 直接
③ a 直接　　b 間接　　c 直接　　d 間接
④ a 間接　　b 直接　　c 間接　　d 直接

01 금융빅뱅에 관한 다음 ①~④의 기술 중 틀린 것을 하나 고르시오.
  ① 개혁의 3원칙은, 프리(자유)·페어(공정)·글로벌(국제화)이다.
  ② 독점금지법 개정에 의해 지주회사 금지령의 해제로 금융지주회사를 설립 할 수 있게 되었다.
  ③ 외환법 개정에 의해 외환의 환전업무 자유화와 외화예금의 자유화가 실시되었다.
  ④ 금융빅뱅이란, 국채를 대량 발행하여 경기 대책을 세우는 것이었다.

> 정답·해설 01 정답 ❹
> 金融ビッグバンとは金融界の自由化をめざしたもので、国債の発行とは関係がない。
> 금융빅뱅이란 금융계의 자유화를 지향하는 것으로, 국채발행과는 관계가 없다.

02 다음 글을 읽고 (   )에 들어갈 어구를 다음의 ①~④에서 골라 넣으시오.

기업이 자금을 모으는 방법에는 은행 등의 금융기관으로 부터 차입하는 (a)금융과, 주식과 회사채 등을 발행하여 직접자금을 모으는 (b)금융이 있으며, 일본은 (c)금융형, 미국은 (d)금융형이다.

  ① a 간접   b 직접   c 직접   d 간접
  ② a 직접   b 간접   c 간접   d 직접
  ③ a 직접   b 간접   c 직접   d 간접
  ④ a 간접   b 직접   c 간접   d 직접

> 정답·해설 02 정답 ❹
> 日本は先進国のなかでも国民の貯蓄率が高く、戦後の復興期から高度経済成長期にかけて、銀行からの融資によって経済が発展してきた。それに対し、アメリカは銀行への預金は活発ではなく、直接金融中心である。
> 일본은 선진국 중에서도 국민의 저축율이 높고, 전쟁 후의 부흥기부터 고도경제성장기에 걸쳐 은행에서 받는 융자로 경제가 발전해 왔다. 그것에 반해, 미국은 은행에의 예금은 활발하지 않으며, 직접금융중심이다.

제 5 장 財政と財政政策 재정과 재정정책

>> 학습 포인트

・財政とはなにか。
　재정이란 무엇인가?

・財政の役割にはどのようなものがあるのか。
　재정의 역할에는 어떤 것이 있는가?

キーワード

福祉国家 복지국가　財政の三機能 재정의 3기능　フィスカル・ポリシー 피스컬 폴리시(재정정책)

ビルト・イン・スタビライザー 빌트인 스태빌라이저(자동안정장치)　間接税 간접세

直接税 직접세　累進課税 누진과세　課税の逆進性 과세의 역진성　直間比率 직간비율

財政の硬直化 재정의 경직화

○ 福祉国家

財政とは政府の経済活動のことで、国家の財政と地方の財政がある。

近代までの社会では、夜警国家観が基本となり、経済活動に対する政府の介入は基本的には少なく、財政の規模も大きなものではなかった。

しかし、20世紀に入ると世界恐慌のような資本主義の問題点が大きくなり、経済活動に対する政府の介入が必要となり、社会福祉などの財政の規模が大きくなっていった。このような経済活動に対する政府の関与が大きい社会を福祉国家という。

복지국가

재정이란 정부의 경제활동을 말하는 것으로, 국가재정과 지방재정이 있다.

야경국가관을 기본으로 했던 근대까지의 사회에서는 정부가 경제활동에 그다지 개입하지 않았기 때문에 재정규모도 크지 않았다.

그러나 20세기에 접어들어 세계공황과 같은 자본주의 문제점이 커지자 경제활동에 대한 정부의 개입이 필요해졌고, 사회복지 등의 재정규모도 커져 갔다. 이러한 경제활동에 대한 정부의 관여가 큰 사회를 복지국가라고 한다.

財政の機能

財政には三つの機能があり、現代社会のなかでその役割は大きくなっている。

一つ目は、資源配分の機能である。これは、一般企業ではおこなうことができない公共財やサービスを供給することである。道路や公園をつくったり、警察や消防のサービスもこれに入る。二つ目は所得再分配の機能である。自由競争が基本となる資本主義社会では、所得格差が必ず生まれるが、この格差をできるだけ平等にすることが所得再分配である。所得の多い者からは累進課税制により、たくさん税を徴収し、所得の低い者からは少しの税を徴収して、また社会保障を与えるのである。三つ目の機能が、景気調整機能である。税制や公共事業によって有効需要を調節して景気の安定をはかるのである。

この景気調整の機能には、財政がもともと持つ機能で自動的に働くビルト・イン・スタビライザー（景気の自動安定化装置）と、政府が意図的におこなうフィスカル・ポリシー（裁量的財政政策）がある。

재정의 기능

재정에는 세 가지 기능이 있으며, 현대사회 속에서 그 역할은 크다.

첫 번째는, 자원배분 기능이다. 이것은 일반기업에서는 할 수 없는 공공재와 서비스를 공급하는 일이다. 도로와 공원을 만든다거나 경찰과 소방 서비스도 이것에 들어간다. 두 번째는 소득재분배 기능이다. 자유경쟁이 기본이 되는 자본주의사회에서는 소득격차가 반드시 생겨나는데, 이 격차를 가능한 한 평등하게 하는 것이 소득재분배이다. 소득이 많은 사람으로부터는 누진과세제에 따라 세금을 많이 징수하고, 소득이 낮은 사람에게서는 세금을 적게 징수하여 재차 사회보장을 부여하는 것이다. 세 번째 기능은 경기조정 기능이다. 세제와 공공사업을 통해 유효수요를 조절해서 경기안정을 도모하는 것이다.

이 경기조정의 기능에는 재정이 원래 가진 기능으로 자동적으로 작용하는 빌트인 스태빌라이저(경기 자동안정장치)와, 정부가 의도적으로 행하는 피스컬 폴리시(재량적 재정정책)이 있다.

財政の機能 재정의 기능

① 資源配分機能 … 社会資本（インフラストラクチャー）の提供
자원배분 기능 … 사회자본(인프라 스트럭처)제공

② 所得再分配機能 … 極端な貧富の差を是正
소득재분배 기능 … 극단적인 빈부차를 시정

③ 景気調整機能 … 景気の安定、インフレ・デフレの調整
경기조정 기능 … 경기안정, 인플레・디플레 조정

景気調整機能
경기조정기능

① 自動安定化装置(ビルト・イン・スタビライザー)
자동안정장치(빌트인 스태빌라이저)

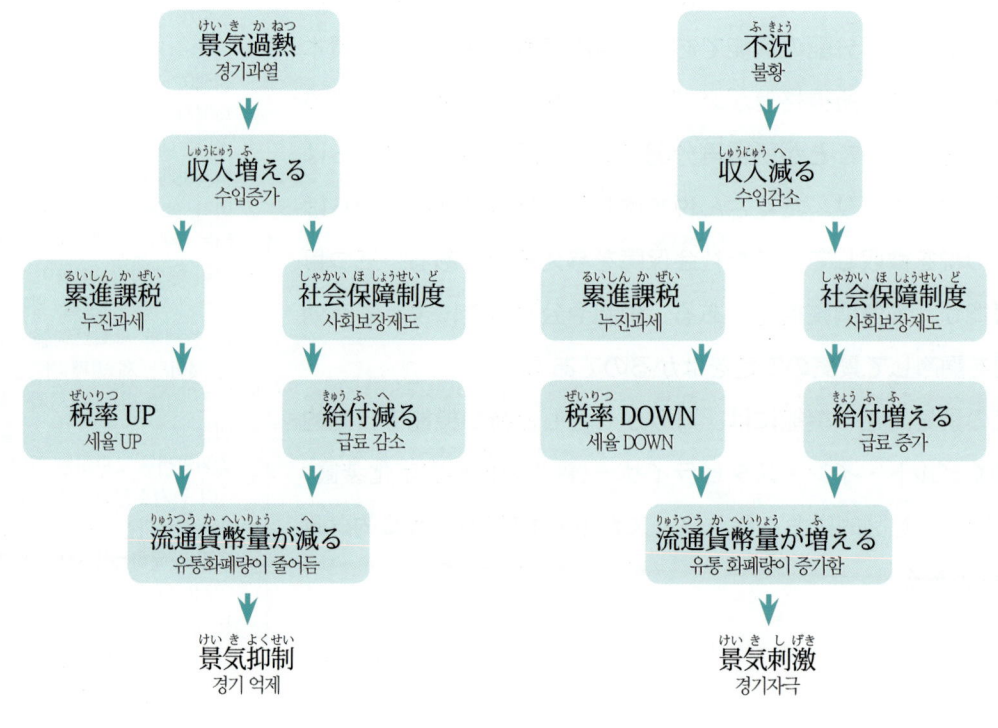

② 財政政策(フィスカル・ポリシー)
재정정책(피스컬 폴리시)

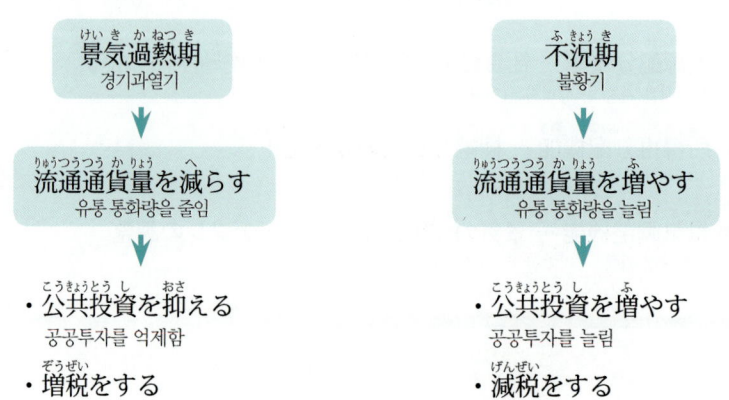

ビルト・イン・スタビライザーとフィスカルポリシー 자동안정장치와 재정정책

ビルト・イン・スタビライザーとは 자동안정장치란	○ 財政がもとから持っている機能 재정이 원래부터 가지고 있는 기능 ・不況 → 所得税や法人税(累進課税)の税率が減る 　→ 国民の負担が減る → 景気回復 불황 → 소득세와 법인세(누진과세)의 세율이 감소 → 국민부담이 줄어듦 → 경기회복 ・好況 → 所得税や法人税(累進課税)の税率が増える 　→ 国民の負担が増える → 景気を抑える 호황 → 소득세와 법인세(누진과세)의 세율이 증가 → 국민부담이 커짐 → 경기를 억제 というように、自然に景気が調節される 이처럼 자연스럽게 경기가 조절됨
フィスカルポリシーとは 재정정책이란	○ 政府が意図的、裁量的な政策によって景気を調整すること 정부가 의도적, 재량적인 정책으로 경기를 조정하는 것 ・不況 → 公共投資の拡大・減税 → 有効需要を創り出す 불황 → 공공투자 확대・감세 → 유효수요를 창출 ・好況 → 公共投資を減らす・増税 → 有効需要を抑える 호황 → 공공투자를 줄임・증세 → 유효수요를 억제 というように、政府が意図的に何らかの政策をおこなって景気を調整する 이처럼 정부가 의도적으로 어떠한 정책을 써서 경기를 조정함

財政のしくみ

財政の計画が予算である。予算とは一年間の歳入・歳出の計画である。歳入とは税金や公債など政府に入ってくるお金である。歳出は政府の遣うお金で、公共事業や社会保障費などがある。日本の国の予算は内閣がつくり、国会の承認で決定する。

재정의 구조

재정을 계획하는 것을 예산이라고 한다. 예산이란 1년간의 세입・세출에 대한 계획이며, 세입이란 세금과 공채 등 정부에 들어오는 돈을 말한다. 세출은 정부가 쓰는 돈으로, 공공사업과 사회보장비 등이 있다. 일본의 국가 예산은 내각이 만들고 국회의 승인으로 결정된다.

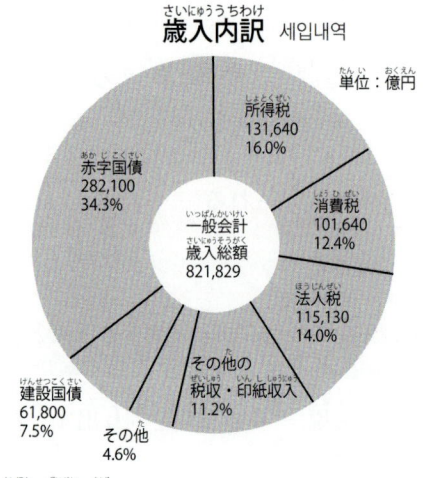
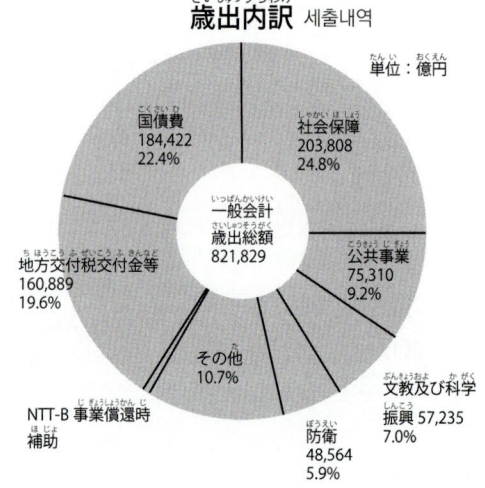

歳入内訳 세입내역 単位：億円
- 所得税 131,640 16.0%
- 消費税 101,640 12.4%
- 法人税 115,130 14.0%
- その他の税収・印紙収入 11.2%
- その他 4.6%
- 建設国債 61,800 7.5%
- 赤字国債 282,100 34.3%
- 一般会計歳入総額 821,829

財務省『日本の財政を考える』

歳出内訳 세출내역 単位：億円
- 社会保障 203,808 24.8%
- 公共事業 75,310 9.2%
- 文教及び科学振興 57,235 7.0%
- 防衛 48,564 5.9%
- NTT-B事業償還時補助
- その他 10.7%
- 地方交付税交付金等 160,889 19.6%
- 国債費 184,422 22.4%
- 一般会計歳出総額 821,829

税制

歳入の中心となるのが租税である。日本の租税はまず、国に納める国税と地方政府（県や市）に納める地方税に分かれる。また、税の納め方によっても、納税者と実際の負担者が同じ直接税と、両者が異なる間接税とがある。

直接税の主なものとしては所得税や法人税があり、ほぼ累進課税されるので高所得者ほど税率が高い。間接税は消費税が代表的なもので、納税者は企業だが実際の負担者は消費者である。日本の消費税のように、商品に均一に課税されるので低所得者にとっては負担が大きくなる。これを課税の逆進性という。

세제

세입의 중심이 되는 것이 조세이다. 우선 일본의 조세는 나라에 납부하는 국세와 지방정부（현과 시）에 납부하는 지방세로 나뉜다. 또한 세금을 납부하는 방법에 따라서도, 납세자와 실제로 부담하는 자가 동일한 직접세와 납세자와 부담하는 자가 다른 간접세가 있다.

직접세의 주된 것으로는 소득세와 법인세가 있으며, 거의 누진과세되기 때문에 고소득자일수록 세율이 높다. 간접세의 대표적인 것은 소비세로, 납세자는 기업이지만 실제로 부담하는 자는 소비자이다. 일본의 소비세처럼 상품에 균일하게 세금이 매겨지기 때문에, 저소득자에 있어서는 부담이 커진다. 이것을 과세의 역진성이라고 한다.

	国税 국세	地方税 지방세
直接税 직접세	所得税・法人税・相続税・贈与税 など 소득세・법인세・상속세・증여세 등	住民税・固定資産税・自動車税 など 주민세・고정자산세・자동차세 등
間接税 간접세	消費税・酒税・タバコ税・石油税 など 소비세・주세・담배세・석유세 등	タバコ税・ゴルフ場利用税 など 담배세・골프장 이용세 등

直接税である所得税や住民税は、所得が多ければ税率も高くなる『累進課税制』が適用されている。次の「税制改革」の項で述べるように、現在の日本では直接税と間接税の割合は6：4だが、国税と地方税の割合も6：4となっている。

간접세인 소득세와 주민세는, 소득이 많으면 세율도 높아지는 '누진과세율'이 적용된다.
다음의 '세제개혁'에서 설명하는 바와 같이, 지금 일본에서는 직접세와 간접세 비율은 6：4이지만 국세와 지방세 비율도 6：4이다.

税制改革

日本の税制は戦後のシャウプ勧告以来、国税と直接税中心である。しかし、1980年代から社会の少子高齢化によって税収は減る一方で、社会福祉や医療費などの社会保障費は増え、働く世代の負担が重くなるという問題が発生した。

そこで、若い世代からだけではなく、全国民から平等に税金を集めるため、消費税すなわち間接税の割合を増やす政策がとられるようになった。税収に占める直接税と間接税の割合を直間比率というが、間接税重視の政策により、7：3であった比率が6：4に近くなってきた。また、一人当たりの国民所得に対する、税負担率と保険料などの社会保障費負担率の割合を合わせたものを国民負担率というが、日本の国民負担率はアメリカより高く、ヨーロッパ各国より低くなっている。

세제개혁

전쟁 후의 샤우프 권고 이후, 일본의 세제는 국세와 직접세 중심이다. 그러나 1980년대부터 사회의 저출산・고령화에 의해 세수는 계속 줄기만 하고 사회복지와 의료비 등 사회보장비는 늘어, 일하는 세대의 부담이 커지는 문제가 발생했다.

그리고 젊은 세대뿐만 아니라 모든 국민에게 평등하게 세금을 모으기 위해, 소비세 즉 간접세의 비율을 늘리는 정책을 펴게 되었다. 세수가 차지하는 직접세와 간접세의 비율을 직간비율이라고 하는데, 간접세 중시 정책에 따라 7：3이었던 비율이 6：4에 가까워졌다. 또, 한 사람당 국민소득에 대한 세부담과 보험료 등의 사회보장비부담율의 비율을 합친 것을 국민부담율이라고 하는데, 일본의 국민부담율은 미국보다 높고, 유럽의 각국 보다 낮다.

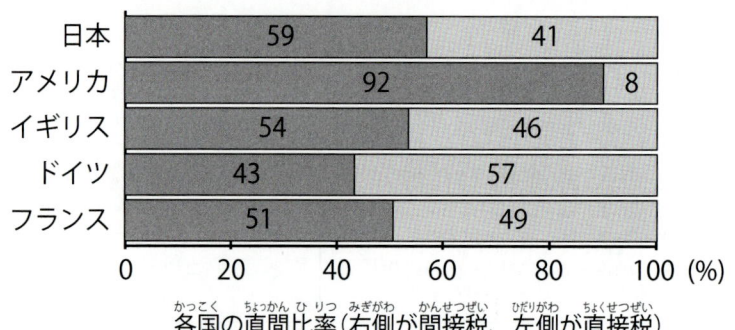

各国の直間比率(右側が間接税、左側が直接税)
각국의 직간 비율(오른쪽이 간접세, 왼쪽이 직접세)

○ **国債**

歳入の中心は国民からの租税であるが、足りない場合は公債を発行する。国の発行するものを国債といい、地方政府の発行するものを地方債という。

国債には建設国債と赤字国債があるが、基本的に認められているのは、公共事業に使われる建設国債である。歳入不足を補うための赤字国債は、特例法によって発行されるもので特例国債ともよばれる。赤字国債の発行は厳しく制限されているが、1960年代に発行されて以来、ほぼ毎年発行され、その額は増え続けている。

国債の発行が増えると、当然歳出における国債費の割合も増える。そうすると、国が実際に使うことのできる資金が減ってしまう。これを財政の硬直化という。

このため、1990年代後半から財政構造改革法をつくり、財政制度の抜本的な見直しをはかっている。

국채

세입의 중심은 국민에게 거두어들이는 조세이지만, 부족한 경우에는 공채를 발행한다. 나라에서 발행하는 것을 국채라 하고, 지방정부가 발행하는 것을 지방채라고 한다.

국채에는 건설국채와 적자국채가 있는데, 기본적으로 인정되는 것은 공공사업에 사용되는 건설국채이다. 세입 부족을 보충하기 위한 적자국채는 특례법에 의해 발행되는 것으로, 특별국채라고도 한다. 적자국채 발행은 엄격하게 제한되어 있지만, 1960년대에 발행된 이래 거의 매년 발행되고 있어 그 액수는 계속 늘고 있다.

국채 발행이 늘면, 당연히 세출에 있어서 국채비의 비율도 증가한다. 그렇게 하면, 나라가 실제로 사용할 수 있는 자금이 감소한다. 이것을 재정의 경직화라고 한다.

이 때문에, 1990년대 후반부터 재정구조개혁법을 만들어 재정제도의 발본적인 재검토를 꾀하고 있다.

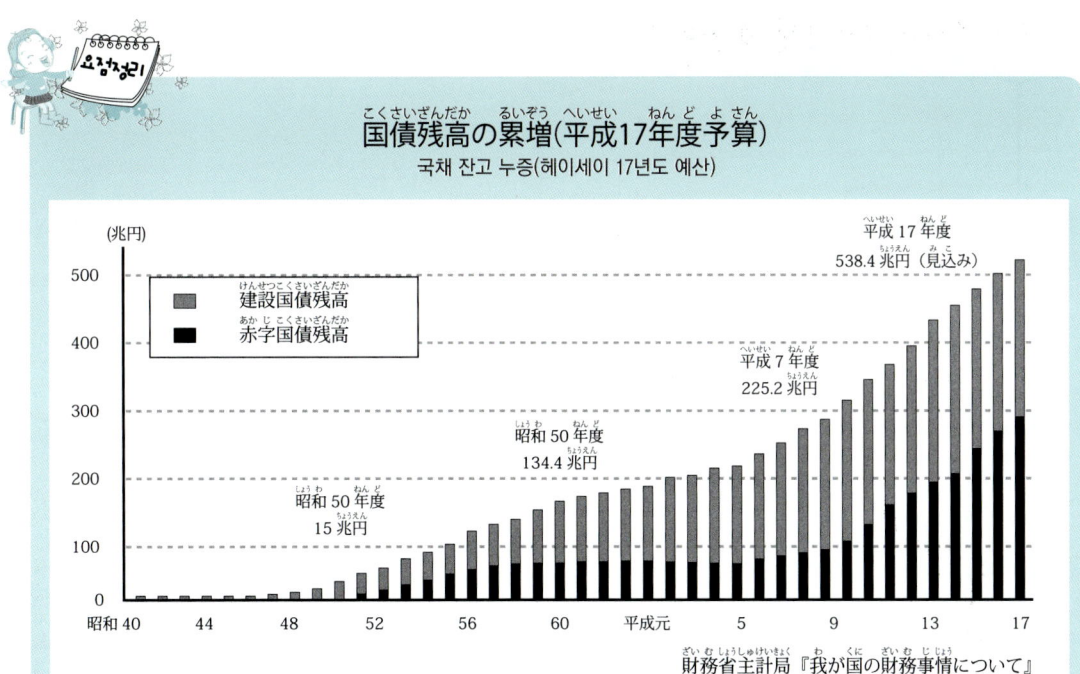

国債残高の累増(平成17年度予算)
국채 잔고 누증(헤이세이 17년도 예산)

- 建設国債残高
- 赤字国債残高

昭和50年度 15兆円
昭和50年度 134.4兆円
平成7年度 225.2兆円
平成17年度 538.4兆円(見込み)

財務省主計局『我が国の財務事情について』

日本の財政の問題点
일본 재정의 문제점

社会保障関係費 사회보장관계비	高齢化により急増している 고령화로 인해 급증하고 있음
国債費 국채비	国債の返済金の増加 → 財政圧迫 국채의 반환금 증가 → 재정압박
地方交付税交付金 지방교부세교부금	地方への補助金 → 中央政府の影響力増大、国への依存度増大 지방으로의 보조금 → 중앙정부의 영향력 증대, 국가에의 의존도 증대
公共事業関係費 공공사업관계비	無駄遣いされている面も 낭비되고 있는 면도 있음

経済分野

01 近年の日本の財政に関する次の①〜④の記述のうち正しいものを一つ選びなさい。
① 財政改革により、国債の発行は急激に減った。
② 少子高齢化の影響もあり、歳出に占める社会保障費は増加傾向にある。
③ 歳入における国債の占める割合は、先進国の中でも低い水準である。
④ 財政の機能としては、資源の配分、所得の再分配、為替の安定化があげられる。

02 日本の国債と税制に関する次の①〜④の記述のうち正しいものを一つ選びなさい。
① 近年、税収を増やすための対策として、所得税や法人税の累進化税率は高くなってきている。
② 日本銀行は政府の銀行として、毎年一定額の国債を引き受けることが義務付けられている。
③ 日本の税収は戦後のシャウプ勧告以来、地方分権をすすめるため地方税の割合が多い。
④ 財政法で発行が認められているのは建設国債であり、赤字国債を発行するためには特別な立法が必要である。

01 최근 몇 년의 일본재정에 관한 다음 ①~④의 기술 중 올바른 것을 하나 고르시오.

① 재정개혁으로 인해 국채의 발행은 급격하게 줄었다.
② 저출산·고령화 영향도 있어, 세출에서 차지하는 사회보장비는 증가 경향에 있다.
③ 세입에서 국채가 차지하는 비율은 선진국 중에서도 낮은 수준이다.
④ 재정의 기능으로는 자원의 배분, 소득의 재분배, 외환의 안정화를 들 수 있다.

> **정답·해설 01** 정답 ❷
>
> ❶ 国債の発行額は依然として大きく、歳出に占める国債費の割合の高さも問題となっている。
>   국채 발행액은 여전히 크고, 세출이 차지하는 국채비의 비율이 높은 것도 문제가 되고 있다.
> ❸ 日本は、歳入においても歳出においても、国債の占める割合が世界でも高い水準である。
>   일본은 세입에 있어서도 세출에 있어서도, 국채가 차지하는 비율이 세계에서도 높은 수준이다.
> ❹ 財政の機能は、資源の配分、所得の再配分、景気の調整である。
>   재정의 기능은 자원의 배분, 소득의 재분배, 경기의 조정이다.

02 일본의 국채와 세제에 대한 다음 ①~④의 기술 중에서 올바른 것을 하나 고르시오.

① 최근 몇 년 사이 세수를 늘리기 위한 대책으로, 소득세와 법인세의 누진화세율이 높아지고 있다.
② 일본은행은 정부 은행으로서, 매년 일정액의 국채(지급)를 부담하는 것이 의무화되어 있다.
③ 일본의 세수는 전쟁 후의 샤우프 권고 이후, 지방분권을 진흥시키기 위한 지방세의 비율이 많다.
④ 재정법에서 발행이 인정되는 것은 건설국채이고, 적자국채를 발행하기 위해서는 특별한 입법이 필요하다.

> **정답·해설 02** 정답 ❹
>
> ❶ 1990年代からの不況対策として、税率は下げられてきた。
>   1990년대부터의 불황대책으로 세율은 낮춰졌다.
> ❷ 日本銀行の国債引き受けは禁止されている。
>   일본은행의 국채(지급의무) 부담은 금지되어 있다.
> ❸ シャウプ勧告は、国税中心と直接税中心が2大柱であった。
>   샤우프 권고는 국세중심과 직접세 중심이 2대 기둥이었다.

第6章 貿易と外国為替 무역과 외국환율

》 학습 포인트

- 貿易の形態はどのように変化してきたか。
  무역의 형태는 어떻게 변화해 왔는가?
- 為替の変動が国内経済にどのように影響するのか。
  환율변동이 국내경제에 어떻게 영향을 미치는가?

キーワード

自由貿易 자유무역　保護貿易 보호무역　ブレトンウッズ体制 브레튼우즈 체제

IMF 국제통화기금　IBRD 국제부흥개발은행(세계은행)　GATT 관세 및 무역에 관한 일반협정

WTO 세계무역기구　FTA 자유무역협정　国際収支 국제수지　金本位制 금본위제

管理通貨制 관리통화제　固定相場制 고정환율제　変動相場制 변동환율제

○ 自由貿易と保護貿易

貿易に対する基本的な考え方として、自由貿易論と保護貿易論がある。

19世紀、世界経済の中心であったイギリスは、世界中に工業製品を輸出しており、他国が輸入制限することを嫌って、自由貿易主義を主張した。当時の経済学者リカードは、比較生産費説によって、各国が優位を持つ商品の生産に特化すれば、どの国も利益を得られるとして自由貿易の理論的基礎をつくった。これに対して、ドイツのリストは、まだ発展途上であったドイツの経済を保護するためにも、輸入を制限する保護貿易をするべきであると主張した。

第2次世界大戦前のブロック経済は、この保護貿易の考え方によるものであったが、結果的に世界貿易が縮小して戦争にまで発展した反省から、今日では自由貿易が世界貿易の基本となっている。

자유무역과 보호무역

무역에 대한 기본적인 사상으로 자유무역론과 보호무역론이 있다.

19세기 세계경제의 중심이었던 영국은 전 세계에 공업제품을 수출하고 있었기 때문에, 다른 나라가 수입을 제한하는 것을 꺼려 자유무역주의를 주장했다. 당시의 경제학자 리카도는 비교생산비설에 따라, 각국이 우위를 가진 상품생산을 특화시키면 어떤 나라라도 이익을 얻을 수 있다고 하는 자유무역의 이론적 기초를 만들었다. 이것에 대해, 독일의 리스트는 아직 발전도상국이었던 독일 경제를 보호하기 위해서도 수입을 제한하는 보호무역을 해야 한다고 주장했다.

제2차 세계대전 이전의 블록경제는 이 보호무역의 사상에 의한 것이었다. 하지만, 결과적으로 세계무역이 축소되어 전쟁으로까지 발전했다는 반성에서, 현재는 자유무역이 세계무역의 기본이 되었다.

<比較生産費説 － リカード>

リカード：1772～1823　イギリス古典派の経済学者
著書『経済学および課税の原理』

19世紀前半、産業革命が急速に進行していた時代のイギリスでリカードは「各国が比較優位なものに生産を特化し(国際分業)自由に貿易をおこなうと、国家間で資源の最適化がはかられ、各国の所得も増大する。」として、国家の保護や介入を排除する自由貿易論を主張した。この理論を下の図のようにイギリスとポルトガルの貿易を例にして説明した。

	ポルトガル 포르투갈	イギリス 영국
ワイン 와인	80人で一本 80명에 한 병	120人で一本 120명에 한 병
毛布 담요	90人で一枚 90명에 한 장	100人で一枚 100명에 한 장

170人でワイン一本・毛布一枚 170명에 와인 한 병, 담요 한 장	220人でワイン一本・毛布一枚 220명에 와인 한 병, 담요 한 장

両国を比較すると、ワインも毛布もイギリスよりポルトガルのほうが少ない労働力で生産できる。ポルトガルは毛布よりワインを生産するほうが労働力が少ない。反対にイギリスは毛布を生産するほうが少ない労働力ですむ。そこでポルトガルはワインに生産を集中(特化)させ、イギリスは毛布に生産を集中する。

特化後 특화후	ポルトガル 포르투갈	イギリス 영국
ワイン 와인	170人で2.125本 170÷80＝2.125 170명에 2.125병, 170÷80＝2.125	
毛布 담요		220人で2.2枚 220÷100＝2.2 220명에 2.2장, 220÷100＝2.2

170人でワイン2.125本 170명에 와인2.125병	220人で毛布2.2枚 220명에 2.2장

両国が生産を特化した結果、全体の生産量を増やすことが可能になる。

〈비교생산비설 － 리카도〉

리카도：1772~1823, 영국고전파 경제학자
저서 "경제학 및 과세의 원리"

19세기 전반, 산업혁명이 급속하게 진행되고 있던 시대의 영국에서 리카도는 '각국이 비교우위인 것에 생산을 특화하고 (국제분업) 자유롭게 무역을 하면, 국가간 자원의 최적화가 이루어져 각국의 소득도 증대한다'는 국가의 보호와 개입을 배재한 자유무역론을 주장했다. 이 이론을 다음 그림과 같이 영국과 포르투갈 무역을 예로 들어 설명했다.

양국을 비교하면, 와인도 담요도 포르투갈이 영국보다 적은 노동력으로 생산할 수 있다. 포르투갈은 담요보다 와인을 생산하는 쪽이 노동력이 적게 든다. 반대로 영국은 담요를 생산하는 것이 적은 노동력으로 해결된다. 그래서 포르투갈은 와인에 생산을 집중(특화)시키고, 영국은 담요에 생산을 집중한다.

양국이 생산을 특화시킨 결과, 전체 생산량을 늘리는 것이 가능해진다.

金本位制の崩壊とブロック経済

　第2次世界大戦前の世界恐慌以前までは、各国の貨幣価値は金との交換で保証されていた。これを金本位制といい、各国の貨幣の通貨量はその国の金の保有量と連動していた。そのため、いつでも金と貨幣の交換は可能であった。

　しかし、世界恐慌が発生し各国では金融政策による景気調整が必要となったが、金本位制のもとでは貨幣の発行量を自由に調整することはできなかった。そこで、各国は景気対策のための貨幣量の調整を自由にするため、1930年以降金本位制を捨てて、金の保有量に関係なく通貨量の調整をおこなうようになった。このように、金の量に制限されることなく通貨の量を調整できる制度を管理通貨制と呼ぶ。

　さらにこの金本位制の崩壊により、金によって保障されていた各国の通貨価値が不安定になったため、為替レートも不安定となった。そこで主要国は、自国の貿易を保護するためブロック経済をおこない、第2次世界大戦の経済的要因となった。

금본위제의 붕괴와 블록경제

　제2차 세계대전의 세계공황 이전까지, 각국의 화폐가치는 금과의 교환으로 보증되었다. 이것을 금본위제라 하고, 각국의 화폐통화량은 그 나라의 금 보유량과 연동하고 있었다. 그 때문에 언제든지 금과 화폐의 교환이 가능했다.

　그러나 세계공황이 발생하여 각국에서는 금융정책에 따른 경기조정이 필요해졌지만, 금본위제 하에서는 화폐발행량을 자유롭게 조정할 수 없었다. 그래서 각국은 경기대책을 위한 화폐량 조정을 자유롭게 하기 위해, 1930년 이후 금본위제를 버리고, 금 보유량에 관계없이 통화량을 조정하게 되었다. 이렇게, 금의 양에 제한 받지 않고 통화량을 조정할 수 있는 제도를 관리통화제라고 한다.

　이러한 금본위제의 붕괴로 인해 금으로 보장되었던 각국의 통화가치가 불안정해졌고, 환율도 불안정해졌다. 그래서 주요국은 자국의 무역을 보호하기 위해 블록경제를 시행하였고, 이는 제2차 세계대전의 경제적 요인이 되었다.

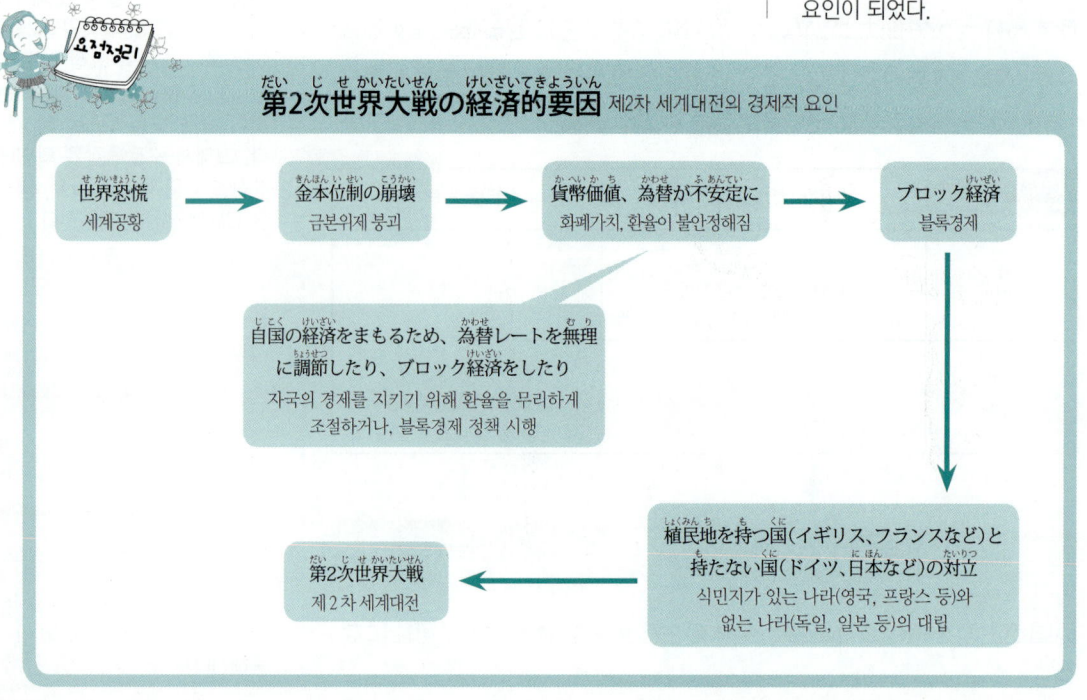

○ ブレトンウッズ体制

　第2次世界大戦中の1944年、アメリカのブレトンウッズで連合国が集まり会議が開かれた。

　この会議で、国際貿易の拡大、為替の安定などをめざしたブレトンウッズ協定が結ばれ、IMF(国際通貨基金)とIBRD(国際復興開発銀行、世界銀行)の設立が決まった。

　国際収支の不均衡の是正のための短期融通をするIMFと、戦後復興を目的とした長期資金融通をするIBRDのもとでの経済体制をブレトンウッズ体制と呼ぶ。

　また、戦前の国際経済体制の反省から、ブレトン・ウッズ協定が結ばれた。この協定では、アメリカのドルを基軸とするためにドルだけは金と交換できるようにして、ドルの価値を保障した。これを金・ドル本位制という。この価値の安定したドルを基準にして各国の通貨価値が決定されるようにした(固定相場制)。

브레튼우즈 체제

　제2차 세계대전 중이던 1944년, 미국의 브레튼우즈에서 연합국이 모여 회의를 열었다.

　이 회의에서 국제무역의 확대, 환율 안정 등을 목표로 하는 브레튼우즈 협정이 체결되고, IMF(국제통화기금)과 IBRD(국제부흥개발은행(세계은행))의 설립이 결정되었다.

　국제수지 불균형의 시정을 위해 단기자금유통을 하는 IMF와, 전쟁 후 부흥을 목적으로 장기자금융통을 하는 IBRD 하에서의 경제체제를 브레튼우즈 체제라고 부른다.

　그리고 전쟁 전 국제경제체제를 반성하는 의미로 브레튼우즈 협정이 체결되었다. 이 협정에서는, 미국의 달러를 기축으로 하기 위해 달러만 금과 교환할 수 있도록 하여 달러 가치를 보장했다. 이것을 금·달러본위제라고 한다. 가치가 안정된 달러를 기준으로 해서 각국의 통화 가치가 결정되도록 했다(고정외환시세제).

ブレトン・ウッズ体制 브레튼우즈 체제

ブレトン・ウッズ協定(1944) 브레튼우즈 협정(1944)	金・ドル本位制とドルを基軸にした固定相場制を決定 금·달러본위제와 달러를 기축으로 하는 고정외환시세제를 결정
国際通貨基金(IMF) 국제통화기금(IMF)	為替の安定、赤字国への融資をおこなう 외환을 안정시키고, 적자국에 융자를 함
国際復興開発銀行(IBRD) 국제부흥개발은행(IBRD)	復興、開発のため発展途上国に長期融資をおこなう 부흥, 개발을 위해 발전도상국에 장기융자를 함

GATTとWTOの誕生

また、1947年のジュネーブ協定で、貿易に関する基本的なルールとなるGATT（貿易と関税に関する一般協定）が成立した。GATTは自由、無差別、多角を三原則とし、為替の安定をめざしたIMFと共に戦後の国際貿易の発展を支えた（IMF・GATT体制）。

GATTのもとで何度も多国間交渉がおこなわれ、主に関税引き下げについて話し合われた。このGATTの多国間交渉はラウンドと呼ばれるが、1960年代のケネディーラウンドといわれる交渉から参加国も増え、1970年代の東京ラウンドでは参加国が100カ国を超えて、関税も大幅に引き下げられた。

1986年から始まったウルグアイラウンドでは、途上国も多く参加し、工業製品だけでなく農産物貿易も問題となってきた。さらにサービス貿易の拡大にともない、著作権などの知的所有権の保護など、新たな問題が出てきた。

そこで、加盟国間の協定にすぎなかったGATTに対し、法的拘束力をもつ国際機関の設立が合意され、1995年WTO（世界貿易機関）が発足した。

新らしく設立したWTOでは、GATTでは対象外となっていた農業やサービス分野も対象とされ、さらに特許や著作権などの知的所有権の問題も取り入れられ、紛争を法的に解決する機能も強化された。

GATT와 WTO의 탄생

또한 1947년의 제네바 협정으로, 무역에 관한 기본적인 규칙이 되는 GATT(관세 및 무역에 관한 일반협정)가 성립되었다. GATT는 자유, 무차별, 다각을 3원칙으로 하여, 환율안정을 목표로 하는 IMF와 함께 전쟁 후의 국제무역 발전을 지원했다(IMF · GATT체제).

GATT 하에서 다국간 교섭이 수차례 행해졌으며, 주로 관세인하에 관해 논의되었다. 이 GATT의 다국간 교섭은 라운드라고 하는데, 1960년대에 케네디라운드라는 교섭부터 참가국도 늘어나게 되었고, 1970년대의 도쿄라운드에서는 참가국이 100개국을 넘어 관세도 큰 폭으로 인하되었다.

1986년부터 시작된 우루과이라운드에서는 도상국도 많이 참가해서 공업제품 뿐만 아니라, 농산물 무역도 문제가 되기 시작했다. 더욱이 서비스무역 확대와 더불어 저작권 등의 지적소유권의 보호 등 새로운 문제가 나타나기 시작했다.

그래서 가맹국간의 협정에 불과했던 GATT에 대해 법적구속력을 가지는 국제기관의 설립이 합의되어, 1995년 WTO(세계무역기구)가 발족되었다.

새롭게 설립된 WTO는, GATT에서는 대상 외였던 농업과 서비스 분야도 대상이 되었으며, 새로이 특허와 저작권 등의 지적소유권 문제도 도입되어 분쟁을 법적으로 해결하는 기능이 강화되었다.

GATTの三原則 GATT의 3원칙

自由 자유
(自由貿易の推進) (자유무역 추진)
関税の引き下げ 관세인하
非関税障壁撤廃 비관세 장벽 철폐

無差別 무차별
(最恵国待遇) (최혜국대우)
全ての国に対して
同じ特権をあたえる
모든 국가에 대해 동등한 특권을 줌

多角 다각
(ラウンド交渉) (라운드 교섭)
全加盟国で貿易
のルールを検討
전가맹국에서 무역규정을 검토

WTO(世界貿易機関) WTO(세계무역기관)
- GATTを引き継いで設立された(1995) … 紛争処理機能が強化された
  GATT를 계승하여 설립됨(1995) … 분쟁 처리 기능이 강화됨
- サービス貿易、知的財産権についてのルールを強化
  서비스 무역, 지적재산권에 대한 규정을 강화

○ ニクソンショock

戦後のブレトン・ウッズ体制は、ドルがいつでも金と交換できるということで成り立っていた。

しかし、1960年ころからアメリカの経済が停滞したことによって「金とドルの交換」がいつまでも可能であるのかという不安感が広まるようになった。貿易の支払いや長引くベトナム戦争への出費が拡大し、アメリカの保有する金が不足しはじめ、大量に発行されるドルに対する信用も揺らいでいった。

そこで、1971年ついにアメリカのニクソン大統領は「今後、金とドルの交換を停止する」と発表した(ニクソン・ショック)。その後、スミソニアン協定で1＄＝360円だった為替相場を1＄＝308円までドルを引き下げて調整をおこなったが、ドルに対する信用は回復せず1973年、主要各国は固定相場制から変動相場制へ移行した。変動相場制とは、通貨の需要と供給の関係によって、通貨の価値が決定するしくみをいう。1976年のキングストン協定でこの変動相場制が確認された。

닉슨 쇼크

전쟁 후의 브레튼우즈 체제는 항상 달러와 금을 교환할 수 있도록 되어있었다.

그러나 1960년경부터 미국경제가 정체되어 '금과 달러의 교환'이 항상 가능할 것인가 하는 불안감이 퍼지게 되었다. 무역에 대한 지급과 오래도록 이어진 베트남 전쟁에의 출비가 확대되어 미국이 보유하는 금이 부족해지기 시작하자, 대량으로 발행되는 달러에 대한 신용도 흔들리고 있었다.

그래서 1971년 결국 미국 닉슨 대통령은 '앞으로 금과 달러의 교환을 정지한다'고 발표했다(닉슨 쇼크). 그 후 스미소니언 협정에서 1달러＝360엔이었던 외환시세를 1달러＝308엔까지 인하해서 조정했지만, 달러에 대한 신용은 회복되지 않아 1973년 주요 각국은 고정환율제에서 변동환율제로 바꾸었다. 변동환율제란, 통화의 수요와 공급의 관계에 따라 통화가치가 결정되는 구조를 말한다. 1976년 킹스톤 체제에서 이 변동환율제가 확인되었다.

◯ FTAと地域経済統合

WTOにはGATTの自由、無差別、多角の三原則はそのまま引き継がれ、多国間での交渉（ラウンド）は引き続きおこなわれた。しかし、WTOの新ラウンドでは参加国間の問題はさらに複雑化し、調整は難航し全体での最終合意が難しくなってきている。

そこで、近年ではWTOの多国間交渉の理念に反するが、特定の国や地域の間で結ぶ自由貿易協定（FTA）が急速に増え、1994年に結ばれたNAFTAやASEAN自由貿易地域（AFTA）、EUの発足、MERCOSUR（南米共同市場）など地域的経済統合への動きが活発化している。

このような世界的な流れの中で、それまではWTOのもとでの多角主義を重視する立場をとっていた日本もNAFTA成立後、世界の経済から取り残されないよう政策転換をはかり、2002年、シンガポールとの間でFTAを結んだのをきっかけに、2004年にはメキシコ、フィリピンとの間でもFTAを結んだ。

FTA와 지역경제통합

WTO에는 GATT의 자유, 무차별, 다각의 3원칙이 그대로 계승되어 다국간의 교섭(라운드)이 계속되었다. 그러나 WTO의 신라운드에서 참가국간의 문제는 더욱 복잡해지고 조정은 난항을 겪으며 전체적인 최종합의가 어려워지게 되었다.

그래서 최근에는 WTO의 다국간 교섭의 이념에는 어긋나지만, 특정한 나라와 지역간에 맞는 자유무역협정(FTA)이 급속하게 증가하였다. 1994년에 체결된 NAFTA와 ASEAN 자유무역지역(AFTA), EU발족, MERCOSUR(남미공동시장) 등 지역적 경제통합으로의 움직임이 활발해졌다.

이러한 세계적 흐름 속에서, 이전까지는 WTO 아래 다각주의를 중시하는 입장을 보였던 일본도 NAFTA 성립 후, 세계의 경제에서 뒤떨어지지 않도록 정책전환을 도모하여, 2002년 싱가포르와 FTA를 맺은 것을 계기로 2004년에는 멕시코, 필리핀과도 FTA를 맺었다.

代表的な地域経済統合 대표적 지역경제 통합

- **EU（ヨーロッパ連合）** EU(유럽연합)
  - マーストリヒト条約(1993)で発足 … 域内の関税を撤廃
    마스트리히트 조약(1993)에서 발족 … 지역내 관세를 철폐
  - 共通通貨EURO（ユーロ）を発行 공통통화 EURO(유로)를 발행
- **ASEAN（東南アジア諸国連合）** … 1967年発足 ASEAN(동남아시아 국가연합) … 1967년 발족
- **APEC（アジア太平洋経済協力会議）** … 1989年発足、太平洋岸の諸国が参加
  APEC(아시아 환태평양 경제협력회의) … 1989년 발족, 태평양안 여러 나라들이 참가
- **NAFTA（北米自由貿易協定）** … 1994年発足、アメリカ、メキシコ、カナダの三国が参加
  NAFTA(북미자유무역협정) … 1994년 발족, 미국, 멕시코, 캐나다 3국이 참가
- **FTA（自由貿易協定）** … 日本は2002年シンガポールとはじめて締結
  FTA(자유무역협정) … 일본은 2002년 싱가포르와 처음으로 체결

外国為替のしくみ

外国為替とは、貿易の際に現金の輸送の代わりに手形や小切手によって決算する方法のことで、自国の通貨と他国の通貨との交換比率を為替相場という。

この為替相場は戦後のIMF体制のもと、1973年までは1＄＝360円と固定されていた（固定相場制）。しかし、その後は通貨の取引量によって為替相場が決まるようになった（変動相場制）。

為替相場が変動する原理は、基本的には「価格の自動調節機能」が当てはまる。需要が高まれば価格は上がり、需要が減れば価格は下がる。

例えばドルと円の交換を考えてみると、ドルに対する需要が多ければドルの価値は上がりドル高になり、反対に需要が少なければドル安になる。

외환의 구조

외환이란 무역을 할 때 현금운송 대신에 어음과 수표로 결산하는 방법을 말하는 것으로, 자국의 통화와 다른 나라의 통화와의 교환비율을 외환시세라고 한다.

이 외환시세는 전쟁 후 IMF 체제 하에서 1973년까지는 1＄＝360엔으로 고정되어 있었다(고정시세제). 그러나 그 후는 통화 거래량에 따라 외환시세가 결정되게 되었다(변동시세제).

외환시세가 변동하는 원리는, 기본적으로는 '가격의 자동조절 기능'이 적합하다. 수요가 증가하면 가격은 오르고, 수요가 줄면 가격은 내려간다.

예를 들어 달러와 엔의 교환을 생각해 보면, 달러에 대한 수요가 많으면 달러의 가치는 올라가고, 반대로 수요가 적으면 달러가 싸지는 것이다.

円高・円安 엔화강세・엔화약세

○ 円を欲しがる人が増える → 円の価値が上がる → 円高
엔을 갖고 싶어하는 사람이 증가함 → 엔의 가치가 올라감 → 엔화강세

○ 外貨を欲しがる人が増える → 円の価値が下がる → 円安
외화를 갖고 싶어하는 사람이 증가함 → 엔의 가치가 내려감 → 엔화약세

例）海外から日本への旅行者が増える → 外貨を円に換える → 円高
국외에서 일본으로 오는 여행자가 증가함 → 외화를 엔으로 교환 → 엔화강세

日本の企業が海外に子会社を増やす → 円を外貨に換える → 円安
일본기업이 국외에 자회사를 늘림 → 엔을 외화로 교환 → 엔화약세

日本の輸入が増える → 円を外貨に換える → 円安
일본의 수입이 증가함 → 엔을 외화로 교환 → 엔화약세

国際収支

国際収支とは、一定期間の外国との経済的取り引きの額を示したものであり、その国の経済状態を示す重要な指標になる。

国際収支はまず、経常収支と資本収支に大きく分かれる。経常収支とは主に、モノやサービスのやり取りで、それぞれ貿易収支、サービス収支という。

資本収支とは、資本のやり取り、つまり投資のやり取りを示すもので、海外の企業を営業するために、株式や土地を売買する直接投資と、経営目的ではない証券の売買をする証券投資（間接投資）がある。

各項目につき、受取金が多いと黒字になり、支払金が多いと赤字になる。日本の場合、経常収支全体は黒字であるが、その内、貿易収支は黒字だが、サービス収支は赤字となっている。資本収支は、他国からの投資より日本からの投資が多いため赤字となっているが、これは海外資産が増えたことを意味している。

국제수지

국제수지란 일정기간 동안 외국과의 경제적인 거래액을 나타내는 것으로, 그 나라의 경제상태를 나타내는 중요한 지표가 된다.

국제수지는 우선, 경상수지와 자본수지로 크게 나누어진다. 경상수지란 주로 물건과 서비스를 주고 받는 것으로 각각 무역수지, 서비스 수지라고 한다.

자본수지란 자본을 주고 받는 것, 즉 투자 거래를 나타내는 것으로 해외기업을 영업하기 위해 주식과 토지를 매매하는 직접투자와 경영목적이 아닌 증권매매를 하는 증권투자(간접투자)가 있다.

각 항목에 대해 수취금이 많으면 흑자가 되고, 지불금이 많으면 적자가 된다. 일본의 경우 경영수지 전체는 흑자이지만, 그 중 무역수지는 흑자이고 서비스 수지는 적자이다. 자본수지는 다른 나라의 투자보다 일본에서의 투자가 많아서, 적자가 되지만 이것은 국외자산이 늘었다는 것을 의미하고 있다.

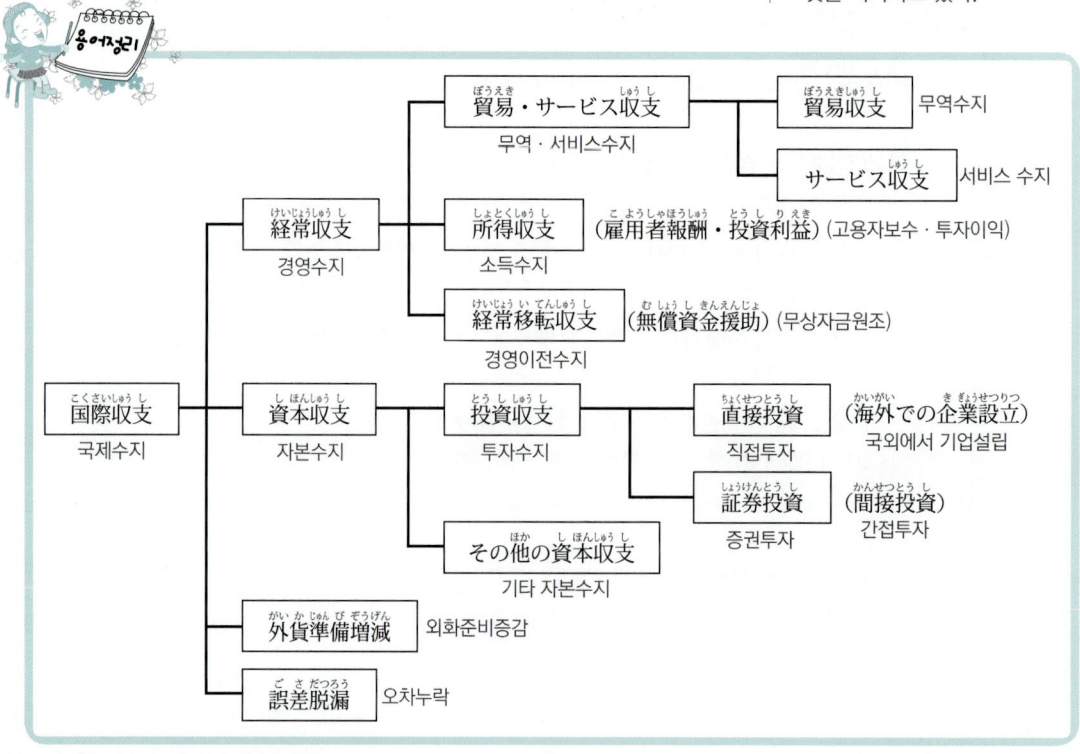

国際収支統計の主な項目 국제수지통계의 주요항목

(単位：億円)

項　目	2003年	2004年	前年差
経常収支	157,668	186,184	28,516
貿易・サービス収支	83,553	101,961	18,408
貿易収支	119,768	139,022	19,254
サービス収支	△ 36,215	△ 37,061	△ 846
所得収支	82,812	92,731	9,919
経常移転収支	△ 8,697	△ 8,509	188
資本収支	77,341	17,370	△ 59,971
投資収支	82,014	22,504	△ 59,510
直接投資	△ 26,058	△ 25,032	1,026
証券投資	△ 114,731	23,403	138,134
金融派生投資	6,074	2,590	△ 3,484
その他投資	216,728	21,542	△ 195,186
その他資本収支	△ 4,672	△ 5,134	△ 462
外貨準備増減	△ 215,288	△ 172,675	42,613
誤差脱漏	△ 19,722	△ 30,879	△ 11,157

01

国際収支に関する次の①〜④の記述のうち正しいものを一つ選びなさい。

❶ 外国製品の輸入が増大した結果、貿易収支の赤字が拡大した。
❷ 外国投資家の国内株式への投資が増大した結果、資本収支の赤字が拡大した。
❸ 国内への外国人の旅行者が増えた結果、サービス収支の赤字が拡大した。
❹ 外国企業の国内進出が増大した結果、投資収支の赤字が拡大した。

02

円高の方向に動く要因として正しいものを次の①〜④から一つ選びなさい。

❶ 日本でコメが不作となり、コメの輸入が大幅に増えた。
❷ 外国からの旅行者が日本国内で使った金額が大幅に増えた。
❸ 日本企業の海外進出が活発になり、日本系企業が大幅に増えた。
❹ 日本で働く外国人労働者が母国に送る金額が大幅に増えた。

01 국제수지에 관한 다음 ①~④의 기술 중 올바른 것을 하나 고르시오.

① 외국제품의 수입이 증대한 결과, 무역수지의 적자가 확대되었다.
② 외국투자가의 국내주식 투자가 증대한 결과, 자본수지의 적자가 확대되었다.
③ 국내의 외국인 여행자가 증가한 결과, 서비스 수지의 적자가 확대되었다.
④ 외국기업의 국내 진출이 증대한 결과, 투자수지의 적자가 확대되었다.

> **정답·해설**
>
> **01 정답 ❶**
>
> ❶ 輸入増大 → 貿易収支マイナス 수입증대 → 무역수지 마이너스
> ❷ 国内への投資増大 → 資本収支プラス 국내로의 투자증대 → 자본수지 플러스
>   海外への投資増大 → 資本収支マイナス 국외로의 투자증대 → 자본수지 마이너스
> ❸ 国内への旅行者増大 → サービス収支プラス 국내로의 여행자 증대 → 서비스수지 플러스
>   海外への旅行者増大 → サービス収支マイナス 국외로의 여행자 증대 → 서비스수지 마이너스
> ❹ 海外からの投資増大 → 投資収支プラス 국외로부터 투자 증대 → 투자수지 플러스

02 엔화 강세의 요인으로 올바른 것을 다음 ①~④에서 하나 고르시오.

① 일본에서 쌀이 흉작이 되어, 쌀 수입이 크게 늘었다.
② 외국에서 온 여행자가 일본국내에서 사용한 금액이 크게 늘었다.
③ 일본기업의 해외진출이 활발해지고 일본계 기업이 크게 늘었다.
④ 일본에서 일하는 외국인 노동자가 모국에 보내는 금액이 크게 늘었다.

> **정답·해설**
>
> **02 정답 ❷**
>
> 円買いがおこなわれる時、円高になる。엔을 살 때 엔화 강세가 된다.
>
> ❶ 輸入が増えると、円売り、外貨買いが増える → 円安
>   수입이 늘면, 엔을 팔고 외화를 많이 산다 → 엔화 약세
> ❸ 海外への投資の際は、円売り、外貨買いが起こる → 円安
>   해외로의 투자 때는 엔이 싸지고 외화를 산다 → 엔화 약세
> ❹ 円売り、外貨買い → 円安 엔을 팔고, 외화를 산다 → 엔화 약세

第7章 国際経済の動向と日本経済の現状
국제경제의 동향과 일본경제의 현황

> **학습 포인트**
>
> ・現在の国際経済と日本経済の流れをつかみ、残された問題点はどんなことか理解しよう。
>
> 현재의 국제경제와 일본경제의 흐름을 파악하고, 남은 문제점은 어떤 것인지 이해해 보자.

キーワード

地域的経済統合 지역경제통합　南北問題 남북문제　モノカルチャー経済 모노컬처경제 (단일재배경제)　資源ナショナリズム 자원 내셔널리즘(자원 민족주의)　OPEC 석유수출국기구　UNCTAD 국제연맹무역개발회의　OECD 경제협력개발기구　DAC 개발원조위원회　南南問題 남남문제　ODA 정부개발원조　財閥解体 재벌해체　農地改革 농지개혁　労働三権 노동3권　ドッジ・ライン 닷지 라인　高度経済成長 고도경제성장　バブル景気 버블경기　不良債権 불량채권

○ 民主化と復興

第2次世界大戦後、GHQによる経済民主化政策がおこなわれ、その後の日本経済発展の基盤がつくられた。具体的な民主化政策として、財閥解体・農地改革・労働の民主化(労働組合の育成)が挙げられる。まず、中心的課題となった財閥解体では15の財閥の資産の凍結、解体が命じられ、1947年には独占禁止法によって持ち株会社やカルテル、トラストが禁止された。農地改革では地主制を廃止して地主の持つ土地を安い価格で小作農に売り渡し、自作農を増やしていった。さらに労働組合法、労働関係調整法、労働基準法が制定されて労働三権が保障され労働条件も改善された。

민주화와 부흥

제2차 세계대전 후, GHQ가 경제민주화정책을 시행하여, 그 후 일본 경제발전의 기반이 만들어졌다. 구체적인 민주화 정책으로서, 재벌해체·농지개혁·노동의 민주화(노동조합의 육성)를 들 수 있다. 우선, 중심적 과제였던 재벌해체에서는 GHQ로부터 15개 재벌의 자산 동결과 해체를 명받아, 1947년에는 독점금지법에 의해 지주회사와 카르텔, 트러스트가 금지되었다. 농지개혁에서는 지주제를 폐지하고 지주가 있는 토지를 싼 가격으로 소작농에게 팔아 넘겨 자작농을 늘려갔다. 그 위에 노동조합법, 노동관계조정법, 노동기준법이 제정되어 노동3권이 보장되었으며 노동 조건도 개선되었다.

また政府は資金や資源を石炭や鉄鋼などの生産に集中させる傾斜生産方式をとったが、一方で日本銀行券（紙幣）が大量発行され激しいインフレがおこった。そこでGHQはデトロイト銀行頭取であったドッジを来日させて財政を担当させた。ドッジは『ドッジ・ライン』と呼ばれる対インフレ政策を実施して激しいインフレはおさまったが不況が発生し、失業や倒産が増えていった。
　そんななか、1950年から始まった朝鮮戦争による特需によって日本経済は回復していった。

高度経済成長から安定成長へ

　特需によって不況から抜け出た日本経済はその後、毎年年平均10％の経済成長率を維持する高度経済成長の時期をむかえた。この時期、重化学工業が発展していくが、それと同時に四大公害が深刻化するなど環境問題もおこった。
　高度成長を実現できた主な要因としては、まず貯蓄率が高かったこと、第二にその貯蓄により銀行を通した設備投資が活発化したこと、さらに労働力が豊富であったことなどが挙げられる。その他、1ドル360円という割安な為替レートや、軍事費負担が小さかったことなども挙げられる。
　このような高度成長を終わらせるきっかけとなったのが、1973年の第一次石油危機（オイルショック）である。第四次中東

또한 정부는 자금과 자원을 석탄이나 철광 등의 생산에 집중시키는 경사생산방식을 채택했는데, 한편으로 일본은행권(지폐)이 대량 발행되어 심한 인플레가 일어났다. 그래서 GHQ는 디트로이트 은행장이었던 닷지를 일본으로 가게 해 재정을 담당하게 했다. 닷지는 '닷지 라인'이라 불리는 대(対) 인플레 정책을 시행하여 심한 인플레는 안정되었지만, 불황이 발생하여 실업과 도산이 늘어갔다.
　그 사이에 1950년부터 시작된 한국전쟁에 의한 특수로 일본경제는 점점 회복되었다.

고도경제성장에서 안정성장으로

　특수 덕분에 불황에서 탈출한 일본경제는 그 후, 매년 연평균 10퍼센트의 경제성장률을 유지하는 고도경제성장 시기를 맞이했다. 이때 중화학공업이 발전했지만, 그와 동시에 4대 공해가 심각해지는 등 환경문제도 일어났다.
　고도성장을 실현할 수 있었던 주된 요인으로는, 우선 저축율이 높았던 것, 둘째로 그 저축으로 은행을 통한 설비투자가 활발했다는 것, 그리고 노동력이 풍부했다는 것 등을 들 수 있다. 그 외, 1달러 360엔이라는 비교적 싼 환율과 군사비 부담이 적었다는 점 등도 들 수 있다.
　이러한 고도성장을 끝내는 계기가 된 것이, 1973년 제1차 석

戦争によりOPEC(石油輸出国機構)が石油価格を4倍に引き上げたため、日本の石油輸入は急激に減少した。1979年の第二次石油危機では石油価格がさらに2倍に引き上げられた。1974年には戦後初のマイナス成長を記録して、日本の高度成長は終わった。

これ以後、大量のエネルギーを消費する鉄鋼業や造船業などの重厚長大型の産業から、自動車や機械などの軽薄短小型の産業へと転換し、成長率約4％の安定成長期を迎えた。

유위기(오일쇼크)이다. 제4차 중동전쟁으로OPEC(석유수출국기구)가 석유가격을 4배로 인상했기 때문에, 일본의 석유수입은 급격하게 감소했다. 1979년 제2차 석유위기에서는 석유가격이 2배로 인상되었다. 1974년에는 전쟁 후 처음으로 마이너스성장을 기록하여, 일본의 고도성장은 끝이 났다.

그 이후 대량의 에너지를 소비하는 철광업과 조선업 등의 **중후장대형** 산업에서 자동차나 기계 등 **경박단소형** 산업으로 전환하여, 성장율 약 4퍼센트의 안정성장기를 맞이했다.

戦後の日本経済(1945～1973年) 전쟁 후 일본경제(1945～1973년)

○ **GHQによる戦後改革** GHQ에 의한 전후개혁
  ① 財閥解体 … 独占的大企業の解体 재벌해체 … 독점적 대기업 해체
  ② 農地改革 … 地主から土地を買い上げ、自作農へ
     농지개혁 … 지주로부터 토지를 사들여 자작농으로
  ③ 労働の民主化 … 労働三法の制定 노동의 민주화 … 노동 3법 제정

○ **経済復興策** 경제부흥책
  ① 傾斜生産方式 … 石炭、鉄鋼に重点的に投資
     경사생산방식 … 석탄, 철광에 중점적으로 투자
  ② ドッジ・ライン … インフレ解消のため財政引締め
     닷지 라인 … 인플레 해소를 위한 재정긴축

○ **特需景気** … 朝鮮戦争により輸出増大 → 経済回復
  특수경기 … 한국전쟁에 의한 수출증대 → 경제회복

○ **高度経済成長期**(1955～1973年) 고도경제성장기(1955～1973년)
  ① 第2次産業の比率増える 제2차 산업의 비율을 늘림
  ② 軽工業から重化学工業へ → 四大公害が深刻化
     경공업에서 중화학공업으로 → 4대 공해가 심각해짐

バブル景気

　二度にわたる石油危機を克服し安定的な成長を維持していたが、1985年のプラザ合意が大きな転換期となる。この合意により、円高が急速にすすみ1ドル240円だった為替が1年で1ドル120円にまで上がり、そのため日本の輸出は急激に減少し、産業界は大きな打撃を受けた。

　1980年代のアメリカは当時の円安ドル高の為替レートのために、多額の貿易赤字を抱えていた。そこで、1985年ニューヨークのプラザホテルに先進5カ国(アメリカ、イギリス、西ドイツ、フランス、日本)の蔵相と中央銀行総裁が集まり、為替レートがドル安に動くよう合意された。これをプラザ合意という。

　プラザ合意以後の急激な円高不況のため、日本銀行は低金利政策を実施した。その結果、銀行から貸し出された資金は株や土地に投資され、土地と株価が異常に上昇していった。これをバブル経済と呼ぶ。しかしこれは実際の価値以上に価格が上がったもので、いずれは調整されるべきものだった。

　1989年から公定歩合が徐々に引き上げられ、土地と株価は暴落していき、銀行には多額の回収不能な資金(不良債権)が残った。その後、大手金融機関や企業の倒産が相次ぎ、長い不況の時代が続くことになった。

버블경기

두 번에 걸친 석유위기를 극복하고 안정적인 성장을 유지하고 있었지만, 1985년 **프라자합의**가 큰 전환기가 된다. 이 합의에 따라, 엔화 강세가 급속하게 진행되어 1달러 240엔이었던 환율이 1년만에 1달러 120엔까지 올라, 그 때문에 일본의 수출은 급속하게 감소하였고 산업계는 크게 타격을 입었다.

1980년대 미국은 당시의 엔화 약세·달러 강세 환율 때문에, 거액의 무역적자를 안고 있었다. 그래서, 1985년 뉴욕의 프라자호텔에 선진 5개국(미국, 영국, 서독, 프랑스, 일본)의 장관과 중앙은행총재가 모여, 환율이 달러 약세로 움직이도록 합의했다. 이것을 프라자합의라고 한다.

프라자합의 이후 급격하게 엔화 강세로 인한 불황 때문에, 일본은행은 저금리정책을 실시했다. 그 결과, 은행에서 빌린 자금은 주식과 토지에 투자되었고, 토지와 주가가 비정상적으로 상승했다. 이것을 버블경제라고 부른다. 그러나 이것은 실제가격 이상으로 가격이 오른것으로, 결국은 조정되어야만 했다.

1989년부터 공정보합이 서서히 인상되어, 토지와 주가는 폭락하고 은행에는 거액의 회수불능인 자금(**불량채권**)이 남았다. 그 후 대형 금융기관이나 기업의 도산이 잇달아, 긴 불황의 시대가 계속되었다.

バブル景気とその崩壊 버블경기와 그 붕괴

- 貿易摩擦 … アメリカは多額の貿易赤字で不況 무역마찰… 미국은 거액의 무역적자로 불황

- プラザ合意(1985年) 프라자합의(1985년)
  アメリカの不況を克服するためG5がドル安にすることを協定
  미국의 불황을 극복하기 위해 G5가 달러 약세로 할 것을 협정
  日本は円高不況になるのを警戒 → 日本銀行は公定歩合を下げる → 投資増える
  일본은 엔화 강세 불황이 되는 것을 경계 → 일본은행은 공정보합을 내림 → 투자가 늘어남

- バブル景気と崩壊 버블경기와 붕괴
  地価、株価が急上昇(資産インフレ) 지가, 주가가 급상승(자산인플레)
  ↓
  銀行から資金を借りて土地、株を買う 은행에서 자산을 빌려 토지, 주식을 삼
  ↓
  公定歩合上げる → 地価、株価が暴落 → 会社の倒産 → 銀行は多額の不良債権を抱える
  공정보합을 올림 → 지가, 주가가 폭락 → 회사도산 → 은행은 거액의 불량채권을 안음

経済のグローバル化

1980年代以降、ヒト、モノ、カネ、サービスが国境を越えて移動する、グローバリゼーションの傾向が急速に強まってきた。資金不足が深刻な発展途上国にとって、外国資本が流入すれば、自国の経済発展の大きな力になる。しかし、万が一、何らかの理由で外国資本が流出した場合、大きな混乱が生じる。

1997年にタイで発生した通貨危機はこうした外資の流出が原因だった。この通貨危機はマレーシア、シンガポール、香港、韓国などにも波及し、一国の経済が世界経済に直結する、いわば世界経済の一体化を示すものであった。

経済のグローバル化がすすむと、世界市場での生き残りをかけて、多国籍企業間で激しい競争がおこり、その結果、主要な産業部門では世界市場が、ごく少数の巨大企業グループによって占められるようになる。

경제의 글로벌화

1980년대 이후, 사람, 물건, 돈, 서비스가 국경을 넘어 이동하는 글로벌리제이션의 경향이 급속하게 강해지기 시작했다. 자금 부족이 심각한 개발도상국은 외국자본이 유입되면 자국의 경제발전의 큰 힘이 된다. 그러나 만에 하나 어떠한 이유로 외국자본이 유출됐을 경우, 큰 혼란이 생긴다.

1997년에 태국에서 발생한 통화위기는 이러한 외자유출이 원인이었다. 이 통화위기는 말레이시아, 싱가포르, 홍콩, 한국 등에도 파급되었고 한 나라의 경제가 세계경제로 직결되는 이른바 세계경제의 일체화를 보여준 것이었다.

경제의 글로벌화가 진행되면 세계시장에서 살아남기 위해 다국적 기업간의 거센 경쟁이 일어나고, 그 결과 주요한 산업부문에서는 세계시장을 극히 소수의 거대 기업 그룹이 차지하게 된다.

南北問題

『一国家』なみの経済力を持つ大企業が生まれる一方、工業化がすすまず経済発展できずにいる国家が多く存在する。そのほとんどが、植民地や従属国だった国々で、第2次世界大戦後、政治的には独立したが、経済的には遅れをとっており、1950年代後半から、この経済格差の問題が世界経済の大きな課題となってきた。これを南北問題という。

この問題の背景には、植民地時代から続いているモノカルチャー経済と呼ばれる経済構造がある。モノカルチャーとは単品栽培のことで、一国内でゴムならゴム、米なら米というように、一種類の付加価値の低い1次産品の生産のみをおこなうことである。歴史的に長い間、同じ作物を強制的に作らされてきたので、独立を果たしたあとも、モノカルチャー経済から抜け出せない国が多い。

資源ナショナリズムと国際経済機関

そこで、1950年代ころから、旧植民地の中で石油などの資源を持つ国では、資源の開発権など基本的権利はその国に属し、その権利によって国際的な地位の向上を求める資源ナショナリズムの考えが広まり、1960年にOPEC(石油輸出国機構)が結成された。

さらに、1964年には、途上国の経済発展を推進するために国連貿易開発会議(UNCTAD)が設立され、1974年の国連資源特別総会では南北問題の解決を求めて「新国際経済秩序(NIEO)宣言」が採択された。

남북문제

"한 국가" 수준의 경제력을 가진 대기업이 생겨나는 한편, 공업화가 진행되지 않아 경제발전을 하지 못하는 국가가 존재한다. 그 대부분이 식민지와 종속국이었던 나라들이다. 제2차 세계대전 후 정치적으로는 독립했지만 경제적으로는 뒤떨어져, 1950년대 후반부터 그 경제 격차의 문제가 세계경제의 큰 과제가 되기 시작했다. 이것을 남북문제라고 한다.

이 문제의 배경에는 식민지 시대부터 계속되고 있는 모노컬처경제라는 경제구조가 있다. 모노컬처경제란 단일재배를 말하는 것으로, 한 나라 내에서 고무면 고무, 쌀이면 쌀과 같이 부가가치가 낮은 한 종류의 1차 산품만 생산하는 것이다. 역사적으로 오랫동안 같은 작물을 강제적으로 만들어왔기 때문에 독립을 이룩한 후에도 단일재배경제에서 빠져나오지 못하는 나라가 많다.

자원 내셔널리즘과 국제경제기관

그래서 1950년경부터, 구 식민지 중 석유 같은 자원을 가진 나라에서 자원 개발권 등 기본적 권리는 그 나라에 속하고 그 권리로 국제적 지위향상을 요구하는 자원 내셔널리즘 사상이 퍼져, 1960년에 OPEC(석유수출국기구)가 결성되었다.

더욱이, 1964년에는 도상국 경제발전을 추진하기 위해 유엔무역개발회의(UNCTAD)가 설립되었으며, 1974년 유엔자원특별총회에서는 남북문제의 해결을 바라는 '신국제경제질서(NIEO) 선언'이 채택되었다.

途上国側のこのような動きに対して、1961年、先進国はOECD（経済協力開発機構）を組織し、下部機関としてDAC（開発援助委員会）を設置し、途上国への支援を開始した。

また、1973年の第1次オイルショックをうけて、先進諸国の経済建て直しを協議するため、1975年からサミット（主要国首脳会議）が開かれることになった。

○ 拡大する経済格差

1970年代ころから、南の途上国の中でも産油国や、急速に経済発展したアジアNIESなどの「中所得国」が出現する一方で、その他の資源を持たない国や工業化できずにいる「最貧国」との経済格差が大きくなっていった。これを南南問題といって、その格差が年々広がっており、大きな問題となっている。

○ 累積債務問題

1980年代ころから、工業化をめざす途上国のなかでも、先進国から借り入れた資金の返済ができず、累積債務を抱える国が特に南米諸国を中心に広がっていき、IMFや世界銀行は債務金の削減や繰り延べ（リスケジューリング）をするなどの、救済措置をとってきた。しかし、アフリカや南米の国を中心にまだ、経済的に困難な状態はつづいている。

도상국 측의 이러한 움직임에 대해 선진국은 1961년에 OECD(경제협력개발기구)를 조직하고, 하부기관으로 DAC(개발원조위원회)를 설치하여 도상국으로의 지원을 개시했다.

또한 1973년 제1차 오일쇼크가 일어나자 선진국들이 경제 새로 세우기를 협의하기 위해, 1975년부터 서밋(주요국정상회의)이 열리게 되었다.

확대되는 경제격차

1970년경부터, 남쪽의 도상국 중에서도 산유국이나 급속하게 경제 발전을 이룬 아시아 NIES 등의 '중소득국'이 출현했다. 그 한편으로 자원을 가지지 않은 나라나 공업화되지 못한 '최빈국'과의 경제격차가 크게 벌어지게 되었다. 이것을 남남문제라고 하며, 그 격차가 매년 벌어지고 있어 큰 문제가 되고 있다.

누적채무문제

1980년경부터 공업화를 목표로 하는 도상국 중에서도 선진국에서 빌린 자금을 갚지 못해 누적채무를 진 나라가 생겨나게 되었다. 특히 남미 국가들을 중심으로 번져 나가, IMF와 세계은행은 채무금 삭감과 연장(리스케줄링)을 해 주는 등의 구제 조치를 취해 왔다. 그러나 아프리카와 남미의 나라를 중심으로 아직 경제적으로 곤란한 상태는 계속되고 있다.

ODA（政府開発援助）

このような経済格差の問題を解決するため、先進諸国は途上国に対して、政府による経済援助をおこなっている。これをODA（政府開発援助）という。

ODAには途上国に直接援助する二国間援助とIBRDなどの国際機関を通じて援助する多国間援助がある。また、二国間援助の中でも、返済を求めない無償援助と返済を求める貸付けに分かれる。

2000年までの10年間、日本のODA総額はアメリカを上回り、世界一であったが、2001年からは、長引く不況の中で、日本のODAは減ってきている。その一方でアメリカは貧富の格差がテロを生む原因になっているとして、2001年以降ODAを増やしている。

ODA(정부개발원조)

이러한 경제격차 문제를 해결하기 위해 선진국들은 도상국에 대해 정부를 통한 경제원조를 하고 있다. 이것을 ODA(정부개발원조)라고 한다.

ODA에는 도상국에 직접 원조하는 2개국 간의 원조와, IBRD 등의 국제기관을 통해 원조하는 다국간원조가 있다. 그리고 2개국 간의 원조 중에서도 반제를 요구하지 않는 무상원조와 반제를 요구하는 대부로 나뉜다.

2000년까지 10년간, 일본의 ODA 총액은 미국을 상회하고 세계 제일이었지만, 2001년부터는 길어지는 불황 속에서 일본의 ODA는 감소하기 시작했다. 그 한편으로 미국은 빈부의 격차가 테러를 낳는 원인이라며, 2001년 이후 ODA를 늘리고 있다.

日本のODAの問題点

日本の援助額は多いにも関わらず、これまではたくさんの批判を受けてきた。まず第一に、無償援助が少ないという点である。第二に、インフラ整備中心に使われるため、環境を破壊している恐れがあるという点である。第三に、援助対象が歴史的に結びつきの強いアジアに集中し、アフリカに特に集中している後発発展途上国への援助が少ない。また、援助を必要としている国の国民と密接に関わって活動しているNGOなどの、民間団体との連携が不十分で、本当に国民生活の向上につながっているのか、という問題もある。

일본 ODA의 문제점

일본의 원조액은 그 금액이 많음에도 불구하고, 지금까지 많은 비판을 받아왔다. 우선 첫째로, 무상원조가 적다는 점이다. 둘째로, 인프라 정비 중심으로 사용되기 때문에 환경을 파괴하고 있을 우려가 있다는 점이다. 셋째로, 원조 대상이 역사적으로 인연이 깊은 아시아에만 집중되고, 아프리카에 특히 집중하고 있는 후발 발전도상국에의 원조가 적다. 또한 원조를 필요로 하는 나라의 국민과 밀접하게 관계되는 활동을 하고 있는 NGO 등의 민간단체와의 연대가 불충분하고, 실질적으로 국민생활의 향상으로 이어지고 있는가 하는 문제도 있다.

政府開発援助(ODA)の種類
정부개발원조(ODA)의 종류

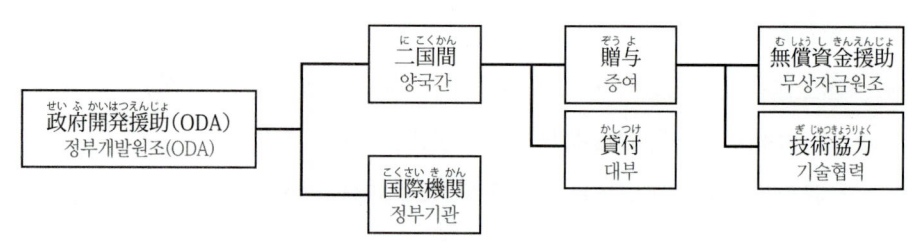

日本のODAの特徴 일본ODA의 특징

○ 拠出額は多いが、対GNI比は低い → 経済力に見合った援助をしてない
　반출액은 많지만, 반출액 대비 GNI는 낮음 → 경제력에 걸맞는 원조를 하지 않음

○ 他の先進国に比べて贈与比率が低い → 貸付中心
　다른 선진국에 비해 증여비율이 낮음 → 대부 중심

○ アジアの国への援助中心
　아시아 나라로의 원조 중심

01 **南北問題に関する次の①〜④の記述のうち正しいものを一つ選びなさい。**
① 発展途上国の多くは植民地支配の時代から、豊富な地下資源を利用した加工貿易を中心とした経済体制である。
② 発展途上国は、平均寿命が短く、乳幼児の死亡率が高いため人口が減少している。
③ 発展途上国の中には、工業化に成功して豊かになった国がある一方、工業化の遅れた国もあり、途上国の間でも格差が生じている。
④ 1980年代以降、輸出が伸びた中南米諸国は、借金の返済が順調にすすんだ。

02 **日本経済の国際化に関する次の①〜④の記述のうち正しいものを一つ選びなさい。**
① 日本は1990年代からの不況のため、対米輸出も減り、近年は貿易をめぐる問題が生じることはほとんどない。
② 日米貿易摩擦に対して、日本はアメリカからの輸入を大量に増やすことによって解決しようとした。
③ 日本のODAの総額は、ここ数年世界1、2位の水準で、無償援助が多く途上国の経済発展に役立っている。
④ 日本のODAの援助先としては、戦後の賠償の意味合いもあり、アジアが中心である。

01 남북문제에 관한 다음 ①~④의 기술 중 올바른 것을 하나 고르시오.
　① 발전도상국의 대부분은 식민지지배 때부터 풍부한 지하자원을 이용한 가공무역이 중심이 된 경제체제이다.
　② 발전도상국은 평균수명이 짧고 유아기의 사망률이 높기 때문에 인구가 감소하고 있다.
　③ 발전도상국 중에는 공업화에 성공하여 풍요로워진 나라가 있는 한편, 공업화가 뒤떨어진 나라도 있어 도상국 사이에서도 격차가 생기고 있다.
　④ 1980년대 이후, 수출이 늘어난 중남미 국가들은 빚 반제가 순조롭게 진행되었다.

01　정답 ❸
　これを南南問題という。이것을 남남문제라고 한다.
❶ 途上国は植民地時代から、現在でも地下資源や農産物などの一次産品の輸出が多い。加工貿易がすすんでいないことが、問題となっている。
　도상국은 식민지시대부터 현재까지도 지하자원과 농산물 등의 1차 산품의 수출이 많다. 가공무역이 발전하지 못한 것이 문제가 되고 있다.
❷ 途上国は出生率が高いため、人口が爆発的に増加する国が多い。
　도상국은 출생률이 높기 때문에 인구가 폭발적으로 증가하는 나라가 많다.
❹ 特に南米諸国では、借金の返済が進まず、デフォルトを宣言する国もあらわれた。
　특히 남미 국가들에서는 빚 반제가 되지 않아 채무 불이행을 선언하는 나라도 나타났다.

02 일본경제의 국제화에 관한 다음 ①~④의 기술 중 올바른 것을 하나 고르시오.
　① 일본은 1990년대부터의 불황 때문에 대미수출도 줄고, 최근 몇 년 간 무역을 둘러싼 문제가 발생하는 경우는 거의 없다.
　② 미일무역마찰에 대해 일본은 미국으로부터의 수입을 대량 늘리는 것으로 해결하려 했다.
　③ 일본의 ODA의 총액은 요 몇년간 세계 1, 2위 수준으로 무상원조가 많아 도상국의 경제발전에 도움되고 있다.
　④ 일본의 ODA가 원조하는 곳으로는 전후배상의 의미도 있어, 아시아가 중심이다.

02　정답 ❹
❶ 現在でも、アメリカは主要な貿易相手国であり、対米輸出は減少していない。
　현재도 미국은 주요한 무역상대국이며, 대미수출은 감소하고 있지 않다.
❷ 貿易摩擦を解決するため、輸出自主規制や企業の海外移転などの対策がとられた。
　무역마찰을 해결하기 위해 수출자주규제와 기업의 해외이전 등의 대책이 세워졌다.
❸ 近年日本のODAの総額は減少傾向にあり、欧米諸国が増えている。また、無償援助の割合が少なく、貸与の割合が多いことが特徴としてあげられる。
　최근 몇 년 일본의 ODA의 총액은 감소 경향에 있으며, 구미 여러 국가가 늘고 있다. 그리고 무상원조의 비율이 적고, 대여의 비율이 많은 것을 특징으로 들 수 있다.

第5部 現代社会分野

- 제1장 第2次世界大戦後の国際社会（東西冷戦の始まりと激化）
- 제2장 第2次世界大戦後の国際社会（緊張緩和と冷戦の終結（1963～1991））
- 제3장 世界各地の紛争
- 제4장 現代社会の諸問題
- 제5장 世界の多様化 − 新しい未来への問題

第1章 第2次世界大戦後の国際社会
제2차 세계대전 후의 국제사회

東西冷戦の始まりと激化(1945〜1962)
동서냉전의 시작과 격화(1945〜1962)

》 학습 포인트

- 冷戦が開始された背景を知り、東西の対決構図を理解する。
  냉전이 개시된 배경을 알고, 동서의 대결구도를 이해한다.
- 冷戦時における代表的な地域紛争について知識を深める。
  냉전 시의 대표적인 지역분쟁에 대해 지식을 깊게 한다.

キーワード

ヤルタ会談 얄타회담　鉄のカーテン 철의 장막　トルーマン・ドクトリン 트루먼 독트린
マーシャルプラン 마샬 플랜(유럽부흥계획)　北大西洋条約機構(NATO) 북대서양조약기구
経済相互援助会議(COMECON) 경제상호원조회의　ワルシャワ条約機構(WTO)
바르샤바조약기구　ベルリン封鎖 베를린 봉쇄　ベルリンの壁 베를린 장벽
国共内戦 국공내전　38度線 38선　ホー・チ・ミン 호치민　ベトコン 베트콩

ヤルタ会談

第2次世界大戦も終盤にかかった1945年2月。米英ソ3カ国の首脳は、ソ連のクリミヤ半島の保養地ヤルタに集まり会談をおこなった。これをヤルタ会談という。この会議において戦後のドイツの分割統治や、ドイツ降伏後のソ連による対日参戦、独立後のポーランドの国境についてなどが話し合われた。この場でイギリスはソ連の拡張主義に懸念を覚え、激しく対立する。ここに戦後、長きに渡って続く東西の冷戦が幕を開けた。

ドイツ降伏後の1945年7月。ベルリン郊外のポツダムで再び米英ソ首脳による会談が行われた。この時期、ソ連は占領下にあった東欧諸国に次々と共産主義政権を誕生させていく。これに脅威を抱いた資本主義国と共産主義国との間で対立が深まっ

얄타회담

제2차 세계대전도 종반에 접어든 1945년 2월, 미국·영국·소련 3개국의 정상은 소련의 크리미야 반도의 보호지인 얄타에 모여 회담을 가졌다. 이것을 얄타회담이라고 한다. 이 회담에서 전쟁 후, 독일의 분할통치와 독일 항복 후의 소련에 의한 대일참전, 독립 후 폴란드의 국경에 대한 논의가 이루어졌다. 또한, 영국은 소련의 확장주의를 염려하여 격렬하게 대립한다. 이에 전쟁 후, 오랜 시간에 걸쳐 계속되는 동서 냉전의 막이 열렸다.

독일 항복 후인 1945년 7월, 베를린 교외의 포츠담에서 재차 미국·영국·소련이 정상회담을 열었다. 이 시기, 소련은 점령 하에 있던 동유럽 국가들을 계속

た。

　1946年3月、イギリスの前首相であったチャーチルが演説で『バルト海のシュテッテンからアドリア海のトリエステまで鉄のカーテンが降ろされた』とこの対立を象徴的に表現した。

○ 冷戦の本格化

　東西の対立が表面化した後、アメリカは共産主義の伸張を抑えるためにソ連との対決を決意した。当時ギリシアとトルコでは共産党革命勢力が力を持っていたが、これに対抗するためアメリカは両政府に大量の資金援助を決定する。共産主義との対決姿勢をとる基本方針を当時のアメリカ大統領の名前をとりトルーマン・ドクトリンと呼び、対ソ連封じ込め政策が取られた。

　トルーマン・ドクトリンに従いアメリカは1947年、ヨーロッパ経済復興計画、通称マーシャルプランを作成する。これは資本主義陣営に参加するヨーロッパの各国に資金援助をするというものであった。加えて西側は1949年に軍事同盟、北大西洋条約機構(NATO)を結成する。

　一方ソ連を盟主とする東側は1949年経済相互援助会議(COMECON)を結成。1955年にはNATOに対抗してワルシャワ条約機構を結成した。このように実際の軍事的な衝突は起こらなくとも、東西間の政治的な対立状態を冷たい戦争、冷戦と呼称した。しかし世界各地では米ソの代理戦争がたびたび生じた。

해서 공산주의정권으로 탄생시켜 간다. 이에 위협을 느낀 자본주의국과 공산주의국 사이에서 대립이 심화되어 갔다.

　1946년 3월, 영국의 전 수상 처칠이 연설에서 '발트해의 수테튼에서 아드리아해의 트리에스테까지 철의 장막이 드리워졌다'며 이 대립을 상징적으로 표현했다.

냉전의 본격화

　동서의 대립이 표면화된 후, 미국은 공산주의 세력이 커지는 것을 억제하기 위해 소련과의 대결을 결의했다. 당시 그리스와 터키에서는 공산당 혁명세력이 힘을 가지고 있었는데, 이것에 대항하기 위해 미국은 두 정부에 대량의 자금 지원을 결정한다. 공산주의와의 대결자세를 취하는 기본방침을 당시의 미국 대통령의 이름을 따서 트루먼 독트린이라 칭하고, 대소련 봉쇄정책을 펼쳤다.

　트루먼 독트린에 따라 미국은 1947년 유럽경제부흥계획, 통칭 마샬 플랜을 작성한다. 이것은 자본주의 진영에 참가할 유럽 각국에 자금원조를 하는 것이었다. 이에 힘입어 서구 여러 나라는 1949년에 군사동맹, 북대서양조약기구(NATO)를 결성한다.

　한편 소련을 동맹국의 중심으로 하는 동구 여러 나라는 1949년에 경제상호원조회의(COMECON)를 결성하고, 1955년에는 NATO에 대항해서 바르샤바조약기구를 결성했다. 이렇게 실제로 군사적인 충돌은 일어나지 않더라도 동서간의 정치적인 대립상태를 차가운 전쟁, 냉전이라고 부른다. 그러나 세계 각지에서는 미국·소련의 대리전쟁이 종종 일어났다.

東西対立の激化

資本主義と共産主義の対立は各地で行われたが、代表的な4つの地域を以下に述べる。

《東西ドイツ》

ドイツ降伏後、米英仏ソの4カ国によりドイツの国土と首都であるベルリンは分割統治された。しかし冷戦が激しくなるにつれ西側の占領地とソ連の占領地の間で対立が激しくなった。

1948年、ソ連は西側地域の通貨改革をきっかけに、軍事力によりベルリンの西側地区への交通、電力、食料供給の停止を行った(ベルリン封鎖)。これに対し西側は1年3ヶ月間に及ぶ空輸作戦を実施し、対抗した。空輸作戦の成功により封鎖は失敗に終わったが、その結果それぞれの占領地は西側がドイツ連邦共和国(首都ボン)、東側がドイツ民主共和国(首都ベルリン)として国家を建設した。

建国後もマーシャルプランを背景にいち早く経済的に復興した西ドイツへ東ドイツから亡命が相次いだため、東ドイツ政府はソ連の力を借り、1961年東西ベルリンの境に『ベルリンの壁』といわれる防壁を築いた。この壁は東西の冷戦の象徴的な存在となった。

《中国》

第2次世界大戦が終結し、日本軍が撤退すると、それまで抗日のために共闘していた蒋介石が率いる国民党と、毛沢東を中心とする共産党が再び争い始めた。1946年から始まった国共内戦の結果、1949年に中華人民共和国が成立。世界最大の共産主義国家が誕生した。敗れた国民党は台湾に逃れ、そこで国民党政府(中華民国)を樹立。現在も激しく対立している。

동서대립의 격화

자본주의와 공산주의의 대립은 각지에서 일어났다. 다음 대표적인 4개 지역을 살펴보자.

《동서독일》

독일 항복 후, 독일의 국토와 수도인 베를린은 미국·영국·프랑스·소련의 4개국에 의해 분할 통치되었다. 그러나 냉전이 치열해짐에 따라 서구의 점령지와 소련의 점령지 사이에서 대립이 격렬해졌다.

1948년, 소련은 서방 국가들의 통화개혁을 계기로 베를린 서쪽 지구간의 교통, 전력, 식료 공급을 군사력으로 봉쇄하였다(베를린 봉쇄). 이에 대해 서방 측은 1년 3개월에 이르는 공수작전을 펼치며 대항했다. 공수작전이 성공하여 봉쇄는 실패로 끝났지만, 그 결과 각각의 점령지는 서부가 독일연방공화국(수도 본), 동부가 독일민주공화국(수도 베를린)으로 국가를 건설했다.

건국 후에도 마샬 플랜을 배경으로 먼저 경제적으로 부흥한 동독에서 서독으로의 망명이 잇달았다. 이에 동독 정부는 소련의 힘을 빌려, 1961년 동·서베를린의 경계에 '베를린 장벽'이라는 방벽을 쌓았다. 이 벽은 동서 냉전의 상징적인 존재가 되었다.

《중국》

제2차 세계대전이 종결되고 일본군이 철퇴하자, 그때까지 항일을 위해 공동투쟁했던 장개석이 이끄는 국민당과 모택동을 중심으로 한 공산당이 재차 싸우기 시작했다. 1946년부터 시작된 국공내전 결과, 1949년에 중화인민공화국이 성립되어 세계 최대의 공산주의국가가 탄생했다. 패한 국민당은 대만으로 도망쳤고, 그곳에서 국민당정부(중화민국)를 수립하여 현재도 격렬하게 대립하고 있다.

《朝鮮半島》

　日本の敗戦により36年ぶりに独立の機会に恵まれた朝鮮半島だったが、北緯38度を境に北はソ連軍、南はアメリカ軍によって軍政が敷かれた。その後冷戦が激化したことで、1948年にそれぞれが朝鮮民主主義人民共和国、大韓民国として独立。

　しかし2年後の1950年には北朝鮮が軍事統一をはかり、南側に侵攻した。直ちにアメリカを中心とした国連軍が介入し、朝鮮戦争が勃発した。当初は劣勢だった韓国・国連軍だったが、インチョン上陸作戦により形勢を逆転させ、逆に38度線を突破して北進。中国国境まであと少しのところまで到達した。ここで脅威を感じた中国軍が、義勇軍との名目で戦争に介入。ソ連の支援も得た北朝鮮が戦線を挽回した。

　その後戦線は膠着し1953年、現在の休戦ラインを双方が認める形で板門店で休戦協定が成立した。

《ベトナム》

　1945年の日本軍撤退後、ホー・チ・ミンを首班とするベトナム民主共和国が成立したが、翌年旧宗主国であったフランスが独立に介入。ここに第一次インドシナ戦争が始まった。

　戦争は長期化したが1954年、フランス軍がティエン・ビエン・フーの戦いで降伏した後、北緯17度線を境に北部の独立が承認された。南部は引き続きフランス軍が管理することになったが、将来的に統一国家を作ることを約束した。しかし共産主義の拡大を恐れるアメリカの支援により、南ベトナムにおいて単独選挙が行われ、ベトナム共和国が成立。これに反対する勢力が南ベトナム解放民族戦線(ベトコン)を結成。北ベトナムがベトコンを支援し、南ベトナム政府を支援するアメリカと全面対決することになった。アメリカ軍は1963年から軍事介入を本格化し、最大時には55万人のアメリカ軍が投入された。

《한반도》

　일본의 패전으로 36년만에 독립의 기회를 얻은 한반도였지만, 북위 38도선을 경계로 북은 소련군, 남은 미군에 의한 군정이 펼쳐졌다. 그 후 냉전이 격화되면서, 1948년에 각기 조선민주주의인민공화국과 대한민국으로 독립하였다.

　그러나 2년 후인 1950년에는 북한이 군사통일을 꾀하여 남쪽으로 침공했다. 즉시 미국을 중심으로 한 유엔군이 개입하여, 한국전쟁이 발발했다. 당초에는 열세였던 한국·유엔군이었지만 인천상륙작전으로 형세를 역전시켜 반대로 38선을 돌파하여 북진, 중국 국경까지 조금 남겨둔 지점에까지 도달했다. 여기서 위협을 느낀 중국군이 의용군의 명목으로 전쟁에 개입하였고, 소련의 지원까지 받은 북한이 전선을 만회했다.

　그 후 전선은 고착되어 1953년, 현재의 휴전선을 쌍방이 인정하는 형태로 판문점에서 휴전협정이 성립되었다.

《베트남》

　1945년 일본군 철퇴 후, 호치민이 지휘하는 베트남민주공화국이 성립되었다. 그러나 다음해 구 종주국이었던 프랑스가 독립에 개입하여 여기서 제1차 인도차이나전쟁이 시작되었다.

　장기화되었던 전쟁은 1954년, 프랑스군이 디엔비엔푸 전투에서 항복한 후, 북위 17도선을 경계로 북부의 독립이 승인되었다. 남부는 계속해서 프랑스군이 관리하게 되었지만, 장래에 통일국가를 만들 것을 약속했다. 그러나 공산주의 확대를 염려한 미국의 지원으로, 남베트남에서 단독선거를 실시하여 베트남공화국이 성립되었다. 이것에 반대하는 세력이 남베트남해방민족전선(베트콩)을 결성하여 북베트남이 베트콩을 지원하고, 남베트남 정부를 지원한 미국과 전면대결을 하게 되었다.

他にも韓国、オーストラリア、フィリピンも参戦。激しい戦闘が繰り広げられた。しかし世論の反対もあり1973年アメリカ軍が完全撤退。2年後の1975年には南ベトナム首都のサイゴンが陥落し、共産党が支配するベトナム社会主義共和国が誕生した。

미군은 1963년부터 군사개입을 본격화하고, 최대일 때는 55만 명의 미군이 투입되었다.

그 외에도 한국, 오스트레일리아, 필리핀도 참전하여 격렬한 전투가 벌어졌다. 그러나 여론의 반대도 있어 1973년 미군이 완전 철수하였다. 2년 후인 1975년에는 남베트남의 수도인 사이공이 함락되고, 공산당이 지배하는 베트남사회주의공화국이 탄생했다.

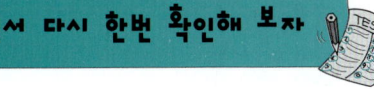

01 戦後のヨーロッパの冷戦体制に関した次の文章のうち正しいものを一つ選びなさい。

❶ アメリカは戦後ヨーロッパ復興のためNATOを組織し、大規模な援助を実施した。
❷ ソ連を中心に軍事同盟であるワルシャワ条約機構が結成された。
❸ チャーチルは東側と西側の境を「鉄壁の壁」と表現した。
❹ ルーズベルト大統領はソ連を封じ込めるためにマーシャルプランを作成した。

02 次の文章のうち誤っているものを一つ選びなさい。

❶ 中国での国共内戦の結果、敗れた国民党の蔣介石は台湾に移り中華民国を名乗った。
❷ 西ドイツは亡命者を防ぐために西ベルリン市の周囲に壁を建設した。
❸ ベトナムでは独立のためフランスと、そして引き続きアメリカと長期間戦った。
❹ 朝鮮戦争は1953年に板門店で休戦条約が結ばれ、戦闘状態が終結した。

01 전쟁 후 유럽의 냉전체제에 관한 다음 글 중 올바른 것을 하나 고르시오.

① 미국은 전쟁 후, 유럽부흥을 위해 NATO를 조직해서 대규모 원조를 실시했다.
② 소련을 중심으로 군사동맹인 바르샤바조약기구가 결성되었다.
③ 처칠은 동구와 서구의 경계를 '철의 벽'이라고 표현했다.
④ 루스벨트 대통령은 소련을 봉쇄하기 위해 마샬 플랜을 작성했다.

> **정답·해설 01** 정답 ❷
> ❶ NATO(北大西洋条約機構)は軍事組織 NATO(북대서양조약기구)는 군사조직
> ❸ チャーチルは『鉄のカーテン』と表現した。
>   처칠은 '철의 장막'이라고 표현했다.
> ❹ トルーマン大統領によりトルーマン・ドクトリンが作成された。
>   트루먼 대통령에 의해 트루먼 독트린이 작성되었다.

02 다음 글 중 틀린 것을 하나 고르시오.

① 중국에서의 국공내전에 패한 국민당의 장개석은 대만으로 건너가 중화민국을 내걸었다.
② 서독은 망명자를 막기 위해 서베를린시의 주위에 벽을 건설했다.
③ 베트남에서는 독립을 위해 프랑스, 그리고 잇달아 미국과 오랫동안 전쟁을 했다.
④ 한국전쟁은 1953년에 판문점에서 휴전조약이 체결되어 전투상태가 종결되었다.

> **정답·해설 02** 정답 ❷
> ❷ 『ベルリンの壁』を築いたのは東側。壁は1961〜1989年まで存在した。
>   '베를린 장벽'을 쌓아 올린 것은 동구로, 벽은 1961~1989년까지 존재했다.

第2章 第2次世界大戦後の国際社会
제2차 세계대전 후의 국제사회

緊張緩和と冷戦の終結(1963～1991)
긴장완화와 냉전 종결(1963～1991)

》》 학습 포인트

- 平和共存路線で緊張緩和がどのように行われたのかを知る。
  평화공존노선으로 긴장완화가 어떻게 이루어졌는지를 안다.
- 冷戦の終結を導いた流れを理解する。
  냉전종결을 이끈 경위를 이해한다.

키워드

キューバ革命 쿠바혁명　キューバ危機 쿠바위기　デタント 데탕트　ホットライン 핫라인
平和共存路線 평화공존노선　東方政策 동방정책　第三勢力 제3세력　アフリカの年 아프리카의 해
バンドン会議 반둥회의　アフガニスタン侵攻 아프가니스탄 침공
ペレストロイカ 페레스트로이카　マルタ会談 몰타회담　ドイツ統一 독일통일
ソ連邦解体 소련해체　独立国家共同体(CIS) 독립국가연합

○ キューバ危機と米ソの緊張緩和(デタント)

1898年の米西戦争の結果、スペインから独立したキューバであったが、政情はなかなか安定せず、経済的にはアメリカの支配下にあった。1959年、フィデル・カストロやチェ・ゲバラが腐敗した政権を倒し、キューバ革命を成し遂げた。カストロは前政権と関係のあった国内にあるアメリカ資本の施設を国有化したため、アメリカ本国との対立が深まった。アメリカに対抗するためキューバはソ連に接近する。

そのような中、1962年アメリカの偵察機がキューバに中距離ミサイル基地を発見。核ミサイルの基地と見たアメリカは、キューバとソ連に基地の撤去を要求する。これを拒否したソ連側

쿠바 위기와 미국·소련의 긴장완화(데탕트)

1898년 미국-스페인전쟁 결과 쿠바는 스페인으로부터 독립했지만, 정세는 좀처럼 안정되지 않고 경제적으로는 미국 지배 하에 있었다. 1959년에 피델 카스트로와 체 게바라가 부패한 정권을 무너뜨리고, 쿠바혁명을 달성했다. 카스트로는 전 정권과 관계가 있던 국내의 미국 자본시설을 국유화했기 때문에, 미국본국과의 대립이 깊어졌다. 미국에 대항하기 위해 쿠바는 소련에 접근한다.

그와 같은 상황 속에서, 1962년 미국은 미국 정찰기가 쿠바에서 발견한 중거리미사일 기지

との間に緊張が走り、アメリカのケネディ大統領はキューバへの核兵器の搬入を阻止するために海上封鎖を実行した。海上での臨検を拒否するソ連との間に核戦争の一歩手前まで危機が高まるが、アメリカの示した海上封鎖線の直前でソ連船が引き返し、最大の危機が去った。

これ以降、米ソの首脳は平和共存の道を探り、デタントといわれる緊張緩和状態に入る。

▲ チェゲバラ(左)とカストロ(右)
▲ 체 게바라(좌)와 카스트로(우)

○ 米ソデタントの開始

1962年のキューバ危機をきっかけに始まったデタントはまず翌年の米ソ両首脳間のホットラインの開設に始まった。その年、部分的核実験禁止条約(PTBT)がスタートし、核兵器の制限交渉がスタートする。その後、第1次、第2次戦略兵器制限交渉(SALTⅠ、Ⅱ)、第1次、第2次戦略兵器削減条約(STARTⅠ、Ⅱ)、中距離核戦力全廃条約(INF条約)などといった一連の軍縮交渉が行われ、米ソは対立から平和共存へと舵を切った。

를 핵미사일 기지로 생각하여 쿠바와 소련에 기지 철거를 요구한다. 이것을 거부한 소련측과의 사이에 긴장이 더해지고, 미국의 케네디 대통령은 쿠바로의 핵병기 반입을 저지하기 위해 해상봉쇄를 실행했다. 해상에서의 선박 서류 검사(국제법상 선박을 나포했을 때 하는 검사)를 거부한 소련과의 사이에 핵전쟁의 일보직전까지 위기가 고조되었지만, 미국이 정한 해상봉쇄선 바로 앞에서 소련선이 되돌아가 최대의 위기가 지나갔다.

그 이후, 미국·소련의 정상은 평화공존의 길을 찾아, 데탕트라 불리는 긴장완화 상태로 돌입한다.

미국·소련 데탕트의 개시

1962년의 쿠바 위기를 계기로 시작된 데탕트는 먼저 다음 해에 미국·소련 양 정상 간의 핫라인 개설로 시작되었다. 그 해, 부분 핵실험금지조약(PTBT)이 개시되어, 핵병기에 대한 제한교섭이 시작된다. 그 후 제1차, 제2차 전략병기 제한교섭(SALT Ⅰ, Ⅱ), 제1차, 제2차 전략병기 삭감조약(STARTⅠ, Ⅱ), 중거리 핵전력 전폐조약(INF조약) 등과 같은 일련의 군축교섭이 이루어져 미국·소련은 대립에서 평화공존으로 나아갔다.

ヨーロッパのデタント

　東側と直接国境を接している西ヨーロッパ諸国も東側との緊張緩和を望んでいた。ベルリン危機やソ連による東側同盟諸国への干渉(1956年ハンガリー動乱、1968年チェコ事件)など対立を深める事件があったが、当時西ドイツの首相であったヴィリー・ブラントは東方政策と呼ばれる東側との関係改善に乗り出した。1973年には東西ドイツが国連へ同時加盟し、1975年にはヨーロッパの安全に関して討議する全欧安全保障協力会議(CSCE)が開かれた。CSCEは1994年には機構化され、現在は欧州安全保障協力機構(OSCE)へと発展している。

第三勢力の誕生

　1960年代に入るとそれまで米ソ両大国の独占であった世界勢力地図に新たな勢力が台頭してくるようになった。第3世界と呼ばれ、多くが第2次世界大戦後に独立した西側・東側のどちらにも属さないアジア、アフリカ、ラテンアメリカなどの発展途上国群である。

　戦後まもなく、インドや中国などのアジアの大国が独立を果たし、『アフリカの年』とも呼ばれた1960年にはアフリカでも一挙に17カ国が独立を遂げ、国連などの場で大きな影響力を示すようになった。これら第3世界の国々は反帝国主義、反植民地主義、民族自決を掲げ、東西どちらの陣営にも属さないグループを形成しようとした。そして1955年に第1回アジア・アフリカ会議(通称バンドン会議)が行われ、これらの国々により世界平和へのアプローチが行われた。また、バンドン会議を引き継ぎ、1961年から4年に1度開かれている非同盟諸国会議は一定の影響力を保持している。

유럽의 데탕트

　동구권과 직접 국경을 접하고 있는 서유럽의 여러 나라도 동구권과의 긴장완화를 바라고 있었다. 베를린 위기나 소련에 의한 동구권동맹국들의 간섭(1956년 헝가리동란, 1968년 체코사건) 등 대립을 심화하는 사건이 있었지만, 당시 서독의 수상이었던 빌리 브란트는 동방정책이라 불리는 정책으로 동독과의 관계개선에 착수했다. 1973년에는 동·서독이 유엔에 동시 가맹하고, 1975년에는 유럽의 안전에 관해 논의하는 유럽안전보장협력회의(CSCE)가 열렸다. CSCE는 1994년에 기구화되어, 현재는 유럽안보협력기구(OSCE)로 발전했다.

제3세력의 탄생

　1960년대로 접어들자 그때까지 미국·소련 양대국이 독점했던 세계 세력지도에 새로운 세력이 대두하게 되었다. 제3세계라 불리며, 대부분이 제2차 세계대전 후에 독립한 서구측·동구측 어디에도 속하지 않는 아시아, 아프리카, 라틴아메리카 등의 발전도상국군이다.

　전쟁 후 얼마 되지 않아, 인도나 중국 등의 아시아 대국이 독립을 이룩하여 '아프리카의 해'라고도 불리던 1960년에 아프리카에서도 일시에 17개국이 독립을 달성하여, 유엔 등에서 큰 영향력을 행사하게 되었다. 이들 제3세계의 나라들은 반제국주의, 반식민지주의, 민족자결을 내걸며, 동서 어느 쪽의 진영에도 속하지 않는 그룹을 형성하려 했다. 그리고 1955년에 제1회 아시아·아프리카 회의(통칭 반둥회의)가 열려, 이들 나라에 의해 세계평화에 접근하게 되었다. 또한, 반둥회의를 이어받아 1961년부터 4년에 한 번 열리고 있는 비동맹국 회의는 일정한 영향력을 가지고 있다.

○ 冷戦の終結

1979年、アフガニスタンにできた共産主義政権を維持するためにソ連軍が侵攻すると、アメリカはこれに激怒。翌年に開かれるモスクワオリンピックへの参加を、他の西側諸国と共にボイコットした。ここで米ソのデタントは終結したが、両陣営は第2次世界大戦直後のような冷戦時代に戻ることはなかった。

1985年にソ連の書記長にゴルバチョフが就任すると、それまで西側との長期間にわたる対立で疲弊した状況を打開するため、彼は一連の民主化政策を推し進めた。ロシア語でペレストロイカと呼ばれる改革案によって、国内では情報公開や経済の民主化が、国外的にはアメリカとの和解が進んだ。ソ連の体制の変化により、その影響下にあった東ヨーロッパ諸国でも民主化が進展する。そして東ドイツでは東西対立の象徴とされてきたベルリンの壁が1989年に崩壊し、翌年、東ドイツが西ドイツに吸収された形で統一ドイツが誕生した。それをきっかけとして東ヨーロッパの各国では堰を切ったかのように次々と革命が起こり、共産党政権が倒れていった。そのような中、1989年にブッシュ大統領、ゴルバチョフ書記長による米ソ首脳会談が行われ、冷戦の終結宣言が行われた。

その後民主化によりソ連を構成する各共和国の独立運動が激しさを増し、連邦は崩壊の一途をたどった。そしてついに1991年には連邦が解体され、新しく15カ国の主権国家が誕生した。そのうちの11カ国により、独立国家共同体(CIS)といわれる国家共同体が成立した。

냉전의 종결

1979년, 아프가니스탄에 만들어진 공산주의정권을 유지하기 위해 소련군이 침공하자, 미국은 이것에 격노하여 다른 서구의 나라들과 함께 다음 해에 열릴 모스크바올림픽 참가를 보이콧했다. 여기서 미국·소련의 데탕트는 종결되었고, 양 진영은 제2차 세계대전 직후와 같은 냉전시대로 되돌아가는 일은 없었다.

1985년 소련 서기장에 고르바초프가 취임하였다. 그는 그때까지 서구와의 장기간에 걸친 대립으로 인해 피폐해진 상황을 타개하기 위해, 일련의 민주화 정책을 밀고 나아갔다. 러시아어로 페레스트로이카라 불리는 개혁안에 따라 국내에서는 정보공개와 경제의 민주화가, 국외적으로는 미국과의 화해가 추진되었다. 소련의 체제 변화에 따라, 그 영향하에 있던 동유럽 국가들에서도 민주화가 진전되었다. 그리고 동독에서는 1989년에 동서대립의 상징으로 여겨졌던 베를린장벽이 붕괴되고, 다음 해에, 동독이 서독에 흡수되는 형태로 통일독일이 탄생했다. 그것을 계기로 하여 동유럽 각국에서는 봇물 터지듯 혁명이 연달아 일어나고, 공산당정권이 무너져갔다. 그러한 상황에서 1989년에 부시 대통령, 고르바초프 서기장에 의한 미국·소련정상회담이 열려 냉전의 종결선언이 이루어졌다.

그 후 민주화에 의해 소련을 구성하는 각 공화국의 독립운동이 격렬해지자, 연방은 붕괴의 일로에 이르렀다. 그리고 결국 1991년에는 연방이 해체되어, 새롭게 15개국의 주권국가가 탄생했다. 그 중의 11개국에 의해, 독립국가연합(CIS)이라 불리는 국가공동체가 성립되었다.

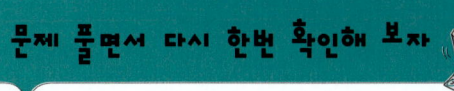

01 デタントに関する次の文章のうち正しいものを一つ選びなさい。
❶ キューバ危機の結果、ソ連のフルシチョフとアメリカのニクソンの間でホットラインが結ばれた。
❷ 部分的核実験禁止条約(PTBT)により米ソを含むすべての国で核実験が停止された。
❸ 西ドイツのブラント首相は東方政策を採り、資本主義勢力の拡張を図った。
❹ 1960年にアフリカで17か国が独立を果たし、この年は『アフリカの年』と呼ばれた。

02 次の文章のうち誤っているものを一つ選びなさい。
❶ 米ソのデタントはアメリカのベトナム戦争参戦によって終了した。
❷ 疲弊したソ連経済を立て直すためにゴルバチョフ書記長によりペレストロイカが行われた。
❸ ブッシュ大統領とゴルバチョフ書記長の間で行われたマルタ会談が冷戦終結のきっかけと言われている。
❹ 91年にソビエト社会主義共和国連邦が解体され、新たに独立国家共同体(CIS)が誕生した。

01 데탕트에 관한 다음 글 중 올바른 것을 하나 고르시오.

　① 쿠바위기 결과, 소련의 후르시초프와 미국의 닉슨 사이에서 핫라인이 맺어졌다.
　② 부분적핵실험금지조약(PTBT)에 따라 미국·소련을 포함한 모든 나라에서 핵실험이 정지되었다.
　③ 서독의 브란트수상은 동방정책을 펴, 자본주의 세력의 확장을 도모했다.
　④ 1960년에 아프리카에서 17개국이 독립을 달성하여, 이 해는 '아프리카의 해'라고 불리었다.

> **정답·해설　01　정답 ❹**
>
> ❶ ホットラインはフルシチョフとケネディの間で結ばれた。
> 핫라인은 후르시초프와 케네디 사이에서 체결되었다.
> ❷ 部分的核実験禁止条約(PTBT)では、米英ソを中心として100カ国以上の国が地下実験を除く核実験を禁止した。
> 부분 핵실험금지조약(PTBT)에서는 미국·영국·소련을 중심으로 100개국 이상의 나라가 지하실험을 제외한 핵실험을 금지했다.
> ❸ ブラント首相による東方政策は、対東欧関係正常化を図った対立緩和政策である。
> 브란트수상에 의한 동방정책은, 대(対) 동유럽관계정상화를 도모한 대립완화정책이다.

02 다음 글 중 틀린 것을 하나 고르시오.

　① 미국·소련의 데탕트는 미국의 베트남 전쟁참전으로 종료되었다.
　② 피폐한 소련경제를 재정비하기 위하여 고르바초프 서기장에 의해 페레스트로이카가 실시되었다.
　③ 부시 대통령과 고르바초프 서기장 사이에서 이루어진 몰타회담이 냉전종결의 계기라 일컬어지고 있다.
　④ 1991년에 소비에트사회주의공화국연방이 해체되어, 새로운 독립국가연합(CIS)이 탄생했다.

> **정답·해설　02　정답 ❶**
>
> ❶ 米ソのデタントはソ連のアフガニスタン侵攻で終わったと言われる。
> 미국·소련의 데탕트는 소련의 아프카니스탄 침공으로 끝이 났다.

第3章 世界各地の紛争 세계 각지의 분쟁

>> 학습 포인트

- 世界各地での地域紛争はなぜ起こったのか、原因を理解しよう。
  세계 각지에서의 지역분쟁은 왜 일어나는지, 그 원인을 이해하자.
- 現在も続いている紛争にはどのようなものがあるか理解しよう。
  현재도 계속되고 있는 분쟁에는 어떤 것이 있는지 이해하자.

キーワード

カシミール紛争 카슈미르 분쟁　パレスチナ紛争 팔레스타인 분쟁　オスロ合意 오슬로 협정
旧ユーゴスラビア紛争 구 유고슬라비아 분쟁　コソボ紛争 코소보 분쟁
チェチェン紛争 체첸 분쟁　ダルフール紛争 다르푸르 분쟁　同時多発テロ 9.11테러
イラク紛争 이라크 전쟁

深まる民族対立

現在、世界各地で民族間の地域紛争が起きている。それらは宗教の違いや言語の違い、また貧富の差を背景に土地や資源などをめぐって対立が深まっている。
第2次世界大戦後、多くの植民地は独立し、また新たな国家が誕生したが、それにともなって一つの地域の中で民族や宗教対立が深まり紛争となった。

깊어지는 민족 대립

지금 세계 각지에서 민족간의 지역분쟁이 일어나고 있다. 이는 종교의 차이와 언어의 차이, 또 빈부의 차를 배경으로 토지와 자원 등을 둘러싼 대립이 심화되고 있는 것이다.
제2차 세계대전 후, 많은 식민지가 독립하고 또 새로운 국가가 탄생했지만, 그것과 더불어 하나의 지역 안에서 민족과 종교대립이 깊어져 분쟁이 일어나게 되었다.

○ インド・パキスタン紛争

　長い間イギリスの植民地であったインドは、植民地時代から国内でのヒンドゥー教徒とイスラム教徒の対立が起こっていたが、大戦後1947年にイギリスから独立する際、イスラム教のパキスタンとヒンドゥー教のインドに分離して独立した。

　両国の対立関係は現在も続いており、特に両国の国境地帯であるカシミール地方をめぐる紛争が現在も解決していない。さらに、両国は核実験も繰り返し行っており、世界の中でも危険性の高い地域とされている。

○ パレスチナ紛争

　同様に、第2次世界大戦後から現在に至るまで解決されていない紛争問題にパレスチナ紛争が挙げられる。

　このパレスチナ問題は、もとをたどれば紀元前からの非常に長い歴史があるが、近、現代に入り、差別、迫害を受けてきたユダヤ人はシオニズムというユダヤ人の国家建設をめざす政治運動を起こすようになった。一方、パレスチナの地に長い間住んできたアラブ民族の中でも、この地をめぐってアラブ・パレスチナ民族主義というナショナリズムが起こった。

　さらに、第1次世界大戦中に、当時この地を支配していたイギリスが、アラブ人とユダヤ人とにそれぞれの国家をパレスチナにつくることを約束した、いわば矛盾外交により問題は大きくなった。

　第2次世界大戦後、国連でパレスチナ分割案が採択され1948年にユダヤ人の国家であるイスラエルが建国されると、これに

인도·파키스탄 분쟁

오랫동안 영국의 식민지였던 인도는 식민지 시대부터 국내에서 힌두교와 이슬람교도의 대립이 일어났는데, 세계대전 후 1947년에 영국으로부터 독립을 할 때, 이슬람교인 파키스탄과 힌두교인 인도로 분리되었다.

양국의 대립관계는 지금도 계속되고 있으며, 특히 양국의 국경지대인 카슈미르 지방을 둘러싼 분쟁이 아직도 해결되지 않고 있다. 더욱이 양국은 핵실험도 반복해서 실시하고 있어, 세계에서도 위험성이 높은 지역으로 여겨지고 있다.

팔레스타인 분쟁

마찬가지로, 제2차 세계대전 후부터 지금에 이르기까지 해결되지 않은 분쟁문제로 팔레스타인 분쟁을 들 수 있다.

이 팔레스타인 문제는 기원을 더듬어 보면 상당히 긴 역사가 있는데, 근현대에 들어 차별과 박해를 받아 왔던 유대인은 시온주의(유대 민족주의 운동)라는 유대인 국가건설을 목표로 하여 정치운동을 일으키게 되었다. 한편 팔레스타인 땅에서 오랫동안 살아왔던 아랍민족 사이에서도, 이 땅을 둘러싸고 아랍·팔레스타인 민족주의라는 내셔널리즘이 일어났다.

더욱이 제1차 세계대전 중에 당시 이 땅을 지배하고 있던 영국이 아랍인과 유대인에게 각각 국가를 팔레스타인에 만들 것을 약속했던, 이른바 모순외교에 의해 문제는 커지게 되었다.

제2차 세계대전 후, 유엔에서 팔레스타인 분할안이 채택되어

対し土地を奪われるかたちとなったアラブ人は反発し、周辺のアラブ諸国を巻き込みながら4度にわたる中東戦争が起こった。

この戦争中、大量のパレスチナ難民が発生して大きな問題となる一方、1964年にはパレスチナ解放機構（PLO）が設立され、ユダヤ人との対立が深まっていった。その後、1993年にPLOとイスラエルの間でパレスチナ暫定自治協定（オスロ合意）が結ばれ、イスラエルが占領していたガザ地区とヨルダン川西岸にアラブ人の居住が認められた。

しかしそれ以後もイスラエルによるアラブ人居住地域の占領と、それに対するアラブ人の報復テロが繰り返され、現在でも紛争状態となっている。

1948년에 유대인의 국가인 이스라엘이 건국되자, 토지를 빼앗긴 꼴이 된 아랍인이 반발하여 주변의 아랍제국을 끌어들이면서 네 번에 걸친 중동전쟁이 일어났다.

이 전쟁 중에 다수의 팔레스타인 난민이 발생해서 큰 문제가 된 한편, 1964년에는 팔레스타인 해방기구(PLO)가 설립되어 유대인과의 대립이 심화되었다. 그 후, 1993년에 PLO와 이스라엘 사이에서 팔레스타인잠정자치협정(오슬로 협정)이 체결되어, 이스라엘이 점령하고 있었던 가자지구와 요르단강 서쪽해안에 아랍인의 거주가 받아들여졌다.

그러나 그 후에도 이스라엘에 의한 아랍인 거주지역의 점령과 그것에 대한 아랍인의 보복테러가 반복되어, 현재까지도 분쟁 상태에 있다.

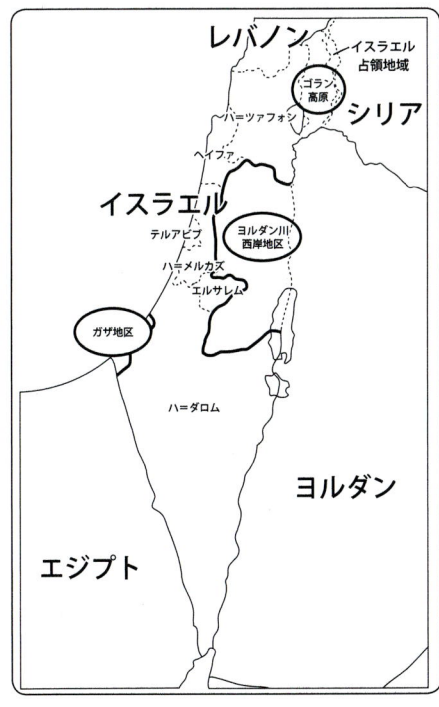

▲ パレスチナ地図
▲ 팔레스타인 지도

○ チェチェン紛争

　ソ連邦の崩壊によって旧ソ連の領土内でもさまざまな紛争が起こった。旧ソ連の民族紛争は主にロシアの南部、カフカス地方に集中している。この地域は民族、宗教問題に加えて、石油やガスなどのエネルギー問題が複雑に絡み合い、現在まで解決のめどが立っていない。

　まず挙げられるのがチェチェン紛争である。ソ連邦崩壊前からイスラム国家樹立を掲げるチェチェンは独立を求めていたが、ロシアはこれを認めず武力対立に発展した。

　この背景には宗教対立に加えて、カスピ海の石油の利権をめぐる対立がある。2000年のロシア軍による空爆によって大量の死者が出たが、これに対しチェチェンの独立派はテロ活動をたびたびおこない、対立が深まっている。

　ロシア以外でも、このカスピ海周辺の地域ではグルジアのオセチア地方の独立問題、アゼルバイジャンのナゴルノ・カラバフ自治州（住民の4分の3がアルメニア人）の帰属問題など多くの問題が残されている。

　さらに、第2次世界大戦後の冷戦期には抑えられていた民族や宗教の違いによる摩擦が1991年のソ連邦の崩壊によって、社会主義体制による抑制がきかなくなり、特に旧社会主義の国々で地域・民族紛争が多発するようになった。

체첸 분쟁

　소련연방의 붕괴로 구소련의 영토 내에서도 여러 분쟁이 일어났다. 구소련의 민족분쟁은 주로 러시아 남부의 카프카스 지방에 집중되어 있다. 이 지역은 민족, 종교문제와 더불어 석유와 가스 등의 에너지 문제가 복잡하게 얽혀, 현재까지 해결의 기미가 보이지 않고 있다.

　그 중 먼저 들 수 있는 것이 체첸 분쟁이다. 소련연방 붕괴 이전부터 이슬람 국가수립을 내건 체첸은 독립을 요구했지만, 러시아는 이것을 인정하지 않고 무력대립으로 발전했다.

　이 배경에는 종교대립과 더불어, 카스피해의 석유이권을 둘러싼 대립이 있다. 2000년 러시아군의 공중폭격으로 인해 대량의 사망자가 나왔지만, 이것에 대해 체첸의 독립파는 테러활동을 빈번히 일으켜 대립이 심화되었다.

　러시아 외에도, 이 카스피해 주변 지역에서는 그루지아의 오세치아 지방 독립문제, 아제르바이잔의 나고르노 카라바흐 자치주(주민의 4분의 3이 아르메니아인) 귀속문제 등 많은 문제가 남아있다.

　제2차 세계대전 후의 냉전기에는 민족과 종교의 차이에서 생기는 마찰이 억눌려 있었다. 그러나 1991년 소련연방이 붕괴됨으로서 생겨난 사회주의 체제로 말미암아 억제할 수 없게 되자, 구 사회주의 국가들에서 많은 지역·민족 분쟁이 발생하게 되었다.

旧ユーゴスラビア紛争

東西冷戦の終結後、すぐに起こったのが旧ユーゴスラビアでの民族紛争である。バルカン半島にあったユーゴスラビア連邦はもともと、複数の民族や宗教、言語が混在する国家であった。

第2次世界大戦後、指導者チトーのもと独立し、ソ連とは距離をおいた独自の外交をおこなっていた。しかしチトーがなくなり、さらに1991年にソ連が崩壊すると統一感が失われ、各民族の違いが再び表面化し、各共和国は独立を望むようになった。

まず、北部のスロベニアとクロアチアが独立を宣言し、つついてボスニア・ヘルツェゴビナも独立を宣言したが、この地域は特に異なる民族と宗教が混在していたため紛争が激しく起こり、長期化した。この紛争は結局、北大西洋条約機構(NATO)による大規模な空爆によっておさまった。

また現在でも大きな問題となっているのがセルビア共和国南部のコソボ自治州の独立問題で、アルバニア系住民とセルビア系住民との間で争いが長期間続いている(コソボ紛争)。

度重なる紛争の結果ユーゴスラビア連邦は解体し、2003年には新しい連合国家であるセルビア・モンテネグロが樹立された。さらに2006年にはモンテネグロがセルビアから独立し、「ユーゴスラビア」の国名は消滅し、複数の共和国が誕生した。

▲ 旧ユーゴスラビア連邦
▲ 구 유고슬라비아 연방

구 유고슬라비아 분쟁

동서냉전 종결 후, 바로 구 유고슬라비아의 민족분쟁이 일어났다. 발칸반도에 있던 유고슬라비아연방은 원래 복수의 민족과 종교, 언어가 혼재한 국가였다.

제2차 세계대전 후, 지도자 티토 하에 독립하여 소련과는 거리를 둔 독자적인 외교를 펼쳤다. 그러나 티토가 죽고, 1991년에 소련이 붕괴하자 통일감을 잃고 만다. 이렇게 각 민족간의 갈등이 재차 표면화되면서, 각 공화국은 독립을 열망하게 되었다.

먼저, 북부의 슬로베니아와 크로아티아가 독립을 선언하고 연이어 보스니아 헤르체고비나도 독립을 선언했는데, 특히 이 지역은 다른 민족과 종교가 혼재하고 있었기 때문에 격렬한 분쟁이 일어나 장기화되었다. 이 분쟁은 결국, 북대서양조약기구(NATO)에 의한 대규모 공중 폭격으로 진압되었다.

또한 현재도 큰 문제가 되고 있는 것이 세르비아공화국 남부 코소보자치주의 독립문제로, 알바니아계 주민과 세르비아계 주민 사이에서 장기간 싸움이 계속되고 있다(코소보 분쟁).

거듭되는 분쟁으로 유고슬라비아연방은 해체되고, 2003년에는 새로운 연합국가인 세르비아-몬테네그로가 수립되었다. 게다가 2006년에는 몬테네그로가 세르비아로부터 독립하여, '유고슬라비아'라는 국명은 소멸되고, 여러 공화국이 탄생했다.

アフリカの紛争

　長い間ヨーロッパ諸国の植民地であったアフリカの国々は、1960年の「アフリカの年」を頂点に、1950年代後半から1960年代前半にかけて次々と独立を果たした。しかし、植民地時代に宗主国の利害によって引かれた国境線は、アフリカの多様な言語や宗教、慣習、部族を無視したものであったため、一国のなかで異なる部族が共存しなければならない事態となり、国内の政治的統一が未だに実現できていない国が多い。

　現在まで続いているアフリカの紛争は、部族対立によるものが多いが、代表的なものとして、ソマリア内戦、アンゴラ内戦、コンゴ内戦、ルワンダ内戦、スーダンのダルフール紛争などが挙げられる。1980年代に内戦に突入したソマリアでは、人口の3分の1がたちまち飢餓状態におちいり、1992年に米軍を中心とする多国籍軍が派遣され、その後、国連平和維持軍(PKF)に引き継がれたが、問題を解決するに至らなかった。

同時多発テロ以後の世界

　2001年9月11日のアメリカに対するテロ、いわゆる同時多発テロは、アメリカが世界のリーダー国として君臨してきた冷戦後の世界を大きく変える転機となった。

　アメリカは独立以来本土攻撃を受けたことがなく、テロはアメリカ国内だけでなく世界中の人々が衝撃を受けた。アメリカ政府はすぐにイスラム原理主義テロ組織、アルカイダへの報復を宣言し、アルカイダをかくまっているアフガニスタンのタリバン政権への攻撃を決定した。

아프리카 분쟁

　오랫동안 유럽제국의 식민지였던 아프리카의 나라들은, 1960년 '아프리카의 해'를 정점으로, 1950년대 후반부터 1960년대 전반에 걸쳐 잇달아 독립을 달성했다. 그러나, 식민지시대에 종주국의 이해관계로 인해 그어졌던 국경선은 아프리카의 다양한 언어와 종교, 관습, 부족을 무시한 것이었다. 이것은 한 나라 안에 다른 부족이 공존해야 하는 사태가 되었기 때문에 국내의 정치적 통일이 아직도 실현되지 못한 나라가 많다.

　현재까지 계속되고 있는 아프리카의 분쟁은, 부족대립으로 인한 것이 많은데, 대표적인 것으로 소말리아 내전, 앙골라 내전, 콩고 내전, 르완다 내전, 수단의 다르푸르 분쟁 등을 들 수 있다. 1980년대에 내전에 돌입했던 소말리아에서는 인구의 3분의 1이 순식간에 기아상태에 빠져, 1992년에 미군을 중심으로 한 다국적군이 파견되었다. 그 후, 유엔평화유지군(PKF)에게 넘겨졌지만 문제를 해결하는데는 이르지 못했다.

9.11테러 이후의 세계

　2001년 9월 11일 미국에 대한 테러, 이른바 9.11테러는 미국이 세계의 리더국으로서 군림해 온 냉전 후의 세계를 크게 바꾸는 계기가 되었다.

　미국은 독립 이후 본토공격을 받은 적이 없었기 때문에 테러는 미국 국내뿐만 아니라 전 세계 사람들이 충격을 받았다. 미국정부는 바로 이슬람 원리주의 테러조직인 알카에다에 보복을 선언하고, 알카에다를 숨겨주고 있는 아프가니스탄의 탈레반 정권에의 공격을 결정했다.

タリバン政権はほぼ二ヶ月で崩壊し、その後国連の支援の下、新しい国づくりが始まった。

　アメリカはさらに、テロ組織をかくまい、大量破壊兵器を持っているとしてイラクのフセイン政権への攻撃を容認する決議を国連の安全保障理事会に要求したが、フランス、ロシアなどの反対にあうと、安保理の決議抜きでイギリス、スペインとともにイラクへの攻撃を決断した。2003年から始まったイラク戦争での本格的な戦闘は一ヶ月ほどで終わったが、その後の治安回復と復興は困難を極めている。

○ 残される課題

　その他、冷戦時代から続く北アイルランドの宗教紛争、朝鮮民主主義人民共和国(北朝鮮)と韓国の問題、チベット独立問題など世界各地で終結していない紛争問題が残されている。

　このような世界情勢の中で重要な役割を果たすのが国際連合である。特に、安全保障理事会は、国際平和と安全を維持するための主要な責任を負っている。しかし、イラク戦争時のアメリカの独断的な攻撃決定を止めることができず、またアフリカのソマリア、ルワンダ紛争の解決に失敗するなど、国連自体の役割や存在意義が問われるようになっている。

　さらに、紛争の激化に伴い増え続ける難民問題も解決しなければならない課題である。1950年に国連難民高等弁務官事務所(UNHCR)が設立され、1951年には「難民の地位に関する条約」が採択されたが、特に冷戦後、地域紛争の性格が大きく変わり、世界各地で生じている難民問題について、条約上の概念では十分に対応しきれなくなっている。

문제 풀면서 다시 한번 확인해 보자

01 パレスチナ問題に関する次の①～④の文章のうち正しいものを一つ選びなさい。

① パレスチナ問題の背景には、第1次世界大戦当時のアメリカによる矛盾外交があった。
② パレスチナ建国によって居住地を追われたユダヤ人はPLO(パレスチナ解放機構)を組織した。
③ イスラエルとアラブ諸国との4次にわたる戦争がおこなわれたが、1993年和平合意がなされ、パレスチナ国家が誕生した。
④ イスラエルとPLOは1993年、暫定自治合意をして相互承認をおこなった。

02 2003年のイラク戦争に関する次の①～④の文章のうち正しいものを一つ選びなさい。

① イラクによるクウェートへの軍事侵攻が、直接の契機となった。
② アメリカはイラクによる大量破壊兵器の保有を開戦の理由として挙げた。
③ 安全保障理事会の常任理事国のうち、イギリス、フランス、ロシアは開戦に反対した。
④ イラク国内のスンニ派とシーア派の対立が大きくなり、戦争に発展した。

01 팔레스타인 문제에 관한 다음 ①~④의 문장 중 올바른 것을 하나 고르시오.

① 팔레스타인 문제의 배경에는 제1차 세계대전 당시의 미국에 의한 모순외교가 있었다.
② 팔레스타인 건국으로 인해 거주지에서 쫓겨난 유대인은 PLO(팔레스타인해방기구)를 조직했다.
③ 이스라엘과 아랍국들 사이에 4차에 걸친 전쟁이 일어났지만, 1993년 평화합의가 이루어져 팔레스타인국가가 탄생했다.
④ 이스라엘과 PLO는 1993년 잠정자치합의로 상호승인을 했다.

> **정답·해설**
> **01** 정답 ❹
> ❶ アメリカではなくイギリスによる矛盾外交 미국이 아니고 영국에 의한 모순외교이다.
> ❷ PLOはイスラエル建国によってアラブ人が組織した。 PLO는 이스라엘 건국에 의해 아랍인이 조직했다.
> ❸ パレスチナ国家はつくられなかった。居住区が決められただけ。
> 팔레스타인 국가는 만들어지지 않았다. 거주지가 결정되었을 뿐이다.

02 2003년 이라크 전쟁에 관한 다음 ①~④의 문장 중 올바른 것을 하나 고르시오.

① 이라크에 의한 쿠웨이트 군사침공이 직접적인 계기가 되었다.
② 미국은 이라크에 의한 대량 파괴병기의 보유를 전쟁 시작의 이유로 들었다.
③ 안전보장이사회의 상임이사국 중, 영국, 프랑스, 러시아는 전쟁에 반대했다.
④ 이라크 국내의 수니파와 시아파의 대립이 커져 전쟁으로 발전했다.

> **정답·해설**
> **02** 정답 ❷
> ❶ 1991年の湾岸戦争の説明 1991년의 걸프전에 대한 설명이다.
> ❸ イギリスは反対していない。 영국은 반대하지 않았다.
> ❹ イスラム教の対立は2003年のイラク戦争の直接の原因ではない。
> 이슬람교의 대립은 2003년의 이라크 전쟁의 직접적인 원인이 아니다.

第4章

現代社会の諸問題
현대사회의 여러 가지 문제

》》 학습 포인트

- 社会がどのように変化してきて、それによって新たにどのような問題が発生したのか。またその対策はどのようにとられているのか。
  사회가 어떻게 변화해왔으며 그것으로 인해 어떤 문제가 새롭게 발생했는가? 또 그 대책은 어떻게 세워졌는가?

キーワード

過密化 과밀화　過疎化 과소화　ドーナツ化現象 도넛화 현상　スプロール現象 스프롤 현상

プライバシー権 프라이버시권　アクセス権 액세스권　知る権利 알 권리

情報リテラシー 정보 리터러시　デジタル・デバイド 디지털 디바이드(정보격차)

少子化 저출산화　高齢化 고령화　介護保険制度 간병보험제도

○ 高度経済成長と社会生活の変化

戦後の高度経済成長期、特に1960年の池田首相による「国民所得倍増計画」の発表前後から、国民の生活が大きく変わった。まず、産業や交通の発達した都市部への人口集中が始まり、逆に農村の人口は減り、地域の活力が失われた。

また、モノやサービスの大量生産、大量販売により、大衆の大量消費がおこなわれるようになり、多量かつ均質な商品が安く手に入るようになった。1960年代の「三種の神器」(洗濯機、冷蔵庫、白黒テレビ)や1970年代の3C(カラーテレビ、クーラー、車)などの新しい家電製品の登場により、人々の生活も便利になっていった。

고도 경제성장과 사회생활의 변화

전쟁 후 고도 경제성장기, 특히 1960년의 이케다 수상에 의한 '국민소득배가계획' 발표 전후부터 국민들의 생활이 크게 바뀌었다. 우선, 산업과 교통이 발달한 도시로 인구집중이 시작되고, 반대로 농촌의 인구는 감소하면서 지역이 활력을 잃어버렸다.

또 물건과 서비스의 대량생산, 대량판매로 대중이 대량소비를 하게 되어, 다량의 균질한 상품을 싸게 구입할 수 있게 되었다. 1960년대의 '삼종신기'(세탁기, 냉장고, 흑백 텔레비전)와 1970년대의 3C(컬러 텔레비전, 에어컨, 자동차) 등의 새로운 가전제품의 등장으로 사람들의 생활도 편리해지기 시작했다.

都市化

　経済の発展にともない、都市部にはどんどん人々が流れ込み、人口が極端に増えすぎたことによってさまざまな都市問題が発生した。人口の極端な増加を過密化というが、反対に、農村では人口が極端に減り、特に農業などの第1次産業は、後継者不足により、おとろえていった。この極端な人口減少を過疎化という。
　都市への人口集中がおこると、地価の高騰、住宅不足、交通渋滞などの交通問題、環境の悪化など、さまざまな都市問題が発生する。地価の高騰や環境の悪化によって、都心部に住む人口は減り、周辺部のベッドタウンやニュータウンと呼ばれる住宅地に生活する人が増える。これをドーナツ化現象という。さらに、周辺部のベッドタウンも過密化すると、郊外への乱開発によって無秩序に住宅が増えていく、スプロール現象がおこるようになる。
　人口や交通が過密する都市では、現在でも渋滞の問題や、また地震などの災害が発生した際の対策問題など、さまざまな課題が残っている。

情報化

　産業や生活レベルの向上にともなって、情報が重要な役割をもつと考えられる情報化社会となった。ラジオ、テレビ、新聞などのマスメディアによる情報伝達(マスコミュニケーション)の発達により、その傾向は強まり、さらに、近年はIT革命といわれるコンピューターや通信技術の発達と普及によって、情報化はさらにすすんでいる。
　情報化がすすむにつれて、便利になるという良い点も出てくるが、さまざまな問題点も出てきた。まず、インターネットの普及にともなって、個人的な情報が本人の望まないかたちで広

도시화

　경제 발전과 더불어, 도시에는 점점 사람들이 모여들어, 인구가 폭발적으로 증가함으로서 여러 가지 도시문제가 발생했다. 이러한 인구의 극단적인 증가를 과밀화라고 한다. 반대로 농촌에서는 인구가 극단적으로 감소하였고, 특히 농업 등의 제1차 산업은 후계자 부족 때문에 쇠퇴해갔다. 이 극단적인 인구감소를 과소화라고 한다.
　도시로의 인구집중이 일어나면 지가의 상승, 주택부족, 교통정체 등의 교통문제, 환경악화 등 여러 가지 도시문제가 발생한다. 지가의 상승과 환경의 악화로 인해 도심부의 인구는 감소하고, 주변부인 베드타운이나 뉴타운이라 불리는 주택지에서 생활하는 사람이 증가한다. 이것을 도넛화 현상이라고 한다. 거기에 주변부의 베드타운도 과밀화되면, 교외로의 난개발로 말미암아 무질서하게 주택이 늘어가는 스프롤 현상이 일어나게 된다.
　인구와 교통이 과밀한 도시에서는 현재도 정체문제나 지진 등의 재해가 발생했을 때의 대책문제 등, 여러 가지 과제가 남아있다.

정보화

　산업과 생활수준의 향상과 더불어 정보가 중요한 역할을 갖는 정보화사회가 되었다. 라디오, 텔레비전, 신문 등 매스미디어에 의한 정보전달(매스커뮤니케이션)의 발달로 정보의 역할은 커지고, 더욱이 최근에는 IT혁명이라 불리는 컴퓨터와 통신기술의 발달과 보급으로 정보화는 더욱 발전하고 있다.
　정보화가 발전함에 따라 편리해진다는 좋은 점도 있지만, 여러 가지 문제점도 나타나기 시작했다. 먼저, 인터넷 보급과 함께 개인적인 정보가 본인이 바라지 않는 형태로 퍼져나갈 위

まる危険がでてきた。また、企業や行政が保有する個人情報が流出するなど、情報管理の強化が大きな課題となっている。このような国民の「プライバシーの権利」を保障するため、日本では2003年、「個人情報の保護に関する法律」を制定した。

　逆に、国や自治体の公的な情報に間しては、国民が自由に手に入れる「知る権利」や情報に対して意見や反論を表明する「アクセス権」を保障するため、1999年「情報公開法」が制定された。さらに、情報を得る機会が、インターネットなどデジタル技術を必要とする場合が多くなり、情報にアクセスする能力を持つ者と、持たない者に情報量の差だけでなく、経済的、社会的格差が生じるになった。これを、デジタル・デバイド（情報格差）という。この格差をなくすためには情報機器の操作能力（情報リテラシー）の向上が必要である。

　その他、コンピューターウィルスなどによるネット犯罪やCDソフトのコピーなど知的財産権の問題など、情報化に伴う課題は多く残されている。

○ 少子高齢化

　高度経済成長により、物質的に豊かになり、医療技術の飛躍的な向上により日本人の平均寿命は延び、戦後の日本は急速に高齢化していった。

　65歳以上の老年人口の総人口に占める割合を高齢化率といい、この割合が7％以上の社会を高齢化社会、14％以上の社会を高齢社会という。日本は現在この割合が20％を超え、どの国も経験したことがないほどのスピードで高齢化がすすんでいる。

　平均寿命が延びること自体は望ましいことであるが、問題は、

험이 생기기 시작했다. 또한 기업이나 행정이 보유하는 개인정보가 유출되는 등, 정보관리의 강화가 큰 과제가 되었다. 이렇게 국민의 '프라이버시 권리'를 보장하기 위해 일본에서는 2003년, '개인정보 보호에 관한 법률'을 제정했다.

　반대로, 나라와 지자체의 공적인 정보에 관해서는 국민이 자유롭게 손에 넣을 수 있는 '알 권리', 정보에 대한 의견이나 반론을 표명하는 '액세스권'을 보장하기 위해 1999년 '정보공개법'이 제정되었다. 더욱이 정보를 얻기 위해서는 인터넷 등 디지털 기술을 필요로 하는 경우가 많아져 정보에 액세스할 능력을 가진 자도 가지지 않은 자도 정보량의 차이뿐만 아니라, 경제적, 사회적 격차가 생기게 되었다. 이것을 디지털 디바이드(정보격차)라고 한다. 이 격차를 없애기 위해서는 정보 기기의 조작능력(정보 리터러시)의 향상이 필요하다.

　그 외, 컴퓨터 바이러스 등으로 인한 인터넷 범죄와 CD소프트 복제 같은 지적재산권 문제 등 정보화에 동반한 과제는 많이 남아있다.

저출산·고령화

　고도경제성장에 따라 물질적으로 풍족해지고 의료기술이 비약적으로 향상되어 일본인의 평균수명이 길어져 전쟁 후 일본은 급속하게 고령화되어 갔다.

　65세 이상의 노년인구가 총인구에서 차지하는 비율을 고령화율이라고 하며 이 비율이 7퍼센트이상인 사회를 고령화사회, 14퍼센트 이상인 사회를 고령사회라고 한다. 일본은 현재 이 비율이 20퍼센트를 넘어 어느 나라도 경험한 적이 없을 정도의 속도로 고령화가 진행되고 있다.

若い世代とのバランスがとれていないことである。いわゆる少子化の問題だが、14歳以下の若年人口や、15歳から64歳までの生産年齢人口が減少すると、経済が停滞して、社会全体の活力もなくなってしまう。

　出生率はふつう、一人の女性が生涯に産む子どもの平均出生数を計算した合計特殊出生率で表すが、日本の場合、人口を維持できる水準の2.1人を1970年代に下回り、その後徐々に下がっている。出生率低下の背景としては、女性の高学歴化と社会進出による、ライフスタイルの変化が挙げられる。また、子どもを生んだとしても、養育費の負担が大きかったり、仕事と子育ての両立が困難だったりして、結婚しなかったり、しても子どもを持たない夫婦が増えていることもある。

高齢社会の影響

　高齢化がすすむと当然、医療費や年金などの社会保障費が増加する。しかし、それらの財源となる税金を納める世代が減少することによって、財源不足となり、また若い世代の負担も増大することになる。こうした状況を解決するためには、医療制度や年金制度の抜本的な見直しが必要とされている。

　また高齢者を対象とした、介護サービスなどの福祉政策の充実も必要となる。そこで政府は、1999年「ゴールドプラン21」をつくり、福祉センターや老人ホームの施設や、デイサービスなどの介護福祉サービスの充実を目指した。さらに2000年から介護保険制度を開始し、医療保険とは別に、40歳以上の国民から保険料を徴収し、介護サービスを提供している。

평균수명이 길어지는 것 자체는 바람직한 것이지만, 문제는 젊은 세대와의 균형이 잡히지 않는 것이다. 이른바 저출산 문제인데, 14세 이하 어린이와 15세부터 64세까지의 생산연령인구가 감소하면 경제가 정체되고, 사회 전체의 활력도 없어지고 만다.

출생률은 보통 한 사람의 여성이 일생동안 낳는 아이의 평균 출생수를 계산한 합계특수출생률로 나타낸다. 일본의 경우, 인구를 유지할 수 있는 수준인 2.1명을 1970년대에 밑돌았으며, 그 후 서서히 떨어지고 있다. 출생률 저하의 배경으로는, 여성의 고학력화와 사회진출에 의한 라이프스타일의 변화를 들 수 있다. 또한 아이를 낳는다고 해도 양육비 부담이 커진다든지 일과 양육의 양립이 어렵다는 이유로 결혼하지 않는다거나, 결혼을 해도 아이를 갖지 않는 부부가 증가한 까닭도 있다.

고령화 사회의 영향

고령화가 진행되면 당연히 의료비와 연금 등 사회보장비가 증가한다. 그러나, 이러한 재원이 되는 세금을 납부하는 세대가 감소함에 따라 재원이 부족해 지고, 또한 젊은 세대의 부담도 커지게 된다. 이러한 상황을 해결하기 위해서는 의료제도나 연금제도의 근본적인 재검토가 필요해진다.

게다가 고령자를 대상으로 하는 노인요양서비스 등에 충실한 복지정책도 필요해진다. 그래서 정부는 1999년 '골드플랜 21'을 만들어 복지센터와 노인홈 시설, 일일서비스 등과 같이 노인요양 복지서비스를 충실히 했다. 더욱이 2000년부터 노인요양 보험제도를 개시하여 의료보험과는 관계없이 40세 이상의 국민으로부터 보험료를 징수하여 노인요양서비스를 제공하고 있다.

01 日本の少子高齢化に関する次の①〜④の文章のうち誤っているものを一つ選びなさい。

① 日本の高齢化率は、長い期間をかけて徐々にすすんできた。
② 少子高齢化を防ぐための対策として、女性や高齢者の雇用を増やすことも有効な手段である。
③ 生産年齢人口の負担を軽くするため、間接税の割合を増やすことが有効な手段として考えられる。
④ 日本では少子高齢化への対策として、一定年齢以上の国民が保険料を負担して、介護サービスを提供する介護保険制度をはじめた。

02 都市問題に関する次の文章の（　）に当てはまる語句を次の①〜④から選びなさい。

都市の中心部の地価が高騰して、周辺部の人口が増加していくことを（　a　）現象といい、都市の周辺に住宅地が無秩序に拡大していくことを（　b　）現象という。

① 空洞化　　　　　　　ドーナツ化
② スプロール　　　　　ドーナツ化
③ 空洞化　　　　　　　スプロール
④ ドーナツ化　　　　　スプロール

01 일본의 저출산·고령화에 관한 다음 ①~④의 문장 중 틀린 것을 하나 고르시오.

① 일본의 고령화율은 오랜 기간에 걸쳐 서서히 진행되어 왔다.
② 저출산·고령화를 방지하기 위한 대책으로 여성과 고령자의 고용을 늘리는 것도 유효한 수단이다.
③ 생산연령인구의 부담을 덜기 위해 간접세의 비율을 늘리는 것을 유효한 수단으로 생각할 수 있다.
④ 일본에서는 저출산·고령화의 대책으로, 일정 연령 이상의 국민이 보험료를 부담하여 노인요양 복지서비스를 제공하는 간병보험제도를 시작했다.

> **정답·해설 01 정답 ❶**
>
> 日本の高齢化率は戦後の経済発展にともなって、他に例のないほど急速にすすんできた。
> 일본의 고령화율은 전쟁 후의 경제발전과 더불어 다른 예가 없을 정도로 급속하게 진행되어 왔다.

02 도시문제에 관한 다음 문장의 ( )에 들어갈 알맞은 단어를 다음의 ①~④에서 고르시오.

도시 중심부의 땅값이 상승하여 주변부의 인구가 증가해 가는 것을 (a) 현상이라 하고, 도시의 주변에 주택지가 무질서하게 확대되어 가는 것을 (b) 현상이라 한다.

① 공동화　　도넛화
② 스프롤　　도넛화
③ 공동화　　스프롤
④ 도넛화　　스프롤

> **정답·해설 02 정답 ❹**

第5章 世界の多様化 － 新しい未来への課題
세계의 다양화 – 새로운 미래로의 과제

>> 학습 포인트

- 現代社会にはどのような問題があり、問題解決のためにどのような対策がおこなわれてきているか。
  현대사회에는 어떤 문제가 있으며 문제해결을 위해 어떤 대책을 세우고 있는가?

キーワード

世界宗教 세계종교　民族宗教 민족종교　三大宗教 3대 종교　エスノセントリズム 에스노센트리즘(자문화중심주의)　生命倫理 생명윤리　UNEP 국제연합환경계획　地球サミット 지구 서밋　京都議定書 교토의정서　地球温暖化 지구온난화

世界宗教と民族宗教

　世界にはさまざまな宗教があるが、その中でも歴史が長く、人種、民族、国家を超えて世界中の広い地域で信仰されている世界宗教と、ある特定の民族の中でのみ信仰されており、その民族の風習や生活に深く関わっている民族宗教とに分かれる。世界宗教には、仏教、キリスト教、イスラム教が挙げられる。民族宗教では、日本の道教、インドのヒンドゥー教、ユダヤ教、中国の道教などが挙げられ、いずれも長い歴史をもっている。

세계종교와 민족종교

　세계에는 여러 가지 종교가 있는데 그 중에서도 역사가 길고 인종, 민족, 국가를 넘어 전 세계의 넓은 지역에서 믿고 있는 세계종교와, 어느 특정 민족 속에서만 믿으며 그 민족의 풍습이나 생활에 깊이 관여하고 있는 민족종교로 나뉜다. 세계종교에는 불교, 크리스트교, 이슬람교를 들 수 있다. 민족종교로는 일본의 도교, 인도의 힌두교, 유대교, 중국의 도교 등을 들 수 있으며, 모두 긴 역사를 가지고 있다.

世界の三大宗教

　世界宗教の中で、特に三大宗教と呼ばれるのが仏教、キリスト教、イスラム教である。

　仏教は、紀元前5世紀ころ現在のインドでブッダ(仏陀)を開祖とする宗教である。後に、スリランカから東南アジアのほうへ伝わった小乗仏教(南伝仏教)と、中央アジアから中国、朝鮮半島、日本へ伝わった大乗仏教(北伝仏教)とに分かれた。さらにチベットではこの仏教をもとに独自のチベット仏教が発達し、モンゴルや南シベリアまで伝わった。現在でも特にアジア地域に多く広がっている。

　キリスト教は、ユダヤ教の一宗派から誕生した宗教で、現在世界中の宗教の中で最も信者が多い。キリスト教は歴史上、何回かの分裂をくり返し、主な宗派として、東地中海沿岸およびロシアに広まる東方正教、ローマ教皇を中心とするカトリック、カトリックに対する宗教改革から発生したプロテスタントがある。新約聖書のほか、ユダヤ教の聖典でもある旧約聖書を教典とする。

　イスラム教は、紀元7世紀にアラビア半島で、マホメット(ムハンマド)が神(アラー)の啓示を受けたことによって始まった。啓示を記したコーランを教典とする。イスラム教の特徴は六信五行を義務としている。宗派は、主に多数派で正統派とされるスンニ派と、少数派のシーア派がある。世界的にはスンニ派が8割以上と多数派だが、アラブ地域ではスンニ派とシーア派は半々で、イランとイラクではシーア派が多数である。現在、イスラム教は北アフリカから西アジア、インド、東南アジアにかけて広まり、キリスト教の次に信者の多い宗教である。

세계의 3대 종교

　세계종교 중에서 특히 3대 종교라고 불리는 것이 불교, 크리스트교, 이슬람교이다.

　불교는 기원전 5세기 경 현재의 인도에서 불타(부처)를 원조로 하는 종교이다. 나중에 스리랑카에서 동남아시아로 전해진 소승불교(남전불교)와, 중앙아시아에서 중국, 한반도, 일본으로 전해진 대승불교(북전불교)로 나뉜다. 게다가 티베트에서는 이 불교를 바탕으로 독자적인 티베트불교가 발달하여 몽골과 남시베리아까지 전해졌다. 지금은 특히 아시아지역에 많이 전파되어 있다.

　크리스트교는, 유대교의 한 종파에서 탄생한 종교로, 현재 전세계의 종교 중에서 가장 신자가 많다. 크리스트교는 역사상 몇 번의 분열을 반복하였으며, 주된 종파로서 동지중해연안 및 러시아에 전파된 동방정교, 로마교황을 중심으로 한 카톨릭과 카톨릭에 대한 종교개혁에서 발생한 프로테스탄트가 있다. 신약성서 외에, 유대교의 성전이기도 한 구약성서를 교전으로 한다.

　이슬람교는 기원 전 7세기에 아라비아반도에서 마호메트(무하마드)가 신(알라)의 계시를 받음으로서 시작되었다. 계시를 기록한 코란을 교전으로 한다. 이슬람교의 특징은 육신오행을 의무로 하고 있다. 종파는 주로 다수파이면서 정통파인 수니파와 소수파인 시아파가 있다. 세계적으로는 수니파가 80퍼센트 이상인 다수파이지만, 아랍지역에서는 수니파와 시아파가 반반이며 이란과 이라크에서는 시아파가 다수이다. 현재 이슬람교는 북아프리카에서 서아시아, 인도, 동남아시아에 걸쳐 전파되어, 크리스트교 다음으로 신자가 많은 종교이다.

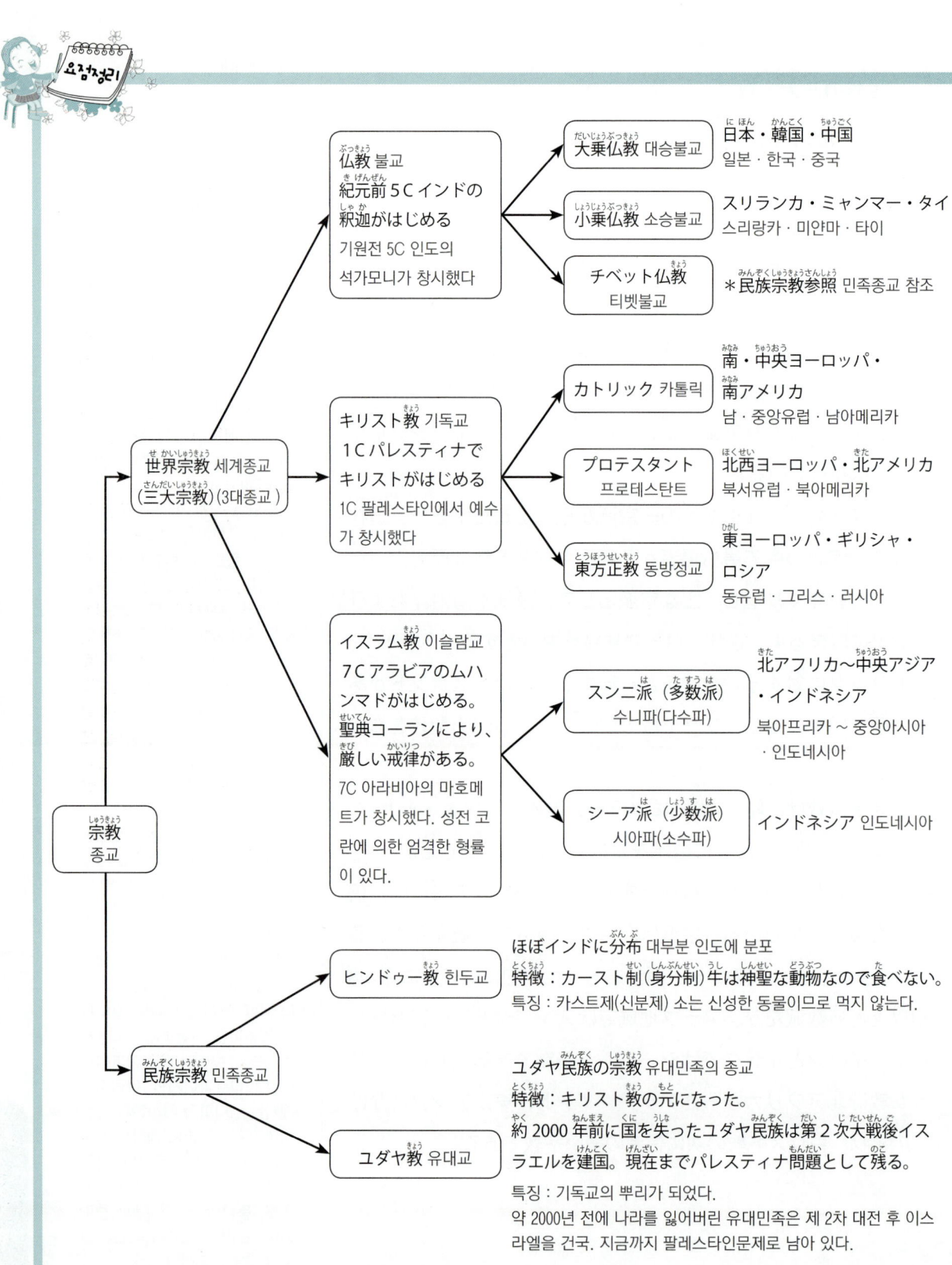

エスノセントリズムと異文化理解

　交通手段や情報通信技術の発達に伴い、ヒト、モノ、カネ、情報が国境を越えて移動するボーダレス化がすすみ、国家や企業の活動も、国境を意識しないでグローバルにおこなわれる社会となった。

　この国際化、またはボーダレス化、グローバル化といわれる現代社会では、国家、地域間の交流の増大に伴う経済、政治の相互依存が深まり、同時に一国の社会体制や文化的習慣が、他国との関係の中で変化してきている。

　このような社会で一番重要になるのが、自文化と異文化に対する理解である。

　日常生活の中で、異文化と接触する機会は増大している一方、異文化に対する偏見や誤解、また自文化に対する誤った誇りや過度の自信が生まれ、自己中心主義に陥る危険性が出てきた。

　この自文化または自文化中心主義をエスノセントリズムというが、これは異なった文化の価値を認め、相互理解が重要となった現代社会が克服しなければならない問題である。

에스노센트리즘(자문화 중심주의)과 이문화 이해

　교통수단과 정보통신기술의 발달에 따라 사람, 물건, 돈, 정보가 국경을 넘어 이동하는 보더리스화가 전개되어, 국가나 기업의 활동도 국경을 의식하지 않고 글로벌화로 이루어지는 사회가 되었다.

　이 국제화 또는 보더리스화, 글로벌화라 불리는 현대사회에서는 국가, 지역간의 교류의 증대에 따라 경제, 정치의 상호의존이 깊어지고, 동시에 한 나라의 사회체제와 문화적 습관이 다른 나라와의 관계 사이에서 변화하기 시작했다.

　이러한 사회에서 가장 중요한 것이 자문화와 이문화에 대한 이해이다.

　일상생활 속에서 이문화와 접촉할 기회는 증가하고 있는 한편, 이문화에 대한 편견과 오해, 그리고 자문화에 대한 잘못된 자부심이나 과도한 자신감으로 자기중심주의에 빠질 위험성이 나타나기 시작했다.

　이러한 자문화 또는 자문화 중심주의를 에스노센트리즘이라고 하는데, 이것은 다른 문화의 가치를 인정하는 상호이해가 중요해진 현대사회가 극복해야 할 문제이다.

○ バイオテクノロジーの発達と生命倫理

　医療技術や生命工学(バイオテクノロジー)の発達によって、寿命が延び、治療が困難だった病気の治癒が可能になったりと、人々の生活にとって良い点が増えた。しかし一方で、技術の発達によって命の定義や「ヒト」という存在の意味が不確かになり、倫理的に複雑で簡単に解決できない問題も増えた。

　まず、医療技術の進歩により、それまでは不可能だった「脳死」という状態が可能になった。以前は、脳の機能が停止すれば、呼吸が止まり心臓死に至るのが普通だったが、人工呼吸器によって呼吸機能を維持することが可能になった。この脳死をヒトの「死」とみるのかどうかは、難しい問題である。日本では「臓器移植法」によって、臓器移植をおこなう場合には「脳死」をヒトの「死」とできるが、実際に臓器移植をおこなうための法的条件が厳しく、施行例は少ない。

　また、遺伝子工学の進歩によって、クローン動植物はもちろん、ヒトクローンをつくることが可能になり、大きな問題になっている。クローン技術は、臓器移植や再生医療に役立つとされるが、ヒトクローンをつくることに関しては、各国規制している。

　その他、人工授精や体外受精、代理母などの生殖技術の問題、安楽死、尊厳死の問題、遺伝子組み換え食品の問題など、生命に関する問題はたくさん残されている。

바이오 테크놀러지의 발달과 생명윤리

　의료기술과 생명공학(바이오 테크놀러지)의 발달로 수명이 길어지고 치료가 어려웠던 병의 치유가 가능해짐에 따라, 사람들의 생활에 있어서 좋은 점이 증가했다. 그러나 한편으로, 기술발달로 인해 생명의 정의와 '사람'이라는 존재의 의미가 불확실해지면서 윤리적으로 복잡하고 간단하게 해결할 수 없는 문제도 많아졌다.

　우선 의료기술 진보에 따라, 그때까지는 불가능했던 '뇌사'라는 상태가 가능해졌다. 이전에는 뇌 기능이 정지되면 호흡이 멈춰 심장사에 이르는 것이 보통이었지만, 인공호흡기로 호흡기능을 유지하는 것이 가능해졌다. 이 뇌사를 사람의 '죽음'으로 볼 것인지 아닌지는 어려운 문제이다. 일본에서는 '장기이식법'에 따라 장기이식을 할 경우에는 '뇌사'를 사람의 '죽음'으로 볼 수 있지만, 실제로 장기이식을 하기 위한 법적조건이 까다롭고 시행예도 적다.

　또한, 유전자공학의 진보에 따라 복제(클론)동·식물은 물론, 복제인간을 만드는 것이 가능해져 큰 문제가 되고 있다. 복제(클론)기술은 장기이식과 재생의료에 도움이 되지만, 복제인간을 만드는 것에 관해서는 각국에서 규제하고 있다.

　그 외 인공수정과 체외수정, 대리모 등의 생식기술의 문제, 안락사, 존엄사의 문제, 유전자 변형식품 문제 등 생명에 관한 문제는 많이 남아 있다.

地球環境問題

　世界的な人口増加、工業化、科学技術の発達、経済優先の政策など、わたしたち人類が豊かで快適な生活を追及した結果、特に1970年代ころから「一国内の公害」問題ではとらえられない地球規模の環境破壊が、大きな問題になってきた。そこで、1972年、ストックホルムで国連人間環境会議が開かれ、「かけがえのない地球」をスローガンに「人間環境宣言」が発表された。この会議で、環境問題への国際的な取り組みが約束され、国連環境計画（UNEP）が設立された。
　現在地球規模で広がっている環境問題としては、おもに地球温暖化、オゾン層破壊、酸性雨、熱帯林破壊、砂漠化、そして野生生物の減少が挙げられる。1972年の会議後も、このようなさまざまな環境問題がさらに深刻になり、1992年ブラジルのリオデジャネイロで国連環境開発会議（地球サミット）が開かれた。ここで、環境保全のための行動計画である「アジェンダ21」が発表され、「気候変動枠組み条約」など、具体的な条約も結ばれた。この会議では「持続可能な開発」がスローガンとなったが、環境保護の優先を主張する先進諸国と、経済発展のための開発権を主張する開発途上国とのあいだで、意見が対立した。

지구환경문제

　세계적인 인구증가, 공업화, 과학기술의 발달, 경제우선 정책 등, 우리 인류가 풍요롭고 쾌적한 생활을 추구한 결과, 특히 1970년대 무렵부터 '한 나라의 공해' 문제로만 인식할 수 없는 지구 전체 규모의 환경파괴가 큰 문제가 되고 있다. 그래서 1972년 스톡홀름에서 유엔인간환경회의가 열려 '하나뿐인 지구'를 슬로건으로 '인간환경선언'이 발표되었다. 이 회의에서 환경문제의 국제적인 대처를 약속하고 유엔환경계획(UNEP)이 설립되었다.
　지금 지구규모로 확대되어 가고 있는 환경문제로는 주로 지구온난화, 오존층 파괴, 산성비, 열대림 파괴, 사막화, 그리고 야생동물의 감소를 들 수 있다. 1972년에 열린 회의 후에도 이와 같은 다양한 환경문제가 더욱 심각해져, 1992년 브라질의 리오데자네이로에서 유엔환경개발회의(지구 서밋)가 열렸다. 여기서 환경보존을 위한 행동 계획인 '아젠다21'이 발표되었고, '기후변동구조약' 등 구체적인 조약도 체결되었다. 이 회의의 슬로건은 '지속가능한 개발'이었지만, 환경보호 우선을 주장하는 선진국의 여러 나라와 경제발전을 위한 개발권을 주장하는 개발도상국 사이에서 의견이 대립되었다.

京都議定書

　地球サミットで結ばれた気候変動枠組み条約（地球温暖化防止条約）の具体的目標を定めるため、1997年、京都で条約締結国で会議が開かれた。ここで京都議定書が採択され、二酸化炭素やメタンなどの温室効果ガスを2008年から2012年までに、世界全体で1990年比5％以上減らすことが決められた。そのなかで特に、日本は6％、アメリカは7％、EUは8％という目標が定められた。2001年アメリカは離脱を表明したが、EU、日本は批准した。2004年まで批准国がそろわず、この議定書は未発効であったが、2004年ロシアが批准したことによって、2005年に発効した。

環境破壊の深刻化

　オゾン層の破壊も、皮膚がんの増加など人体への影響が指摘される問題だが、その規模は拡大している。オゾン層破壊の主な原因は、フロンガスであるが、1987年モントリオール議定書によって初めて国際的に規制がはじまった。
　また、多くの野生生物の生息地である森林も急速に減少しており、特に東南アジアや南米の熱帯雨林の減少が著しい。過剰な伐採や農地開拓により、森林が減り続けると気候変動や砂漠化にも影響を及ぼし、問題は深刻である。

교토의정서

　지구 서밋에서 체결된 기후변동구조조약(지구온난화방지조약)의 구체적 목표를 정하기 위해, 1997년 교토에서 조약체결국들이 모여 회의를 열었다. 여기서 교토의정서가 채택되어 이산화탄소나 메탄 등 온실효과가스를 2008년부터 2012년까지, 세계 전체에서 1990년보다 5퍼센트 이상 줄일 것을 결정했다. 그 중에서 특히 일본은 6퍼센트, 미국은 7퍼센트, EU는 8퍼센트라는 목표가 정해졌다. 2001년 미국은 이탈을 표명했지만, EU와 일본은 비준했다. 2004년까지 비준국이 모이지 않아 이 의정서는 발효되지 못했으나, 2004년 러시아가 비준함으로서 2005년에 발효되었다.

환경파괴의 심각화

　오존층의 파괴로 인해 피부암의 증가 등 인체에 끼치는 영향이 지적되고 있는데, 오히려 그 규모는 커지고 있다. 오존층 파괴의 주된 원인은 프레온가스인데, 1987년 몬트리올 의정서에 의해 처음으로 국제적인 규제가 시작되었다.
　또한, 많은 야생생물의 생식지인 삼림도 급속하게 감소하고 있고, 특히 동남아시아나 남미의 열대우림의 감소가 두드러진다. 과잉된 벌채와 농지개척으로 삼림이 계속 줄어들면 기후변동과 사막화에도 영향을 미치게 되어, 문제는 심각해진다.

문제 풀면서 다시 한번 확인해 보자

01 臓器移植に関する次の①~④の文章のうち正しいものを一つ選びなさい。

❶ 日本では、脳死は一律に人の死と認められるため、臓器移植が積極的におこなわれている。
❷ 日本の臓器移植は、家族の意思が最も重要視されているので、家族の同意があればおこなうことができる。
❸ 臓器移植において、臓器の提供を受ける人をレシピエント、提供する人をドナーという。
❹ 日本の臓器移植法では、本人の同意があれば、提供者の年齢制限は特にない。

02 環境問題に関する次の①~④の文章のうち正しいものを一つ選びなさい。

❶ 国連環境開発会議(地球サミット)は、世界の環境NGOによるはじめての世界的な環境会議であった。
❷ 温暖化防止を話し合う京都会議で採択された京都議定書は、主要な国がほとんど批准したので、その年に発効した。
❸ 京都議定書では温室効果ガスの削減を実現するために、排出権取引などのさまざまな工夫がなされた。
❹ アムネスティー・インターナショナルは、ロンドンに本部を置く、世界最大の環境NGOである。

現代社会 分野 | 317

01 장기이식에 관한 다음 ①~④의 문장 중 올바른 것을 하나 고르시오.

① 일본에서 뇌사는 일률적으로 사람이 사망한 것으로 인정되기 때문에, 장기이식이 적극적으로 행해지고 있다.

② 일본의 장기이식은 가족의 의사가 가장 중요시되고 있기 때문에 가족의 동의가 있으면 할 수 있다.

③ 장기이식에 있어 장기를 제공 받는 사람을 수신자, 제공하는 사람을 기증자라고 한다.

④ 일본의 장기이식법에서는, 본인의 동의가 있으면 제공자의 연령제한은 특별히 없다.

> **정답·해설 01 정답 ❸**
>
> ❶ 日本では、臓器移植をする場合にのみ、脳死を人の死と認めている。
> 일본에서는 장기이식을 할 경우에만 뇌사를 사람이 사망한 것으로 인정하고 있다.
>
> ❷ 日本では、臓器移植をする場合は、家族の同意と本人の生前の意思が必要となる。
> 일본에서는 장기이식을 할 경우에는 가족의 동의와 본인 생전의 의사가 필요하다.
>
> ❹ 臓器移植法では、15歳未満の臓器提供を禁止している。
> 장기이식법에서는 15세 미만의 장기제공을 금지하고 있다.

02 환경문제에 관한 다음 ①~④의 문장 중 올바른 것을 하나 고르시오.

① 유엔환경개발회의(지구 서밋)는 세계 환경 NGO에 의한 최초의 세계적인 환경회의였다.

② 온난화방지를 논의한 교토회의에서 채택된 교토의정서는 주요 나라가 거의 비준하여 그 해에 발효되었다.

③ 교토의정서에서는 온실효과가스의 삭감을 실현하기 위해, 배출권 거래 등의 다양한 연구가 이루어졌다.

④ 엠네스티 인터네셔널은 런던에 본부를 둔 세계최대의 환경 NGO이다.

> **정답·해설 02 정답 ❸**
>
> ❶ 地球サミットは、国連により開かれた会議で、NGOも多く参加したが、各国の代表が集まった公的な会議であった。
> 지구 서밋은 유엔에 의해 열린 회의로, NGO도 많이 참가했지만 각국의 대표가 모인 공적인 회의였다.
>
> ❷ 当時はアメリカ、ロシアなどの批准がなされず、発効が遅れた。
> 당시에는 미국, 러시아 등의 비준이 이루어지지 않아 발효가 늦어졌다.
>
> ❹ アムネスティー・インターナショナルは人権問題をあつかうNGO。
> 엠네스티 인터네셔널은 인권문제를 다루는 NGO이다.

問題 総合問題

- 종합문제 1회
- 종합문제 2회
- 종합문제 해설 및 정답 1회
- 종합문제 해설 및 정답 2회

종합문제 1회

01 次の問題に対して答えなさい。

(1) 東京本社に勤める赤嶺さんは、ロンドンの支社長に現地時間の水曜午後5時に電話をするように言われた。赤嶺さんは東京から何曜日の何時に電話をかければよいか。
（※東京のUTCは+9時間である。）

　❶ 水曜日の午後2時　　　　❷ 水曜日の午後6時
　❸ 木曜日の午前2時　　　　❹ 木曜日の午後2時

(2) 赤嶺さんはアメリカのロスアンゼルスに出張を命じられた。彼は12月7日の午後3時の飛行機に乗った。東京からロスアンゼルスまで飛行機の所要時間は11時間である。赤嶺さんの飛行機はロスアンゼルスに何時に到着するだろうか。
（※ロスアンゼルスのUTCは－17時間である。）

　❶ 6日の午後10時　　　　❷ 7日の午前9時
　❸ 7日の午後1時　　　　　❹ 8日の午前11時

02 次のA～Dの国名の組み合わせとして正しいものはどれですか。

A	国土の7割を山地が占める小国で、精密機械工業のほか観光・銀行業も盛んで国民の生活水準は高い。
B	第2次世界大戦後、国土が二つに分けられたが現在はヨーロッパ最大の工業国である。
C	ライン川の河口には干拓地が広がりEUの玄関港で重化学工業が発展している。
D	豊富な石炭と鉄鉱石により産業革命を起こし、現在では社会福祉の充実した福祉国家である。

	A	B	C	D
❶	ベルギー	イタリア	オランダ	スペイン
❷	スイス	フランス	オランダ	イギリス
❸	オランダ	フランス	デンマーク	イギリス
❹	スイス	ドイツ	オランダ	イギリス
❺	ベルギー	ドイツ	デンマーク	スペイン

03 次の表はエネルギー源別発電量と人口100万人当たり発電量を示したものであり、ア〜ウはブラジル、カナダ、フランスのいずれかである。その正しい組み合わせを次の中から選びなさい。

	エネルギー源発電量				1人当りエネルギー供給量(t)
	水力	火力	原子力	その他*	
ア	3411	1656	904	28	8.42
イ	3208	544	116	6	1.11
ウ	649	580	4482	17	4.43

*その他には風力や地熱などの新エネルギーを含んでいる。

	❶	❷	❸	❹	❺	❻
ア	ブラジル	ブラジル	カナダ	カナダ	フランス	フランス
イ	カナダ	フランス	ブラジル	フランス	ブラジル	カナダ
ウ	フランス	カナダ	フランス	ブラジル	カナダ	ブラジル

統計年度は2004年。『世界国勢図会』より作成

04 日本の農業についての説明のうち誤っているものはどれか。

❶ 1961年に制定された農業基本法は、大地主が所有する土地を制限し、小作人をなくして小規模でも自立した経営農家の育成を目指したものである。
❷ 日本では米の生産調整が行われており、米の作付面積を減らす減反政策が進められ、減反した農家には奨励金が支払われている。
❸ 高度経済成長期から日本の農業人口は減少を続け、さらに就業者の高齢化も深刻になっている。
❹ 農家数は農業人口ほどには減っておらず、専業農家が激減する一方、兼業農家の占める割合は約8割にもなっている。

05 株式会社についての説明として誤っているものを次の❶〜❹の中から一つ選びなさい。

❶ 株式会社が倒産した場合、株主は出資額の範囲内で責任を負う。
❷ 株式会社の最高意思決定機関は株主総会であり、そこでは一人一票の方式で決議される。
❸ 株主は自分の株式をいつでも売買することができる。
❹ 株式会社の実質的な経営は株主総会で選ばれた取締役が行う。

06 次の文章を読んで、下の問いに答えなさい。

> (ア)財政とは政府や地方公共団体の経済活動である。家計や企業から納められた(イ)税金で、公共財や公共サービスを提供する。また、税収が不足する場合は(ウ)国債や地方債などの公債を発行して、不足分を補う。

(1) 下線部(ア)について、日本の財政に関する説明として正しいものを次の❶〜❹の中から一つ選びなさい。

❶ フィスカル・ポリシーは、累進課税などによって景気を自動的に安定させる仕組みである。
❷ ビルト・イン・スタビライザーは、増税、減税などの政策によって景気を意図的に安定させる仕組みである。
❸ 日本の予算では歳入に占める国債金の割合は年々減ってきている。
❹ 国から地方へ交付される国庫支出金は、すべて国が使い道を決定する。

(2) 下線部(イ)について、日本の税制に関する説明として正しいものを次の❶〜❹の中から一つ選びなさい。

❶ 税収のうち、日本は直接税の割合が多く、アメリカは間接税の割合が高い。
❷ 住民税は最も税収の多い間接税である。
❸ 所得税は直接税であり、累進課税制がとられている。
❹ 日本の税収のうち、国に納められる国税より、地方に納められる地方税の方が多い。

(3) 下線部(ウ)について、日本の国債に関する説明として正しいものを次の❶～❹の中から一つ選びなさい。

❶ 日本の財政法で認められているのは建設国債であり、赤字国債を発行するには特別な立法が必要である。
❷ 日本の国債は、原則的に政府の銀行である日本銀行が引き受けなければならない。
❸ 財政法で禁止されている赤字国債は現在では発行されていない。
❹ 日本の予算の歳入に占める国債金の割合は、世界的に見て低い水準である。

07 景気変動に対する政策として正しいものを次の❶～❹の中から一つ選びなさい。

❶ 好況時の対策として、公開市場で買いオペレーションや公定歩合の引き下げが行われる。
❷ 好況期になり上昇するはずの物価が下落し続ける現象をスタグフレーションという。
❸ 不況時の対策として、公定歩合の引き下げや預金準備率の引き下げが行われる。
❹ 景気の回復期には企業間の競争が激しくなり、物価は一般的にどの時期より最も低くなる。

08 次の文章を読んで、下の問いに答えなさい。

> 世界恐慌以降のブロック経済が第2次世界大戦を引き起こしたとの反省から、戦後、世界経済は(ア)IMF＝GATT体制の下で(イ)自由貿易を推進してきた。その一方で、つながりの深い国々が一つの経済圏をつくる動き『(ウ)地域的経済統合』が強まった。

(1) 下線部(ア)の体制の説明として誤っているものを次の❶～❹の中から一つ選びなさい。

❶ IMFは為替や国際収支の安定を目的に、赤字国に対して短期融資をしている。
❷ GATTの三原則であった自由・無差別・多角はその後のWTOへも引き継がれた。
❸ 1986年から始まったGATTのケネディー・ラウンドでは、それまで対象にならなかった農産物貿易についても話し合われた。
❹ IMF体制は、1970年代のニクソン・ショックで事実上崩壊した。

(2) 下線部(イ)の自由貿易に関する記述として誤っているものを次の❶～❹の中から一つ選びなさい。

❶ 中国はWTOへの加盟も果たし、社会主義市場経済という独自の路線で高い経済成長を続けている。
❷ ドイツの経済学者リストは、比較生産費説によって自由貿易の必要性を主張した。
❸ GATTのウルグアイ・ラウンドで日本へのコメの輸入が決まった。
❹ WTOはサービス貿易も対象として、著作権や特許権などの知的所有権の保護も強化した。

(3) 下線部(ウ)の地域的経済統合に関する記述として誤っているものを次の❶～❹の中から一つ選びなさい。

❶ EUのすべての加盟国で、共通通貨EUROが使用されている。
❷ EUは1992年のマーストリヒト条約により発足した。
❸ NAFTA加盟国における通貨統合は行われていない。
❹ ASEANは域内の自由貿易の促進をはかるため、AFTA（アセアン自由貿易地域）を発足させた。

09 国際収支の内訳に関する説明として誤っているものを次の❶〜❹の中から一つ選びなさい。

❶ 発展途上国に対する食料や医薬品の援助は経常移転収支にはいる。
❷ 株式を取得している外国企業から支払われた配当は所得収支にはいる。
❸ 日本の企業が外国に工場を建てて経営するのは資本収支にはいる。
❹ 機械を輸入する際に支払った運賃は貿易収支にはいる。

10 日本国憲法で規定されていない「新しい人権」として、誤っているものを次の❶〜❹の中から一つ選びなさい。

❶ 請願権
❷ アクセス権
❸ プライバシー権
❹ 環境権

11 憲法について述べた次の問題を解きなさい。
日本国憲法の三大基本原則といわれるもので正しい組み合わせはどれか。

❶ 象徴天皇制 － 基本的人権の尊重 － 平和主義
❷ 国民主権 － 基本的人権の尊重 － 平和主義
❸ 象徴天皇制 － 三権分立 － 平和主義
❹ 三権分立 － 戦争放棄 － 法の支配
❺ 国民主権 － 戦争放棄 － 法の支配

12

国会に関して述べた次の問題を解きなさい。
国会には通常国会と臨時国会、特別国会の3つがあるが、特別国会について述べた文章の中で正しいものはどれか。

❶ 内閣、または衆参いずれかの議員の1/4以上の要求によって開かれる。補正予算、緊急に必要な事項の審議を行う。
❷ 衆議院の解散による総選挙から30日以内に召集され、内閣総理大臣の指名を行う。
❸ 毎年1回、1月に召集され会期は150日間である。予算の審議を中心に行われる。
❹ 衆議院の任期満了後、総選挙の後に開かれる。内閣総理大臣の指名や重要案件の審議を行う。
❺ 衆議院が解散されている期間中、緊急の必要が生じた場合に臨時の措置として召集される。

13

選挙に関して述べた次の文章のうち誤っているものをひとつ選びなさい。

❶ 日本では1925年に25歳以上の男子に選挙権が、45年からは20歳以上の男女に選挙権が与えられた。
❷ 衆議院議員は25歳以上、参議院議員は30歳以上の者に被選挙権がある。
❸ 市町村の首長や都道府県の知事の被選挙権は30歳以上である。
❹ 世界初の男女普通選挙を憲法で定めたのはドイツのワイマール憲法である。
❺ 日本国籍が無ければ日本の国会議員になることはできない。

14 代表的な国家の政治体制として、イギリス型の議院内閣制とアメリカ型の大統領制がある。以下の説明のうち、<u>誤っているもの</u>をひとつ選びなさい。

❶ イギリスでは下院(庶民院)は上院(貴族院)に優越しており、下院の第1党の党首が首相に選ばれ、内閣を組閣する。首相には議会の解散権があり、内閣は法案提出権を持っている。

❷ イギリスは小選挙区制を採用しているために2大政党制が確立している。2009年現在、労働党が政権を獲得しており、唯一の野党である保守党が、シャドーキャビネットと呼ばれる影の内閣を組閣し、政権交代に備えている。

❸ アメリカ大統領は議会での法案提出権を持たない。その代わり法律の制定や予算の審議を勧告する教書送付権を持っている。これは行政権と立法権の分立を厳格に示す例と言える。

❹ アメリカ大統領は議会が可決した法律に対して、その法案の執行署名を拒否することで、法案成立を拒否する権利を持っている。しかし、拒否された法案であっても再び両院において2/3以上の賛成を持って再可決されれば、その法律は成立する。

15 次の公害について述べた文章の中の空欄を埋めなさい。

日本の4大公害といわれるものは水俣病、イタイイタイ病、第二水俣病、(A)である。これらの公害において住民は多くの被害を受けたが、当時国内には公害に対して法律的な整備ができておらず、満足な対応ができなかった。そのため国は1967年、新たな法律を作ることが求められた。そうしてできたのが(B)である。また環境を守るために1971年に(C)が新設された。この法律はその後1993年に環境基本法が制定されたことに伴い、廃止された。

	A	B	C
❶	四日市ぜんそく	公害対策基本法	環境庁
❷	サリドマイド事件	公害対策基本法	環境省
❸	四日市ぜんそく	環境影響評価法	環境庁
❹	サリドマイド事件	環境影響評価法	環境省

16 次の文章を読んで、(A)、(B)に当てはまる語句の組み合わせとして正しいものを、次の❶〜❹の中から一つ選びなさい。

> 17世紀から18世紀にかけて、ヨーロッパで市民革命がおこり政治や経済体制が大きく変化した。
> 市民革命が起こる以前の各国の政治体制は、国王が専制的な権力を持つ(A)であった。また、経済体制は、国王の支配のもと植民地貿易に力を入れた(B)がとられていた。

	A	B
❶	封建制	重商主義
❷	絶対王政	重農主義
❸	封建制	資本主義
❹	絶対王政	重商主義

17 次のアメリカ南北戦争について述べた文章の(A)〜(D)に当てはまる語句の組み合わせとして正しいものを次の❶〜❹の中から一つ選びなさい。

> アメリカ南北戦争は(A)の発達していた北部と(B)中心だった南部との貿易や奴隷制をめぐる対立であった。北部は貿易については(C)を、奴隷制については(D)を主張した。

❶	商工業	農業	自由貿易	奴隷解放
❷	商工業	農業	保護貿易	奴隷解放
❸	農業	商工業	保護貿易	奴隷制　維持
❹	農業	商工業	自由貿易	奴隷制　維持

18 1800年代のアフリカの植民地政策について述べたものとして適当なものを次の❶〜❹の中から一つ選びなさい。

❶ エジプトを保護国にしたイギリスはスエズ運河を建設した。
❷ 3C政策をすすめるイギリスと3B政策をすすめるドイツがファショダ事件で衝突した。
❸ 南アフリカではオランダ系のブール人が原住民との間でブール戦争を起こした。
❹ フランスはアフリカ北西部に広大な植民地を獲得した。

19 第1次世界大戦中、あるいはその後のできごとを年代順に並べたものとして正しいものを次の❶〜❹の中から一つ選びなさい。

> A ロシア・ドイツ講和条約(ブレスト・リトフスク条約)締結
> B アメリカ参戦
> C 日本が中国へ21か条の要求を出す。
> D パリ講和会議

❶ A → B → C → D
❷ C → B → A → D
❸ D → C → B → A
❹ B → C → A → D

20 1930年代のできごととして適当なものを次の❶〜❹の中から一つ選びなさい。

❶ イギリスは連邦会議を開き、自由貿易体制をすすめることを確認した。
❷ ソ連は世界恐慌による混乱を避けるため、ペレストロイカを行った。
❸ ドイツが国際連盟を脱退した。
❹ イタリアでは、世界恐慌に対処するためにファシスト政権が成立した。

21 1900年代のできごとではないものを次の❶〜❹の中から一つ選びなさい。

❶ 三国干渉
❷ ポーツマス条約
❸ 日英同盟
❹ 不平等条約完全回復

01 気候に関する次の記述で誤っているものを選びなさい。

❶ 貿易風は中緯度高圧帯から赤道低圧帯へと吹く風で、北半球では北東風、南半球では南東風である。

❷ 偏西風は中緯度高圧帯から高緯度方向に吹く風である。北緯30～40度、高度1万メートル上空に吹くものを特にジェット気流と呼ぶ。

❸ 季節風は海洋と大陸との比熱差による気圧差で生じるもので、夏は海岸から大陸へ、冬はその逆に風が吹く。

❹ インド洋上に発生する熱帯低気圧のことをハリケーンと呼んでいる。

02 貿易に関する記述で正しいものはどれか。

❶ 日本の貿易は基本的に加工貿易だが、最近アメリカから機械類の輸入が増えている。

❷ 日本にとって輸出・輸入の最大の相手国はアメリカであり、アジア全体の合計よりも取引額が多い。

❸ 日本は資源の海外依存が著しく、原油、鉄鉱石、銅鉱、工業用石炭などはほぼ100％近く輸入している。

❹ 現在日本では機械機器の輸出が全体の3/4ほどであり、特に自動車は輸出の半分近くを占めている。

❺ 明治時代の日本は欧米に綿花や生糸を輸出し、綿織物や機械類を輸入していた。

03 次の表はアメリカ、タイ、日本、韓国、フランスの農業人口割合、農業就業者1人当りの耕地面積、耕地1ha当りの穀物生産量を示したものである。フランスに該当するものを選びなさい。

	農業就業人口の割合(%)	農業就業者1人当り耕地面積(ha)	国土面積に占める農地の割合(%)
❶	7.6	0.9	19.1
❷	2.9	37.9	53.6
❸	3.4	2.1	12.4
❹	54.1	0.9	36
❺	1.9	145.6	43.1

*統計年度は2003年『世界国勢図会』より作成

04 次の世界のエネルギー生産を表した表を見て問題に答えなさい。

エネルギーの種類	1960年	1970年	1980年	1990年	2002年	
固体燃料	1362	1488	1810	2283	2419	25.4%
液体燃料	901	1950	2598	3214	3727	39.2%
ガス体燃料	408	889	1261	1811	2403	25.2%
電力	59	106	207	737	967	10.2%
計	2730	4433	5876	8045	9517	100%

*単位は石油換算で100万トン『世界国勢図会』より作成

次のうち誤っているものはどれか。
❶ エネルギー消費の中心は1960年代から石炭から石油へとシフトしている。
❷ 1970年代以降、2回の石油ショックをきっかけに、石油から天然ガスなどの代替エネルギーの使用が進んでいる。
❸ 天然ガスを中心とするガス体燃料の活用により、石油などの液体燃料の使用は減ってきている。
❹ 原子力などを利用した電力も急速に増えてきている。

05 **次の日本企業の資金調達方法について正しいものを❶～❹の中から一つ選びなさい。**

❶ 日本の企業は欧米の企業と比べて、自己資本比率が高い方である。
❷ 日本の高度経済成長期は外国からの資本をもとに成長した。
❸ 日本の企業は間接金融中心である。
❹ 保険会社から企業への貸し出しを直接金融という。

06 **次の文章の(　)に当てはまる言葉の組み合わせとして正しいものを次の❶～❹の中から一つ選びなさい。**

> 変動相場制のもとでは、為替相場は貿易収支を均衡させる働きを持つ。例えば、日本の貿易収支が黒字であった場合、(ア)を(イ)に交換しようとする動きが増え、為替相場は(ウ)になる。すると、日本製品は外国で(エ)となり、輸出は減少する。

❶	ア－円	イ－ドル	ウ－円高ドル安	エ－割高
❷	ア－円	イ－ドル	ウ－円安ドル高	エ－割安
❸	ア－ドル	イ－円	ウ－円安ドル高	エ－割安
❹	ア－ドル	イ－円	ウ－円高ドル安	エ－割高

07 次の文章を読んで、下の問いに答えなさい。

> 現代の世界は、（ア）ヒト・モノ・カネの国境を越えた活動が活発になり、（イ）情報もインターネットなどの発達により、国境を越えて伝達されるようになった。
> しかし一方で、国際社会には、紛争、人口問題、（ウ）地球環境問題、（エ）南北問題など、さまざまな問題が山積みしている。

(1) 下線部(ア)のような現象をなんというか。次の❶～❹の中から一つ選びなさい。

❶ ナショナリズム　　　❷ エスノセントリズム
❸ ボーダレス　　　　　❹ ファシズム

(2) 下線部(イ)の情報に関する記述として誤っているものを次の❶～❹の中から一つ選びなさい。

❶ マスメディアは、あらゆる情報を隠さず伝える義務があり、そのため個人の権利が侵害されても責任を負わない。
❷ IT革命により情報に関する経済効果は高まったが、情報にアクセスできない人は不利になる。
❸ 情報化によって個人情報の流出が多数起き、問題となっている。
❹ GATTのウルグアイ・ラウンドで、知的所有権保護の協定が結ばれた。

(3) 下線部(ウ)の環境問題に対する国際的な取り組みに関する記述として正しいものを次の❶～❹の中から一つ選びなさい。

❶ 1980年代、オゾン層保護のための、モントリオール議定書が採択された。
❷ 深刻になった温暖化問題を主に解決するために、ストックホルムで国連人間環境会議が開かれた。
❸ 国連環境開発会議(地球サミット)では「かけがえのない地球」をスローガンに、人間環境宣言が出された。
❹ アメリカの積極的な姿勢により、1997年に二酸化炭素の具体的な削減を定めた京都議定書が発行された。

(4) 下線部(エ)の南北問題に関する記述として正しいものを次の❶～❹の中から一つ選びなさい。

❶ 日本の政府開発援助(ODA)は2001年以降も徐々に増え、現在まで援助総額は世界1位である。
❷ 日本のODAの特徴は、対GDPの比率が高く、無償援助の割合も高いことである。
❸ 発展途上国の中でも、中南米諸国は1980年代以降、工業化に成功し順調に経済発展した。
❹ 発展途上国のなかでも、工業化に成功した国と工業化のすすまない国との格差が広がっている。

08 次の日本経済の国際化に関する記述として正しいものを❶～❹の中から一つ選びなさい。

❶ 世界的に自由貿易協定(FTA)が増加し、日本もシンガポールや中国と締結した。
❷ 日本の政府開発援助(ODA)の援助先は、戦争賠償の意味合いもあってアジアが中心であった。
❸ 日本の貿易摩擦は日本の不況の影響もあり、1990年代以降はほとんど生じていない。
❹ アメリカとの貿易摩擦問題を解決するための主な政策として、アメリカからの輸入を増やした。

09 次の文章の(　)に当てはまる言葉の組み合わせとして正しいものを次の❶～❹の中から一つ選びなさい。

市場においては、商品の価格が上がると(ア)が増え、(イ)は減る。そのため、(イ)に比べて(ア)が多くなりすぎて過剰生産となる。その後、価格は(ウ)ことになる。

❶	ア－需要量	イ－供給量	ウ－上がる
❷	ア－供給量	イ－需要量	ウ－上がる
❸	ア－需要量	イ－供給量	ウ－下がる
❹	ア－供給量	イ－需要量	ウ－下がる

10 次の記述で正しいものはどれか。

❶ 大日本帝国憲法のもとで普通選挙が実施され、国民主権の原則が認められていた。
❷ 大日本帝国憲法では天皇に主権があるため、国民の基本的人権はまったく保障されなかった。
❸ 日本国憲法は国民主権を尊重するために、国民にあらゆる義務を課していない。
❹ 日本国憲法は国民主権を尊重するために、国民の権利として参政権を認めている。
❺ 日本国憲法では国民主権を尊重するために、天皇と国民を同等の存在と規定している。

11 日本国憲法改正の手続きとして正しいものはどれか。

❶ 衆議院議員の総議員の2/3以上、参議院議員の総議員の過半数の賛成で国会が発議し、国民投票で過半数の賛成を得る。
❷ 各議院の総議員の2/3以上の賛成で国会が発議し、国民投票2/3以上の賛成を得る。
❸ 各議院の総議員の2/3以上の賛成で国会が発議し、国民投票の過半数の賛成を得る。
❹ 各議院の総議員の過半数の賛成で国会が発議し、国民投票で2/3以上の賛成を得る。
❺ 各議院の全員一致で国会が発議し、国民投票で2/3以上の賛成を得る。

12 衆議院にだけ認められている権限はどれか。

❶ 内閣不信任案の決議
❷ 国務大臣の任命
❸ 予算案の作成
❹ 憲法改正の発議
❺ 条約の承認

13 行政機能の拡大に関する記述で誤っているものを一つ選びなさい。

❶ 議院内閣制の下では議員立法よりも政府提出法案が多く、内閣や官僚が法案の実質的作成者となることが多い。
❷ 国会の制定する法律は大まかなことを定め、実質的・具体的な部分は行政府が作る政令や条例にゆだねる委任立法が増えている。
❸ 高級官僚の天下りや政治への不当な介入を監視するために、オンブズマン制度が全国的に採用されている。
❹ 行政官庁の組織が巨大化したことにより、指揮命令系統を持った官僚制が発達し、専門技術官僚の力が増大した。

14 社会契約論に関する次の文章を読んで質問に答えなさい。

> イギリスの(ア)思想家ホッブスは人が生存するためには政府に権力を全面的に移譲するべきだとして、絶対王政を認めた。また同じイギリスの(ア)ジョン・ロックは『市民政府二論』を著し、社会契約説の立場から名誉革命の正当性を主張した。またフランスのルソーは『社会契約論』を著し、主権は生まれながらに人民が持つ当然の権利であると主張し、フランス革命に影響を与えた。

(1) 下線部(ア)のホッブスが著した本はどれか。

　❶『リバイアサン』
　❷『資本論』
　❸『人口論』
　❹『エミール』

(2) 下線部(イ)のジョン・ロックの影響を強く受けているものは何か。

　❶ ロシア革命
　❷ アメリカ独立革命
　❸ フランス革命
　❹ キューバ革命

15 イギリス産業革命の背景を述べたものとして適当でないものを次の❶〜❹の中から一つ選びなさい。

❶ 囲い込み政策により、都市労働者が十分に確保できた。
❷ 蒸気機関の改良など、技術革命が起こった。
❸ 重商主義政策のもとでの植民地貿易で資本を蓄積できた。
❹ 多くの植民地からの資源輸入をもとに工業が発達した。

16 アメリカ独立戦争について述べたものとして適当なものを次の❶〜❹の中から一つ選びなさい。

❶ イギリスとフランスの連合軍に植民地側が勝利した。
❷ ジェファソンが「コモン・センス」を発表した。
❸ パリ条約で13の植民地の独立が認められた。
❹ 独立後しばらくはイギリスにならい内閣制がしかれ、その後大統領制を採用した。

17 フランス革命に関するできごとを年代順に並べたものとして正しいものを次の❶〜❹の中から一つ選びなさい。

A	ジャコバン派の台頭と恐怖政治
B	国民議会が人権宣言を採択
C	立法議会の召集
D	三部会の召集

❶ A → B → D → C
❷ D → B → C → A
❸ B → D → C → A
❹ D → B → C → A

18 19世紀の各国の植民地政策について述べたものとして適当でないものを次の❶〜❹の中から一つ選びなさい。

❶ イギリスの女王がインド皇帝を兼ねた。
❷ フランスはベトナム、カンボジアを保護国にした。
❸ アメリカはハワイ、グアムを併合して、太平洋地域へ進出した。
❹ イギリスはミャンマーを併合したのちタイ（シャム王国）も植民地とした。

19 第1次世界大戦後の世界情勢について述べたものとして適当なものを次の❶〜❹の中から一つ選びなさい。

❶ ベルサイユ条約でドイツは軍備を全面的に禁止された。
❷ ベルサイユ条約でドイツはすべての海外領土を失った。
❸ パリ講和会議によって、オーストリア・ハンガリー帝国の存続が決まった。
❹ パリ講和会議によって、世界のすべての国に民族自決の原則が適用された。

20 第2次世界大戦中のできごとを年代順に並べたものとして正しいものを次の❶〜❹の中から一つ選びなさい。

A	イタリア無条件降伏
B	真珠湾攻撃
C	日独伊三国同盟
D	ミッドウェー海戦

❶ B → A → C → D
❷ B → C → A → D
❸ A → B → C → D
❹ C → B → D → A

21 1877年の薩摩藩の士族が起こした反政府戦争をなんと呼ぶか次の❶〜❹の中から一つ選びなさい。

❶ 南北戦争
❷ 西南戦争
❸ 戊辰戦争
❹ 薩英戦争

22 現代の国際紛争の記述の中で正しいものはどれか。

❶ ベトナム戦争 … 旧宗主国だったイギリスに代わり、1960年からアメリカが介入を始めた。
❷ キューバ危機 … 1962年にキューバのミサイル基地建設をめぐる争いで核戦争の勃発が懸念された。
❸ アフガニスタン紛争 … 1979年に共産主義政権を倒すため、アメリカが介入を始めた。
❹ フォークランド紛争 … 1982年にフォークランド諸島の領有権をめぐってフランスとアルゼンチンとの間に起きた。

23 次の記述で正しいものはどれか。

❶ 1947年の建国後、長い間争ってきたイスラエルとパレスチナは1993年の和平会談により、恒久的な友好関係を築くことができた。
❷ 南アフリカ共和国は長年、アパルトヘイト政策を採り黒人を差別し困窮状態を強いてきたが、1994年に黒人のマンデラ大統領が就任以降、差別は無くなり白人と黒人の間の経済的な格差も消失した。
❸ インド・パキスタン両国は包括的核実験禁止条約に賛成していたにもかかわらず核実験を行った。
❹ 香港は1997年にイギリスから中国に返還されたが、香港では1国2制度政策を採り、香港の資本主義を認めている。

종합문제 1회 해설

01 다음 문제에 대해 답하시오.

(1) 런던 지사장은 도쿄 본사에 근무하는 아카미네 씨에게 현지시간으로 수요일 오후 5시에 전화하라고 했다. 아카미네 씨는 도쿄에서 무슨 요일 몇 시에 전화를 걸면 될까? (※도쿄의 UTC는 +9시간이다.)

❶ 수요일 오후 2시 ❷ 수요일 오후 6시
❸ 목요일 오전 2시 ❹ 목요일 오후 2시

(2) 아카미네 씨는 미국 로스앤젤레스로 출장을 가게 되었다. 그는 12월 7일 오후 3시 비행기를 탔다. 도쿄에서 로스앤젤레스까지의 비행 소요시간은 11시간이다. 아카미네 씨가 탄 비행기는 로스앤젤레스에 몇 시에 도착할까? (※로스앤젤레스의 UTC는 −17시간이다.)

❶ 6일 오후 10시 ❷ 7일 오전 9시
❸ 7일 오후 1시 ❹ 8일 오전 11시

> **01** (1) 정답 ❸
> 도쿄의 UTC가 +9시간이므로, 런던의 17시는 도쿄 시간으로는 17+9=26시이다. 따라서 ❸의 목요일 오전 2시가 정답.
>
> (2) 정답 ❷
> 비행기 도착 시간 문제는 도착지의 현지 시간을 기준으로 하면 답을 찾기 수월하다. 도쿄와 로스앤젤레스의 시차는 17시간이다. 즉, 7일 오후 3시는 로스앤젤레스 시간으로는 6일 밤 10시 (15 − 17 = −2. 24시에서 2를 빼면 오후 10시). 비행시간이 11시간이므로, 밤 10시에 11시간을 더하면 7일 오전 9시가 된다.

02 다음 (A) ~ (D)의 나라 명의 조합으로 올바른 것은 어느 것입니까?

A 국토의 70퍼센트를 산지가 차지하는 작은 나라로, 정밀기계공업 외에 관광·은행업이 번성하여 국민 생활수준은 높다.
B 제2차 세계대전 후 국토가 두 개로 나누어졌지만, 현재는 유럽 최대의 공업국가이다.
C 라인강 하구에는 간척지가 펼쳐져 있으며, EU의 현관 항구로 중화학공업이 발전했다.
D 풍부한 석탄과 철광석으로 산업혁명을 일으켰으며, 현재는 사회복지에 충실한 복지국가이다.

	A	B	C	D
❶	벨기에	이탈리아	네덜란드	스페인
❷	스위스	프랑스	네덜란드	영국
❸	네덜란드	프랑스	덴마크	영국
❹	스위스	독일	네덜란드	영국
❺	벨기에	독일	덴마크	스페인

> **02** 정답 ❹

03 다음 표는 에너지원별 발전량과 인구 백만 명당 발전량을 표시한 것으로, ア ~ ウ는 브라질, 캐나다, 프랑스 중 어느 하나이다. 다음 중에서 올바른 조합을 고르시오.

	에너지원 발전량				일 인당 에너지 공급량(t)
	수력	화력	원자력	그 외 *	
ア	3411	1656	904	28	8.42
イ	3208	544	116	6	1.11
ウ	649	580	4482	17	4.43

*그 외에는 풍력과 지열 등의 새로운 에너지를 포함하고 있다.

	❶	❷	❸	❹	❺	❻
ア	브라질	브라질	캐나다	캐나다	프랑스	프랑스
イ	캐나다	프랑스	브라질	프랑스	브라질	캐나다
ウ	프랑스	캐나다	프랑스	브라질	캐나다	브라질

통계연도는 2004년『世界国勢図会』에서 작성

03 정답 ❸
캐나다는 수력발전 비율도 높지만 그 외의 발전도 번성하여, 국민 일 인당 에너지 소비량도 많다. 브라질은 풍부한 수자원으로부터 발전량의 대부분을 수력으로 대치하고 있다. 그리고 프랑스는 세계에서도 손꼽히는 원자력 발전국가이다.

04 일본 농업에 대한 설명 중 <u>틀린 것</u>은 어느 것인가?
❶ 1961년에 제정된 농업기본법은 대지주가 소유하는 토지를 제한하여, 소작농을 없애고 소규모라도 자립된 경영농가육성을 목표로 하는 것이다.
❷ 일본에서는 쌀의 생산조정이 시행되면서 쌀의 작부 면적을 줄이는 감반정책이 추진되어, 경작면적을 줄인 농가에는 장려금이 지급되었다.
❸ 고도경제성장기부터 일본의 농업인구는 계속 감소하였으며, 게다가 취업자의 고령화도 심각해지고 있다.
❹ 농가수는 농업인구만큼 줄지 않았으며 전업농가가 격감하는 한편, 겸업농가가 차지하는 비율은 약 80퍼센트나 된다.

04 정답 ❶
농업기본법은 농업생산성의 인상과 농가소득 증대를 도모하여 만들어졌다. 소작농을 줄이고 자작농을 만들려고 한 것은 제2차 세계대전 후에 시행한 농지개혁이다.

05 주식회사에 대한 설명으로 <u>틀린 것</u>을 다음 ❶ ~ ❹ 중에서 하나 고르시오.

❶ 주식회사가 도산했을 경우, 주주는 출자액 범위 내에서 책임을 진다.
❷ 주식회사의 최고의사결정기관은 주주총회이며, 그 총회에서는 한 사람당 한 표 방식으로 결의된다.
❸ 주주는 자신의 주식을 언제라도 매매할 수 있다.
❹ 주식회사의 실질적인 경영은 주주총회에서 선발된 임원이 한다.

> **05** 정답 ❷
> 주주총회에서의 결의방식은 한 사람당 한 표가 아닌, 한 주식에 한 표이다.

06 다음 문장을 읽고 물음에 답하시오.

> (ア) <u>재정</u>이란 정부와 지방공공단체의 경제활동이다. 가계와 기업이 납부한 (イ)<u>세금</u>으로, 공공재와 공공서비스를 제공한다. 또한, 세수가 부족할 경우는 (ウ)<u>국채</u>나 지방채 등의 공채를 발행하여 부족한 부분을 보충한다.

(1) 밑줄 친 (ア)의 일본의 재정에 관한 설명으로 올바른 것을 다음 ❶ ~ ❹중에서 하나 고르시오.

❶ 재정정책은 누진과세 등으로 경기를 자동적으로 안정시키는 구조이다.
❷ 자동안전장치는 과세, 감세 등의 정책으로 경기를 의도적으로 안정시키는 구조이다.
❸ 일본의 예산에서는 세입이 차지하는 국채금의 비율은 매년 줄어들고 있다.
❹ 국가에서 지방으로 교부되는 국고지출금은 모두 국가가 사용처를 결정한다.

(2) 밑줄 친 (イ)의 일본의 세제에 관한 설명으로 올바른 것을 다음 ❶ ~ ❹중에서 하나 고르시오.

❶ 세수 중에서 일본은 직접세의 비율이 높고, 미국은 간접세의 비율이 높다.
❷ 주민세는 가장 세수가 많은 간접세이다.
❸ 소득세는 직접세이며, 누진과세가 징수되고 있다.
❹ 일본의 세수 중 국가에 납부하는 국세보다, 지방에 납부하는 지방세가 많다.

(3) 밑줄 친 (ウ)의 일본의 국채에 관한 설명으로 올바른 것을 다음 ❶ ~ ❹중에서 하나 고르시오.

❶ 일본의 재정법으로 인정받는 것은 건설국채이고, 적자국채를 발행하려면 특별한 입법이 필요하다.
❷ 일본의 국채는 원칙적으로 정부의 은행인 일본은행이 인수해야 한다.
❸ 재정법에서 금지된 적자국채는 지금은 발행되지 않고 있다.
❹ 일본의 예산 세입이 차지하는 국채금의 비율은 세계적으로 보면 낮은 수준이다.

> **06** (1) 정답 ❹ ❶과 ❷는 설명이 서로 뒤바뀌었다.
> (2) 정답 ❸ 일본의 세수는 미국과 마찬가지로 직접세가 많으며, 또한 지방세보다 국세가 많다.
> ❷ 주민세는 직접세이다.
> (3) 정답 ❶ 적자국채는 원칙적으로 인정되지 않으므로 특별국채라고도 하며, 지금까지 매년 발행되고 있다. 보기 ❷의 일본은행의 인수는 원칙적으로 금지되어 있다.

07 경기변동에 대한 정책으로 올바른 것을 다음 ❶ ~ ❹중에서 하나 고르시오.

❶ 호황기 대책으로 공개시장에서 중앙은행이 유가증권을 팔아 시중은행의 통화를 회수하거나 공정 보합의 인하가 시행된다.
❷ 호황기가 되면 상승해야 하는 물가가 계속 하락하는 현상을 스태그플레이션이라고 한다.
❸ 불황 시의 대책으로 공정 보합의 인하나 예금준비율 인하가 시행된다.
❹ 경기회복기에는 기업 간의 경쟁이 치열해지고, 물가는 일반적으로 어느 시기보다 더욱 낮아진다.

> **07** 정답 ❸
> ❶ 호황기에는 머니서플라이(통화공급량)를 줄이기 위해 중앙은행이 유가증권을 사들여서 통화를 공급하거나 공정 보합, 예금준비율의 인상이 시행된다. 불황시에는 뒤바뀐다.
> ❷ 불황 시에 물가가 계속 상승하는 것을 스태그플레이션이라고 한다.
> ❹ 원칙적으로 불황기에 물가가 가장 내려간다.

08 다음 문장을 읽고 물음에 답하시오.

> 세계공황 이후 블록경제가 제2차 세계대전을 야기시켰다는 반성에서, 전쟁 후 세계경제는 (ア)IMF＝GATT 체제 하에서 (イ)자유무역을 추진해 왔다. 그 한편으로 관계가 깊은 나라들이 하나의 경제권을 만드는 '(ウ)지역적 경제통합' 움직임이 강해졌다.

(1) 밑줄 친 (ア)체제의 설명으로 <u>틀린 것</u>을 다음 ❶ ~ ❹중에서 하나 고르시오.
   ❶ IMF는 환율과 국제수지의 안정을 목적으로 적자국가에 단기융자를 하고 있다.
   ❷ GATT의 3원칙이었던 자유・무차별・다각은 그 이후 WTO로 계승되었다.
   ❸ 1986년부터 시작된 GATT의 케네디 라운드에서는 그때까지 대상이 아니었던 농산물 무역에 대해서도 논의되었다.
   ❹ IMF체제는 1970년대의 닉슨 쇼크에서 사실상 붕괴되었다.

(2) 밑줄 친 (イ)의 자유무역에 관한 기술로서 <u>틀린 것</u>을 다음 ❶ ~ ❹중에서 하나 고르시오.
   ❶ 중국은 WTO 에 가맹국가도 되었고, 사회주의시장경제라는 독자적인 노선으로 높은 경제성장을 계속하고 있다.
   ❷ 독일의 경제학자 리스트는 비교생산비설에 의한 자유무역의 필요성을 주장했다.
   ❸ GATT의 우루과이 라운드에서 일본으로의 쌀 수입이 결정되었다.
   ❹ WTO는 서비스무역도 대상으로서 저작권과 특허권 등의 지적소유권 보호도 강화되었다.

(3) 밑줄 친 (ウ)의 지역적 경제통합에 관한 기술로 <u>틀린 것</u>을 다음 ❶ ~ ❹중에서 하나 고르시오.
   ❶ EU 전체가 가맹국이며, 공통 통화로 EURO가 사용되고 있다.
   ❷ EU는 1992년 마스트리히트 조약에 따라 발족했다.
   ❸ NAFTA가맹국에서의 통화통합은 시행되지 않았다.
   ❹ ASEAN은 지역의 자유무역 촉진을 도모하기 위해, AFTA(아세안 자유무역지역)을 발족시켰다.

> **08** (1) 정답 ❸ 케네디 라운드가 아닌 우루과이 라운드이다.
> (2) 정답 ❷ 비교생산비설을 주장한 사람은 독일의 리스트가 아니고 영국의 리카도이다.
> (3) 정답 ❶ 영국, 덴마크, 스웨덴 등이 아직 사용하지 않고 있다.

09 국제수지 내역에 관한 설명으로 <u>틀린 것</u>을 다음 ❶ ~ ❹중에서 하나 고르시오.

❶ 발전도상국에 대한 식료나 의약품 원조는 경상이전수지에 포함된다.
❷ 주식을 취득한 외국기업에서 지급된 배당은 소득수지에 포함된다.
❸ 일본기업이 외국에 공장을 세워 경영하는 것은 자본수지에 포함된다.
❹ 기계를 수입할 때 지급한 운임은 무역수지에 포함된다.

> 09 정답 ❹
> 운임 등은 무역수지가 아니라 서비스수지이다.

10 일본국헌법에서 규정되어 있지 않은 '새로운 인권'으로 <u>틀린 것</u>을 다음 ❶ ~ ❹중에서 하나 고르시오.

❶ 청원권
❷ 액세스권
❸ 프라이버시권
❹ 환경권

> 10 정답 ❶

11 헌법에 대해 서술한 다음 문제를 풀어 보시오.

일본국헌법의 3대 기본원칙으로 불리는 올바른 조합은 어느 것인가?

❶ 상징 천황제 – 기본적 인권 존중 – 평화주의
❷ 국민주권 – 기본적 인권 존중 – 평화주의
❸ 상징 천황제 – 삼권분립 – 평화주의
❹ 삼권분립 – 전쟁포기 – 법의 지배
❺ 국민주권 – 전쟁포기 – 법의 지배

> 11 정답 ❷

12 국회에 대해 서술한 다음 문제를 풀어 보시오.

국회에는 정기국회와 임시국회, 특별국회 세 가지가 있는데, 특별국회에 대해 서술한 문장 중에서 올바른 것은 어느 것인가?

❶ 내각 또는 중참 어느 한 곳 의원의 4분의 1이상의 요구에 의해 열린다. 추가예산이나 긴급하게 필요한 사항에 대한 심의를 한다.
❷ 중의원의 해산에 의해 총선거로부터 30일 이내에 소집되어 내각총리대신의 지명을 행한다.
❸ 매년 1회, 1월에 소집되고 회기는 150일간이다. 예산심의를 중심으로 이루어진다.
❹ 중의원의 임기만료 후 총선거 후에 열린다. 내각총리대신의 지명이나 중요안건의 심의를 행한다.
❺ 중의원이 해산된 기간 중 긴급한 필요가 발생했을 경우에 임시 조치로 소집된다.

> **12** 정답 ❷
> ❶ 이것은 임시국회이다.
> ❸ 이것은 정기국회이다.
> ❹ 이것은 임시국회이다.
> ❺ 이것은 참의원의 긴급집회이다.

13 선거에 대한 다음 문장 중 <u>틀린 것</u>을 하나 고르시오.

❶ 일본에서는 1925년에 25세 이상의 남자에게 선거권이, 45년부터는 20세 이상의 남녀에게 선거권이 주어졌다.
❷ 중의원은 25세 이상, 참의원은 30세 이상인 자에게 피선거권이 있다.
❸ 시초손의 장이나 도도후켄 지사의 피선거권은 30세 이상이다.
❹ 세계 최초의 남녀보통선거를 헌법에서 제정한 것은 독일의 바이마르헌법이다.
❺ 일본국적이 없으면 일본 국회의원이 될 수 없다.

> **13** 정답 ❸
> 시초손의 장은 25세, 도도후켄 지사의 피선거권은 30세 이상이다.

14 대표적인 국가정치체제로는 영국형 의원내각제와 미국형 대통령제가 있다. 다음 설명 중 <u>틀린 것</u>을 하나 고르시오.

❶ 영국에서는 하원(서민원)은 상원(귀족원)보다 우위에 있고 하원의 제 1당의 당수가 수상으로 임명되어 내각을 조직한다. 수상에게는 의회 해산권이 있으며, 내각은 법안제출권이 있다.

❷ 영국은 소선거구제를 채택하기 때문에 양대정당제가 확립되어 있다. 2009년 현재 노동당이 정권을 잡고 있으며, 유일한 야당인 보수당이 섀도 캐비닛이라 불리는 그림자내각을 조직해 정권교체에 대비하고 있다.

❸ 미국대통령은 의회에서의 법안제출권이 없다. 그 대신 법률제정과 예산심의를 권고할 교서송부권을 가진다. 이것은 행정권과 입법권의 분립을 엄격하게 나타내는 예라고 할 수 있다.

❹ 미국대통령은 의회가 가결한 법률에 대해 그 법안의 집행서명을 거부함으로써 법안성립을 거부할 권리를 가진다. 그러나 거부된 법안이라도 재차 양원에서 3분의 2이상의 찬성으로 재가결되면 그 법률은 성립된다.

14 정답 ❷
영국은 양대정당제인 나라이지만, 이 두 정당뿐만 아니라 이전 양대정당의 하나였던 자유민주당과 스코틀랜드국민당도 있다.

15 다음 공해에 대해 서술한 글의 공란을 메우시오.

일본의 4대 공해라고 불리는 것은 미나마타병, 이타이이타이병, 제2의 미나마타병, (A)이다. 이들 공해로 주민은 큰 피해를 입었지만, 당시 일본 국내에서는 공해에 대한 법률적인 정비가 되어 있지 않아 만족할 만한 대응을 할 수 없었다. 그 때문에 정부는 1967년 새로운 법률제정을 요청받았다. 그렇게 해서 완성된 것이 (B)이다. 그리고 환경을 지키기 위해 1971년에(C)이 신설되었다. 이 법률은 그 후 1993년 환경기본법이 제정됨에 따라 폐지되었다.

	A	B	C
❶	요까이찌 천식	공해대책기본법	환경청
❷	사리드마이드 사건	공해대책기본법	환경성
❸	요까이찌 천식	환경영향평가법	환경청
❹	사리드마이드 사건	환경영향평가법	환경성

15 정답 ❶
사리드마이드사건(1962)은 수면제인 사리드마이드를 복용한 임산부들이 많은 기형아를 출산한 일. 환경영향평가법은 대규모공사 등이 환경에 끼치는 피해를 사전에 평가해야 하는 법률로, 1977년에 제정. 환경청은 2001년에 환경성으로 승격했다.

16 다음 글을 읽고, (A), (B)에 들어갈 알맞은 조합으로 올바른 것을 다음 ❶ ~ ❹ 중에서 하나 고르시오.

17세기부터 18세기에 걸쳐, 유럽에서 시민혁명이 일어나, 정치와 경제체제가 크게 변화했다. 시민혁명이 일어나기 이전 각국의 정치체제는 국왕이 전제적 권력을 가지는 (A)였다. 또한 경제체제는 국왕의 지배 하에서 식민지무역에 힘을 쏟는 (B)였다.

	A	B
❶	봉건제	중상주의
❷	절대왕정	중농주의
❸	봉건제	자본주의
❹	절대왕정	중상주의

16 정답 ❹

---

17 다음 미국의 남북전쟁에 대해 서술한 내용에서 (A) ~ (D)에 들어갈 알맞은 조합으로 올바른 것을 다음 ❶ ~ ❹ 중에서 하나 고르시오.

미국의 남북전쟁은 (A)이 발달한 북부와 (B)중심이었던 남부와의 무역과 노예제를 둘러싼 대립이었다. 북부는 무역에 대해서는 (C)을 노예제에 대해서는 (D)을 주장했다.

❶	상공업	농업	자유무역	노예해방
❷	상공업	농업	보호무역	노예해방
❸	농업	상공업	보호무역	노예제 유지
❹	농업	상공업	자유무역	노예제 유지

17 정답 ❷
북부는 공업중심이었기 때문에 유럽으로부터의 공업제품 수입을 제한하는 보호무역을 주장했다.

---

18 1800년대의 아프리카 식민지정책에 대해 서술한 것으로 올바른 것을 다음 ❶ ~ ❹ 중에서 하나 고르시오.

❶ 이집트를 보호국으로 한 영국은 수에즈운하를 건설했다.
❷ 3C정책을 추진한 영국과 3B정책을 추진한 독일이 파쇼다 사건으로 충돌했다.
❸ 남아프리카에서는 네덜란드계인 보어인이 원주민과 충돌해서 보어전쟁을 일으켰다.
❹ 프랑스는 아프리카북서부에 광대한 식민지를 획득했다.

18 정답 ❹
❶ 수에즈 운하건설은 영국보호국이 되기 이전이다.
❷ 파쇼다 사건은 영국과 프랑스가 충돌했다.
❸ 보어전쟁은 영국과 보어인의 전투이다.

19 제1차 세계대전 중 또는 그 후의 사건을 연대순으로 나열한 것으로 올바른 것을 다음 ❶ ~ ❹ 중에서 하나 고르시오.

A 러시아 · 독일 강화조약(브레스트리토프스크 조약) 체결
B 미국 참전
C 일본이 중국에 21개조를 요구함
D 파리강화회의

❶ A → B → C → D
❷ C → B → A → D
❸ D → C → B → A
❹ B → C → A → D

> **19** 정답 ❷
> 21개조 요구(1915) → 미국참전(1917) → 러시아 · 독일강화조약(1918) → 파리강화회의(1919)

20 1930년대에 일어난 사건으로 올바른 것을 다음 ❶ ~ ❹ 중에서 하나 고르시오.

❶ 영국은 연방회의를 열어 자유무역체제를 추진할 것을 확인했다.
❷ 소련은 세계공황으로 인한 혼란을 피하기 위해 페레스트로이카를 시행했다.
❸ 독일이 국제연맹을 탈퇴했다.
❹ 이탈리아에서는 세계공황에 대처하기 위해 파시스트정권이 성립되었다.

> **20** 정답 ❸
> ❶ 세계공황에 대처하기 위해 보호무역을 권장하는 블록체제를 펼쳤다.
> ❷ 페레스트로이카는 1980년대 개혁이다.
> ❹ 이탈리아의 파시스트정권은 1920년대이다.

21 1900년대에 일어난 사건이 아닌 것을 다음 ❶ ~ ❹ 중에서 하나 고르시오.

❶ 삼국간섭
❷ 포츠머스 조약
❸ 영일동맹
❹ 불평등조약 완전회복

> **21** 정답 ❶
> 삼국간섭은 청일전쟁 후인 1895년의 일이다. 포츠머스 조약(1905), 영일동맹(1902), 불평등조약 회복(1911)은 모두 1900년대의 사건이다.

종합문제 2회 해설

01 다음 기후에 관한 기술에서 <u>틀린 것</u>을 고르시오.

① 무역풍은 중위도 고압대에서 적도 저압대로 부는 바람을 말하며, 북반구에서는 북동풍, 남반구에서는 남동풍이다.
② 편서풍은 중위도 고압대에서 고위도 방향으로 부는 바람이다. 북위 30 ~ 40도, 고도 1만 미터 상공에 부는 바람을 특히 제트기류라고 한다.
③ 계절풍은 해양과 대륙과의 비열차로 인한 기압차이 때문에 생기는 것으로, 여름은 해안에서 대륙으로 겨울은 그 반대로 바람이 분다.
④ 인도양에 발생하는 열대저기압을 허리케인이라고 한다.

> **01 정답 ④**
> 인도양에 발생하는 열대저기압은 사이클론이라고 한다.

02 무역에 관한 기술로 올바른 것은 어느 것인가?

① 일본의 무역은 기본적으로 가공무역이지만, 최근 미국으로부터의 기계류 수입이 증가하고 있다.
② 일본의 수출·수입의 최대 상대국은 미국이며, 아시아 전체의 합계 보다 거래액수가 많다.
③ 일본은 자원의 국외의존도가 높기 때문에 원유, 철광석, 동광, 공업용 석탄 등은 거의 100퍼센트 가까이 수입하고 있다.
④ 현재 일본에서는 기계기기 수출이 전체의 4분의 3정도이며, 특히 자동차는 수출의 절반 가까이를 차지하고 있다.
⑤ 메이지 시대의 일본은 구미에 면화와 생사를 수출하고 면직물과 기계류를 수입했다.

> **02 정답 ③**
> ① 최근 몇 년 사이에 동남아시아와 중국으로부터의 기계류 수입이 급증하고 있다.
> ② 일본의 수출입을 합친 최대의 상대국은 중국이며, 지역별로는 아시아와의 거래가 가장 많다.
> ④ 자동차 수출은 전체의 20퍼센트 정도이며, 가장 금액이 많은 것은 기계류이다.
> ⑤ 메이지 시대의 일본은 구미에 면직물과 생사를 수출하고 면화와 기계류를 수입했다.

03 다음 표는 미국, 태국, 일본, 한국, 프랑스의 농업인구비율, 농업취업자 일 인당 경지면적, 경지 1헥타르당 곡물생산량을 표시한 것이다. 프랑스에 해당하는 것을 고르시오.

	농업취업 인구의 비율(%)	농업취업자 일 인당 경지면적(ha)	국토면적이 차지하는 농지의 비율(%)
❶	7.6	0.9	19.1
❷	2.9	37.9	53.6
❸	3.4	2.1	12.4
❹	54.1	0.9	36
❺	1.9	145.6	43.1

통계연도는 2003년『世界国勢図会』에서 작성

03 정답 ❷
❶ 한국　　❸ 일본　　❹ 태국　　❺ 미국

04 다음 세계 에너지 생산을 나타낸 표를 보고 문제에 답하시오.

에너지 종류	1960년	1970년	1980년	1990년	2002년	
고체연료	1362	1488	1810	2283	2419	25.4%
액체연료	901	1950	2598	3214	3727	39.2%
기체연료	408	889	1261	1811	2403	25.2%
전력	59	106	207	737	967	10.2%
계	2730	4433	5876	8045	9517	100%

다음 중 <u>틀린 것</u>은 어느 것인가?

❶ 에너지소비 중심은 1960년대부터 석탄에서 석유로 전환되었다.
❷ 1970년대 이후 두 번의 석유파동을 계기로, 석유에서 천연가스 같은 대체에너지 사용이 많아지고 있다.
❸ 천연가스를 중심으로 한 기체연료의 활용으로, 석탄 등의 액체연료 사용은 감소하고 있다.
❹ 원자력 등을 이용한 전력도 급속하게 증가하고 있다.

04 정답 ❸
석유 사용은 신흥국의 경제발전 등과 더불어 현재도 계속 증가하고 있다.

05 일본기업의 자금조달방법에 대해 올바른 것을 다음 ❶ ~ ❹ 중에서 하나 고르시오.

❶ 일본기업은 구미의 기업에 비해 자기자본비율이 높은 편이다.
❷ 일본의 고도경제성장기는 외국으로부터의 자본을 기반으로 성장했다.
❸ 일본기업은 간접금융중심이다.
❹ 보험회사에서 기업으로의 대출을 직접금융이라고 한다.

> **05 정답 ❸**
> 은행 등의 금융기관을 통한 자금융통을 간접금융이라고 하며, 일본기업은 간접금융으로 성장해 왔다. 이것은 자기자본율이 높고, 직접금융중심의 구미형과는 정반대이다.

06 다음 글의 (   )에 들어갈 알맞은 말의 조합으로 올바른 것을 다음 ❶ ~ ❹ 중에서 하나 고르시오.

> 변동상장제의 기반에서는 환율상장은 무역수지를 균등하게 하는 작용을 한다. 예를 들면, 일본의 무역수지가 흑자인 경우 (ア)를 (イ)으로 교환하려는 움직임이 증가하며, 환율상장은 (ウ)가 된다. 그렇게 되면 일본제품은 외국에서 (エ)가 되고, 수출은 감소한다.

❶	ア - 엔	イ - 달러	ウ - 엔화강세 달러약세	エ - 상대적으로 비쌈
❷	ア - 엔	イ - 달러	ウ - 엔화약세 달러강세	エ - 상대적으로 쌈
❸	ア - 달러	イ - 엔	ウ - 엔화약세 달러강세	エ - 상대적으로 쌈
❹	ア - 달러	イ - 엔	ウ - 엔화강세 달러약세	エ - 상대적으로 비쌈

> **06 정답 ❹**

07 다음 글을 읽고, 아래 물음에 답하시오.

지금 세계는 (ア)사람·물건·돈 국경을 초월한 활동이 활발해져 (イ)정보도 인터넷 등의 발달에 따라 국경을 초월해서 전달되게 되었다. 그러나 한편으로, 국제사회에는 분쟁, 인구문제, (ウ)지구환경문제, (エ)남북문제 등 여러 가지 문제가 산적해 있다.

(1) 밑줄 친 (ア)와 같은 현상을 무엇이라고 하는가? 다음 ❶ ~ ❹ 중에서 하나 고르시오.

❶ 내셔널리즘　　❷ 에스노센트리즘　　❸ 보더리스　　❹ 파시즘

(2) 밑줄 친 (イ)의 정보에 관한 기술로서 틀린 것을 다음 ❶ ~ ❹ 중에서 하나 고르시오.

❶ 대중매체는 모든 정보를 숨기지 않고 전달할 의무가 있으며, 그 때문에 개인의 권리가 침해되어도 책임을 지지 않는다.
❷ IT혁명으로 정보에 관한 경제효과는 높아졌지만, 정보에 접근할 수 없는 사람은 불리해진다.
❸ 정보화로 인한 개인정보유출이 많이 발생하여 문제가 되고 있다.
❹ GATT의 우루과이라운드에서 지적소유권보호협정이 체결되었다.

(3) 밑줄 친 (ウ)의 환경문제에 대한 국제적인 대처에 관한 기술로서 올바른 것을 다음 ❶ ~ ❹ 중에서 하나 고르시오.

❶ 1980년대, 오존층 보호를 위해 몬트리올의정서가 채택되었다.
❷ 심각해진 온난화 문제를 해결하기 위해 스톡홀름에서 국제연합인간환경회의가 열렸다.
❸ 국제연합환경개발회의(지구 서밋)에서는 '하나 뿐인 지구'를 슬로건으로 인간환경선언을 발표했다.
❹ 미국의 적극적인 자세로 1997년에 이산화탄소의 구체적인 감소를 제정한 교토의정서가 발행되었다.

(4) 밑줄 친 (エ)의 남북문제에 관한 기술로 올바른 것을 다음 ❶ ~ ❹ 중에서 하나 고르시오.

❶ 일본의 정부개발원조(ODA)는 2001년 이후에도 서서히 증가해 지금까지 원조 총액은 세계 1위이다.
❷ 일본의 ODA의 특징은 대 GDP의 비율이 높고 무상원조 비율도 높은 것이다.
❸ 발전도상국 중에서도 중남미국가들은 1980년대 이후 공업화에 성공해 순조롭게 경제 발전했다.
❹ 발전도상국 중에서도 공업화에 성공한 나라와 공업화가 뒤처진 나라와의 격차가 벌어져 있다.

07　(1) 정답 ❸

(2) 정답 ❶ 개인에 관한 정보는 프라이버시권리로서 보호되어야 한다.
　　　❷ 디지털디바이드(정보 격차)문제

(3) 정답 ❶
　　　❷ 온난화가 심각한 문제로 떠오르게 된 것은 스톡홀름회의 이후.
　　　❸ '하나 뿐인 지구'는 스톡홀름회의 슬로건. 지구 서밋 슬로건은 '지속가능한 개발'
　　　❹ 미국은 교토의정서에서 탈퇴했다.

(4) 정답 ❹
　　　❶ 2001년 이후 미국의 원조 액수가 증가하고 있다.
　　　❷ 대 GDP비율이 낮고 무상원조 비율도 낮다.
　　　❸ 80년대에 재정위기에 처한 중남미 국가가 속출했다.

08 다음 일본경제의 국제화에 관한 기술로 올바른 것을 ❶ ~ ❹ 중에서 하나 고르시오.

❶ 세계적으로 자유무역협정(FTA)이 증가하고 일본도 싱가포르, 중국과 체결했다.
❷ 일본의 정부개발원조(ODA)를 원조하는 곳은 전쟁배상의 책임 사정에 따라 아시아가 중심이었다.
❸ 일본의 무역마찰은 일본의 불황의 영향도 있어, 1990년대 이후로는 거의 발생하지 않고 있다.
❹ 미국과의 무역마찰문제를 해결하기 위한 주요 정책으로 미국으로부터의 수입을 늘렸다.

08 정답 ❷
❶ 중국과는 FTA를 체결하지 않았다.
❸ 무역마찰문제는 지금까지도 계속되고 있다.
❹ 마찰문제를 해결하기 위해 주로 수출자주규제와 현지생산이 이루어졌다.

09 다음 글의 ( )에 들어갈 알맞은 말의 조합으로 올바른 것을 다음 ❶ ~ ❹ 중에서 하나 고르시오.

시장에서는 상품의 가격이 오르면 (ア)가 증가하고 (イ)은 감소한다. 그 때문에 (イ)에 비해서 (ア)이 너무 많아서 과잉생산이 된다. 그 후 가격은 (ウ)게 된다.

❶	ア - 수요량	イ - 공급량	ウ - 올라가
❷	ア - 공급량	イ - 수요량	ウ - 올라가
❸	ア - 수요량	イ - 공급량	ウ - 내려가
❹	ア - 공급량	イ - 수요량	ウ - 내려가

09 정답 ❹
가격이 올라가면 공급은 증가하고 수요는 감소한다. 반면, 가격이 내려가면 공급은 감소하고 수요는 증가한다.

10 다음 기술에서 올바른 것은 어느 것인가?

❶ 대일본제국헌법을 기반으로 보통선거가 실시되어, 국민주권의 원칙이 인정되었다.
❷ 대일본제국헌법에서는 천황에게 주권이 있었기 때문에, 국민의 기본적 인권은 전혀 보장되지 않았다.
❸ 일본국헌법은 국민주권을 존중하기 때문에, 국민에게 모든 의무를 지우지 않는다.
❹ 일본국헌법은 국민주권을 존중하기 위해, 국민의 권리로서 참정권을 인정하고 있다.
❺ 일본국헌법에서는 국민주권을 존중하기 위해, 천황과 국민을 동등한 존재로 규정하고 있다.

> **10 정답 ❹**
> ❶ 보통선거가 실시되는 것은 일본이 제2차 세계대전에서 패한 이후부터이다.
> ❷ 완전하지는 않지만 대일본제국헌법 아래에서도 신민의 권리로서 일정한 인권이 인정되고 있었다.
> ❸ 일본국헌법에서는 교육, 납세, 근로가 3대 의무에 해당한다.
> ❺ 천황은 국민통합의 상징으로 여겨지고 있다.

11 일본국헌법개정의 절차로서 올바른 것은 어느 것인가?

❶ 중의원의 총 의원 3분의 2 이상, 참의원의 총 의원의 과반수 찬성으로 국회가 발의되고, 국민투표로 과반수의 찬성을 얻는다.
❷ 각 의원의 총 의원 3분의 2 이상의 찬성으로 국회가 발의되고, 국민투표로 3분의 2 이상의 찬성을 얻는다.
❸ 각 의원의 총 의원 3분의 2 이상의 찬성으로 국회가 발의되고, 국민투표로 과반수의 찬성을 얻는다.
❹ 각 의원의 총 의원 과반수의 찬성으로 국회가 발의되고, 국민투표로 3분의 2 이상의 찬성을 얻는다.
❺ 각 의원의 전원일치로 국회가 발의되고, 국민투표로 3분의 2 이상의 찬성을 얻는다.

> **11 정답 ❸**
> 2009년 현재 일본국헌법은 한 번도 개정되지 않았다.

12 중의원에게만 인정되고 있는 권한은 어느 것인가?

❶ 내각불신임안 결의
❷ 국무총리 임명
❸ 예산안 작성
❹ 헌법개정 발의
❺ 조약 승인

12 정답 ❶
❷ 국무총리의 임명은 내각총리의 권한이다.
❸ 예산안은 내각에 의해 만들어진다.
❹ 헌법개정의 발의는 참의원에게도 인정된다.
⑤ 중의원의 우위는 인정되지만, 참의원에게도 승인권은 있다.

13 행정기능의 확대에 관한 기술에서 틀린 것을 하나 고르시오.

❶ 의원내각제 아래에서는 의원입법보다도 정부제출법안이 많아, 내각이나 관료가 법안의 실질적 작성자가 되는 경우가 많다.
❷ 국회가 제정하는 법률은 대략적인 것을 정하고, 실질적이고 구체적인 부분은 행정부가 만드는 정령과 조례에 위임하는 위임입법이 증가하고 있다.
❸ 고급관료의 낙하산이나 정치에의 부당한 개입을 감시하기 위해 옴부즈맨제도가 전국적으로 채택되고 있다.
❹ 행정관청의 조직이 거대화됨에 따라 지휘명령계통을 가진 관료제가 발달하여 전문기술관료의 힘이 커졌다.
❺ 행정부가 확대됨과 동시에 실제 현장에서 기업이나 단체, 개인에 대한 다양한 행정지도를 실시하는 경우가 많아졌다.

13 정답 ❸
옴부즈맨제도는 일부 지방자치체에 의해 채택되고 있다.

14 사회계약론에 관한 다음의 글을 읽고, 질문에 답하시오.

영국의 (ア)사상가 홉스는 사람이 생존하기 위해서는 정부에 권력을 전면적으로 이양해야 한다는 절대왕정을 인정했다. 또한 같은 영국의 (イ)존 로크는 '시민정부론'을 저술하여 사회계약설의 입장에서 명예혁명의 정당성을 주장했다. 그리고 프랑스의 루소는 '사회계약론'을 저술하여, 주권은 태어나면서부터 인민이 가진 당연한 권리라고 주장해 프랑스 혁명에 영향을 주었다.

(1) 밑줄 친 (ア)의 홉스가 저술한 책은 어느 것인가?

❶ '리바이던'
❷ '자본론'
❸ '인구론'
❹ '에밀'

(2) 밑줄 친 (イ)의 존 로크의 영향을 강하게 받은 것은 무엇인가?

❶ 러시아혁명
❷ 미국독립혁명
❸ 프랑스혁명
❹ 쿠바혁명

> **14** (1)정답 ❶
> ❷ '자본론'(1867)은 칼 마르크스의 저서
> ❸ '인구론'(1798)은 마르상스의 저서
> ❹ '에밀'(1762)은 장자크 루소의 저서
>
> (2)정답 ❷

15 영국의 산업혁명의 배경을 서술한 것으로 올바르지 않은 것을 다음 ❶ ~ ❹ 중에서 하나 고르시오.

❶ 인클로저 정책에 따라 도시노동자를 충분히 확보할 수 있었다.
❷ 증기기관의 개량 등 기술혁명이 일어났다.
❸ 중상주의 정책 아래에서 식민지무역으로 자본을 축적할 수 있었다.
❹ 많은 식민지로부터의 자원수입을 토대로 공업이 발달했다.

> **15** 정답 ❹
> 당시 영국에서는 석탄이나 철광석과 같은 자원도 국내에서 생산되었기 때문에, 혁명이 일어난 하나의 원인이 되었다.

16 미국독립전쟁에 대해 말한 내용 중 올바른 것을 다음 ❶ ~ ❹ 중에서 하나 고르시오.

❶ 영국과 프랑스가 속한 연합군에게 식민지 쪽이 승리했다.
❷ 제퍼슨이 '상식'을 발표했다.
❸ 파리조약으로 13개의 식민지가 독립을 인정받았다.
❹ 독립 후 얼마 동안은 영국을 모방한 내각제가 시행되었으며, 그 후 대통령제를 채택했다.

> **16** 정답 ❸
> ❶ 프랑스의 지원을 받으면서 영국과 싸웠다.
> ❷ '상식'은 토마스 페인의 저서
> ❹ 건국 당시부터 대통령제를 채택했다.

17 프랑스혁명에 관한 사건을 연대순으로 바르게 나열한 것을 다음 ❶ ~ ❹ 중에서 하나 고르시오.

A	자코뱅파의 대두와 공포정치
B	국민의회가 인권선언을 채택
C	입법의회 소집
D	삼부회 소집

❶ A → B → D → C
❷ D → B → C → A
❸ B → D → C → A
❹ D → B → C → A

> **17** 정답 ❹
> 1789년 5월 루이 16세가 삼부회 소집 → 1789년 7월 프랑스 혁명 발발 → 1789년 8월 '인권선언' → 1791년 헌법제정, 입법의회 소집 → 1792년 제 1공화정 개시 → 자코뱅파 대두

18 19세기에 시행되었던 각국의 식민지정책에 대해 서술한 것으로 올바르지 않은 것을 다음 ❶ ~ ❹ 중에서 하나 고르시오.

❶ 영국의 여왕이 인도황제를 겸했다.
❷ 프랑스는 베트남, 캄보디아를 보호국으로 삼았다.
❸ 미국은 하와이, 괌을 병합하고 태평양지역으로 진출했다.
❹ 영국은 미얀마를 병합한 후, 태국(시암왕국)도 식민지로 만들었다.

> **18** 정답 ❹
> 영국식민지는 미얀마와 말레이반도, 싱가포르를 합친 해협식민지이다. 태국은 독립을 유지했다.

19 제1차 세계대전 이후의 세계정세에 대해 서술한 것으로 올바른 것을 다음 ❶~❹ 중에서 하나 고르시오.

❶ 베르사이유 조약으로 독일은 군정비를 전면적으로 금지당했다.
❷ 베르사이유 조약으로 독일은 모든 해외영토를 잃었다.
❸ 파리강화회의로 오스트리아·헝가리제국의 존속이 결정되었다.
❹ 파리강화회의로 세계 모든 나라에 민족자결의 원칙이 적용되었다.

> **19 정답 ❷**
> ❶ 독일군정비는 제한되었다.
> ❸ 오스트리아·헝가리 제국은 해체되었다.
> ❹ 민족자결원칙이 적용된 것은 유럽지역뿐이었다.

20 제 2차 세계대전 중에 일어난 사건을 연대순으로 바르게 나열한 것을 다음 ❶ ~ ❹ 중에서 하나 고르시오.

```
A  이탈리아의 무조건 항복
B  진주만 공격
C  독일·일본·이탈리아 삼국동맹
D  미드웨이 해전
```

❶ B → A → C → D
❷ B → C → A → D
❸ A → B → C → D
❹ C → B → D → A

> **20 정답 ❹**
> 삼국동맹(1940) → 진주만 공격(1941) → 미드웨이 해전(1942) → 이탈리아 항복(1943)

21 1877년에 사쓰마 한(藩)사족이 일으킨 반정부전쟁을 뭐라고 부르는지 다음 ❶ ~ ❹ 중에서 하나 고르시오.

❶ 남북전쟁
❷ 세이난 전쟁(서남전쟁)
❸ 보신전쟁(무진전쟁)
❹ 살영전쟁

> **21 정답 ❷**

22 현대의 국제분쟁 기술 중에서 올바른 것은 어느 것인가?

① 베트남 전쟁 … 구 종주국이었던 영국을 대신하여, 1960년부터 미국이 개입하기 시작했다.
② 쿠바 위기 … 1962년에 쿠바의 미사일기지 건설을 둘러싼 핵전쟁 발발이 우려되었다.
③ 아프가니스탄 분쟁 … 1979년에 공산주의정권을 무너뜨리기 위해 미국이 개입하기 시작했다.
④ 오클랜드 분쟁 … 1982년에 오클랜드제도의 영유권을 둘러싸고 프랑스와 아르헨티나 사이에서 일어났다.

> **22 정답 ②**
> ① 베트남의 종주국은 영국이 아니고 프랑스이다.
> ③ 개입한 것은 미국이 아니고 소련이다.
> ④ 오클랜드 분쟁에서 싸운 것은 영국과 아르헨티나이다.

23 다음 기술에서 올바른 것은 어느 것인가?

① 1947년 건국 이래 오랫동안 싸워 온 이스라엘과 팔레스타인은 1993년의 평화회담으로 오래도록 우호 관계를 구축할 수 있었다.
② 남아프리카공화국은 오랜 세월 민족 격리 정책을 펼쳐 흑인을 차별하여 빈곤상태를 강요해 왔는데, 1994년에 흑인 만델라 대통령 취임 이후 차별은 없어지고 백인과 흑인 사이의 경제적인 격차도 없어졌다.
③ 인도·파키스탄 양국은 포괄적 핵실험금지조약에 찬성했음에도 불구하고 핵실험을 강행했다.
④ 홍콩은 1997년에 영국에서 중국으로 반환되었지만 홍콩에서는 한 나라 두 제도정책을 펼치며 홍콩의 자본주의를 인정하고 있다.

> **23 정답 ④**
> ① 1993년 평화회담 후에도 양자의 대립관계는 계속되고 있다.
> ② 만델라 대통령 취임 후에도 백인과 흑인 사이의 경제적인 격차는 남아, 빈곤문제로 인한 치안악화가 심각하다.
> ③ 인도·파키스탄 양국은 포괄적 핵실험금지조약에 반대하여, 현재는 두 나라 모두 핵보유국이다.

찾아보기 – 일본어

〔あ〕

アクセス権	304
アダム・スミス	78
アフガニスタン侵攻	289
アフリカの年	291
天下り	196
安定陸塊	25
アンシャン・レジーム	82

〔い〕

委員会中心主義	183
違憲審査権	167
一審	185
緯度	11
伊藤博文	174
イラク戦争	301
印紙税	96
インターネット	64
インド帝国	103
インフレーション	233

〔う〕

ウィーン体制	89

〔え〕

エスノセントリズム	313
エネルギー革命	33

〔お〕

小笠原気団	17
親潮	27
オホーツク気団	19
王権神授説	77
王政復古	77
オスマン帝国	102
オスロ合意	297
卸売業	53
オンブズマン制度	195

〔か〕

火力発電	34
海抜高度	17
海流	17
隔海度	17
改革開放政策	220
海峡植民地	104
介護保険制度	307
解散	169
外部性	216
下院の優越	168
下院の優越	169
価格の自動調節機能	213
影の内閣	168
囲い込み	77
加工貿易	53
カシミール紛争	295
課税の逆進性	252
過疎化	70
過密化	305
過密化	70, 305
カルデラ	26
カルテル	214
関税自主権	131
間接金融	239
間接税	252
管理通貨制	260

〔き〕

気候因子	17
気候要素	17
汽力発電	34
季節風	19
極東風	19
議院内閣制	167
議員立法	195
貴族院	175
北大西洋条約機構	283
基本的人権の尊重	177
キューバ革命	289
キューバ危機	290
教書送付権	167
行政府	184
京都議定書	316
許認可権	195

近代選挙の4つの原則	188
近代民主政治の3つの基本原理	160
欽定憲法	175
金本位制	260
金融ビッグバン	244

〔く〕

グリニッジ標準時	10
黒潮	27

〔け〕

計画経済	221
景気循環	232
軽工業	46
経済主体	212
経済の自由	204
経度	11
啓蒙主義思想	83
ケインズ	221
原子力発電	34
減反政策	42
権利章典	77
権利請願	77

〔こ〕

古期造山帯	25
恒常風	19
公開市場操作	242
公正取引委員会	215
控訴審	185
交通革命	61
公定歩合操作	242
高度経済成長	271
高度経済成長期	144
小売業	53
高齢化	306
高齢化社会	67
高齢社会	67
国民議会	83
国際分業	54
国際収支	266

国際連盟	119
国民主権	177
国民所得の三面等価	230
護憲運動	144
小選挙区比例代表並立制	192
国会中心主義	181
国家権力	154
国共内戦	284
国庫支出金	198
固定相場制	265
古典派経済学	78
コミンテルン	113
コンツェルン	214

〔さ〕

作付面積	42
財政の硬直化	254
財政の三機能	248
財閥解体	270
鎖国	132
サマータイム	14
サラエボ事件	110
参議院	182
三権分立	97, 164
三国協商	110
三国干渉	138
三国同盟	110
三審制度	181
参政権	207
三大宗教	311
三部会	83
サンフランシスコ平和条約	149
三位一体の改革	199

〔し〕

新期造山帯	26
資源多消費型工業	46
資源ナショナリズム	275
時差	10
市場経済	212
市場の寡占化	214
市場の失敗	216

自然状態	162
自然法	154, 157
七月革命	90
実質経済成長率	231
実定法	154, 157
死票	190
シベリア気団	19
司法府	185
市民階級	155
市民革命	161
社会規範	156
社会契約説	162
社会権	206
社会主義市場経済	222
重工業	47
衆院の優越	181
衆議院	175
自由競争	220
重商主義	76, 161
修正資本主義	221
自由貿易	258
自由民権運動	137, 190
住民自治	198
省エネルギー	31
常会	182
上告審	185
少子化	307
小選挙区制	189
情報リテラシー	306
食料自給率	42
殖産興業	136
食糧管理制度	42
所得倍増計画	148
庶民院	167
知る権利	306
人権宣言	84
人口爆発	68
人口密度	67
人身の自由	205
資本論	221
信用創造	240
人類普遍の法則	156

〔す〕

水力発電	34
垂直的分業	54
水平的分業	54
スタグフレーション	235
ストック	227
スプロール現象	305

〔せ〕

請求権	207
正距方位図法	13
制限選挙	175
精神の自由	204
正積方位図法	10
生存権	206
成文法	157
生命倫理	314
世界3大穀物	40
世界恐慌	124
世界宗教	310
世界の工場	78
赤道	11
絶対王政	76, 154, 155
絶対王政国家	155

〔そ〕

ソ連邦の崩壊	298
尊王攘夷	133

〔た〕

第1次・第2次オイルショック	31
第9条	177
第三勢力	291
大衆政党	188
大正デモクラシー	191
大正デモクラシー	144
大政奉還	134
大政翼賛会	191
大選挙区制	189
大統領制	169
大日本帝国憲法	138
第二帝政	90

찾아보기 – 일본어

太平洋ベルト	48	統帥権	174	パリコミューン	89
太陽光発電	35	東方政策	291	パリ条約	97
大陸会議	97	とうもろこし	40	パリ不戦条約	117
大量生産·大量輸送	46	ドーナツ化現象	305	パレスチナ紛争	296
多党制	189	特需	147	パン・ゲルマン主義	109
ダルフール紛争	300	独占禁止法	215	パン・スラブ主義	109
団体自治	198	特別会	182	版籍奉還	134
		独立国家共同体	292	バンドン会議	291
〔ち〕		独立宣言	97	藩閥政治	137
地域的経済統合	270	ドッジ・ライン	271	廃藩置県	134
チェチェン紛争	298	トラスト	214		
治外法権	131	トルーマン・ドクトリン	283	〔ひ〕	
地殻	24			東アフリカ大地溝帯	26
地球温暖化	316	〔な〕		東インド会社	103
地球サミット	315	内閣総辞職	167, 184	日付変更線	11
知識集約型工業	47	内閣提出法案	196	一人っ子政策	68
地図の4要素	12	南々問題	276	ピューリタン革命	77
地方交付税	199	南北問題	275	ビルト・イン・スタビライザー	249
地方分権	161			比例代表制	189
地方への財源移譲	199	〔に〕			
中央省庁	195	二院制と一院制	181	〔ふ〕	
中央集権	161	二月革命	90	ファシズム	125
中央省庁改革基本法	197	2大政党制	189	フィスカル・ポリシー	249
超高齢社会	67	日米修好通商条約	131	フィヨルド	26
直接金融	239	日米安全保障条約	148	風力発電	35
直接税	252	日露戦争	139	福祉国家	154
直間比率	253	日清戦争	138	富国強兵	135
		日中戦争	127	不逮捕特権	182
〔つ〕		日本国憲法	176	普通選挙	189
梅雨	19	ニューディール政策	125	普仏戦争	91
				不文法	157
〔て〕		〔ね〕		プライバシーの権利	306
抵抗権	163	熱帯低気圧	19	プラッシーの戦い	103
ディバイド	64			不良債権	244
デジタル・デバイド	306	〔の〕		プレートテクトニクス理論	24
デタント	290	農地改革	270	ブレスト・リトフスク条約	111
鉄のカーテン	283			ブレトンウッズ体制	261
デフレーション	233	〔は〕		フロー	227
		排他的経済水域(EEZ)	43	ブロック経済	124
〔と〕		排他的経済水域	155		
ドイツ統一	289	ハイブリッドカー	62	〔へ〕	
同時多発テロ	300	バブル景気	273	偏西風	19

平和共存路線	289
平和主義	177
ベトコン	285
ベルサイユ条約	126
ベルリンの壁	284, 292
ベルリン封鎖	284
ペレストロイカ	222, 292
便宜置籍船	63
変動相場制	265

〔ほ〕

貿易風	17
法案拒否権	168
法案提出権	167
貿易摩擦	55
封建制国家	155
ホー・チ・ミン	285
保護貿易	258
ボストン茶会事件	97
ポツダム宣言	176
ポツダム宣言	146
ホットライン	290
ホッブス	162
ボリシェビキ	112

〔ま〕

マーシャルプラン	283
マッカーサー	176
マニュファクチュア	46
マネーサプライ	242
マルクス	221
マルタ会談	289
マントル	24

〔み〕

見えざる手	220
民主集中制	171
民族自決	118
民族宗教	310

〔む〕

無制限潜水艦作戦	111

〔め〕

明治維新	134
名望家政党	188
名目経済成長率	231
名誉革命	77
メッテルニヒ	92
メルカトル図法	10
免責特権	182

〔も〕

モータリゼーション	61
モーダルシフト	62
モノカルチャー経済	275
モンテスキュー	164
モンロー主義	98

〔や〕

夜警国家	155, 195
夜警国家観	220
ヤルタ会談	282

〔ゆ〕

有効需要	221

〔よ〕

預金準備率操作	238

〔り〕

リアス式海岸	26
立法府	182
流通チャネル	54
領海	155
領空	155
領土	155
臨時会	182

〔る〕

累進課税	249
ルソー	162

〔れ〕

レアメタル	36
レーニン	112

〔ろ〕

労働三権	206, 270
ロック	162

〔わ〕

ワイマール憲法	120
ワシントン会議	119

찾아보기 – 한국어

[ㄱ]

가격의 자동 조절 기능	213
가공무역	53
간접금융	238
간접세	252
감반정책	42
개발원조위원회	276
개혁개방 정책	220
격해도	17
경공업	46
경기순환	231
경제상호원조회의	283
경제의 자유	204
경제주체	212
경제협력개발기구	270
계몽주의사상	83
계절풍	19
계획경제	221
고기조산대	25
고도경제성장	271
고도 경제성장기	144
고령사회	73
고령화	306
고령화사회	70
고전파 경제학	78
고정환율제	263
공개시장조작	242
공소심	185
공장제 수공업	46
공정거래위원회	215
공정보합	242
과밀화	70, 305
과세의 역진성	252
과소화	305
과속화	67
관리통화제	260
관세 및 무역에 관한 일반협정	262
관세자주권	131
교서송부권	167
교토의정서	316
교통혁명	66
구 유고슬라비아 분쟁	299

국가권력	154
국고지출금	199
국공내전	284
국내총생산	228
국민소득의 삼면등가	230
국민의회	83
국민주권	180
국민총생산	228
국제부흥개발은행	261
국제분업	54
국제수지	266
국제연맹	117
국제연맹무역개발회의	270
국제연합환경계획	310
국제통화기금	261
국회중심주의	181
권리장전	77
권리청원	77
귀족원	168, 175
그리니치 표준시	14
그림자 내각	168
극동풍	19
근대선거의 4개의 원칙	188
금본위제	241, 260
금융빅뱅	244
금융정책	242
기력발전	34
기본원리	160
기본적 인권 존중	177
기후인자	17

[ㄴ]

낙하산	196
날짜변경선	11
남남문제	276
남북문제	275
내각불신임안	168
내각제출법안	196
내각총사퇴	167, 187
노동3권	206, 270
노인요양서비스	307
농지개혁	270

누진과세	249
뉴딜정책	125

[ㄷ]

다당제	189
다르푸르 분쟁	300
단체자치	198
닷지 라인	271
대량생산·대량수송	46
대륙회의	97
대선거구제	189
대일본제국헌법	138, 175
대정봉환	134
대정익찬회	191
대중정당	188
대통령제	169
데탕트	291
도넛화 현상	305
도매업	53
독립선언	97
독일통일	289
독점금지법	214
동방정책	291
동아프리카 대지구대	24
동인도 회사	103
디지털 디바이드	64, 306
디플레이션	233

[ㄹ]

러일전쟁	138
레닌	112
로크	162
루소	163
리아스식 해안	30

[ㅁ]

마르크스	221
마샬 플랜	283
맥아더 장군	174
맨틀	24
머니 서플라이	238
메르카토르 도법	13

메이지유신	134
메테르니히	93
면책특권	182
명망가정당	188
명목경제성장률	231
명예혁명	77
모노컬처경제	275
모달 시프트	61
모터리제이션	61
몬로주의	98
몰타회담	289
몽테스키외	164
무역마찰	55
무역풍	19
무제한 잠수함 작전	111
미일수호통상조약	131
미일안전보장조약	148
민족자결	118
민족종교	310
민주집중제	171
밀	39

[ㅂ]

바르샤바조약기구	283
바이마르 헌법	117
반둥회의	291
배타적 경제수역	43, 155
버블경기	273
번벌정치	131
범 게르만 주의	109
범 슬라브 주의	109
법안거부권	168
법안제출권	167
베르사이유 조약	117
베를린 봉쇄	284
베를린 장벽	284
베트콩	285
변동환율제	263
보불전쟁	91
보스턴 차 사건	97
보이지 않는 손	213
보통선거	189
보호무역	258
복지국가	154, 248
볼셰비키	113
봉건제국가	155
부국강병	135
북대서양조약기구	283
불량채권	245
불문법	157
불체포특권	182
브레스트 리토프스크 조약	113
브레튼우즈 체제	261
블록경제	124
비례대표제	189
빈 체제	89
빌트인 스태빌라이저	249

[ㅅ]

사라예보 사건	110
사법부	185
사표	190
사회계약설	162
사회권	206
사회규범	156
사회주의 시장경제	222
삼국간섭	138
삼국동맹	110
삼국협상	109
삼권분립	97
삼부회	83
삼심제도	181
삼위일체개혁	195
상고심	185
샌프란시스코 강화조약	144
생명윤리	314
생존권	206
서머타임	14
서민원	168
석유수출국기구	275
성문법	157
세계 3대 곡물	39
세계공장	76
세계공황	124
세계무역기구	262
세계종교	311
소득배가계획	148
소매업	53
소선거구 비례대표 병립제	192
소선거구제	189
쇄국	132
수력발전	34
수정자본주의	221
수직적 분업	55
수평적 분업	54
스태그플레이션	235
스톡	227
스프롤 현상	305
시민계급	155
시민혁명	161
시베리아 기단	19
시장경제	212
시장의 과점화	214
시장의 실패	212
시차	14
식량관리제도	42
식료자급률	42
식상홍업	131
신기조산대	25
신용창조	240
실정법	154
실질경제성장률	231
쌀	39

[ㅇ]

아담 스미스	76, 220
아편전쟁	103
아프가니스탄 침공	289
아프리카의 해	291
안정육괴	25
알 권리	306
앙시앵 레짐	82
액세스권	306
야경국가	154, 195
야경국가관	220
얄타회담	282

찾아보기 - 한국어

양대정당제	189
에너지 절약	31
에너지 혁명	31
에스노센트리즘	313
연합국 총사령부	174
열대저기압	19
영공	155
영토	155
영해	155
예금준비율 조작	238
오가사와라 기단	19
오스만 제국	102
오슬로 협정	297
오야시오 해류	30
오호츠크 기단	19
옥수수	39
옴부즈맨제도	195
왕권신수설	77
외부성	216
워싱턴 회의	117
원자력발전	34
위도	11
위원회중심주의	183
위헌심사권	167
유통채널	54
유효수요	221
의원내각제	167
의원입법	195
이라크 전쟁	301
이원제와 일원제	181
이토 히로부미	174
인구밀도	67
인구폭발	68
인권선언	86
인도 제국	106
인류보편의 법칙	156
인신의 자유	205
인지세	96
인클로저	77
인터넷	66
인플레이션	233
일본국헌법	176
일심	185
임시국회	182
입법부	182

[ㅈ]

자문화 중심주의	313
자본론	221
자연법	154
자연상태	162
자원 내셔널리즘	275
자원 다소비형 공업	46
자유경쟁	220
자유무역	258
자유무역협정	264
자유민권운동	137
자유민족운동	188
작부면적	42
장마	19
재벌해체	270
재정의 3기능	248
재정의 경직화	254
저출산	306
저항권	163
적도	10
절대왕정	76, 161
절대왕정국가	155
정거방위 도법	13
정기국회	182
정보격차	306
정보 리터러시	306
정부개발원조	277
정신의 자유	204
정적방위 도법	10
제1차·제2차 오일쇼크	31
제2제정	90
제3세력	291
제9조	177
제한선거	188
존왕양이	133
주민자치	198
중공업	47
중상주의	76, 161
중앙성청	195
중앙성청개혁기본법	195
중앙은행	241
중앙집권	161
중원의 우월	181
중의원	175
지각	24
지구 서밋	316
지구온난화	316
지도의 4요소	12
지방교부세	199
지방분권	161
지방에의 자원이양	195
지식집약형 공업	47
지역경제통합	270
직간비율	253
직접금융	238
직접세	252

[ㅊ]

참의원	192
참정권	207
철의 장막	283
청교도혁명	77
청구권	207
청일전쟁	138
체첸 분쟁	298
초고령사회	67
치외법권	131

[ㅋ]

카르텔	214
칼데라	26
캐슈미르 분쟁	295
케인즈	221
코민테른	113
코소보 전쟁	299
콘체른	215
쿠로시오 해류	30
쿠바위기	289
쿠바혁명	289

[ㅌ]

태양광발전	35
태평양 벨트	48
통수권	174
트러스트	214
트루먼 독트린	283
특별국회	182

[ㅍ]

파리부전 조약	117
파리조약	101
파리코뮌	89
파시즘	125
판구조론	24
판적봉환	134
팔레스타인 분쟁	296
페레스트로이카	222, 292
편서풍	23
편의치적선	63
평화공존노선	289
평화주의	177
폐번치현	134
포츠담 선언	146
포츠담선언	176
풍력발전	35
프라이버시 권리	306
플라시 전투	103
플로	227
피스컬 폴리시	249
피요르드	24

[ㅎ]

하원의 우월	167
하이브리드카	62
한 집 한 자녀 정책	69
핫라인	290
항상풍	19
해류	17
해발고도	17
해산	169
해협식민지	104
행정부	184
허인가권	195
호치민	285
호헌운동	144
홉스	162
화력발전	34
흠정헌법	180
희소 금속	31

[숫자]

1부 12성청	197
2월혁명	90
3B政策	102
3B정책	102
3C정책	105
3권분립	160
3대 공업지대	48
3대 도시권	70
3대 종교	311
3월혁명	112
3月革命	112
5대개혁지령	174
6대륙과 3대양	10
7월혁명	90
9.11테러	300
11월혁명	113
14개조 평화원칙	117
38선	285
55년 체제	191

[D]

DAC	276

[F]

FTA	264

[G]

GATT	262
GDP	227, 228
GHQ	176
GHQ의 5대개혁	144
GNP	228

[I]

IBRD	261
IMF	261

[O]

ODA	277
OECD	270
OPEC	272

[U]

UNCTAD	275
UNEP	315

[W]

WTO	262

저자

아카미네 타다히로(赤嶺忠宏)
메이지 대학 정치경제학부 경제학과 졸업
(前) 시사일본어학원 EJU종합과목 전임강사

박영옥
사이타마대학 경제학부 졸업
(前) 시사일본어학원 EJU종합과목 전임강사

※※사진출처 - 표지사진(일본정부관광국) 지리(日本国勢図会)

일본유학시험
EJU 단번에 격파하기 – 종합과목

초판발행	2009년 9월 10일
1판 9쇄	2025년 7월 30일
저자	아카미네 타다히로, 박영옥
책임 편집	조은형, 김성은, 오은정, 무라야마 토시오
펴낸이	엄태상
마케팅	이승욱, 노원준, 조성민, 이선민, 김동우
경영기획	조성근, 최성훈, 김로은, 최수진, 오희연
물류	정종진, 윤덕현, 신승진, 구윤주
펴낸곳	시사일본어사(시사북스)
주소	서울시 종로구 자하문로 300 시사빌딩
주문 및 교재 문의	1588-1582
팩스	0502-989-9592
홈페이지	www.sisabooks.com
이메일	book_japanese@sisadream.com
등록일자	1977년 12월 24일
등록번호	제 300-2014-92호

ISBN 978-89-402-4116-5 13730

* 이 교재의 내용을 사전 허가없이 전재하거나 복제할 경우 법적인 제재를 받게 됨을 알려 드립니다.
* 잘못된 책은 구입하신 서점에서 교환해 드립니다.
* 정가는 표지에 표시되어 있습니다.